U0796053

国家社科基金重大项目
“社会主义核心价值观融入法治建设机理研究”（17VHJ09）结项成果

社会主义核心价值观融入法治建设机理研究

莫文秀　廖永安　等著

法律出版社 LAW PRESS · CHINA
北京

图书在版编目（CIP）数据

社会主义核心价值观融入法治建设机理研究 / 莫文秀，廖永安等著. -- 北京 ：法律出版社，2024.

ISBN 978-7-5197-9884-0

Ⅰ. D920.0

中国国家版本馆 CIP 数据核字第 2024ZA9099 号

社会主义核心价值观融入法治建设机理研究
SHEHUI ZHUYI HEXIN JIAZHIGUAN RONGRU FAZHI JIANSHE JILI YANJIU

莫文秀　廖永安 等著

责任编辑 陆帅文
装帧设计 贾丹丹

出版发行 法律出版社
编辑统筹 教育出版分社
责任校对 王　丰
责任印制 刘晓伟
经　　销 新华书店

开本 710 毫米×1000 毫米　1/16
印张 21.5　　**字数** 359 千
版本 2024 年 12 月第 1 版
印次 2024 年 12 月第 1 次印刷
印刷 唐山玺诚印务有限公司

地址：北京市丰台区莲花池西里 7 号（100073）
网址：www.lawpress.com.cn
投稿邮箱：info@lawpress.com.cn
举报盗版邮箱：jbwq@lawpress.com.cn
销售电话：010-83938349
客服电话：010-83938350
咨询电话：010-63939796

版权所有・侵权必究

书号：ISBN 978-7-5197-9884-0
定价：65.00 元

凡购买本社图书，如有印装错误，我社负责退换。电话：010-83938349

目　录

导　论

法治中国建设作为重构中国特色社会主义法治体系的历史过程,亟须社会主义核心价值观的引领。[1] 社会主义核心价值观是全国各族人民在价值观念上的“最大公约数”,是当代中国精神和中华民族精神的集中体现,凝结着法治中国建设的价值追求,构成社会主义法治建设的灵魂。[2] 党的十九大报告明确提出,培育和践行社会主义核心价值观,要强化教育、实践、制度三个方面的作用,使社会主义核心价值观融入经济社会发展和教育文化法治的各个方面,转化为人们的情感认同和行为习惯。党的二十大报告从推进文化自信自强、铸就社会主义文化新辉煌的层面要求广泛践行社会主义核心价值观,坚持把社会主义核心价值观融入法治建设、融入社会发展、融入日常生活。因此,社会主义核心价值观融入法治建设是完善中国特色社会主义社会治理体系、提升国家治理能力与治理水平的内在要义和必然要求。

第一节　选题缘起和研究背景

一、选题缘起

自党的十八大提出积极培育和践行社会主义核心价值观的号召以来,[3] 中共中央、国务院对此极为重视。2016 年 12 月,中共中央办公厅、国

[1] 参见姜涛:《法治中国建设的社会主义立场》,载《法律科学(西北政法大学学报)》2017 年第 1 期。

[2] 参见《习近平:青年要自觉践行社会主义核心价值观——在北京大学师生座谈会上的讲话》,载《人民日报》2014 年 5 月 5 日,第 2 版。

[3] 党的十八大提出,倡导富强、民主、文明、和谐,倡导自由、平等、公正、法治,倡导爱国、敬业、诚信、友善,积极培育和践行社会主义核心价值观。

务院办公厅印发了《关于进一步把社会主义核心价值观融入法治建设的指导意见》。[1] 2018年5月,中共中央印发《社会主义核心价值观融入法治建设立法修法规划》等文件,为社会主义核心价值观融入法治建设的各个层面、各个方面和环节提供了具体指引,提供了入法渠道及制度通道。2018年3月11日,第十三届全国人民代表大会第一次会议通过了《中华人民共和国宪法修正案》,[2]增加与核心价值观有关的内容,"国家倡导社会主义核心价值观"被明确载为宪法规定,为促进社会主义核心价值观全面入法提供了强大的宪法依据和制度保障。2020年12月,中共中央印发了《法治社会建设实施纲要(2020—2025年)》,[3]其中提出的总体目标为:到2025年"社会主义核心价值观要求融入法治建设和社会治理成效显著"。该纲要还提出完善弘扬社会主义核心价值观的法律政策体系,加强"见义勇为、尊崇英烈、志愿服务、孝老爱亲"等方面的立法。2021年1月,中共中央印发了《法治中国建设规划(2020—2025年)》,其中亦再次强调:"培育和践行社会主义核心价值观",并要求"完善弘扬社会主义核心价值观的法律政策体系",在法治建设和社会治理中融入社会主义核心价值观。

培育和践行社会主义核心价值观,需要从法治国家、法治政府、法治社会各个层面,立法、执法、司法和守法各个方面共同发力。在司法领域,为贯彻落实中共中央《关于培育和践行社会主义核心价值观的意见》和习近平总书记关于培育和践行社会主义核心价值观的系统论述,最高人民法院于2015年10月印发了《关于在人民法院工作中培育和践行社会主义核心价值观的若干意见》,要求全体党员特别是领导干部要在培育和践行社会主义核心价值观中发挥模范带头作用;2018年6月印发了《关于加强和规范裁判文书释法说理的指导意见》,提出各级人民法院应当定期收集、整理和汇编辖区内法

[1] 中共中央办公厅、国务院办公厅印发的《关于进一步把社会主义核心价值观融入法治建设的指导意见》中提出,要切实发挥法治的规范和保障作用,推动社会主义核心价值观内化于心、外化于行。

[2] 2018年3月11日,第十三届全国人民代表大会第一次会议通过的《中华人民共和国宪法修正案》,将"国家提倡爱祖国、爱人民、爱劳动、爱科学、爱社会主义的公德"修改为"国家倡导社会主义核心价值观,提倡爱祖国、爱人民、爱劳动、爱科学、爱社会主义的公德"。

[3] 中共中央印发《法治社会建设实施纲要(2020—2025年)》提出的总体目标是"到2025年,'八五'普法规划实施完成,法治观念深入人心,社会领域制度规范更加健全,社会主义核心价值观要求融入法治建设和社会治理成效显著,公民、法人和其他组织合法权益得到切实保障,社会治理法治化水平显著提高,形成符合国情、体现时代特征、人民群众满意的法治社会建设生动局面,为2035年基本建成法治社会奠定坚实基础"。

院具有指导意义的优秀裁判文书;2018 年 9 月印发了《关于在司法解释中全面贯彻社会主义核心价值观的工作规划(2018—2023)》,2021 年 1 月又印发了《关于深入推进社会主义核心价值观融入裁判文书释法说理的指导意见》等规范性文件,强调应充分发挥社会主义核心价值观的引导、规范和教育功能,将社会主义核心价值观全过程、全方位充分地贯彻落实于司法各环节工作中。

社会主义核心价值观入法是党和国家作出的重要战略部署。回溯社会主义核心价值观融入法治建设的历史变迁轨迹,自新中国成立以来中国共产党坚持执政为民,把以德治国价值导向和法律制度的刚性约束结合起来,进行了以良法促进发展、保障善治的不懈探索。从历史演变来看,社会主义核心价值观融入法治的制度变迁轨迹主要包括以下阶段。

(一)核心价值观融入法治的奠基时期(1949~1978 年)

随着 1949 年新中国的诞生,国家明确了社会主义基本政治制度和基本经济制度,为社会主义核心价值观融入法治奠定了政治前提、提供了物质基础。同时,以马克思列宁主义、毛泽东思想为指导思想的社会主义意识形态的确立,又为核心价值观融入法治创造了文化条件。自新中国成立至改革开放前,以毛泽东同志为核心的第一代领导集体在领导中国革命和建设的实践中,提出了德治与法治相结合的方略,确立了人民群众是社会主体的价值观,强调“人民,只有人民,才是创造世界历史的动力”,[1]并将这些理念贯穿党的路线、纲领、方针和相关法律法规之中,成为社会主义革命和社会主义建设的具体实践,为社会主义核心价值观融入法治奠定了坚实的理论基础和实践基础。

1.“全心全意为人民服务”宗旨引领法律制度的创建与实施

早在中国共产党成立之初,毛泽东便提出将马克思主义理论成果与我国革命实践相结合,逐步构建适应时代特征的价值体系。这一价值体系的根本内容是“全心全意为人民服务”。我们党严格遵循该宗旨和价值追求,将广大人民群众的根本利益作为一切工作的出发点和落脚点,废除旧的封建土地制度,大力推动土地制度改革,全面进行社会主义改造,并通过制定、出台法律法规指导政策的实施和制度的完善。新中国成立前夕,为顺利实现法律法规的更替,中共中央出台了《关于废除国民党的六法全书与确立解放区的司

[1] 《毛泽东选集》(第 3 卷),人民出版社 1991 年版,第 980 页。

法原则的指示》，明确司法机关应当以党的政策、中央政府以及中央军委所发布的规范性法律文件及相关决议、纲领作为司法活动的重要依据，并明确废除了国民党的《六法全书》。1954 年一届全国人大一次会议表决通过了《宪法》，以根本法的形式明确了国体和政体，构筑了中国社会主义制度的“四梁八柱”，使社会主义建设在法律制度层面有法可依。

2. 民主平等、共同富裕等价值观融入社会主义改造与建设的制度与实践

政治层面，我国建立了人民民主专政制度、人民代表大会制度、民主监督制度；经济社会领域，确立了公有制、供给制度和人民公社制度等社会基本制度。上述制度的确立，不仅实现了人民当家作主的愿望，更为我国人民平等地参政、平等地占有和分配社会财富、平等地享有社会地位和权利提供了坚实的保障。此外，合作化道路改革把农民个体经济逐步转变为社会主义集体经济，把个体手工业转变为社会主义劳动群众集体所有制；国家资本主义的改革，将民族资本主义经济逐步转变为社会主义经济；我国实行公私合营、赎买政策，将民族资本主义经济逐步转变为社会主义经济；所有制的改变，也将以往的剥削者逐步改造成为自食其力的劳动者。

3. 崇德向善的价值观催生新的社会风尚与法规制度的建立与实施

《中国人民政治协商会议共同纲领》明确提出全体国民的公德，[1] 中央将一批为民族解放事业无私献身的英雄人物列为社会主义建设时期的楷模，这有利于树立崇德向善的价值观，而且融入新中国成立初期的法制建设过程中。[2] 如新中国颁布的第一部法律《婚姻法》，以调整婚姻关系为主，同时涉及家庭方面的各种问题，废除了包办婚姻、男尊女卑、漠视子女利益的封建主义婚姻制度。实行男女婚姻自由、一夫一妻、男女权利平等、保护妇女和子女合法权益的新民主主义婚姻制度；明确规定禁止重婚、纳妾，禁止养童养媳，禁止干涉寡妇的婚姻自由，禁止任何人借婚姻关系问题索取财物。这不仅改善了妇女在婚姻生活中的不平等地位，而且为公民的婚姻家庭提供法律保护，维护了平等和谐文明的家庭关系，促进家庭文明建设。1950 年和 1951 年国家先后颁布《政务院关于严禁鸦片烟毒的通令》《对妓院进行管制的若干暂行规定》等法规，展开了大规模禁毒、禁娼、禁赌运动，对提高人民道

---

[1] 《中国人民政治协商会议共同纲领》第 42 条规定，提倡爱祖国、爱人民、爱劳动、爱科学、爱护公共财物为中华人民共和国全体国民的公德。

[2] 1954 年《宪法》第 100 条规定：“中华人民共和国公民必须遵守宪法和法律，遵守劳动纪律，遵守公共秩序，尊重社会公德。”

德水平,营造良好社会风气,保持社会安定团结起到了积极作用。

(二)核心价值观融入法治的创建时期(1978~1997年)

改革开放之后,随着社会主义市场经济的充分发展,社会产生了正反两个方面的影响:一方面,随着物质条件的逐步改善,绝大多数人对精神层面有了更高的追求;另一方面,多种经济成分并存,社会生产生活关系日益多样化、复杂化,社会贫富差距拉大,以权谋私现象以及社会各种违法犯罪增多,对社会价值取向造成了一定的混乱。无论在哪个方面,价值观问题日益成为社会普遍关注的问题,社会主义核心价值观融入法治也由此进入创建时期。

1. 扩大社会主义民主,初步创建以宪法为基础的社会主义法律体系

党的十一届三中全会明确提出了增强法制建设的重要意义,并提出了"有法可依、有法必依、执法必严、违法必究"的十六字方针。1978年3月,五届全国人大一次会议通过宪法修正案,恢复被撤销的人民检察院,国家司法机关也逐步趋于正常化,1978年5月正式成立最高人民检察院,1979年9月司法部也正式挂牌成立。全面构建和完善国家法律制度,相继制定并通过了《刑法》《刑事诉讼法》等一批基本法律规范,特别是1979年7月1日五届全国人大二次会议一次性通过7部法律规范,为世界瞩目,也让国际社会看到了我国法制建设的决心和行动。强化社会主义法制教育、民主教育及纪律教育等,借助法制教育的发展,法学教育和法学研究也逐步全面恢复,为我国法制建设和法制人才培养奠定了制度基础。

2. 加强精神文明建设,将社会主义核心价值制度化、规范化

1986年9月,随着党中央制定的《关于社会主义精神文明建设指导方针的决议》的出台,社会主义精神文明建设的主体地位和具体措施得以明确:坚定共同理想、团结人民,发扬社会道德新风尚;开展法制教育、民主教育及纪律教育,提高和普及文化知识;充分发挥马克思主义的精神引领作用和党员的榜样作用。文件明确了建设的基本方针:其内容必须能够实现社会主义现代化建设,必须契合改革开放政策和促进改革开放,必须坚持四项基本原则;文件还明确了建设的根本任务:为了实现社会主义现代化,需要培养有理想、有道德、有文化、有纪律的"四有"公民,从而提高全体国民乃至中华民族整体的思想道德素养和科学文化素质。

3. 制定并实施了维护社会主义道德风尚的法律法规

涉及社会公德和社会基本秩序的法律主要有1991年颁布的《未成年人

保护法》、1996 年颁布的《老年人权益保护法》、1986 年颁布的《治安管理处罚条例》《民法通则》；涉及职业道德方面的法律主要有 1995 年颁布的《法官法》《检察官法》《人民警察法》、1993 年颁布的《教师法》、1996 年颁布的《律师法》；涉及婚姻家庭道德方面的法律主要有 1980 年颁布的《婚姻法》、1985 年颁布的《继承法》；涉及社会诚信道德的法律有 1986 年颁布的《民法通则》等。这些法律的颁布实施，为维护社会道德、职业道德、家庭道德和个人道德构筑了制度屏障。

（三）核心价值观融入法治的拓展时期（1997~2012 年）

党的十五大以后，党中央明确提出坚持依法治国与以德治国相结合，把"法制建设与道德建设紧密结合起来"。党的十六大总结了德治和法治的治理特征，将德治与法治充分结合起来，作为建设社会主义制度的基本经验和必要坚持，将依法治国纳为治国理政的重要方略和政治文明范畴，并将核心价值观作为法治的重要内容，法治建设由此迎来了新的发展时期。2006 年 3 月至 2011 年 10 月，我们党先后提出"八荣八耻"的社会主义荣辱观和"建设社会主义核心价值体系"的重大命题，同时明确核心价值体系的关键、中心及内核为社会主义核心价值观。党的十七大进一步指出，"社会主义核心价值体系是社会主义意识形态的本质体现"；党的十七届六中全会强调，社会主义核心价值体系是"兴国之魂"，要推动文化大发展大繁荣，根本任务是要建设社会主义核心价值体系。至此，核心价值观融入法治进入"拓展"阶段。

1. 核心价值体系和法律体系在不断丰富中融创发展

1999 年九届人大二次会议将"依法治国"理念正式写入宪法，使依法治国方略有了根本法、最高法的保障。党的十六大提出应当注重法治、人民主体地位和党的领导三个抓手并驾齐驱、有机结合，通过法治实现治理能力和执政能力的提升。党的十六届四中全会通过的《中共中央关于加强党的执政能力建设的决定》在全面分析时代背景、人民需求和社会发展路径的基础上，对党的依法执政作了系统论述，并明确了执政要求和基本内容。十届全国人大二次会议在《宪法》中加入"保障人权"的条款，党的十六届六中全会首次提出"社会主义核心价值体系"。党的十七大报告明确社会主义意识形态的基本要求和本质体现是社会主义核心价值体系，同时强调应进一步加快实现法治国家的进程。在 2011 年召开的十一届全国人大四次会议中，时任全国人大常委会委员长的吴邦国宣布我国社会主义法律体系已经形成。党的十七届六中全会将社会主义核心价值体系置于“兴国之魂”的地位,并对其内容进行了明确界定。由此,核心价值体系和法律体系在融创中得到了实质性拓展。

2. 构建和谐社会的价值目标融入依法治国新阶段的法治实践

党的十六届四中全会明确了和谐社会的目标,也为该阶段法制建设指明了方向,起到了引领性的作用。[1] 第一,确立了“依法治国、执法为民、公平正义、服务大局、党的领导”的法治理念,强调“依法治国”是核心内容,“执法为民”是本质要求,“公平正义”是价值目标,“服务大局”是重要使命,“党的领导”是根本保障。第二,为适应社会发展和经济建设的需要,通过或修改完善了一些部门法律,形成与构建和谐社会相适应的法律体系。第三,党的执政活动在宪法和法律的框架内进行。“依法执政”是国家治理能力提升的重要体现,在党的十六大中首次被正式确定。党的十六届四中全会也对依法治国的关键问题进行了明确和强调,即党组织和党员必须严格遵循法律规定和法律程序,通过法律手段合理、合法地行使执政权力。[2] 第四,构建公平权威高效的司法制度。2007 年我国对司法制度进行了全面改革,通过对当时司法机构配置进行优化,明确司法机关的权责义务,进而实现司法机关分工负责、互相配合、互相制约的良性运行状态。第五,注重保护弱势群体,实现社会公正。2005 年全国人大常委会作出《关于修改〈中华人民共和国妇女权益保障法〉的决定》,2008 年又修订通过《残疾人保障法》,确保妇女儿童、残疾人能够客观、充分、平等地进行社会活动、参与社会生活,共享社会物质文化成果,从而推进社会公正的实现,夯实构建和谐社会的深厚根基。

3. 社会主义荣辱观丰富了社会主义法治观的科学内涵[3]

2006 年,以“八荣八耻”为内容的社会主义荣辱观简洁明了地表达了公

---

[1] 党的十六届四中全会将“民主法治、公平正义、诚信友爱、充满活力、安定有序、人与自然和谐发展”确定为构建和谐社会的目标。

[2] 《中共中央关于加强党的执政能力建设的决定》指出:“实施依法治国基本方略,关键在于中国共产党必须依法执政,各级党组织和党员领导干部必须按照法律规定的范围、程序、内容和手段来行使执政权力。”

[3] 社会主义荣辱观是胡锦涛于 2006 年 3 月 4 日下午在第十届中国人民政治协商会议第四次会议的民盟、民进联组会上发表的“关于树立社会主义荣辱观”的讲话中提出的,内容是:以热爱祖国为荣,以危害祖国为耻;以服务人民为荣,以背离人民为耻;以崇尚科学为荣,以愚昧无知为耻;以辛勤劳动为荣,以好逸恶劳为耻;以团结互助为荣,以损人利己为耻;以诚实守信为荣,以见利忘义为耻;以遵纪守法为荣,以违法乱纪为耻;以艰苦奋斗为荣,以骄奢淫逸为耻。

民社会行为的伦理要求和评价标准,将社会主义的道德观和法治观进行了有机统一。社会主义法治合理、正当与合法的内在依据,社会主义法治价值的彰显、精神的追求、原则的体现、法理的来源,无不与社会主义道德息息相关;同时,法律制度和规范本身也体现出道德的法治化要求。社会主义荣辱观对良法创制的价值,是将广大公民应引以为荣的行为和要求上升为法定义务,将被认为耻辱的行为用禁止性规范加以约束。

(四)核心价值观融入法治的定型时期(2012 年至今)

党的十八大报告用 24 个字 12 个词,从国家、社会、个人三个层面对核心价值观进行倡导,[1]是对社会主义核心价值观的最新概括和高度凝练。紧接着,党的十八届三中全会和四中全会分别通过了关于深化改革和全面依法治国的两个决定,[2]对不断维护党的领导核心地位,充分保障人民当家作主的权利以及不断深化改革推进依法治国,从而实现三者有机统一发挥了重要作用,也为核心价值观融入法治建设奠定了坚实基础。之后,中共中央颁发《关于培育和践行社会主义核心价值观的意见》和《关于进一步把社会主义核心价值观融入法治建设的指导意见》两个规范性文件,标志着核心价值观融入法治建设进入成熟定型时期。

1. 社会主义核心价值观融入依规治党实践,为融入法治提供政治引领和示范

中国共产党在强调制度治党的同时,也十分重视思想建党,既注重依规治党,也结合以德治党。因此,在修改党章,制定党内有关规则、条例,形成党内事务有关规定时,均日益强调社会主义核心价值观的融会贯通。随着党内法规调整范围的逐渐扩大和完善,核心价值观在从严治党和建党管党领域发挥的作用越来越重要。修改后的党章对我国处于社会主义初级阶段、基本路线与四项基本原则的阐述,对民主政治、先进文化以及和谐社会的分析,对武装力量、民族关系以及和平外交政策等论述,无不体现出核心价值观的价值

---

[1] 党的十八大报告倡导在国家层面要“富强、民主、文明、和谐”,在社会层面要“自由、平等、公正、法治”,在个人层面要“爱国、敬业、诚信、友善”。

[2] 这两个决定分别为《中共中央关于全面深化改革若干重大问题的决定》和《中共中央关于全面推进依法治国若干重大问题的决定》。

取向。[1] 同时,对党的干部必须信念坚定、为民服务、勤政务实、清正廉洁等要求方面,更是体现了核心价值观个人层面的道德要求。此外,《中国共产党廉洁自律准则》《中国共产党纪律处分条例》从党员应当遵守的纪律底线方面对党员践行核心价值观提出了要求:思想道德上,要求党员干部要立德,要坚定信念,廉洁自律,保持优良作风;实践行动中,要求党员干部身清气正,不逾矩、不踩线,围绕党纪戒尺列出负面清单,对违背核心价值观言行的党员干部作出处分。比如,对违背社会公序良俗的给予纪律处分;[2]对严重违反社会公德、家庭美德的给予警告、开除等处分[3]等。党的纪律检查机关在公布腐败案件案情时,也会公布腐败官员"败坏社会主义道德"的所作所为,道德约束成为评价与惩治腐败的重要标尺。之后,全党组织开展了一系列党的群众路线教育实践活动,[4]目的是要让党员干部从精神上回归最初的本心,[5]进行理想信念的自我武装。

2. 社会主义核心价值观引领科学立法、民主立法、依法立法,提升立法质量

2011年中国特色社会主义法律体系的形成,解决了有法可依的立法数量问题,但法律体系好不好以及立法质量是否得到充分保证,仍有待时间的检验。良法是善治的前提,充分体现核心价值观的良法是善治的充分保障。面对信仰缺失、诚信危机等现实社会问题,用法治的刚性保障社会主义核心价值的主导地位,用核心价值观引领立法,成为现实状况下的必然选择。2018年5月,中共中央出台《社会主义核心价值观融入法治建设立法修法规划》,要求各级立法机关要以社会主义核心价值观指导法律法规的"立改废

[1] 修改后的党章对于我国处于社会主义初级阶段、基本路线与四项基本原则的阐述,对于民主政治、先进文化、和谐社会的分析,对于生态文明、武装力量、民族关系以及和平外交政策等的论述,无不将核心价值观中"富强、民主、文明、和谐"的国家层面价值目标和"自由、平等、公正、法治"的社会层面价值取向体现得淋漓尽致。

[2] 《中国共产党纪律处分条例》第153条规定,违背社会公序良俗,在公共场所、网络空间有不当行为,造成不良影响的,给予警告或者严重警告处分;情节较重的,给予撤销党内职务或者留党察看处分;情节严重的,给予开除党籍处分。

[3] 《中国共产党纪律处分条例》第154条规定,有其他严重违反社会公德、家庭美德行为的,应当视具体情节给予警告直至开除党籍处分。

[4] 2015年开展"三严三实"专题教育,2016年开展"两学一做"学习教育,2019年开展"不忘初心、牢记使命"主题教育。

[5] 参见温红彦等:《坚决打赢反腐败这场正义之战——党的十八大以来反腐败斗争成就述评》,载《人民日报》2017年9月18日。

释”，制定的法律法规要求符合核心价值观。近年来，社会主义核心价值观逐步深度融入立法修法，如《老年人权益保障法》的修改，回应了空巢老人老无所养、老无所依的现象；《英雄烈士保护法》的制定紧密联系核心价值观和崇尚英烈的理念，强调树立捍卫和关爱英雄烈士的良好风尚。而且，从中央到地方立法机关对一些不符合社会主义核心价值观的法律法规逐步进行审查、清理直至修改或废止，如 2013 年全国人大作出废止劳动教养法规的决定，我国劳教制度自此退出历史舞台；在地方上，自 2015 年设区的市享有立法权以来，省、市两级立法机关在涉及核心价值观等领域的地方立法中作出了积极努力，如设区的市围绕城乡建设与管理，出台了一些民生类的法规，如物业服务及管理、市容市貌管理等条例，不断优化社会治理，促进社会和谐和发展。同时，不断完善立法体制和立法审查机制，为核心价值观入法入规提供有力组织和机制保障，强化了公共政策的“良法”品质。从立项阶段加强符合核心价值观的项目选择，到起草阶段的立法质量评估论证，到修改审议阶段的价值评判标准，再到立法后评估以及加强事后的备案审查等环节和制度的设立，各个环节对合理性和适当性予以审查把关时，往往把社会主义核心价值观作为评析判断的依据。

3. 将社会主义核心价值观融入执法司法，以善治促进公正、文明、和谐

在执法司法环节中把握好社会主义核心价值观，是善治的重要保证。为促进公平，“同案同处”的执法标准被各级行政执法机关执行；为保证公正，政府在制定涉及网络安全、交通安全、消防安全等主要行政管理领域的处罚标准时，尽量追求科学合理，避免经验主义和情绪主义的错误；为促使创新，不断加强行政执法的精细化，利用先进技术手段构建新型的执法机制。司法机关通过严格公正司法，不断回应社会公众对社会主义核心价值观的关切。一是在实体方面，重点查处一批案件保障公正司法，如为解决诚信缺失的问题，重点打击网络诈骗犯罪、发挥征信制度效能破解案件执行难问题；为强化司法公正，集中清理纠正冤假错案，让群众感受到公平正义；为保护英烈名誉，维护英烈名誉的民事公益诉讼制度提供有力保障。二是在程序方面，加大保障力度增强司法权威。如对司法机关依法制发保护令和告诫书，及时保护受害者的切身合法权益不受继续侵害，核心价值观在执法司法的全过程得到充分彰显和践行，有效提升了司法公信力。三是深化体制改革，提高司法效率和定分止争的实效。通过推行办案流程信息、裁判文书以及执行信息的公开，深化公开力度；通过推行“智慧法院”和“智慧检察”建

设、推进电子诉讼、巡回审判、远程视频审判等做法，不断减轻当事人诉累。通过加大适用小额诉讼程序及简易程序等的力度，实现案件的繁简分流，提高司法效率；通过多元化纠纷解决机制，引导和鼓励对当事人进行诉前调解，逐步形成人民调解、诉讼调解等各类调解相辅相成的格局，提升案件办理的社会效果；全面开展刑事检察、民事检察、行政检察、公益诉讼检察，加大社会公益的维权力度，推动核心价值观全方位融入法治。

4. 将社会主义核心价值观融入公民守法，促进法治社会和社会治理体系建设

在全面依法治国的时代主题下，社会主义核心价值观为推进公民守法发挥出强大动能，进一步提升了全民的法治意识，进一步加强了全社会的法治理念。首先，领导干部带头学法、模范学法，把法制宣传教育融入落实到教育体系中。其次，通过对法律的宣传、贯彻和实施，将核心价值观全面融入公民守法领域。无论是 2017 年通过的《民法总则》，还是 2020 年通过的《民法典》，其宣传、贯彻、实施的全过程始终贯彻坚持弘扬社会主义核心价值观，成为社会主义核心价值观融入守法领域的重要阵地和载体。同时，注重将核心价值观融入社会治理体系，通过规范行业组织，引导社会组织，完善行业规则来提升公民道德。最后，加大对重点领域的社会信用惩戒力度，促使公民诚实守信，带动全社会营造良好的法治环境和诚信氛围。实践经验表明，将核心价值观融入法治社会建设，有利于社会的和谐、稳定，有利于推进国家治理体系和治理能力现代化。

二、研究背景

中共中央办公厅、国务院办公厅 2016 年印发的《关于进一步把社会主义核心价值观融入法治建设的指导意见》和 2018 年中共中央印发的《社会主义核心价值观融入法治建设立法修法规划》明确提出了一体推进践行社会主义核心价值观与建设法治国家的总体思路，勾勒了核心价值观融入法治建设的重点任务和路径，社会主义核心价值观融入法治建设展现出新的时代特征与现实意义。

首先，社会主义核心价值观融入法治建设的基本理念更加明确。历史经验和实践表明，社会主义核心价值观的确立与培育，与中国特色社会主义法治建设的发展历程同频共振。将核心价值观融入法治建设是中国共产党在领导全面依法治国的过程中，不断探索、砥砺前行的最新理论成果。与此同

时，将核心价值观融入法治建设过程，还存在相关概念不够清晰、内涵不够科学、外延不够周延的问题，顶层设计和配套制度不够完善，亟须在新的时代条件下予以解决和完善。习近平总书记明确提出"要用法律来推动核心价值观建设"，[1]党中央对核心价值观全面融入法治建设进行了专题部署，并将弘扬社会主义核心价值观作为实现"法治中国建设"总目标的基本原则之一，在理念上实现了核心价值观融入法治、从"局部"到"全面"的重大变革。[2]

其次，核心价值观融入法治建设的目标任务更加周延。核心价值观融入法治建设经历了一个从自在到自为、从自发到自觉的过程。党的十八大以来，党中央立足于充分发挥中国特色社会主义制度的整体效能，提出了社会主义核心价值观全面融入法治建设的目标任务。一是健全和完善保障市场经济健康有序发展，将核心价值观的价值理念注入《民法典》的精神内核，推动各市场主体有序依法开展经济活动，自觉践行诚实守信的价值观。二是完善社会主义民主政治制度，从制度上保证社会主义价值导向。把核心价值观融入法律立改废释全过程和司法权力运行全流程，让人民群众在每一个案件中感受到公平正义。三是建立健全社会主义文化制度，弘扬中华优秀传统文化，发挥先进文化的育人化人、涵养道德的功能，营造诚信友善的文化氛围。四是健全社会保障制度，以保障和改善民生为重点，推动建立标准化、均等化、法定化的基本公共服务体系，建立更加公平普惠的基本医疗服务体系，通过社会组织立法规范和引导各类社会服务组织的良性发展。五是保障生态文明建设，把生态文明建设落实到制度和法律中，制定环境保护等方面的法律法规，倡导全民勤俭节约的消费观念和生活习惯。六是把道德要求通过立法程序转化为刚性约束，引导形成良好的社会秩序。制定保护英雄烈士荣誉名誉的专门法律，倡导崇尚英烈的高尚价值追求；完善失信惩戒相关法律制

---

[1] 《习近平：把培育和弘扬社会主义核心价值观作为凝魂聚气强基固本的基础工程》，载《人民日报》2014年2月26日，第1版。

[2] 中央先后下发了《关于进一步把社会主义核心价值观融入法治建设的指导意见》《关于培育和践行社会主义核心价值观的意见》，强调法律法规是推广社会主流价值的重要保证。要把社会主义核心价值观贯彻到依法治国、依法执政、依法行政的实践中，落实到立法、执法、司法、普法和依法治理的各个方面，用法律的权威来增强人们培育和践行社会主义核心价值观的自觉性。注重把社会主义核心价值观相关要求上升为具体法律规定，充分发挥法律的规范、引导、保障、促进作用，形成有利于培育和践行社会主义核心价值观的良好法治环境。

度,健全诚信褒奖机制和失信惩戒机制;推进移风易俗,倡导文明新风,引导和推动全民树立文明观念。核心价值观融入法治的目标任务,体现了党和国家推进治理现代化的时代要求,实现了核心价值观全面系统融入法治的创新转化和时代发展。

再次,核心价值观融入法治的政策指导更加有力。把社会主义核心价值观融入法治建设,既能发挥出社会主义核心价值观的治理效能,也能为依法治国提供良好的社会道德土壤。《关于进一步把社会主义核心价值观融入法治建设的指导意见》从“重要意义和总体要求”“推进社会主义核心价值观入法入规”“强化社会治理的价值导向”“用司法公正引领社会公正”“弘扬社会主义法治精神”等方面对核心价值观融入法治建设作出全面部署,这充分表明社会主义核心价值观是建设社会主义法治的内在要求。该意见总结了党的十八大以来积极运用法治思维和法治方式,带领人民建设社会主义核心价值观的成果经验,从思想道德基础的治理高度,提出了切实发挥法治的规范和保障作用,推动践行社会主义核心价值观的总体要求。2018 年 5 月,中共中央印发《社会主义核心价值观融入法治建设立法修法规划》,表明社会主义核心价值观融入法治建设进入立法阶段,走向规范化和法治化。这标志着社会主义核心价值观在法律法规顶层设计的全过程得到贯彻践行,各项立法的价值观导向更加鲜明,也更加凸显社会主义核心价值观对立法的引领作用。只有坚持党对社会主义核心价值观入法入规建设的绝对领导,才能充分发挥核心价值观涵养法治精神、保障良法善治的德治功能。

此外,核心价值观融入法治的人民意志更加彰显。社会意识要转变为社会力量,需要通过法律赋权。如果法律制度不能真正体现人民意志,那就只能变成有名无实的东西。[1] 从历史来看,社会主义核心价值观凝结着全体人民共同的价值追求,这些价值追求需要转化为社会力量,需要法律的赋权,需要通过法律设置明确的权利义务规范而得到真正实现。社会主义核心价值观所蕴含的各项权利观念、各项社会共同意识,需要通过社会主义法治建设得到实质转化,成为社会力量。2018 年 3 月 11 日十三届全国人大第一次会议通过宪法修正案,在《宪法》第 24 条中增加“国家倡导社会主义核心

[1] 参见胡仁智:《社会主义核心价值观融入法治建设的时代意涵》,载中国社会科学网,https://baijiahao.baidu.com/s?id=1655682759399341103&wfr=spider&for=pc,最后访问日期:2023 年 4 月 28 日。

价值观”。这不仅是坚持依法治国与以德治国有机统一的重要举措，也是推进社会主义核心价值体系建设的必然要求。宪法是一个国家法治精神最集中的表达，承载着一个国家的核心价值理念。纵观近现代宪法发展史，虽然不同发展阶段和不同文化类型下，各个国家的宪法呈现出明显的差异性，但无不是凝结和承载着各个国家和民族最根本的价值体系，这从根本上塑造和影响了国家意识形态的构建和发展。可以说，我国现行宪法是社会主义核心价值观最为完整的表达，是人民意志的集中彰显。

最后，核心价值观融入法治的机制保障更加有力。随着中国特色社会主义迈入新时代，我国立法机关将核心价值观有机融入立法的全流程、各环节。2015 年以来，在全国人大制定或修改的法律中，近 1/10 的法律直接以社会主义核心价值观内容为基本参照。[1] 进入新时代，我国的立法体制更加完善。随着“法律委员会”更名为“宪法和法律委员会”，由党中央统一领导，多级并存、多类结合的立法权限划分体制得到建立健全，极大地推动了核心价值观分层次入法入规，也为社会主义核心价值观融入法律的立法审查提供了组织基础和制度保障。各类相关法律的规定共同形成了立法备案审查的系统架构，[2] 中央关于“加强备案审查制度和能力建设”“实现有件必备、有备必审、有错必纠”的要求，以及全国人大常委会关于“任何有立法性质文件都不能游离于备案审查之外”“对于审查建议做到件件有处理、有结果、有回复”的规定，为社会主义核心价值观深度有机融入法律法规的全过程提供了系统完备的立法审查制度框架，为德法共治解决社会热点和难点问题提供了有效机制保障。

从党中央倡导社会主义核心价值观以来，法学界关于核心价值观入法的理论探讨逐步深入，不乏存在一些认知层面的争议。为解决法律与价值之间的分合之争，西方法学家和马克思主义经典作家均提出了许多理论建构，其经典论断虽不完全契合于我国法治背景，但也着实为我国法治实践中价值之融入提供了坚实的理论根基与实践路径。此外，社会主义核心价值观入法绝不能停步于社会意识形态的主导，也不强制以某种统一标准规范公民个人价值的选择，而应将一种宏观层面的主流价值观逐渐融入个人和社会生活之

---

[1] 参见肖北庚：《社会主义核心价值观入法入规立法审查机制的构建》，载《光明日报》2018 年 7 月 25 日。

[2] 主要包括《宪法》《立法法》《地方各级人民代表大会和地方各级人民政府组织法》《各级人民代表大会常务委员会监督法》。

中,使之“内化于心、外化于行”。学界的有关理论争议主要体现为以下几个方面。

(一)移植论还是本土论的认知分歧

社会主义核心价值观是西方普适的,还是中国本土的?这个论争实际上也是有关社会整体核心价值观是民族的还是世界的探讨,其本质之争是社会主义核心价值观与西方社会核心价值观是否存在根本区别。近年来,国际形势突变,以价值观为核心的意识形态较量逐渐取代军事等硬实力较量,成为阵营对抗的主流形式。部分西方资本主义国家力图向全世界,尤其对中国宣扬资产阶级的“普世价值”。[1] 有人谬言,社会主义核心价值观是中国推出的“普适价值”,当中的“民主、自由、平等”元素与西方宣扬的“民主”等意识形态很是相似,甚至将二者混为一谈。但绝大部分学者认为,社会主义核心价值观在社会性质和阶级属性、所有制、根本目的方面均不同于西方的“普世价值”,且二者之间的根本区别在于社会性质和阶级属性。[2] 吴向东认为,“社会主义核心价值观并不排斥或者否定人类共同的价值追求、现代社会的普遍价值”,但成为社会主义核心价值观基本内容的价值“必然要具有社会主义性质”。[3] 姜迎春强调通过拥抱“普世价值”来凝练、培育社会主义核心价值观,无异于缘木求鱼。[4]

正如马克思主义所指出的,人类社会各个阶段上的物质资料生产是法的现象历史发展的基础。法权绝不是孤立存在、超然于现实之外的抽象的神秘物,而是深刻根源于现实世界的运动过程,即法律以社会的物质生产关系为基础。作为上层建筑的社会价值观念不可能脱离其赖以生存的社会土壤,不同土壤所孕育的社会价值观即便名称相似,但实质内容必然具有不可通约性。社会主义核心价值观生长于社会主义的土壤中,社会主义构成核心价值观的“价值内核”和“内在本质”。有别于西方空洞的个人主义价值宣扬,社

[1] 参见石海兵、王苗:《改革开放以来社会主义核心价值观生成发展的基本过程与基本经验》,载《学校党建与思想教育》2021 年第 3 期。

[2] 参见凌胜银、胡志彬、陈茂霞:《决不允许用西方“普世价值”消解社会主义核心价值观》,载《红旗文稿》2017 年第 11 期。

[3] 吴向东:《社会主义核心价值观的若干重大问题》,载《北京师范大学学报(社会科学版)》2015 年第 1 期。

[4] 参见姜迎春:《社会主义核心价值观凝练的多维视角、分歧原因与争论焦点》,载《河海大学学报(哲学社会科学版)》2014 年第 2 期。

会主义核心价值是基于个人观念与社会共识的辩证统一，旨在通过具体实践推进理论落地，以人们生活水平的不断改善来说服民众认同社会主义核心价值观并加以践行。[1] 例如，社会主义核心价值观语境下的“富强”是以共同富裕为终极目标的富强观，“自由”是重集体、重社会维度下的自由观。[2] 因此，即使价值的名称近似或相同，也不得对西方价值观念不加批判地继受与移植；恰恰相反，核心价值观植根于中国的社会与文化土壤，浸润社会主义的精神气质，是对优秀传统文化和西方进步文化的扬弃与发展。

（二）单一价值论还是多元价值论之理论辨析

社会主义核心价值观是单一的，还是多元的，一定程度上取决于对“核心”二字的不同解读。这一点在核心价值观提炼过程中曾存在争议。主流观点将社会主义核心价值观归纳为国家、社会、个人三个层面的价值目标、价值取向及价值准则。[3] 部分学者曾将“核心”单一化地理解为“最重要”，强调核心价值观应当实现真正的核心，而当下的核心价值观过于冗长，不够“核心”，并未提炼出最为核心的要素。比如有学者曾质疑目前社会主义核心价值观的涵摄范围，认为“爱国”等价值观并不适合作为核心价值观，“民主、公正、和谐”才算社会主义核心价值观；[4] 有学者则不赞同将社会主义核心价值观分割为三个不同层面，认为这种分层实际上否定了核心价值观这一概念。[5] 实际上，大部分学者都认同核心价值观是多元而非单一的价值范畴，如陈金钊认为，核心价值实际上是指基本价值，而非几何逻辑意义上的“核心”，[6] 是价值观的核心区域。[7] 王久高认为，核心价值观中的“核心”

---

[1] 参见郑晶晶、曲建武：《社会主义核心价值观的意识形态考量》，载《学习论坛》2015 年第 11 期。

[2] 参见李文阁：《论社会主义核心价值观的形成、内涵与意义》，载《北京师范大学学报（社会科学版）》2015 年第 3 期。

[3] 参见李成斌：《论社会主义核心价值观对民事司法的影响》，载《法律适用》2018 年第 19 期。

[4] 参见韩震：《“民主、公正、和谐”体现了社会主义的核心价值追求——兼论社会主义核心价值观的凝练及其原则》，载《红旗文稿》2012 年第 6 期。

[5] 参见顾钰民：《深化社会主义核心价值观研究的几个问题》，载《中国特色社会主义研究》2013 年第 4 期。

[6] 参见陈金钊：《“社会主义核心价值观融入法治建设”的方法论诠释》，载《当代世界与社会主义》2017 年第 4 期。

[7] 参见陈金钊：《对法治作为社会主义核心价值观的诠释》，载《法律科学（西北政法大学学报）》2015 年第 2 期。

是相对于多元价值诉求中凸显出来的“核心”,是相对于“非核心”而言的“核心”。[1] 邱吉则认为,作为价值变迁中蕴含的基本规律,中西方的价值观均体现为“一个以核心为主导,辅之以多层面价值的价值体系”,绝不是“单一价值的独存”“多元观念的堆砌”。[2] 基于上述理论辨析,社会主义核心价值观是不同层面价值所形成的聚合体,诸价值之间并无明显的价值位阶,并非围绕某个单一价值所形成的核心体系;诸价值是融贯一致且相辅相成的,并构成社会价值观念体系的基本共识和核心区域。

(三)价值系统的封闭性和开放性之学术探讨

一些人对价值观体系存在一些误解,即认为价值观体系是一个封闭的系统,单个价值之间封闭无交流且价值体系对外也是封闭的。然而,正如恩格斯所提到的,社会主义社会本身就是不断发展、与时俱进的社会,并非一成不变的,那么作为社会产物的社会主义核心价值观同样不是封闭的体系,需经不断学习和深化,必然随着实践发展而不断发展且日益丰富,彰显其概念的包容性。江秋伟指出,价值具有变化性的特征,作为制度适用下的大多数人的社会共识,应当“赋予少数人以权利来对现有的价值体系提出诉求,防止大多数人的价值暴政”。[3] 为了推进生态文明建设,党的十九大报告提出在21世纪中叶建成“富强民主文明和谐美丽的社会主义现代化强国”,将“美丽”作为新时代中国特色社会主义思想和基本方略写入党代会报告。社会主义核心价值观的内涵虽然呈现为12个词语,但是核心价值观的范畴并未就此被“封印”,随着时代的发展,必要时应当与时俱进地吸纳其他价值,与“富强、民主、文明、和谐”价值一同出现在现代化建设重要目标的“美丽”正是社会主义核心价值观开放性的最强例证。“美丽”与其他核心价值一样,都是相互交融、相得益彰的价值范畴,是社会主义核心价值观的题中应有之义。[4] 人们的美好生活需要日益广泛,随着社会主要矛盾的变化,社会主义核心价值观应当体现其包容性和开放性,以接纳新的价值需求。

---

[1] 王久高:《社会主义核心价值观的生成与内涵》,载《中国特色社会主义研究》2014年第4期。

[2] 邱吉:《中国社会核心价值观的变迁》,载《中国人民大学学报》2015年第6期。

[3] 江秋伟:《价值的司法适用及方法——以法院适用社会主义核心价值观的案例为对象》,载《西安交通大学学报(社会科学版)》2019年第3期。

[4] 参见胡长生:《美丽社会主义核心价值观题中之义》,载《南昌师范学院学报》2018年第1期。

(四)绝对价值论和相对价值论之认知分野

不同于黑格尔将人类社会历史发展的基础归于“绝对精神”或“绝对观念”,恩格斯强调理论是不断发展的,而非“必须背得烂熟并机械地加以重复的教条”。[1] 部分学者认为,核心价值观的三个维度之间应当具有绝对界限,强调司法实践中应注意避免适用对象错位或不同层面的交叉适用。有学者指出,某法院在“谭某玉诉巴东县公安局处罚案”的判决书中,以国家层面的“和谐”价值观评价上诉人与第三人之间的打架行为,属于适用对象错位的司法实践行为。持相对主义观点的学者们则提出了不同见解。顾钰民强调,价值观自带“跨层面”的属性,他不赞同将社会主义核心价值观简单地划分为三个层面,他认为将某种价值观念局限于某一层面并不具备可行性,而且会造成理解上的困难。诚如杨登峰所说,“诚信”价值观被安排在个人层面,但并不代表不被适用于法治政府建设领域,相反,更重要的是“融入公务员诚信和政府诚信”。[2] 此外,学者普遍认为,社会主义核心价值观的相对性还体现在各价值之间的“相对和谐”,如陈金钊认为:“社会主义核心价值观是由一系列价值链构成的。各个价值之间既可能存在合作,也可能存在竞争。”[3]以此观之,正如强调普世价值的绝对性一样,绝对价值论因其客观性和确定性的基础缺失而难以成立,故应采用一种历史唯物主义的相对立场,既接受核心价值观的客观存在与历史变迁,又承认价值观念的主观意旨及相对性。

(五)传统价值还是现代价值之认知差异

部分学者就社会主义核心价值观与传统文化,以及传统价值观的“相处之道”提出两个担忧:核心价值观可否直接替换为新时代的传统道德观?社会主义核心价值观所涵盖的传统因素是否意味着非理性和愚昧?对此,一方面,学者普遍认为传统之所以成为传统,很大程度上恰恰是民众理性选择的结果。传统价值观和传统文化作为社会主义核心价值观的源泉、立足点和根基,为社会主义核心价值观提供思想资源并构成其“文化母体”。正如习近平

---

[1] 马克思、恩格斯:《马克思恩格斯全集》,人民出版社 1971 年版,第 681 页。.

[2] 杨登峰:《核心价值观“诚信”融入法治政府建设的几个问题》,载《南京师大学报(社会科学版)》2018 年第 5 期。

[3] 陈金钊:《“社会主义核心价值观融入法治建设”的方法论诠释》,载《当代世界与社会主义》2017 年第 4 期。

总书记所强调的，倡导社会主义核心价值观必须从传统文化中汲取营养。[1] 另一方面，传统价值观不可避免地存在局限性，需要经过创造性转换才能有效融入当下社会。社会主义核心价值观接续传统价值观的同时，也经历着超越与创新。诚如王泽应先生所言，核心价值观是经过升华与发展的现代化的主流价值观，是传统主流价值观创造性和创新性发展的产物，代表着对中国传统价值观的传承、超越与创新，是当代中国的主流价值观。[2] 吴向东认为，传统、现代二者间其实并不冲突，强调社会主义核心价值观根植于传统文化，并不意味着"回归"、"等同"或"取代"。[3] 社会主义核心价值观是在传统价值观的基础上"经过创造性发展的产物"，[4] 是对中华优秀传统文化的升华与发展。[5] 因此，传统与现代价值的二分并不适于概括和描述核心价值观的深刻底蕴和丰富内涵，既要看到核心价值观在共时维度上的现代性定位，又应了解核心价值观在历时维度上的传统积淀与超越。

（六）非正式规范还是正式规范之法理甄别

社会主义核心价值观是否属于规范？属于正式规范还是非正式规范？奥斯丁的"法律命令说"只强调法律规范的强制性，全然不顾法律规范的道义因素。凯尔森的"纯粹法学"意欲使法学摆脱诸如心理学、社会学、伦理学和政治理论等一切与之无关的规范外因素。[6] 韦伯更是将道德价值因素从形式理性中排除，将法律形式主义推向巅峰。哈贝马斯认为，"规范"与"价值"两个词汇是两个完全不同的向度，"规范"倾向于义务性规范，其要么有效，要么无效；而"价值"倾向于确定偏好关系，可以根据程度进行权衡与取舍。依照奥斯丁、凯尔森等人的观点，社会主义核心价值观作为确定性不够的价值已然被排除在规范范畴之外。与之不同，德沃金、阿列克西等人在承

[1] 参见《习近平谈治国理政》，外文出版社 2014 年版，第 170 页。
[2] 参见王泽应：《核心价值与民族魂魄——从中国传统价值观到中国特色社会主义核心价值观》，载《湖南师范大学社会科学学报》2015 年第 6 期。
[3] 参见吴向东：《社会主义核心价值观的若干重大问题》，载《北京师范大学学报（社会科学版）》2015 年第 1 期。
[4] 参见陈秉公：《传统价值观涵养社会主义核心价值观若干理论研究》，载《理论探讨》2016 年第 4 期。
[5] 参见管晓婧、任志锋：《社会主义核心价值观的本质意涵与培育路径——基于马克思主义"三种规定"的分析》，载《湖南农业大学学报（社会科学版）》2020 年第 6 期。
[6] 参见［美］E. 博登海默：《法理学：法律哲学与法律方法》，邓正来译，中国政法大学出版社 2004 年版，第 141 页。

认法律原则作为法律规范的地位和前提下,为价值的规范地位提供了现实可行的论证与说明。德沃金将狭义的原则理解为正义等价值理想的要求,并以社会妥当感和制度支持作为原则识别与规范认定的基础;受其影响,阿列克西在承认法律原则与法律规则不同的基础上,认为法律原则与价值是一回事,“它一会儿穿着义务论的外袍,一会儿穿着价值论的外袍”。[1]

核心价值观入法须以承认社会中存在多元规范类型为前提,目前多元化规范体系已经得到认可并成为当下及未来法学发展的长久趋势。刘作翔指出,凡是能够对人们的行为起到一种指引和约束作用的,都是一种规范。在法律规范以外,还客观存在多种不同的规范类型,它们性质不同,来源不同,作用的场域也各不相同。社会主义核心价值观的确能够对人们的行为起到指导和约束作用,且具备法律补缺作用,因而属于规范范畴;王娟认为,一方面,社会主义核心价值观“源于社会实践”,一经产生即具备“相对稳定性和广泛引领性”,可作为“内在价值尺度”“行为准则”发挥其社会规范作用。[2] 另一方面,社会主义核心价值观入法并不意味着认可“法”的多元化。于洋认为,社会主义核心价值观属于不成文法源类型,应根据核心价值观三个不同维度的内涵及表现形式判定其法源性质,再根据法源的正式与否确定其融入裁判依据或是说理依据,进而实现援引社会主义核心价值观的规范性,确保司法裁判的规范性与稳定性。[3]

总之,上述理论争议不仅有助于揭示社会主义核心价值观的丰富内涵,而且为核心价值观融入法治建设提供了必要的理论支撑与准备。

第二节 研究思路与总体框架

一、研究思路

本书立足于中国法治建设的历史使命与现实需求,旨在推动社会主义核心价值观融入法治建设的历程,实现国家治理体系、治理能力的现代化。为

---

[1] [德]罗伯特·阿列克西:《法理性商谈:法哲学研究》,朱光、雷磊译,中国法制出版社 2011 年版,第 213 页。

[2] 参见王娟:《社会主义核心价值观的生成逻辑、目标机理及其实践进路》,载《学校党建与思想教育》2021 年第 2 期。

[3] 参见于洋:《论社会主义核心价值观的司法适用》,载《法学》2019 年第 5 期。

此,有必要从党的路线方针政策出发,以社会主义核心价值观融入法治建设为基本主线,透过政治学、哲学、社会学、法学等跨学科的视角,采用价值分析、实证考察、系统分析、规范与对策研究相结合的方法,通过立法、执法、司法、守法的各环节的审视,深入探讨社会主义核心价值观为何要融入法治建设、科学诊断现阶段社会主义核心价值观融入法治建设所遇到的问题和挑战,并全面、系统地阐释社会主义核心价值观融入法治建设的内在机理。

二、总体框架

本书的总体框架采用“总—分”结构:首先解决为什么要融入、能否融入、融结点分布等基本原理问题,进而就立法、执法、司法、守法四个具体的法治环节分别展开论述。其中,以社会主义核心价值观转化为良法作为融入的起点,根据立法学原理阐述在面对社会利益冲突、制度形式逻辑、立法权分配与监督等重大立法问题时,如何运用社会主义核心价值观加以解决,使立法内容深植于核心价值观中,综合道德法律化、法律道德化等多重诉求间的张力,为法律的具体实施提供制度前提;同时,以社会主义核心价值观为指引,结合行政执法与司法审判规律,规范实施行政裁量权、司法裁量权,从而弥合法律文本与现实间的空白。国家机关的法律行为最终要得到人民的信服,需要善用社会主义核心价值观形成的个人内心信仰、先进人物示范、社会文化氛围营造等软性因素,以及结合法治形成的物质精神利益引导、强制力的规制等硬约束。因此,也就需要从理论上进一步提出如何实现全民守法的对策。

第三节　理论意义和实践价值

培育和践行社会主义核心价值观是以习近平同志为核心的党中央治国理政新理念新思想新战略的重要方面。将社会主义核心价值观融入法治建设,深入开展社会主义核心价值观和社会主义法治理念教育,更是习近平法治思想的重要内容。本书全面深入研究社会主义核心价值观融入法治建设的机理,共分为五章,涵盖了社会主义核心价值融入法治建设的重要意义、理论渊源、基本环节、具体方法,研究内容具有十分重要的理论意义和实践价值。

(一)理论意义

就理论层面而言,本书深入揭示了社会主义核心价值观融入法治建设背后的诸多根本性理论命题,如法律与道德、法的价值、法的文化等一般法理学问题在法治中国建设实践中的具体展开,回答了社会主义法治与资本主义法治的根本区别。这一研究有助于连接历史与现实、本土与西方,超越"西方中心主义",基于中国法治建设的独特经验,创造性地建立中国特色的法治话语体系和学术体系。

1. 阐明了社会主义核心价值观融入法治建设的基本原理及其内在机理

从社会主义核心价值观与法治建设的融贯性,社会主义核心价值观融入法治建设的文化结构、基本要求、规范化路径等方面,围绕坚持依法治国的刚性约束和以德治国价值导向在国家治理中的不可或缺,核心价值观建设在价值上引领法治建设,法治建设在制度保障上支撑核心价值观落地生根的内在统一关系,阐明了社会主义核心价值观融入法治建设的基本原理及其内在机理。

2. 丰富社会主义核心价值观与法治建设的科学内涵

本书不仅厘清了核心价值观的丰富内涵,还探究了核心价值观融入我国立法、执法、司法、守法环节的必要性与可行性,进而将核心价值观分解为社会主义法治建设的法律价值、基本原则、规范要求、融入方式等要素,进一步丰富了法治中国建设的主体预设、价值目标等方面的科学内涵。

3. 创新中国法治建设的话语体系

本书试图扬弃西方法学话语体系,承继中华优秀传统文化的方法论,以探究核心价值观融入法治建设的各个面向。将中国法治建设与当前历史条件、国际环境相结合,创新探索核心价值观融入法治建设的独特话语体系。

(二)实践价值

在全面推进依法治国、构建中国特色社会主义法治体系这一语境下,法治建设已经上升为国家层面的重要战略部署,那就是要从法治国家转型升级为法治中国、从法律之治转型升级为良法善治、从法律大国转型升级为法治强国。[1] 在建设法治中国的进程中,需要发挥道德建设对法治建设的积极作用。国家与社会治理的现代化要求"德法共治"。社会主义核心价值观则

[1] 参见张文显:《法治与国家治理现代化》,载《中国法学》2014 年第 4 期。

是构建新时代中国特色社会主义法治体系的道德根基和伦理诉求。

就实践层面而言，本书的研究内容具有鲜明的问题意识，针对当前一些法律实践对推动社会主义核心价值观建设还存在“保障不力、支持不足”的价值缺失问题，提出了行之有效的具体措施，系统性地回答了如何将社会主义核心价值观融入法治建设全过程；就研究内容及方法层面而言，面对社会主义核心价值观融入法治建设的宏大命题，本书采取了结构化、类型化分析，化繁为简，巧妙地将社会主义核心价值观类型化为权利化的价值观、义务化的价值观、作为法律原则的价值观以及作为法律目标的价值观，找准了核心价值观与法治建设的结合点，在观点上具有创新性。同时，本书内容做了大量实证研究工作，既有基于司法大数据的定量分析，也有基于典型个案的定性分析，由此能够推动社会主义核心价值观融入法治建设落实、落地、落细。

本书依循法治建设在内容与形式上的要求，立足社会主义建设的实践要求，特别是其间社会矛盾的转换、利益诉求的变化等特征，探索将社会主义核心价值观的根本要求分解到各个法治环节的具体举措，有利于呈现社会主义核心价值观的实践面向，即从“体—用”关系的角度，论证社会主义法治建设不光是抽象的规则逻辑体系，而应是有血有肉的服务新时期人民利益的实践。

1. 为社会主义核心价值观融入法治建设指明方向和具体路径

加强社会主义核心价值观对法治建设的融入，其目的是反对和抵制资本主义错误思潮的侵蚀和干扰。对核心价值观与法治建设的关系的厘清，能够在全社会进一步凝聚走中国特色社会主义法治道路的基本共识，在大是大非和原则问题面前高举旗帜、坚定立场，并为核心价值观融入法治建设全过程和各环节，提供切实可行的法律举措与对策。

2. 助力于推进国家治理体系和治理能力现代化

习近平总书记多次强调，法治是制度之治中最基本最稳定最可靠的保障，坚持全面依法治国是中国特色社会主义国家制度和国家治理体系的显著优势。[1] 本书对核心价值观融入法治建设的机理研究，不仅有利于坚持和完善中国特色社会主义法治体系，使之成为国家治理体系的骨干工程，而且

---

[1] 习近平：《推进全面依法治国，发挥法治在国家治理体系和治理能力现代化中的积极作用》，载《求是》2020年第22期。

有利于提升法治在促进国家治理体系和治理能力现代化方面的效能。例如,社会主义核心价值观融入科学立法、民主立法,能够集中解决法律体系中的空白地带和冲突点,整体解决各项“立改废释纂”的立法工作,有助于加快建立健全满足国家治理急需、人民美好生活必备的法律制度。

第一章　社会主义核心价值观融入法治建设的基本原理

社会主义核心价值观与法治的融贯性是将社会主义核心价值观融入法治中国建设的前提要件。在逻辑上,社会主义核心价值观与法治均主张规则之治,且都追求善政善治,二者具有结构上的一致性;在内容上,社会主义核心价值观与法治都是马克思主义中国化的具体实践,二者功能相似、结构互洽,价值要素相互涵摄;在实践中,社会主义核心价值观与法治中国建设的各个领域、各个环节和各个部分均能实现积极互动。这些特性决定了社会主义核心价值观与法治建设具有互融共通之可能。文化的多样性特征决定了法治建设亟须核心价值观的引领。文化传统内蕴的多元价值观念客观上会影响法律制度规范的生成及其运行效果,而在社会主义核心价值观的主导下,法律制度规范系统的调适又会重塑新的法文化样态。其中,法文化共识的规则调适功能及其"滤纸效应",既可为法律主体的行为选择提供客观的评判标准和价值尺度,又可为立法与司法之间的良性互动提供不竭的制度驱动力。

社会主义核心价值观融入法治建设的规范表现形态,可归结为规范之内法律之中的价值观,如权利化的价值与义务化的价值,作为法律原则的价值,以及作为法律目标的价值。就此而言,社会主义核心价值观并不是纯粹意义上的道德话语或政治话语,其在实践中彰显独特的法律规范涵摄功能:法律缺位时,社会主义核心价值观可作为执法和司法裁量的基准,彰显"规范填充"功能;在法律的争议和模糊地带,社会主义核心价值观可成为解释法律的实体理由,彰显"规范甄别"功能;在疑难案件的实质推理中,社会主义核心价值观可提供法律推定的前设规则,彰显"规范确定"功能;在某些"非法律地带",社会主义核心价值观可成为法律主体行为自觉的合法性依据,彰显

"规范导向"功能。社会主义核心价值观融入法治建设的规范化路径,重在有效防止司法裁判中"向一般条款逃逸",理性对待实践中的"司法倒推"等结果主义导向,关键在于终结价值循环、无限倒退等"明希豪森困境",在法律实施语境下通过社会主义核心价值观"反哺"立法。

第一节 社会主义核心价值观与法治建设的融贯性分析[1]

"融贯性"(coherence theory)在法学理论中的广泛运用源自美国法理学家德沃金在《法律帝国》中对"整全法"(law of integrity)的阐释。对于法律是否与道德、政治等无涉,道德、政治等是否可以渗入法律,西方国家存在对立的观点。但德沃金的"整全法"理论认为,法律与政治原则和道德原则要相符合,法律与道德可视为具有紧密联系的两个部分,法律与道德的融贯性被视为理想的法律体系的一种内在价值。在德沃金的理论中,虽然"融贯性"并不是一个内涵明晰的概念,但我们通常将"融贯性"等同于"一致性",即逻辑上的一致性(logical consistency)。更有学者认为:"融贯性是一个比纯粹的一致性更强硬的问题,融贯性比一致性有着更多、更为严格的要求。"[2]事实上,不仅一定的法律规范总是包含着一定的价值判断,在一定的法律体系之上,也总是受更为核心的价值观念指引。有学者认为:"融贯性是一个比纯粹的一致性更强硬的问题,融贯性比一致性有着更多、更为严格的要求。"[3]"社会主义核心价值凝结着法治中国建设的价值追求,是社会主义法治建设的灵魂。"[4]"将社会主义核心价值观融入法治建设,是完善中国特色社会主义国家与社会的治理体系、提升治理能力和治理水平的内在

[1] 本章主要撰稿者:龙彩云、曾林翊晨、付梦婷;指导老师:张义清。主要参考曾林翊晨:《社会主义核心价值观与法治的融贯性分析》,载《吉首大学学报(社会科学版)》2019年第1期。

[2] 关于"融贯性"概念理论争议的深入分析,参见侯学勇:《融贯性的概念分析:与一致性相比较》,载《法律方法(第九卷)》。

[3] 侯学勇:《融贯性的概念分析:与一致性相比较》,载《法律方法(第九卷)》。

[4] 《习近平:青年要自觉践行社会主义核心价值观——在北京大学师生座谈会上的讲话》,载《人民日报》2014年5月5日,第2版。

要义和必然要求。”[1]这一顶层设计的重要前提假设是社会主义核心价值观能够融入法治建设。为了证成这一前提假设,本部分内容以社会主义核心价值观与法治建设的融贯性为分析对象,从逻辑、内容与实践三个层面阐释二者间的互融共通逻辑,证成社会主义核心价值观融入法治建设的前提性问题。[2]

一、社会主义核心价值观与法治具有逻辑一致性

社会主义核心价值观融入法治建设的前提就是二者在逻辑结构上具有一致性。社会主义核心价值观与法治都是社会治理的重要工具,二者遵循同样的治理逻辑:就外部逻辑而言,社会主义核心价值观与法治都旨在建构一种社会规范,形成“规则之治”;就实质逻辑而言,社会主义核心价值观的治理与法治的治理都指向“善政善治”。[3]

(一)外部逻辑:规则之治

社会主义核心价值观是一种规范,而且是一种经过科学提炼、合理排序与结构善化之后的、旨在为国家、社会、个人提供行动指引的社会主义价值规范。所谓价值规范,是指对人们的价值取向、价值认同、价值选择、价值评价和价值践履等的规范。[4] 价值规范能够为人们提供一种日常行为方式的准据。社会主义核心价值观中的“富强、民主、文明、和谐”是对国家建设的整体性要求,是居于统领作用的价值规范;[5]“自由、平等、公正、法治”是对社会主义社会的基本要求,是相对具体的社会秩序规范;“爱国、敬业、诚信、友善”是对公民基本道德准则的要求,是评价公民行为选择的个人道德规范。社会主义核心价值观在外部逻辑上,就是一套全面覆盖国家、社会与个人的规则体系。这套规则体系的具体特点是:(1)社会主义核心价值观是“软”的规则,在将其融入“硬”的法律法规之前,并不具有强制执行力;(2)社会主义

---

[1] 江必新:《深化依法治国实践刍论》,载《法学杂志》2017年第12期。

[2] 曾林翊晨:《社会主义核心价值观与法治的融贯性分析》,载《吉首大学学报(社会科学版)》2019年第1期。

[3] 参见曾林翊晨:《社会主义核心价值观与法治的融贯性分析》,载《吉首大学学报(社会科学版)》2019年第1期。

[4] 参见孙正聿:《哲学通论》,吉林人民出版社、人民出版社2010年版,第69页。

[5] 参见吴贵春:《习近平弘扬社会主义核心价值观思想的三个维度》,载《安徽农业大学学报(社会科学版)》2018年第1期。

核心价值观是“精神”的规则，其对行为的规范作用要通过价值观教育、价值观宣传、价值观践行、价值观养成等，使社会主义核心价值观外化为人们的自觉行动；[1]（3）社会主义核心价值观是“总”的规则，居于社会价值规范体系金字塔中的顶端，在用其规范某一具体领域时，需要将社会主义核心价值观的具体要求融入该领域的制度规范。[2]

法是社会规范的重要形式，法治就是将符合一定价值规范的法律规则作为公共判断的核心标准和国家、社会与个人的行动准据。[3] 法治是“经过理性选择和契约规定而形成的治理，是以规则为基础的理性规制”。[4] 作为规则之治的法治是社会发展到现代才有的产物，这与传统意义上的“法制”或“德治”有着本质性的区别。无论是“以法治国”还是“以德治国”，都是一种工具主义的法治观，即将法律或道德作为治理工具。由于法律抑或道德只是工具，那么它们在地位上都是居于次要地位的，在功能上都是能被取代的。[5] 因此，“法制”“礼治”“德治”等治理方式都无法脱离“人治”的根本范畴。直到“以法治国”变为“依法治国”，在认识论层面，将法律从治理工具变为治理依据，才体现了从“人治”向“法治”的观念转向。法治在外部逻辑层面，体现为一种规则之治。[6] 其主要特点有：（1）法治的载体是具体的法律规则，包括宪法、法律及其他各类正式的与非正式的法律渊源；（2）法治要求国家的制定法在社会规范体系中居于统治地位，法治意味着社会生活的主要方面都受到普遍的而又至上的法律规则的治理，[7]在实践形式上，就是将宪法、法律至上作为社会治理的基本原则，这是法治区别于人治的根本特性；（3）法治的存在形式是“硬”的，即法治对应的是能够得到严格实施的法

---

[1] 参见杨苹苹：《试析新时代社会主义核心价值观融入法治政府的路径》，载《中共济南市委党校学报》2018 年第 4 期。

[2] 参见曾林翊晨：《社会主义核心价值观与法治的融贯性分析》，载《吉首大学学报（社会科学版）》2019 年第 1 期。

[3] 参见曾林翊晨：《社会主义核心价值观与法治的融贯性分析》，载《吉首大学学报（社会科学版）》2019 年第 1 期。。

[4] 亓同惠：《法治中国背景下的“契约式身份”：从理性规制到德性认同》，载《法学家》2015 年第 3 期。

[5] 参见张骐：《法治的“魂”与“形”——兼谈法治与德治的区别与关联》，载《华东政法大学学报》2018 年第 2 期。

[6] 参见曾林翊晨：《社会主义核心价值观与法治的融贯性分析》，载《吉首大学学报（社会科学版）》2019 年第 1 期。

[7] 参见杜宴林：《论中国法制现代化的现实关切与终极关怀》，载《法制与社会发展》2003 年第 3 期。

律程序与法律制度。[1]

社会主义核心价值观与法治的核心内涵都是规则之治。弘扬社会主义核心价值观与法治建设二者的外部逻辑都是将建构规则体系作为公共判断的标准，并通过规则指引社会主体的具体行为。这两种规则体系分别在不同领域同时发挥作用，社会主义核心价值观指引并规范社会主体的内在精神，而法治指引并规范社会主体的外在行为。两种规范体系具有逻辑的互洽性与规范领域上的互补性。这使将社会主义核心价值观融入法治建设具有可能性与该当性。[2] 习近平总书记在中央政治局就培育和弘扬社会主义核心价值观、弘扬中华传统美德进行第十三次集体学习时的讲话中指出："要按照社会主义核心价值观的基本要求，健全各行各业规章制度，完善市民公约、乡规民约、学生守则等行为准则，使社会主义核心价值观成为人们日常工作生活的基本遵循。"[3]习近平总书记的上述讲话阐明了社会主义核心价值观与法律制度等行为准则都是人们日常生活的基本遵循这一本质特征，同时也揭示了社会主义核心价值观与法治建设的外部逻辑具有一致性这一客观规律，并指出了社会主义核心价值观与法治建设互融共通的基本方式方法。[4]

（二）内部逻辑：善政善治

践行社会主义核心价值观，最终是为实现国家治理的终极价值——善治，即国家的长治久安、社会的稳定有序、人民的生活幸福。[5] 社会主义核心价值观涉及国家、社会和个人三个层面的价值要素：第一，"富强、民主、文明、和谐"等要素描绘了国家治理现代化的应然样态，即国家"大治"的图景和"善治"的状态；第二，"自由、平等、公正、法治"是对美好社会的生动表述，就是要实现自由发展、人人平等、民主法治、公平正义、诚信友爱、安定有

---

[1] 参见曾林翊晨：《社会主义核心价值观与法治的融贯性分析》，载《吉首大学学报（社会科学版）》2019 年第 1 期。

[2] 参见曾林翊晨：《社会主义核心价值观与法治的融贯性分析》，载《吉首大学学报（社会科学版）》2019 年第 1 期。。

[3] 《习近平：把培育和弘扬社会主义核心价值观作为凝魂聚气强基固本的基础工程》，载《人民日报》2014 年 2 月 26 日，第 1 版。

[4] 参见曾林翊晨：《社会主义核心价值观与法治的融贯性分析》，载《吉首大学学报（社会科学版）》2019 年第 1 期。

[5] 参见刘奇英：《社会主义核心价值观入法入规与惩罚性赔偿制度——以自由价值观为分析中心》，载《云南社会科学》2018 年第 2 期。

序、文明和谐的社会治理“善化”样态；第三，“爱国、敬业、诚信、友善”则是对个人精神风貌和行为准则的凝练，同时也体现了对法治社会公民良善风尚的价值追求。社会主义核心价值观通过对三个层面、十二个核心要素的集中表达，描绘了社会主义现代化国家、社会与公民的应然样态，揭示了国家治理现代化的价值内核。习近平总书记亦曾指出：“构建具有强大感召力的核心价值观，关系社会和谐稳定，关系国家长治久安。”[1]上述关于核心价值观的命题深刻揭示了社会主义核心价值观的治理逻辑是一种从国家、社会到个人层面的善治逻辑。[2]

法治的目标亦是实现国家治理的终极目标——善治。党的十八届四中全会提出“法律是治国之重器，良法是善治之前提”，将法治、良法与善治联系在一起。良法与善治彰显了法治的价值逻辑，即法治追求的目标并非仅是获得良法，而关键是通过良法之治实现“善治”。[3] 法治是“一种文明的精神”，[4]法治所要求的基本价值与创新机制本身就蕴含着“良善”的价值诉求。在历史上，人们从未放弃对“善政善治”的追求，历史上曾出现的如“文景之治”“开元盛世”等“天下大治”及“盛世”的局面不啻是中国古代社会治理的成功典范，史学家可能称之为“善治”。这种“善治”如何实现呢？答案仍是通过“善法”实现“善治”。随着经济社会的发展与国家社会治理水平的提升，“善治”的标准也在不断发生变化，当前社会经济条件下的“善治”就是社会主义现代化国家中治理体系和治理能力的全面善化状态。法治是“善治”之基，法治昌则“善治”兴，忽视法治、法治松弛只能走向“善治”的反面，这是法治的内在逻辑。[5]

社会主义核心价值观与法治的内在逻辑都是走向“善治”。“善治”之“善”，是一种价值诉求，在价值层面，法治的客观精神与社会主义核心价值观相一致，都体现“善”的价值指向。传统文化中“善性”价值也构成了支撑

---

[1] 《习近平：把培育和弘扬社会主义核心价值观作为凝魂聚气强基固本的基础工程》，载《人民日报》2014年2月26日，第1版。

[2] 参见曾林翊晨：《社会主义核心价值观与法治的融贯性分析》，载《吉首大学学报（社会科学版）》2019年第1期。

[3] 参见王利明：《法治：良法与善治》，北京大学出版社2015年版，第14页。

[4] 参见李德顺：《法治文化论纲》，载《中国政法大学学报》2007年第1期。

[5] 参见曾林翊晨：《社会主义核心价值观与法治的融贯性分析》，载《吉首大学学报（社会科学版）》2019年第1期。

中国法治主体性的要素之一。[1] “善治”之“治”,是一种治理模式和治理结果。在治理模式层面,善治要求良法之治,其实质就是通过将社会主义核心价值观融入法治建设,使良法之治成为治国理政的基本方式;在治理结果层面,法治与社会主义核心价值观都追求治理现代化,实现国家的长治久安、社会的稳定有序、人民的生活幸福。“善治”是社会主义核心价值观与社会主义法治共同的内在逻辑,这决定了社会主义核心价值观与法治建设能够相互融汇;“善治”之实现,需要在价值观念层面与具体制度层面共同推进,这决定了社会主义核心价值观应当融入法治建设。[2] 所以习近平总书记在主持中共中央政治局第三十七次集体学习时强调:“法律法规要树立鲜明道德导向,弘扬美德义行,立法、执法、司法都要体现社会主义道德要求,都要把社会主义核心价值观贯穿其中,使社会主义法治成为良法善治。”[3]

二、社会主义核心价值观与法治具有内容融通性

在具体内容层面,社会主义核心价值观与法治建设的内容都具有鲜明的文化属性和价值属性。[4] 二者在内容上的融通性主要表现为二者理论基础的同源性、结构功能的互洽性与价值要素的互涉性。[5]

(一)理论基础的同源性

社会主义核心价值观是马克思主义中国化的重要成果,是中国特色社会主义的有机组成部分。社会主义核心价值观是从价值层面对社会主义本质内涵的集中表达,它回答了建设怎样的国家、建设怎样的社会与培养怎样的公民三大基本问题,是通过中国特色社会主义实践总结、反思、凝练而成的人类社会发展规律:[6]第一,“富强、民主、文明、和谐”的价值目标是对“共产

---

[1] 参见李拥军:《中国法治主体性的文化向度》,载《中国法学》2018 年第 5 期。

[2] 参见曾林翊晨:《社会主义核心价值观与法治的融贯性分析》,载《吉首大学学报(社会科学版)》2019 年第 1 期。

[3] 《习近平:坚持依法治国和以德治国相结合 推进国家治理体系和治理能力现代化》,载《人民日报》2016 年 12 月 11 日,第 1 版。

[4] 参见李芳等:《社会主义核心价值观与法治文化建设关系研究》,载《西安政治学院学报》2016 年第 1 期。

[5] 参见曾林翊晨:《社会主义核心价值观与法治的融贯性分析》,载《吉首大学学报(社会科学版)》2019 年第 1 期。

[6] 参见曾林翊晨:《社会主义核心价值观与法治的融贯性分析》,载《吉首大学学报(社会科学版)》2019 年第 1 期。

主义”价值理想的生动描述。国家“富强”以实现社会“共同富裕”为前提条件,“民主”的实质内涵是“人民当家做主”,“文明”与“和谐”是人类社会进入高阶形态的应然样态。第二,“自由、平等、公正、法治”的价值取向是对马克思主义“全面自由、公平平等”社会思想的继承和发展。马克思主义的社会终极价值就是“人的全面自由与发展”,只有自由、平等、公正、法治的社会才能保障并促进人的自由和发展。第三,“爱国、敬业、诚信、友善”的价值准则是对马克思主义个人价值观的补充和完善。马克思主义认为个人价值只有通过社会价值才能实现,“爱国、敬业、诚信、友善”的价值观阐明了个人与国家、个人与集体、个人与他人、个人与社会之间的价值关系样态。总体而言,马克思主义指导思想是社会主义核心价值体系的灵魂。[1] 社会主义核心价值观体现了马克思主义唯物史观和辩证主义,是马克思主义中国化的理论成果之一。同时,作为一种价值理论,社会主义核心价值观构成了习近平新时代中国特色社会主义思想的重要组成部分。[2]

中国特色社会主义法治理论是中国特色社会主义的必要组成部分,[3] 是马克思主义法学与我国实践相结合的重大成果。[4] 其具体表现有:第一,法治建设坚持以人民为中心,坚持以人民为中心的思想是马克思主义中国化的本质。社会主义法治是“人民当家作主的规则之治”。[5] 法治建设“为了人民、依靠人民、造福人民、保护人民”,[6] 从马克思主义实践认识论的角度来看,这种法治就是以人民为主体、以人民为中心的马克思主义“民上”[7] 型法治。第二,法治建设坚持从中国实际情况出发。“法律的本质是一种地方性知识。”[8] 法治的直接目的是在人、社会、国家之间解决争议并

---

[1] 参见闫志民主编:《中国特色社会主义理论发展史》,人民出版社 2012 年版,第 543 页。

[2] 参见齐卫平:《习近平新时代中国特色社会主义思想:时代回应与理论功能》,载《理论与改革》2018 年第 5 期。

[3] 参见黄蓉生:《习近平社会主义核心价值观思想论析》,载《西南政法大学学报(社会科学版)》2018 年第 4 期。

[4] 参见王耀海:《继续深化马克思主义法学研究》,载《学习时报》2017 年 9 月 11 日。

[5] 参见李德顺:《认真面对具有时代性的真问题》,载《华中科技大学学报(社会科学版)》2018 年第 4 期。

[6] 参见习近平:《加快建设社会主义法治国家》,载《求是》2015 年第 1 期。

[7] 参见江国华:《新时代人民立宪观九论》,载《武汉大学学报(哲学社会科学版)》2018 年第 3 期。

[8] [美]克利福德·吉尔兹:《地方性知识:阐释人类学论文集》,王海龙、张家瑄译,中央编译出版社 2004 年版,第 273 页。

形成某种平衡。[1] 各国的基本国情不同,法治的具体形态也应有所不同。中国特色的法治建设从中国的实际出发,针对中国法治实践中出现的具体问题寻求解决策略。不照抄、照搬别国的经验、模式。第三,法治建设坚持中国共产党的统一领导。中国共产党是先进的马克思主义政党,党的领导是法治建设沿着中国特色社会主义道路推进的有力保障,是从实践中摸索、总结出来的法治建设经验。

社会主义核心价值观与法治在理论源头上,都是马克思主义中国化的具体实践,都遵循唯物、辩证的一般规律,具有方法论上的互通性与价值论上的兼容性,能够共同服务于社会主义现代化建设。[2]

(二)功能结构的互洽性

社会主义核心价值观与法治建设在内容上具有一定的融通性,还体现为二者结构功能层面的互洽性。践行社会主义核心价值观与法治建设在不同的领域发挥作用,但二者的具体功能存在共同的指向——实现中华民族伟大复兴的中国梦。相同的功能指向要求二者在结构层面必须实现互洽,所谓结构互洽就要求践行社会主义核心价值观与法治建设在构造层面要相互保障、相互制约。[3] 具体分析如下:

在功能层面,践行社会主义核心价值观与法治建设都是为追求国家富强、民族振兴、人民幸福的“筑梦之器”。二者功能的一致性主要体现为:(1)国家富强的最终目标。社会主义核心价值观指引我们实现国家、民族的复兴之梦,而法治中国建设的目标是实现“法治梦”。法治梦与中国梦一脉相承,法治中国是中国梦的有机组成部分。(2)民族振兴的最高理想。一个民族能否屹立于世界民族之巅在于其所创造的文明。社会主义核心价值观中提倡的“自由、平等、民主、法治”的社会,为我们描绘了一幅具有中国特色法治价值和当代中国精神的文明愿景。民族振兴不仅需要经济上的振兴,更需要制度上的振兴和文化上的振兴,最终使国家或民族的地位及人民的尊严屹立于世界之巅。法治是民族振兴和社会进步的重要基石之

[1] 参见王峰:《马克思主义法治理论中国化进程中的挑战与应对》,载《法律适用》2011 年第 2 期。

[2] 参见曾林翊晨:《社会主义核心价值观与法治的融贯性分析》,载《吉首大学学报(社会科学版)》2019 年第 1 期。

[3] 参见曾林翊晨:《社会主义核心价值观与法治的融贯性分析》,载《吉首大学学报(社会科学版)》2019 年第 1 期。

一。全面依法治国,正是要通过法治促进全民族文明愿景的实现。(3)人民幸福的朴素愿望。无论是国家富强还是民族振兴,其原旨都是人民对美好生活的向往。社会主义核心价值观是反映、引领和满足人民群众的物质和精神需求的最大公约数,也是最终为实现人民幸福的共同价值。[1] 而法治建设的最终目的也是实现并守护全体人民的幸福生活。法治通过承认并尊重人的主体性地位,规范并保障人的权利,促进人权的充分实现;法治的生活方式助推个人道德境界的提升,通过优化观念环境、内化法治精神的方式促进个人的发展;法治提供良好的社会环境与安定的社会秩序,为人民的幸福感护航。[2]

在结构层面,践行社会主义核心价值观与法治建设的行动结构具有互洽性:第一,社会主义核心价值观与法治相互补缺。法治的主要结构由严格的法律规范体系组成,这些法律规范直接作用于社会主体的行为;而社会主义核心价值观的主要结构由三个层面的价值规范组成,这些价值规范主要作用于社会主体的观念。没有价值观指引的行为是机械的,没有行为载体的价值观是空洞的,只有二者融合才能汇聚成社会进步的强大动力。践行社会主义核心价值观与法治建设各有侧重,但能够相互补阙、相得益彰。第二,社会主义核心价值观与法治相互制约。在法治国家,法律是国家与社会治理过程中的重要依据,道德评判要服从并服务于法律评判,不能用道德评判来影响甚至是取代法律评判,造成实践中的"双重标准"和"以德代法"的后果,从而危及社会的基本秩序和社会稳定。[3] 法治能够对道德观念起到约束作用。但法治亦需德育,法治不仅是"法律之治",还需要"良法善治"。历史证明,"恶法"从不长久,只有合乎理性、厚植道德基础的法律才能被更多人遵循。这是道德对法治的制约作用。第三,社会主义核心价值观与法治建设互为保障。法治是社会主流价值观的捍卫者。法治也需要新时代的社会主流价值观的指引,社会主义核心价值观是法治建设的核心目标、道德准则、核心使命。[4]

---

[1] 参见刘磊、朱志明:《社会主义核心价值观:引领、实现人民幸福的共同价值》,载《红旗文稿》2014年第21期。

[2] 参见曾林翊晨:《社会主义核心价值观与法治的融贯性分析》,载《吉首大学学报(社会科学版)》2019年第1期。

[3] 参见李德顺、余涌:《法治与"德治"》,载《广东社会科学》2003年第2期。

[4] 参见冯玉军:《社会主义核心价值观融入法治建设的要义和途径》,载《紫光阁》2016年第11期。

二者互为体用、相互支撑。[1]

（三）价值要素的互涉性

社会主义核心价值观与法治中国建设在内容要素上相互涵摄，二者之间体现出一种“你中有我，我中有你”的关系。社会主义核心价值观与法治的共性价值是人文精神，诸如民主、文明、和谐、自由、平等、公正、法治、诚信等理念，都是法治和社会主义核心价值观所共同承载的人文精神。[2] 其共性的价值要素包括以下几类。

1.“情感”与“理性”

社会主义核心价值观是凝聚了情感与理性的“元道德”。习近平总书记曾指出，核心价值观，其实就是一种德，既是个人的德，也是一种大德，就是国家的德，社会的德。[3] 社会主义核心价值观既包含着个人美德，也包含着社会公德和国家大德。社会主义核心价值观不是一般的道德，而是“元道德”：作为一种“间性的道德”，社会主义核心价值观与国家伦理、社会伦理与个人伦理在价值取向上具有高度一致性，体现了“情”与“理”的融合；作为一种“发展的道德”，社会主义核心价值观是“代表着现状的变革，代表着未来的那种道德”，[4]体现了开放、包容、发展的时代理性精神；作为一种“道德的道德”，社会主义核心价值观是一般道德与情理观念的评价标准，体现了对其他道德的总领和统摄作用。[5]

法治同样有“情感”和“理性”的成分。“法治之稳定在于情理之恒常。当法治挑战生活常理，则不能为社会所接受；不为社会所接受的法治必然缺乏正当性。”[6]在我国近年的法治实践中，“情感”与“理性”逐渐成为检验“实质法治”的重要标准。如“昆山反杀案”“于欢案”“郑州电梯劝烟案”

---

[1] 参见曾林翊晨：《社会主义核心价值观与法治的融贯性分析》，载《吉首大学学报（社会科学版）》2019 年第 1 期。

[2] 参见曾林翊晨：《社会主义核心价值观与法治的融贯性分析》，载《吉首大学学报（社会科学版）》2019 年第 1 期。

[3] 《坚定文化自信建设社会主义文化强国》，载《人民日报》2017 年 10 月 16 日，第 7 版。

[4] 参见马克思、恩格斯：《马克思恩格斯选集》（第 3 卷），人民出版社 1973 年版，第 434 页。

[5] 参见曾林翊晨：《社会主义核心价值观与法治的融贯性分析》，载《吉首大学学报（社会科学版）》2019 年第 1 期。

[6] 李拥军：《合法律还是合情理：“掏鸟窝案”背后的司法冲突与调和》，载《法学》2017 年第 11 期。

等,每逢出现公众意见与法学家意见、法官判决相左的情况时,人们都在自觉和不自觉地反思:法治何以回应民众最朴素的道德意愿和情常伦理。南京"彭宇案"中法官根据"日常生活经验"作出的分析缺乏"理性"与基本的情感认同,该判决终究被归到了"法治"对立面;"电梯劝烟案"中二审法院的改判虽然在规范层面存有争议,但因其"有温度、合情理",最终得到了社会公众的普遍喝彩。可见,情感、理性、道德仍然是中国社会秩序原理的重要诉求,[1]法治不能缺少德性意蕴与情理支撑。[2]

2. "权利"与"义务"

法治不是"义务之治",也不是"权利之治",而是权利与义务的"平衡之治"。权利、义务是法律关系的核心内容,在法治实践中也存在"权利主义"和"义务主义"两种价值观。"义务主义的价值观建构基础是社会一体化的要求与需要。"[3]"义务主义"价值观在奴隶制社会和封建社会治理中发挥了重要作用。到了资本主义社会,"权利主义"价值观得以显现并开始成为资本主义社会法治观的价值内核。但随着社会发展,形式法治视野下的"权利主义"价值观的弊端逐渐显现,单一的"权利之治"并不符合社会主义法治的内在需求和精神实质。中国特色社会主义法治观在承认"权利本位"的同时,亦应辩证地看待权利与义务的依存关系,须将平衡权利义务关系作为理性的社会调控方式。[4]

社会主义核心价值观同样体现出一种权利义务观。传统道德通过设定义务来调节社会主体间的关系,[5]社会主义核心价值观对传统道德的超越就在于其坚持了权利与义务的辩证统一关系。其中"富强、民主、文明、和谐"既是国家的建设目标,也是国家的基本义务;"自由、平等、公正、法治"等价值元素也从义务的维度描绘了政府社会治理的价值取向。国家与政府的义务同时体现为公民的权利,国家层面的价值目标与社会层面的价值取向都

---

[1] 参见杜宴林:《司法公正与同理心正义》,载《中国社会科学》2017 年第 6 期。

[2] 参见曾林翊晨:《社会主义核心价值观与法治的融贯性分析》,载《吉首大学学报(社会科学版)》2019 年第 1 期。

[3] 贺电、孙洪波:《法治:权利义务平衡之治》,载《广东社会科学》2014 年第 6 期。

[4] 参见曾林翊晨:《社会主义核心价值观与法治的融贯性分析》,载《吉首大学学报(社会科学版)》2019 年第 1 期。

[5] 参见刘风景:《社会主义核心价值观入法的理据与方式》,载《当代世界与社会主义》2017 年第 4 期。

是体现为人民追求幸福生活的权利。“爱国、敬业、诚信、友善”则是直接从义务角度对公民间关系进行调整的。总体而言,社会主义核心价值观以公民权利观为价值主线,兼顾了权利实现过程中所要承担之必要义务。[1]

3.“自由”与“秩序”

“社会主义核心价值就是在尊重自由的基础上实现以平等为特征的公平正义”。[2] 自由作为人类发展的最高追求,居于社会主义核心价值观诸要素中的基础性地位。社会主义的最终目的是实现人的终极自由,但法律文本层面的自由不能实质性改变被奴役的状态,[3]自由之实现离不开政治、经济、文化、社会等方面的基础。“富强、民主、文明、和谐”的国家与“自由、平等、公正、法治”的社会都是人类自由之前提。自由之实现,离不开新秩序的构建,社会主义核心价值观在解构传统文明秩序的同时,也体现了重构中国现代文明秩序的行动自觉。[4] 社会主义核心价值观就是要通过建立现代文明秩序来实现人类的终极自由。[5]

自由与秩序都是法治的核心价值,法治通过秩序的建构实现个人自由。法治以人类的自由解放为终极追求,法治不仅为自由提供法规范层面的保障,还体现为一种对自由和谐全面发展的关怀。法治同时强调“一种秩序、一贯性和恒长性”,[6]这也是自由的边界所在。正如孙中山先生所言,一个人的自由,以不侵犯他人的自由为范围,才是真自由。秩序是人类自由发展和延续的基本保障,法治在追求自由的同时,也要通过法律规范创制的形式为自由划定边界,促进新秩序的形成。[7]

---

[1] 参见曾林翊晨:《社会主义核心价值观与法治的融贯性分析》,载《吉首大学学报(社会科学版)》2019 年第 1 期。

[2] 李德顺:《关于价值与核心价值》,载《学术研究》2017 年第 12 期。

[3] 参见[法]雷蒙·阿隆:《论自由》,姜志辉译,上海译文出版社 2007 年版,第 17 页。

[4] 参见刘建涛:《社会主义核心价值观——重构中国现代文明秩序的时代自觉》,载《北京师范大学学报(社会科学版)》2015 年第 5 期。

[5] 参见曾林翊晨:《社会主义核心价值观与法治的融贯性分析》,载《吉首大学学报(社会科学版)》2019 年第 1 期。

[6] [德]弗里德利希·冯·哈耶克:《自由秩序原理》(上),邓正来译,生活·读书·新知三联书店 2003 年版,第 199 页。

[7] 参见曾林翊晨:《社会主义核心价值观与法治的融贯性分析》,载《吉首大学学报(社会科学版)》2019 年第 1 期。

第二节 社会主义核心价值观融入法治建设的文化结构分析[1]

2016 年 12 月 25 日,由中共中央办公厅、国务院办公厅印发并实施的《关于进一步把社会主义核心价值观融入法治建设的指导意见》明确提出了将社会主义核心价值观融入法治建设的顶层设计,用法治推动社会主义核心价值观建设的基本方略。2018 年 5 月中共中央印发的《社会主义核心价值观融入法治建设立法修法规划》要求社会主义法律法规反映和体现社会主流价值;2018 年 9 月最高人民法院亦发布了《关于在司法解释中全面贯彻社会主义核心价值观的工作规划(2018—2023)》。在立法领域,如 2017 年 3 月 15 日第十二届全国人大第五次会议通过的《民法总则》开篇将“弘扬社会主义核心价值观”作为基本原则。2018 年 3 月 11 日第十三届全国人大第一次会议审议通过的《宪法修正案》则将“国家倡导社会主义核心价值观”[2]内容载入宪法文本。2018 年 4 月 27 日第十三届全国人大常委会第二次会议通过的《英雄烈士保护法》亦开篇阐述了“培育和践行社会主义核心价值观”的立法宗旨。[3] 在我国近年来的司法实践中,令人瞩目的“郑州电梯劝烟案”“广东佛山香蕉案”“狼牙山五壮士案”等案件审理所作出的裁判文书中均直接援引了社会主义核心价值观。有学者研究发现,近年来核心价值观在司法实践中呈现出适用主体多元、裁判类型复杂、援引的方式多样化等趋向。[4]

---

[1] 参见张义清、付梦婷:《社会主义核心价值观融入法治建设的文化结构分析》,载《法治现代化研究》2019 年第 4 期。

[2] 《宪法》第 24 条第 2 款规定:“国家倡导社会主义核心价值观,提倡爱祖国、爱人民、爱劳动、爱科学、爱社会主义的公德,在人民中进行爱国主义、集体主义和国际主义、共产主义的教育,进行辩证唯物主义和历史唯物主义的教育,反对资本主义的、封建主义的和其他的腐朽思想。”

[3] 《英雄烈士保护法》第 1 条明确规定:“为了加强对英雄烈士的保护,维护社会公共利益,传承和弘扬英雄烈士精神、爱国主义精神,培育和践行社会主义核心价值观,激发实现中华民族伟大复兴中国梦的强大精神力量,根据宪法,制定本法。”

[4] 参见廖永安、王聪:《路径与目标:社会主义核心价值观如何融入司法——基于 352 份裁判文书的实证分析》,载《新疆师范大学学报(哲学社会科学版)》2019 年第 1 期。

此外,在近两年来备受人们关注的“昆山反杀案”[1]中,公安机关的侦查活动在正确适用法律的基础上亦融入了社会主义核心价值观,由此使案件的处理结果产生了良好的示范效应等。[2]

法的正义即构成法的规范系统、价值观念和文化意识在最广泛的主体范围内具有的可接受性与可赞同性。以上案件之所以能引起社会的广泛关注,无非在于其中的个别行为明显逾越了人们内心深处“最低限度”的价值标准和认知界限,而人们就此在观念层面形成的“法文化共识”无疑构成当代中国法正义观的一部分。虽然现阶段法官在运用社会主义核心价值观对司法案例进行说理时,尚存在说理不透彻,道德、政治话语泛化,疑难案件中解释力不足等缺陷,但这些并不能掩盖社会主义核心价值观对司法的正面影响效果。“在司法个案中,当实质的价值判断与法律的形式逻辑相冲突时,一味导向形式逻辑并不具有天然的正当性”。[3] 司法者并非只是立法者价值判断的表达工具,作为非正式规范的社会主义核心价值观,当其发挥“过滤效应”时,就为司法增添了一道富有中国特色的情理底线,而这正是社会主义核心价值观融入法治建设的正当性所在。在此意义上可以认为,以“文化共识”的视角理解社会主义核心价值观,并在“文化—价值—规范”这一动态运行的结构系统中看待核心价值观对法治建设的影响,从强化文化共识的规则调适功能及其“滤纸效应”的角度为法律主体的行为选择提供客观评判标准和价值尺度,并为立法与司法之间的良性互动提供不竭的制度驱动力。法文化体系下,价值观与法治观互相影响,价值观甚至可能上升为法治观,把握主流价值是正确认识现代价值与传统价值抵牾与取舍的关键,而从非正式规范到正式规范,核心价值观的运用应保持理性与克制。[4]

[1] 昆山公安:《警务通报》,载昆山公安微警务网,https://mp. weixin. qq. com/s? __biz = MjM5Nzc2Njc0MA = = &mid = 2650599046&idx = 1&sn = 4d16fe88a47a238a8d14660b46ffdd40&chksm = bedcbdbd89ab34ab0949b87bd605af73db35c1d75ad110c9b029b5b5582fd4ab37d0c77ff8b8&token = 1225665777&lang = zh_CN#rd,最后访问日期:2023 年 4 月 28 日。

[2] 参见张义清、付梦婷:《社会主义核心价值观融入法治建设的文化结构分析》,载《法治现代化研究》2019 年第 4 期。

[3] 劳东燕:《价值判断与刑法解释:对陆勇案的刑法困境与出路的思考》,载《清华法律评论》2016 年第 9 期。

[4] 参见张义清、付梦婷:《社会主义核心价值观融入法治建设的文化结构分析》,载《法治现代化研究》2019 年第 4 期。

一、作为当代中国“文化共识”的社会主义核心价值观

社会主义核心价值观作为当代中国多元文化价值诉求的最大公约数亦具有开放性的特征。从实质上说，社会主义核心价值观是一种融合习惯、道德和政策于一体的文化共识，其虽包含道德元素却不等同于道德，虽包含政策元素但不等同于政治意识形态。[1]

（一）社会主义核心价值观是当代中国文化的价值凝结

“文化”是人类独有的社会学特征，不同于其他生物通过遗传与进化来适应环境变化，文化为人类营造了后天学习的行为范本，其延续不但使人类获得了应对自然环境的经验，同时也创造并维系了社会环境，而文化的社群性更是使其成为区分此民族与彼民族的基准线。“对于一个社会、一个群体或一个人来说，文化是借助内聚力来维持身份认同的连续过程”。[2] 文化的基本核心包括传统观念，其中以价值观念尤甚，然而“并不是所有的文化都可以形成具有整合价值意蕴的凝聚力的，只有完成主体性建构和不断实现现代化转型的文化才可以”。[3] 也就是说，“在文化体系中价值观念理应处于核心地位，而处于核心地位的价值观又必须体现经筛选后能够凝聚民族时代精神的轴心文化”。[4]

社会主义核心价值观是在当代中国文化的根基下形成的。越是久远的民族文化，其现有法律文化模式的深层结构内核就越复杂，文化的传承性特点使得社会主义核心价值观必然对传统文化有所表达，但其同时也是对社会发展价值变迁的回应。就承继传统文化而言，以核心价值观中的“和谐”价值为例，《左传·襄公十一年》有载“如乐之和，无所不谐”，这种和谐观逐渐发展为具有丰富内涵的文化思维，“人闲桂花落，夜静春山空”表达了人与自然的天人合一；“君子和而不同，小人同而不和”是一种人际交往的和谐；“老

---

[1] 参见张义清、付梦婷：《社会主义核心价值观融入法治建设的文化结构分析》，载《法治现代化研究》2019年第4期。

[2] [美]丹尼尔·贝尔：《资本主义文化矛盾》，严蓓雯译，江苏人民出版社、人民出版社2010年版，第36页。

[3] 张鑫：《文化软实力与经济硬实力发展的不平衡：表现、影响及对策》，载《湖湘论坛》2018年第4期。

[4] 张义清、付梦婷：《社会主义核心价值观融入法治建设的文化结构分析》，载《法治现代化研究》2019年第4期。

吾老以及人之老,幼吾幼以及人之幼”则是社会层面的和谐;“吾日三省吾身”[1]的修身之道更是强调了个人内部的自我和谐。由外及内,由自然及个人,“和为贵”的文化使得中国人天生厌倦针尖麦芒的相处模式,以致“厌讼”的法律情绪在今天也未能完全消除。除“和谐”价值外,社会主义核心价值观中的“文明”“公正”“诚信”“友善”等价值都可以在传统中国社会找到原始文化基因。然而,在法治建设中,传统文化与当代法律文化亦有诸多冲突之处。[2]

就价值变迁而言,儒家文化中的法所据系以“家族”为基本单位的义务本位,而非以“个人”为基本单位的权利本位。以“自由、民主”价值为例,梁漱溟曾描述,倘若你给一个旧中国人说自由,得到的反应不是冷漠得很,就是吃惊得很,中国人“个个都是顺民,同时亦个个都是皇帝”,[3]当其关门于室时于老婆孩子而言即是皇帝,出得门来遇事随和讲究“吃亏哲学”便又成了顺民。正是由于这种在家族事务中享有部分自由与民主,而在政治生活中缺乏自由与民主的文化环境,使传统中国人“未尝自由,亦未尝不自由”,“一面有几分民主,一面却断送了政治”。[4] 然而,“自由”、“民主”与“法治”作为社会主义核心价值观中的重要价值早已被当代国人接受和认可,并且延伸出新的释义,即在社会主义法治体系下“自由”的边界是无损社会公共利益,而“民主”意味着人民当家作主,“法治”则包括科学立法、严格执法、公正司法与全民守法。曾经传统文化表达不足甚至未曾表达,从而不得不西学东渐的舶来产物,经过社会转型的涤荡于今已有了新意涵。总而言之,“随着中国社会由传统向现代转型,中国传统文化和传统价值观也必然发生转换”,[5]社会主义核心价值观不是对传统文化的完全回归,而是以中国特色社会主义为蓝本,依傍当代中国的文化语境,提供的价值传承与创新。[6]

---

[1] 以上关于和谐的古诗词文依次引自《鸟鸣涧》《论语 · 卫灵公》《孟子 · 梁惠王上》《论语 · 学而》。

[2] 参见张义清、付梦婷:《社会主义核心价值观融入法治建设的文化结构分析》,载《法治现代化研究》2019 年第 4 期。

[3] 梁漱溟:《中国文化要义》,世纪出版集团、上海人民出版社 2011 年版,第 66 页。

[4] 梁漱溟:《中国文化要义》,世纪出版集团、上海人民出版社 2011 年版,第 22 页。

[5] 吴向东:《社会主义核心价值观的若干重大问题》,载《北京师范大学学报(社会科学版)》2015 年第 1 期。

[6] 参见张义清、付梦婷:《社会主义核心价值观融入法治建设的文化结构分析》,载《法治现代化研究》2019 年第 4 期。

社会主义核心价值观是价值的观念凝聚。应明确的是"价值"不等同于"价值观","价值是指主客体之间的客观关系状态;价值观念才是对这一客观状态的主观认识或表达",[1]所以"社会主义核心价值观"虽然由12个具体"价值"构成,但不能认为核心价值观就是12个价值的简单罗列,社会主义核心价值观是由一系列的价值链构成的,它是诸多价值的内在凝聚与有机融合,单一的价值元素或许有其独一无二的客观意义,但无法成为独当一面的观念武器。如"富强"是国家层面的价值目标,但为追求"富强"价值而放弃"诚信""法治",则必然有悖于社会主义核心价值观。具体来讲,又如法律虽然鼓励商事行为的达成,但为达成交易而行"欺诈""胁迫"抑或有违"公序良俗"之举则必然会被禁止。所以,在社会主义核心价值观融入法治建设的进程中,片面地将目光聚焦于某单一价值易走向狭隘的错误,社会主义核心价值观的融贯性即在于它是诸多价值元素经过主体再认识后的观念凝聚,在运用中或许有侧重但不应有割裂。同时,应认识到核心价值观并非一成不变的僵硬价值体系,随着社会生活的改变与发展,社会主义核心价值观必然会在24字大框架下发生内部细节上的演变与更新,这些都是"单一价值"熔融为"价值观念"的题中应有之义,即从动态发展的视角观察,社会主义核心价值体系是一个开放的而不是一个封闭的价值体系。[2]

(二)社会主义核心价值观作为当代中国"文化共识"之定性

在谈论"社会主义核心价值观融入法治建设"时,首先应对社会主义核心价值观作定性分析。一种有代表性的视角是将"社会主义核心价值观"等同于"道德",问题从而被转化为"道德"如何融入"法治"的问题。如"社会主义核心价值观融入法治建设"是一个方法论命题,它要处理的是厘清法律与道德等价值的关系,[3]又如,"把社会主义核心价值观融入法治建设总体框架是以德治国的一个重要方式"。[4] 2016年12月,"两办"出台《关于进一步把社会主义核心价值观融入法治建设的指导意见》,指出"把社会主义

---

[1] 李德顺:《关于价值与核心价值》,载《学术研究》2007年第12期。

[2] 参见张义清、付梦婷:《社会主义核心价值观融入法治建设的文化结构分析》,载《法治现代化研究》2019年第4期。

[3] 参见陈金钊:《"社会主义核心价值观融入法治建设"的方法论诠释》,载《当代世界与社会主义(双月刊)》2017年第4期。

[4] 莫纪宏:《法安天下 德润人心——把社会主义核心价值观融入法治建设》,载《中国特色社会主义研究》2017年第5期。

核心价值观融入法治建设,是坚持依法治国和以德治国相结合的必然要求,是加强社会主义核心价值观建设的重要途径",更是让"社会主义核心价值观"与"道德"的联系有了官方背书。应明确,社会主义核心价值观的确有其不可否认的"道德"意涵,但"价值观"终究不是"道德观","价值观融入法治"建设的难点与焦点在于"法治与德治"的平衡,但不能因此忽视"价值观"与"道德"的差异,从而模糊了文化价值观与道德的结构差异。[1]

另一种有代表性的视角则是将"社会主义核心价值观"推演为"公共政策",例如,认为社会主义核心价值观融入司法是"促使其从'政治话语'过渡到'法律话语'";[2]又如,将"法院判决时对社会主义核心价值观的援引"视为"司法裁判对公共政策的执行",[3]这种研究实质上是将"社会主义核心价值观"与"公共政策"画上了潜在等号,实则是对社会主义核心价值观的主体认识错误。中国社会价值体系的核心主体应当是全体中国人民,"这里要注意防止出现一种混淆或误解,把党的价值观直接等同于全国人民的共同价值观",[4]也即价值观在党的组织下凝练而成但不当然只属于党。不可否认,在党的十八大被明确提出的"社会主义核心价值观"具有一定的政策倾向性,但其本质还是立足于中国社会主义民族文化凝练出的价值共识的最大公约数,是从国家到社会再到个人三个层面的共同价值诉求。质言之,社会主义核心价值观是作为"核心主体"的全体中国人民对中国特色社会主义文化体系中价值观念的凝练与概括。[5]

在笔者看来,"道德"和"政策"都与"社会主义核心价值观"有着千丝万缕的联系,但不能全然等同于"核心价值观"。[6] 这里可以尝试从文化结构

---

[1] 参见张义清、付梦婷:《社会主义核心价值观融入法治建设的文化结构分析》,载《法治现代化研究》2019年第4期。

[2] 参见廖永安、王聪:《路径与目标:社会主义核心价值观如何融入司法——基于352份裁判文书的实证分析》,载《新疆师范大学学报(哲学社会科学版)》2019年第1期。

[3] 参见孟融:《中国法院如何通过司法裁判执行公共政策——以法院贯彻"社会主义核心价值观"的案例为分析对象》,载《法学评论(双月刊)》2018年第3期。

[4] 李德顺:《关于价值与核心价》,载《学术研究》2007年第12期。

[5] 参见张义清、付梦婷:《社会主义核心价值观融入法治建设的文化结构分析》,载《法治现代化研究》2019年第4期。

[6] 参见张义清、付梦婷:《社会主义核心价值观融入法治建设的文化结构分析》,载《法治现代化研究》2019年第4期。

体系[1]入手分析“社会主义核心价值观”的定性问题,如图 1-1 所示。

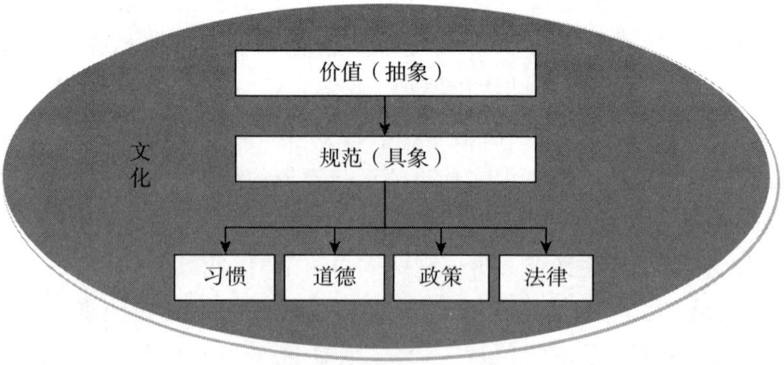

图 1-1 社会主义核心价值观的文化维度

在文化语境下,价值与规范具有不可分的联系。规范(广义)是文化的重要载体,它由习惯、道德、政策以及法律等形式表现。而价值则是社会公认关于什么是好的、所期望的以及正确的思想。价值与规范是文化的两个维度,价值是文化向上的抽象凝练,而规范则是某种价值向下的具象表现,更具体的规则表现为已形成的习惯、道德、政策与法律。在这一逻辑结构下,“价值决定着规范的内容”,[2]也即价值有统摄规范的作用。如当“经济高速发展”有好的评价时,社会规范对工业化伴随的经济活动外部性行为会放宽容忍度,有时甚至会默许一些难以避免的轻微外部行为;而当“绿色可持续发展”成为价值目标时,社会规范则会更苛刻地审视“废烟、废气、废水、噪声”等现象,如民间的舆论声讨,又或政府出台更严苛的法律法规以加强对环境污染的监管与规制。社会主义核心价值观是中国文化体系中“最大共识价值”整合后的高度凝练,故而对规范的内容有着当然影响力。也即社会主义核心价值观具有文化抽象共识性,这种文化共识不但包含了一定时期内被倡导的“习俗、道德以及意识形态”(而非单一地表现为道德要求或政策要求),并且可以对法律的内容产生影响,也即被当代中国社会广泛认可的习

[1] 本书关于“文化—价值—规范”结构体系的构建部分,参考自朱景文所著《现代西方法社会学》中对文化与社会、文化与规范以及文化与法相关内容的介绍。参见朱景文:《现代西方法社会学》,法律出版社 1994 年版,第 146~166 页。

[2] 朱景文:《现代西方法社会学》,法律出版社 1994 年版,第 149 页。

惯、政策、道德与法律，其本身就应该蕴含社会主义核心价值观的价值追求。[1] 在这一文化结构体系中，基于文化共识产生的社会主义核心价值观与法律有了明确的结构关系，它作为我国长期以来形成的“文化共识”，与凝结着最广大人民利益与福祉的“法治共识”之间存在“最大公约数”。徒法不足以自行，融入社会主义核心价值观的司法与执法有利于缓解制定法与社会实效之间的隔断，增强法律的教育功能，有利于加快促进有中国特色的社会主义法律文化的形成与完善。换言之，社会主义核心价值观的文化共识定性为其融入法治建设提供了合理性与正当性基础。[2]

二、社会主义核心价值观与法治互融共通的“文化—价值—规范”结构系统

从本质上看，社会主义核心价值观是老百姓自己的生活追求。法治作为社会主义核心价值观的要素之一，与其他要素之间存在密切的联系，是诸要素的重要保障。没有法治，其他核心要素就难以确立。核心价值观对法治建设的影响主要是在“文化—价值—规范”这一动态运行的结构系统中展开和实现的。文化传统内蕴的价值观念会影响制度规范的生成及其运行效果，制度规范系统的调适又会通过价值观念的反映重塑新的文化样态。就此而言，社会主义核心价值观既反映了当下人们对法治目标的价值追求，也体现为某些既定的法律制度规范，同时还表现为一定的法律秩序状态。[3]

（一）“文化—价值—规范”结构系统的生成

法治是“经过理性选择和契约规定而形成的治理，是以规则为基础的理性规制”。[4] 作为社会成员自觉的行为准则，为了“盖上社会普遍承认的印

---

[1] 笔者提出“文化共识”的定性，并非对核心价值观概念的泛化理解，否则将产生使其意涵倒退的负作用，相反是为了明确其内部结构，以求为核心价值观融入法治提供分析的着力点。

[2] 参见张义清、付梦婷：《社会主义核心价值观融入法治建设的文化结构分析》，载《法治现代化研究》2019 年第 4 期。

[3] 参见张义清、付梦婷：《社会主义核心价值观融入法治建设的文化结构分析》，载《法治现代化研究》2019 年第 4 期。

[4] 亓同惠：《法治中国背景下的“契约式身份”：从理性规制到德性认同》，载《法学家》2015 年第 3 期。

章”,[1]法治必须具备一定的德性准则;在价值层面,法治是“一种文明的精神”,[2]将社会主义核心价值观融入法治建设,即要从立法、执法、司法以及守法四个方面入手,以法治表现当代中国的主流价值观念,切实发挥法治的规范和保障作用,是让社会主义核心价值观落地生根的重要一环。有必要立足中国特色社会主义文化体系,在“文化—制度”结构的基础上,构建一个更为细致具体的“文化—价值—规范”结构,为社会主义核心价值观融入法治建设提供理论支持。在此之前,欲先引入社会组织结构理论作为后文结构搭建的理论储备,并厘清几个重要概念。[3]

社会群体有初级群体和次级群体之分,初级群体组成人数少,群体间无正式结构划分,成员间互动方式亲密、直接且私人化;而次级群体则具有正式结构,组织能够协调并调整成员活动。国家作为最大的次级群体,是某一地域内具有最完备正式结构的社会组织,而法律作为国家所颁布的社会控制工具,其正式性较之其他规范手段(习俗、道德、政策)更强,所以法律作为固定和保证组织正式结构的工具,是正式性规范。与之相对,以非正式规范控制调整非正式结构(初级群体)则更为行之有效,“关系紧密之群体的成员为管控自身的日常活动,一般会开发出一些非正式的规范,其内容为使该群体成员的客观福利最大化”。[4] 然而“法律—正式结构”与“非正式规范—非正式结构”互不干扰的绝对划分终究只是僵硬的学术设想罢了,[5]现代社会的运行规律表明,在任何组织中,再怎么高度科层化的正式结构也会存在建立于个人情感基础之上的初级关系,内含非正式结构。正是正式结构的不纯粹性使非正式规范有了进入正式结构从而影响法治建设的空间。[6]

质言之,社会组织结构分为正式结构与非正式结构,社会控制的规范可

---

[1] 马克思、恩格斯:《马克思恩格斯选集》(第4卷),中共中央马克思恩格斯列宁斯大林著作编译局译,人民出版社1972年版,第104页。

[2] 参见李德顺:《法治文化论纲》,载《中国政法大学学报》2007年第1期。

[3] 参见张义清、付梦婷:《社会主义核心价值观融入法治建设的文化结构分析》,载《法治现代化研究》2019年第4期。

[4] [美]罗伯特·C. 埃里克森:《无需法律的秩序:相邻者如何解决纠纷》,苏力译,中国政法大学出版社2016年版,第300页。

[5] 马克斯·韦伯将法律界定为由专长于社会控制活动的官僚强制执行的规范,科层制中官员间具有严格的职务等级,成员关系建立在没有个人感情色彩的次级关系之上,“公”“私”间理应界限分明,然而现实证明公私之间存在不可避免的交融。

[6] 参见张义清、付梦婷:《社会主义核心价值观融入法治建设的文化结构分析》,载《法治现代化研究》2019年第4期。

以相应分为“正式规范”与“非正式规范”,正式规范包括法律法规等可以作为法律渊源的规范性文件,而非正式规范则指人们在非正式交往过程中约定俗成的行为准则,包括习惯、道德与政策(意识形态)。基于以上概念,在“文化—价值”体系的基础上本书构建了如图 1-2 所示的“文化—价值—规范”的结构系统。社会主义文化体系凝结出社会主义核心价值观(此点已由图 1-1 证成,在此不作赘述),其通过规范作用于社会有三种途径:途径一即核心价值观作为非正式规范,充分表现在公民的日常习惯、道德标准以及意识形态中;途径二为社会主义核心价值观直接出现在正式规范中,即核心价值观通过立法活动固定于法律中,伴随法律作用于司法、执法,并被公民强制遵守,然而在该途径中核心价值观多表达了立法的价值倾向,在直接适用于个案时极易出现法律运行障碍;途径三则为社会主义核心价值观以非正式规范形态间接作用于法治建设,通过进入司法与执法程序,在个案裁判或执行中,以社会主义核心价值观为价值标准对案件进行评判,并通过个案的社会效果影响公民的守法观念。[1]

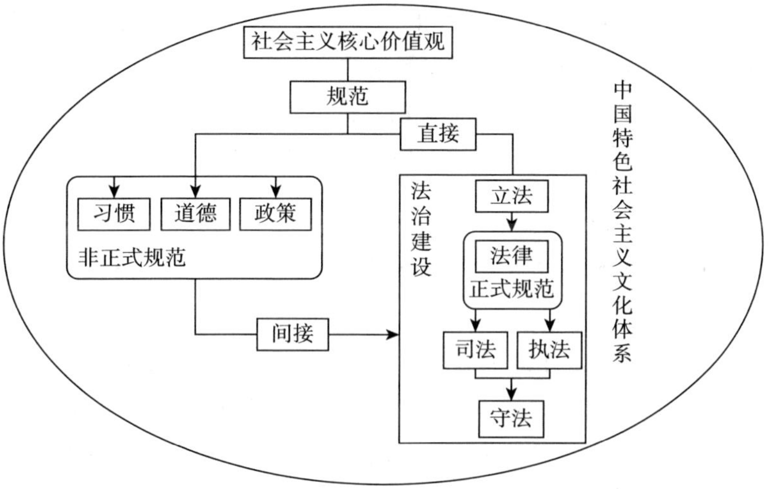

图 1-2　“文化—价值—规范”结构系统

前文对途径一已专门论述,在此不再赘言。就途径二中社会主义核心价值观直接作用于立法而言,例如,核心价值观入宪入典(《民法典》);又如,全

[1] 参见张义清、付梦婷:《社会主义核心价值观融入法治建设的文化结构分析》,载《法治现代化研究》2019 年第 4 期。

国人大常委会在《全国人大常委会2018年立法工作计划》中言明要“坚持将社会主义核心价值观融入立法”;再如,包括《英雄烈士保护法》《公共图书馆法》《规章制定程序条例》等在内的大量法律法规将社会主义核心价值观写进条文作为规则制定是否科学的衡量标准。价值决定规范的内容,而法律表达一定的价值,进入立法活动的社会主义核心价值观不仅是道德口号,也并非只为迎合政策风向。法是某些习惯的再制度化,是对共识习惯的成文固定,“它使习惯规范更准确,使人们有更少的机会对它们有不同的理解”,[1]法的道德性则体现了一个社会最低限度的文化要求,所以法律本身必然会表达一定的道德与习惯。[2]

但被写入序言或者原则性条款的社会主义核心价值观,其在正式规范中的表达更多的是为了指明法律的方向性,宣扬法律秩序的态度,一旦想真正运用于个案中时则易出现条文难以具体定位、直接援引说理不充分、向原则性条款逃逸等问题。这时途径三的间接补充与弥合作用就显得尤为重要了。法律具有局限性是不争的事实,首先法律总是滞后于社会发展,其次法律不能穷尽社会现象,最重要的是法律的侧重点必然有别于非正式规范,当所处理的社会纠纷出现现行法律也难以界定的价值取舍时(如问题焦点在于非正式结构产生的纠纷),此时社会主义核心价值观便可以在个案中以非正式规范的身份,间接作用于司法与执法,而司法与执法的示范作用可以引导公民守法,甚至信仰法律。[3]

(二)社会主义核心价值观与法治在“文化—价值—规范”结构系统中互融共通之可能

除了已经明显表达在法律中的社会主义核心价值观,笔者上文介绍了其以非正式规范融贯于法治的途径,但若其只停留在黑白框架间,则结构也只能沦为苍白的文字游戏。那么,作为社会主义核心价值观影响的非正式规范是否有融贯于法治,作用于司法与执法的现实余地呢？司法作为维护社会公正的最后一道屏障,是正式规范直接作用的场所,故本书将以价值观与司法

---

[1] 朱景文:《现代西方法社会学》,法律出版社1994年版,第135页。

[2] 参见张义清、付梦婷:《社会主义核心价值观融入法治建设的文化结构分析》,载《法治现代化研究》2019年第4期。

[3] 参见张义清、付梦婷:《社会主义核心价值观融入法治建设的文化结构分析》,载《法治现代化研究》2019年第4期。

的互动为侧重点，根据逻辑分析和已有案例，对社会主义核心价值观与法治的互融共通进行可行性验证。

应认识到，正式结构中总是嵌入了非正式结构。即便纠纷已进入了法院这一正式结构组织并默认由法律规则这一正式规范调整，但纠纷毕竟发生在人与人之间，相邻关系、婚姻关系、亲子关系等都让次级结构的运作主体（法院）不得不对初级关系作出评判。举一个简单的例子，当法官以商业习惯来填补不完整的合约时，实则就属于非正式规范进入司法控制的行为，所以正式与非正式规范之间的运用是流动而非僵化不变的。“不同的控制者还是能以无穷的方式将他们努力地结合起来，产生混合的社会控制系统”，并且“一位控制者可以有意执行另一位控制者的志向性陈述”。[1] 根据最高人民法院 2018 年 6 月印发的《关于加强和规范裁判文书释法说理的指导意见》的通知，裁判文书应该“发挥裁判的定分止争和价值引领作用，弘扬社会主义核心价值观”，并明确指出“如果没有最相类似的法律规定，法官可以依据习惯、法律原则、立法目的等作出裁判，并合理运用法律方法对裁判依据进行充分论证和说理”。在当事人关系特殊或无明确法律规范的疑难案件中，可以通过引入社会主义核心价值观发挥价值引领的作用，提高当事人对裁判结果的认可度，从而更好地平衡法律效果与社会效果。综上，正式规范与非正式规范的运用本就是流动的，在正式结构中无法规避的非正式关系为社会主义核心价值观融入司法提供了确定性基础，最高人民法院的《关于加强和规范裁判文书释法说理的指导意见》的指引作用又为法官们选择社会主义核心价值观进行释法说理提供了现实可行性基础。[2]

｜案例 1-1　广东佛山香蕉案｜

苏某将香蕉分给邻家幼童小覃，小覃又与已满 5 周岁的伙伴小曾分享香蕉，不想小曾因香蕉堵塞食管窒息而亡，随后小曾的家人以人身损害侵权为由，将小覃的爷爷覃某和邻居苏某告上法庭寻求民事赔偿。

该案的二审裁判文书以人身损害赔偿的认定标准为切入点，在过错认定上认为两个被告既非故意，也谈不上过失，因为已满 5 周岁的小曾已有独立

[1] [美]罗伯特·C. 埃里克森：《无需法律的秩序：相邻者如何解决纠纷》，苏力译，中国政法大学出版社 2016 年版，第 138 页。

[2] 参见张义清、付梦婷：《社会主义核心价值观融入法治建设的文化结构分析》，载《法治现代化研究》2019 年第 4 期。

进食香蕉的能力,而小曾对香蕉亦无过敏反应,所以被告覃某已尽合理注意义务,不存在疏忽或懈怠,幼童死亡属于意外事件。释法至此,其实已经在法律规范层面充分说明被告对小曾之死不负民事责任了,但本案之所以能够受到最高人民法院的褒奖显然是因为佛山中院的分析并未就此止步。法院在随后说理过程中进一步道:“最后,从民法的基本价值立场出发,民法应是鼓励民事主体积极地展开社会交往,如果将小孩之间分享无明显安全隐患食物的行为定性为过失,无疑限制人之行为自由,与过错责任原则的立法宗旨不符。”[1]本案当事人既是同乡也是邻里,这是一种初级社会关系。换言之,案件中分食香蕉的行为可能发生在任何渴望建立友好邻里关系的公民之间。对于本案来说,比起运用法律技术解释已经成熟的“过错责任”理论,更棘手也更迫切的目的是向社会传达“法律鼓励友好的邻里关系”——法律无意于对市民的友善交往行为指手画脚。然而,我们当然不能在《民法典》或者任何一部法律规范中找到对友好邻里关系的专门规定,如何打破这一技术障碍呢?社会主义核心价值观这一非正式规范此时就能发挥积极的补充作用,使一个普通案例从法律层面上升到了价值宣示层面。[2]

可见,继“南京彭宇案”之后,正处于法制健全化的中国社会不能再多承受一个“小悦悦”或“河南驻马店被二次碾压的温某霞”了。解铃还须系铃人,司法审判对核心价值观的迟钝和冷漠所导致的不信任应当通过司法审判自身去化解。局限于法庭之内机械适用的法律无法起到唤醒全民守法、全民信法的社会效果。法治建设需要司法在公正审判的同时向社会传达鼓励真善美、贬抑假恶丑的信号。[3]

三、文化结构系统中社会主义核心价值观融入法治建设之道

法治本身就体现为一种价值观。法治的价值和功能内蕴着社会主义核心价值观的本质属性。在中国特色社会主义法文化的结构系统中,文化共识的规则调适功能及其“滤纸效应”,既可为法律主体的行为选择提供客观评

---

[1] 蒋某燕、曾某诉覃某邱、苏某弟侵犯生命权、健康权、身体权案,广东省佛山市中级人民法院民事判决书,(2015)佛中法民一终字第1211号。

[2] 参见张义清、付梦婷:《社会主义核心价值观融入法治建设的文化结构分析》,载《法治现代化研究》2019年第4期。

[3] 参见张义清、付梦婷:《社会主义核心价值观融入法治建设的文化结构分析》,载《法治现代化研究》2019年第4期。

判标准和价值尺度,又可为立法与司法之间的良性互动提供不竭的制度驱动力。社会主义核心价值观的过滤效应能够在其与公正司法的融结点上发挥结构功能。它一方面通过直接进入立法影响法律规范,另一方面以非正式规范融入司法,通过连接立法与司法,社会主义核心价值观成为立法与司法互动的润合剂,发挥出互动功能。[1]

(一)文化共识的规则调适功能及其"滤纸效应"

仅凭"进入"二字描述社会主义核心价值观作为文化共识影响正式规范还是略显单薄,"过滤理论"或许可以提供一个更形象开阔的思维视角。"过滤理论"是相对于"疫苗理论"[2]被提出的法律效果评价理论。"疫苗理论"认为法律对社会的作用效果即预防与治疗,这种法律效果是单向的,即法律能够全面地规制社会活动并不被其影响;而"过滤理论"则认为法律的运作离不开一定的社会环境,它对人们的作用必然因社会环境的影响而得到修正。详言之,法律规则的制定再怎么细致入微,也无法编织出一张"无缝的网"以涵盖社会生活的方方面面,而大量法律以外的环境因素难免会对法官的判决产生影响,这种影响即社会环境对法律效果起到的过滤作用,也就是说,法律与社会之间是互动的,社会环境对法律有能动的反作用力。如果司法裁判无法达到绝对真空状态而必然受到社会环境的过滤作用,那么社会主义核心价值观充当这层"社会环境滤纸"无疑是符合其结构优势的便宜之举。也就是说通过核心价值观这块"滤纸",文化共识可渗透入司法,从而发挥其规则调适功能。[3]

司法的弹性即在于法律不是铁板一块,在司法实践中,"道德、习惯或意识形态"透过社会主义核心价值观这层滤纸审慎地渗透到个案判决中,首先可以为司法裁判的行径提供可依赖的观念路径。从成本投入的角度来看,社会主义核心价值观是凝练中国社会文化价值诉求的"最大公约数",国人对核心价值观所倡导的价值追求有着天然的亲切感,如提到"孝""悌""忠""义"等概念时会不约而同地认为它是好的、是美的,这种文化共识使得即使

---

[1] 参见张义清、付梦婷:《社会主义核心价值观融入法治建设的文化结构分析》,载《法治现代化研究》2019 年第 4 期。

[2] 参见朱景文:《现代西方法社会学》,法律出版社 1994 年版,第 208~210 页。

[3] 参见张义清、付梦婷:《社会主义核心价值观融入法治建设的文化结构分析》,载《法治现代化研究》2019 年第 4 期。

是缺乏法律素养的当事人也可以通过对价值观的认识很快理解某一判决结论。质言之,核心价值观本身就是一套行之有效的“默认规则”,而“默认规则的存在能够大大降低决策的成本”,[1]如“广东佛山香蕉案”中“友善互助”的价值就是法官在经验知识上能联想到的最便捷有效之选。对已有价值观念的引用,法官所花费的时间与精力成本绝对少于就个案去发现新价值的成本,故可以节约司法成本并提高裁判效率。[2]

从收益计算角度来看,社会主义核心价值观的引入可以提高公民对判决结果的接受度。中国人向来“讲理”,但这个“理”是“情理”大于“法理”,法理固然重要,然而在整个中国“人情社会”的文化背景下,对当事人以及对裁判予以关注的老百姓来说,通过对社会主义核心价值观的情理分析,无疑可以增加判决的说服力,提高裁判的接受度,甚至可以降低执行成本。而与此相反,偏离核心价值观的司法判决往往会引起舆论哗然,造成负面社会影响。更大的收益在于核心价值观对社会行为的潜在引导。基于司法裁判的公正性、权威性、终局性等特点,某一社会热点案例的关注与宣传程度远比常规广告的宣传效果更深入,且其具有广告宣传不具备的社会行为指引能力,实现“审理一案,教育一片”的社会效果。[3]

作为文化共识的社会主义核心价值观在发挥滤纸效用时,能够带着非正式规范的价值关怀对正式规范进行一些“微调”,这些调整可以使法律规则更精致,法治运行更流畅,甚至产生超越法律本身的社会实效。[4]

(二)法律行为与非法律行为之间的准据功能

作为滤纸的核心价值观还可以为评判法律主体的行为提供客观的评判标准和价值尺度。“没有评价,法律将寸步难行”。[5] 法律行为的评价,是

---

[1] [美]卡斯·桑斯坦:《选择的价值:如何做出更自由的决策》,贺京同等译,中信出版社2017年版,第15页。

[2] 参见张义清、付梦婷:《社会主义核心价值观融入法治建设的文化结构分析》,载《法治现代化研究》2019年第4期。

[3] 如最高人民法院发布的典型案例“北京某集团总医院申请执行陈某春医疗服务合同纠纷案”中,通过对病人霸占病床这一社会顽疾现象的处理,既弘扬了公序良俗,也为类似案例提供了操作范本。

[4] 参见张义清、付梦婷:《社会主义核心价值观融入法治建设的文化结构分析》,载《法治现代化研究》2019年第4期。

[5] See A. Alexy, *The Theory of Legal Argumentation*, by Ruth Adler and Neil MacCormick, Clarendon Press, 1989, p. 6 ff.

指依据法律法规对人们的法律行为作出肯定或否定的判断。法律行为是受法律调整并能产生法律后果的行为;非法律行为指不受法律调整、不发生法律效力或不产生法律后果、没有法律意义的行为。前者如房屋失火,消防警察接到报警后不施救则可能构成失职和违法的后果;后者如房屋失火,普通公民不施救的行为本身不违法,但并不具备合法行为的特征。[1] 以下是近年来人们关注较多的案例之一:

| 案例 1-2 |

江某是一名留学日本的女大学生,2016 年 11 月 3 日被杀害于其东京公寓门口。江某遇害时其室友刘某就在屋内,后被日本警方捕获的犯罪嫌疑人陈某某正是刘某的前男友,于是舆论的焦点便集中到刘某身上。根据披露的信息,案发前疑凶曾到公寓找刘某,当时二人发生口角,好友江某当时是为了帮刘某从前男友的纠葛中解围,才让刘某先回到室内,她则独自面对疑凶而后被残忍地杀害。案发时,刘某并没有出门施救,称当时“门打不开”。案发后,作为本案的重要证人,刘某在一些重要场合不是指证凶手为死者昭雪,而是在极力撇清自己与命案的关系,甚至在案发后一直回避与江某的母亲见面,其家人也与江母断绝联系。江母对刘某及其家人的行为十分愤怒,遂在网络上曝光了刘某的行径及其家人的相关信息。在舆论的压力下,刘某终于在江某被害一年多后与江母见面并向其“道歉”。

在上述案例中,刘某的行为不算违法行为,在法理上看,一项合法行为有其特定的内涵并有严格的界定,并非没有违反法律禁止性规定的行为都是合法行为,合法行为除了要符合法律规范、法律原则的规定之外,还必须符合法律的精神和价值,须是对社会有益、至少无害的行为,由此而成为法律所允许、认可并受到保护的行为。[2]

我们注意到,近年来社会中凸显的种种群体行为,一如社会群体事件中民众参与的心理就是多元化的,其中既存在基于合法的动机与目的而进行维权抗争的社会民众实施的行为,也存在属于典型的违法犯罪行为的“打砸抢”行为,同时还存在基于从众心理和好奇心的“群体无意识”(或称为“无犯

[1] 参见张义清、付梦婷:《社会主义核心价值观融入法治建设的文化结构分析》,载《法治现代化研究》2019 年第 4 期。

[2] 参见张义清、付梦婷:《社会主义核心价值观融入法治建设的文化结构分析》,载《法治现代化研究》2019 年第 4 期。

意的不法")行为等。对这些不同的群体行为,法律规范的导向亦应有所不同。就此而言,见死不救和群体无意识的不法行为显然属于非法律行为,法律一时间很难直接作出评价。但是对于此类具有负面色彩的"灰色行为"如果缺乏一个评判标准,则极易引发两种不良后果,其一,因法律没有评价而被公众漠视并不予评价,但这种"不予评价"实则也是一种潜在评价,极易助长"该行为法律都束手无策,便可任意为之"的心理;其二,在对行为主体不加限制的舆论声讨中陷入暴民狂欢,在大量碎片化信息快速传播的互联社会,道德可能被无休止地放大,酿成"道德私刑"从而"绑架"社会主体的行为。[1]

引导公众理性地评判非法律行为同样是法治建设的重要一环,因为对"灰色行为不是合法行为"的价值判断其实也是至关重要的,社会大众对事实行为的合法性评价通常反映了人们对法的样态的认识,体现了一个社会的法治水平。所以一个适当的评判标准显得尤为重要,它向公众宣示此类行为法律虽然没有过多干涉,但它一定不会被法律所鼓励,并且提醒公众以理性克制的态度在标准限度内评价灰色行为,而非过于激进地宣泄私人情绪。社会主义核心价值观作为我国当代国民文化共识和价值凝聚,正可为法律主体的行为选择提供客观评判标准和价值尺度,引导公民的守法心理。[2]

(三)立法与司法之间的互动功能

社会主义核心价值观一方面直接参与立法活动而成为法律的一部分,另一方面通过非正式规范的裁判运用而作用于司法,这就使立法与司法有了互动的空间。良好的立法与司法关系并非彼与此的绝对划分,而应当是有交流的,立法指导司法行为,而司法实践又能反哺立法活动。公正司法是衡量法律实效的重要指标,然而除了人为、体制以及环境等方面的因素外,在司法裁判中,所立法律本身也有可能影响法律实效。首先,可能存在法律缺位,立法的滞后性使法律面对日新月异的社会生活总有遗漏,法律表达不完全的现象时有发生;其次,已立法律不适用于现行社会,因社会环境的不断变换,过去订立的成文法条可能不再符合社会的实际发展水平;最后,立法质量不高导

[1] 参见张义清、付梦婷:《社会主义核心价值观融入法治建设的文化结构分析》,载《法治现代化研究》2019年第4期。

[2] 参见张义清、付梦婷:《社会主义核心价值观融入法治建设的文化结构分析》,载《法治现代化研究》2019年第4期。

致其可运用价值不高。司法既承接立法又直接面向社会,当立法与司法出现隔阂时,社会主义核心价值观就可依其得天独厚的文化共识优势,发挥互动调适功能。核心价值观加入司法可以避免法律条文陷入僵化而脱离社会的困境,为当事人预留出文化属人空间,同时促进立法与司法之间的有效沟通。[1]

以2016年发生的“狼牙山五壮士案”为例,狼牙山五壮士的两位后人因不满洪某快对两位英雄名誉权的侵害而将其告上法庭,虽然当时的《民法通则》第101条有对公民名誉权保护的规定,但显然承载着民族精神的英雄烈士的名誉权有其特殊性,仅仅以公民名誉权保护虽也能自圆其说但总有隔靴搔痒之嫌,所以上诉法院判决认为:“狼牙山五壮士及其事迹所凝聚的民族感情和历史记忆以及所展现的民族精神,是当代中国社会主义核心价值观的重要来源和组成部分,具有巨大的精神价值,也是我国作为一个民族国家所不可或缺的精神内核。”[2]法院通过对社会主义核心价值观的解读使英烈名誉权保护有了更深层的意义,弥补了立法不足的缺陷。2017年《民法总则》颁布,对英雄烈士名誉权作出了特别保护,该法第185条规定:“侵害英雄烈士等的姓名、肖像、名誉、荣誉,损害社会公共利益的,应当承担民事责任。”[3]

这一系列活动正是立法对司法实践的正面回应——个案裁判宣示了社会公共利益不容侵犯、民族精神不容诋毁的核心价值观,而立法活动将这一价值观固定为具有强制力的法律,社会主义核心价值观在其中起到穿针引线、连接司法与立法的作用。值得一提的是,在这一过程中,社会主义核心价值观也从抽象的感知意识变为公民切实可感的具体案例和规范,能够使公民在法治建设中更好地理解核心价值观,而不仅仅将其视为空泛的口号。[4]

---

[1] 参见张义清、付梦婷:《社会主义核心价值观融入法治建设的文化结构分析》,载《法治现代化研究》2019年第4期。

[2] 郭某民诉黄某、洪某快侵犯名誉权案,北京中级人民法院民事判决书,(2016)京01民终1563号。

[3] 参见张义清、付梦婷:《社会主义核心价值观融入法治建设的文化结构分析》,载《法治现代化研究》2019年第4期。

[4] 参见张义清、付梦婷:《社会主义核心价值观融入法治建设的文化结构分析》,载《法治现代化研究》2019年第4期。

四、社会主义核心价值观融入法治建设文化结构的反思

社会主义核心价值观是一个完整的价值体系，它包含但不等同于某个单一的道德观、伦理观和政治观。保障社会主义核心价值观融入法治建设，须协调好个人、社会与国家三者之间的关系，须处理好相关主体的阶段性利益和长远利益、局部利益和整体利益之间的关系。其目标是不断完善我国相关领域的治理体系，提升其治理的能力和水平。[1]

(一)价值观与法治观之间的冲突及其调适

依然从案例1-2中刘某的行为谈起，将朋友置于险境而见死不救的行为显然不符合我国公民的价值观，但法律不苛责见死不救亦是公民已形成的法治认识(有救助义务的特殊职业主体除外)，如果法律突然将救助义务加诸一般公民身上，同样会显得荒唐而不符合公民的法治观。在这里价值观与法治观之间其实已产生了冲突，此时价值观与法治观守好各自阵地互不侵犯会比较符合惯常思维，但价值观真的没有经发展调适后上升为法律观的可能吗？就见死不救这个行为而言，古今中外的相关法律规定就很值得讨论。从古来看，自秦汉至明清，我国律令一直对“见危不救罪”有所规定，如《睡虎地秦墓竹简》规定，对百步内发生的伤人事件旁人应帮忙救助，否则查罚战甲两件；[2]又如，《宋刑统》规定，邻里发生强盗杀人事件，作为邻居百姓告而不救、闻而不救者应处以杖刑；[3]《大明律例》亦规定，发生强盗行为，邻居有救助义务。[4] 但不能据此便武断地认为当代中国法律不将救助义务制定为法律就是社会整体的道德水平较古代下降了。从社会形态和经济基础来看，封建中国生产力低下，行政机构和司法机构不完备，但小农经济让乡村邻里之间的关系更为紧密，危害发生时，政府组织的人员调配与处理方式都没有邻人来得更高效经济，另外，邻里互助可以辅助配合儒家文化主导的“仁

[1] 参见张义清、付梦婷：《社会主义核心价值观融入法治建设的文化结构分析》，载《法治现代化研究》2019年第4期。

[2] 原文表述为《睡虎地秦墓竹简》：“有贼杀伤人冲术，偕旁人不援，百步中比野，当赀二甲。”

[3] 原文表述为《宋刑统》：“诸邻里被强盗及杀人，告而不救助者，杖一百；闻而不救助者，减一等；力势不能赴救者，速告碎随近官司；若不告者，亦以不救助论；其官司不即救助者，徒一年。”其中不但规定了普通百姓作为邻居的救助义务，而且还对特殊官员的救助义务进行了分类规定。

[4] 原文表述为《大明律例》：“强盗行劫，邻佑知而不协者，杖八十。”

政”，成为当权者维持社会稳定的政治工具。从域外经验来看，德国将“见危不救”纳入刑法的调整范围，即若行为人在自己无危险的情况下，对处于危险的人有能力救助而不救助，则可能面临刑罚的规制。[1] “见危不助行为侵犯了一种历史性、社会性和伦理性形成的‘相互救助以保全群体’的制度性期待”，[2]而历朝历代的律令与德国刑罚的现实经验都表明，“见危不救”从价值观上升为法律成为法治观是具有可能性的——社会形态酝酿文化价值，而足够大的价值场就有被法律表达为正式制度的可能。[3]

基于上文，价值观与法治观并非各司其职，二者之间同样存在可互动的余地，而良好的社会价值观则可以促进公民法治观的形成与成熟。法治是人类理性的产物，而“理性不过是人类本性中的一部分，而且根本称不上是最伟大的那部分”，[4]法律同时也是社会最低的道德底线。我国目前正处于社会的转型期，阶层多元、利益多元、观念多元并存，相应地，人们心目中的规则也各不相同，利益至上、强调个人主义等价值在运行时可能损害他人利益，带来负面的社会效果。近年来，幼教虐童案件、学生投毒案件、公共场合的性侵猥亵事件时有发生，这既是法治观薄弱的遗憾，也是价值观偏颇的无奈。公民应树立这样的法治观：在所有的行为规则中，法律的要求是最低的，倘若越此底线，触碰红线，则必然要付出沉重的代价。不过一个社会的价值观虽然不像法律那样有极强的确定性与强制性，但其对群体行为的指引作用有时甚至超过法律，从这一角度来讲，健康的价值观有利于培养多元社会中公民遵守法律规则的意识，如社会主义核心价值观中的“法治”价值就是在传达应尊重和坚守法律规则的理念。[5] 因此，有必要从理论上消解价值观与法律观之间存在的某些冲突，合理调适二者之间的关系，更好地发挥二者的功能与作用。

---

[1] 《德国刑法典》第323条c项规定：“意外事故、公共危险或困境发生时，根据行为人当时的情况救助有可能，尤其对自己无重大危险且又不违背其他重要义务而不进行救助的，处1年以下自由刑或罚金刑。”

[2] 贾健：《法益还是规范：见危不助究竟侵害了什么？——以德国刑法典323条c项为基点》，载《安徽师范大学学报（人文社会科学版）》2012年第2期。

[3] 参见张义清、付梦婷：《社会主义核心价值观融入法治建设的文化结构分析》，载《法治现代化研究》2019年第4期。

[4] [英]埃德蒙·柏克：《自由与传统——柏克政治论文选》，蒋庆等译，商务印书馆2001年版，第21页。

[5] 参见本课题组成员张义清、付梦婷：《社会主义核心价值观融入法治建设的文化结构分析》，载《法治现代化研究》2019年第4期。

(二)现代价值与传统文化之间的抵牾与取舍

华夏文明源远流长绵延至今,而随着社会的发展与转型,势必会产生新的价值与文化。不同时代与社会基础孕育出的价值与文化必然会产生抵牾,但无论是对待现代价值还是传统文化,最重要的是把握主流价值,“主流价值,通常是一个中性的概念,显示了某个环境里多数人所接受或所遵循的行为模式”。[1] 建在住宅区的炸薯条店可能会因噪声或气味扰民受到投诉,但开在商业区的炸薯条店则被视为正常的商事活动,炸薯条店和住宅区的居民本身都没有错,只是住宅区和商业区的主流价值不同罢了;同样是车子撞人,在行人步行区里,主流价值是行人的安全,而在高速公路上,主流价值则是行车安全。运用到法文化结构中即对传统与新兴价值的评判不应停留在“对错、好坏”的层面上,即价值存在不一定合理但一定有原因,一个价值能在特定时空被表达,其背后必定伴随相应的社会基础。与其说法律就是那样规定的,不如说法律选择表达了何种主流价值。以最典型的“孝”文化为例,古代官吏做官,如果其府号、官称犯了祖辈的名讳则不得就任;而若家中的祖父母、父母年迈又无人照顾,亦不得赴官;[2]子女对父母的起诉被认为是不孝,官府将不予受理,而提起诉讼的子女有时甚至会面临严峻的刑罚,[3]如沈家本在《寄簃文存》中就记载了这样一个案例,宋代安崇续起诉其继母与父离异后强占家产,却差点因不孝而被判死罪。[4] 严苛的“孝”价值与其说是发自百姓内心的道德遵从,倒不如说是为巩固配合封建帝制“君君臣臣,父父子子”的治理工具,同时也符合农耕社会产能低下“养儿防老”的经济理念。相较而言,当代中国所追求的“孝”显然已有不同的内涵,法治作为治国之道,对于君父的政治尊崇已被彻底取代,并且现代科技的发展使得“防老”的方式日趋多元,“养儿”不再是唯一选择,在父权被不断弱化与愚孝被社会摒弃的当代,“孝”代表了一种尊重但平等的亲子关系。[5]

在上文对主流价值有所认识的基础上,笔者将通过分析两个代表性案例

---

[1] 熊秉元:《法学的经济思维》,华艺出版社 2013 年版,第 109 页。

[2] 参见瞿同祖:《中国法律与中国社会》,商务印书馆 2017 年版,第 100 页。

[3] 如《睡虎地秦墓竹简·法律答问》记载:“子告父母,臣妾告主,非公室告,勿听。”而因起诉继母被判刑。

[4] 参见沈家本:《寄簃文存》,商务印书馆 2017 年版,第 132~133 页。

[5] 参见张义清、付梦婷:《社会主义核心价值观融入法治建设的文化结构分析》,载《法治现代化研究》2019 年第 4 期。

的法律效果与社会效果,正确认识新旧价值之间的抵牾,从而解释为何许多司法与执法案例中会出现法律运行不流畅、裁判者“知法违法”、立法难达期许的情况。[1]

案例 1-3 昆山反杀案[2]

2018 年 8 月 27 日昆山市刘某龙驾驶宝马擦边撞上骑自行车的于某明,并与其发生争执,刘某龙在取出大刀威胁并击打于某明后,被于某明反抢刀并砍击捅刺致死。本案体现了执法阶段对社会主义核心价值观的运用,昆山市公安局以正当防卫中的特殊规定为根据,认为于某明的行为属于正当防卫,不负刑事责任,公安机关依法撤销了于某明案件。

上述案件的社会效果是正反馈。其受到社会的普遍关注,案发后舆论表现出对于某明境况的担忧与同情,因为此前防卫致人死亡案件中,多数防卫人以防卫过当被判过失致人死亡罪。虽然我国《刑法》对正当防卫作出了完备规定,刑法学界对该理论的解释也趋于成熟,但为了安抚死者家属,实现所谓的和谐,司法机关往往对正当防卫的规定视而不见,或适用法律时带有特定的导向选择。有时“死者为大”“毕竟有人死了”这样的观念造成正当防卫“认定难”。这既偏离了立法精神,也违背了社会主流价值,所以才会引起舆论的广泛关注,同年 9 月 1 日昆山市公安局的撤案决定将本案终止于侦查阶段,获得了全社会的普遍赞同,而与之伴随的正面影响在于该案为普通公民认定何为正当防卫、正当防卫的边界进行了良好普及,增强对法律的认知无疑有利于促进公民的自觉守法。[3]

从昆山市公安局的通告可以看出其对舆论有所考量但绝非盲从。警方通告对正当防卫的“无限防卫权”、“行凶”以及“防卫的持续性”进行了充分的法理说明,也就是说,在非正式规范的参考下,警方以正式规范科学理性地

[1] 参见张义清、付梦婷:《社会主义核心价值观融入法治建设的文化结构分析》,载《法治现代化研究》2019 年第 4 期。

[2] 参见昆山公安:《警方通报》,载昆山微警务网,https://mp. weixin. qq. com/s? __biz = MjM5Nzc2Njc0MA = = &mid = 2650599046&idx = 1&sn = 4d16fe88a47a238a8d14660b46ffdd40&chksm = bedcbdbd89ab34ab0949b87bd605af73db35c1d75ad110c9b029b5b5582fd4ab37d0c77ff8b8&token = 1225665777&lang = zh_CN#rd,最后访问日期:2023 年 4 月 28 日。

[3] 参见张义清、付梦婷:《社会主义核心价值观融入法治建设的文化结构分析》,载《法治现代化研究》2019 年第 4 期。

作出了撤案决定。本案决定一经作出,立即影响了随后的"涞源反杀案",[1]对遏制非法侵害具有良好的法律效果与社会效果,做到了真正的低成本维稳。虽然判决和执法行为都是基于已形成的法律作出的,但其一经作出就应是面向未来的,应能够为社会提供正确的方向指引,使人民群众能够在司法个案中感受到秩序与安全。[2]

案例 1-4 河南鲁山未成年强奸和解案

河南省平顶山市鲁山县人民检察院针对一起未成年强奸案,将当事人的双方父母叫到一起进行刑事和解,并于 2018 年 9 月发表微博文章"鲁山一初中生一时冲动犯错　检察官介入下双方冰释前嫌",强奸罪本就不属于刑事和解的范围,而因未成年就过度保护并大肆宣扬的做法导致文章一经发出就引发广泛关注。

上述案件的社会效果是负反馈,未成年强奸能够和解并被官方媒体视为自我表彰进行报道,显然严重背离了社会的主流价值。法律不应干涉当事人对严重刑事伤害原谅与否的自我选择,造成受害方的二次加害。过分强调母爱主义对未成年犯罪进行倾斜性保护,在使部分民众对原本出于保护未成年人的司法行为产生怀疑的同时,也会使部分未成年人产生犯错也会得到法律庇护的错误印象。[3]

刑事和解制度有着严格的适用条件,针对的多是民间纠纷以及危害轻微案件,而强奸罪显然不在其中,即便是未成年人也不能错误适用,鲁山县人民检察院的行为显然缺乏法律依据。[4]

现在我们回过头看上述案例会发现负反馈的社会效果往往隐含来自传统社会的常见价值,这种旧的价值规范使得在法律明文规定的情况下,即便是司法机关也常常会"知法违法",一方面旧价值对大众的束缚存在惯性,另

---

[1] 参见史兆琨:《昆山"反杀案":法不能向不法让步》,载《检察日报》2023 年 2 月 6 日,第 1 版。

[2] 参见张义清、付梦婷:《社会主义核心价值观融入法治建设的文化结构分析》,载《法治现代化研究》2019 年第 4 期。

[3] 参见张义清、付梦婷:《社会主义核心价值观融入法治建设的文化结构分析》,载《法治现代化研究》2019 年第 4 期。

[4] 参见张义清、付梦婷:《社会主义核心价值观融入法治建设的文化结构分析》,载《法治现代化研究》2019 年第 4 期。

一方面挣脱束缚需要法治工作者的灼见与勇气。在“昆山反杀案”之前大量防卫过当案中隐含着“死者为大”的价值选择,而“河南鲁山未成年强奸和解案”则隐含着“年幼无知”“大事化小、小事化了”的价值选择。这些流传已久的常见价值在不同的社会形态中曾发挥着不可否认的作用,中国农耕社会下“人”的价值往往背负着家族的重量,一个劳动力的丧失如果不加以抚慰可能会引发宗族间更大的纷争,故而“以老为尊”“爱护幼子”“以和为贵”都发挥着维系社会稳定的积极意义。但当代中国之所以强调社会主义核心价值观,正是因为随着社会形态的改变,我国的主流价值也产生了巨大改变,曾经“维稳的”或许恰恰是挑起民众神经的那根刺。显然,相较于“死者为大”与“和稀泥”,公民更信服于“依法判决”与“实事求是”。一个好的法律判决应当牢牢把握住社会的主流价值,主流价值不但以正式规范的形态被法律表达,也会以非正式规范的形态不断更新并侧面作用于法律。[1]

(三)从非正式规范到正式规范:价值融入及其限度

符合社会主义核心价值观的判决能够起到良好的社会示范作用,能够促进公民自发守法。但用社会主义核心价值观去简单解释法律行为无疑是鲁莽草率的。质言之,非正式规范影响着法治建设,但正式规范仍是法治建设的主场,脱离法治语境的“法律效果和社会效果的统一”在一般意义就是伪命题。一个负责任的法官首先不会基于法律之外的社会效果考虑问题,进行法律适用;通常也不会为了司法决定更易于为社会接受而考虑社会效果,[2] 若是为了迎合社会效果而脱离法律规范则只会造成舆论狂欢,与法治建设的初衷背道而驰。[3] 那么社会主义核心价值观在法律适用中的行进边界究竟在哪里?如何平衡法治建设中正式规范与非正式规范的运用关系?本书认为“郑州电梯劝烟案”[4]作为争议性案例具有借鉴和分析的意义。

---

[1] 参见张义清、付梦婷:《社会主义核心价值观融入法治建设的文化结构分析》,载《法治现代化研究》2019 年第 4 期。

[2] 参见孙良国:《语境约束条件下的结果妥当性——法经济学视角中的“郑州电梯劝烟案”》,载《法治现代化研究》2018 年第 4 期。

[3] 参见张义清、付梦婷:《社会主义核心价值观融入法治建设的文化结构分析》,载《法治现代化研究》2019 年第 4 期。

[4] 田某菊诉杨某侵犯生命权、健康权、身体权案,河南省郑州市中级人民法院民事判决书,(2017)豫 01 民终 148 号。

| 案例 1-5　郑州电梯劝烟案 |

杨某劝阻老人段某不要在电梯内吸烟，争执中段某由于情绪激动心脏病发作而猝死，一审法院判决杨某依公平原则补偿段某家属田某 1.5 万元，田某不服并上诉。二审法院认为杨某劝阻公民不要在电梯内吸烟合法正当，是自觉维护社会公共秩序和社会公共利益的行为，认为一审判决会挫伤公民依法维护社会公共利益的积极性，不利于促进社会文明，不利于引导公众共创良好的公众环境。故撤销一审判决，驳回田某的全部诉讼请求。

上述案件一审的法律效果是负反馈。首先，公民出于理性利己考虑不愿甚至不敢再为公益出言相劝，不利于培养良好的道德风尚；其次，郑州明确出台法规规定在电梯内吸烟属于禁止行为，判决与已有法规产生冲突，动摇了正式规范的权威性。二审正反馈，鼓励公民积极维护社会公共利益，提高了司法的公信力。[1]

但上述案件在实践中仍然存在争议，二审裁判一方面纠正了一审法院对公平责任的滥用，起到了良好的示范作用；另一方面由于原告提出上诉，而被告选择"隐忍"一审判决，二审法院作出明显不利于原告的判决，这种不利明显不在原告希望获得的上诉结果之内，存在侵犯"处分原则"和"禁止上诉不利变更"原则之嫌。[2]

所以在把握主流价值的基础上，应明确何为法律的，何为民意的，当价值观可以进入司法和法治的各个环节时，应警惕价值观的泛化运用。质言之，不能将社会主义核心价值观简单粗糙地运用于案件中，而弱化释法说理的过程。以"郑州电梯劝烟案"为例，该案判决之所以在法学界引起争议的原因即在于，本身对一审判决"公平责任"的错误运用进行说理已经足够，在被告没有提起上诉的前提下，司法应保持被动性，而不是置《民事诉讼法》第 13 条与第 175 条于尴尬境地，本案中二审法院本可以在述明原审法院的错误后表示，出于尊重原审被告杨某的处分权驳回上诉，维持原判。但为了达到更直截了当的社会效果，使个案当事人利益达到最大化，而选择"撤销一审判

[1] 参见张义清、付梦婷：《社会主义核心价值观融入法治建设的文化结构分析》，载《法治现代化研究》2019 年第 4 期。

[2] 参见陈杭平：《再评"电梯劝阻吸烟案"二审判决——返回法规范本身》，载《中国法律评论》2018 年第 1 期。

决,驳回田某的全部诉讼请求”。在鼓励公益维护的示范效应下,也为公民留下了“只要不对,在没有请求的前提下,有利裁判可被司法任意收回”的不良印象,原本就易被大众忽视的“程序价值”就这样被“社会公共利益”“碾压”了,司法裁判可以对当代中国公民的理性认识多一些信心。[1]

综上所述,首先要警惕对某一价值的过分夸大导致其侵占法律领域,以防社会公众产生“德治”能够代替“法治”的感觉。“本案二审判决虽然在个案中收获了最大的利益,但因其可能开启破坏既有规则、滥用社会公共利益限制条款之门,因此不仅不能为未来的类似裁判提供良好的模范作用,也减弱了其在‘公平责任规定’上所取得的令人尊敬的标志性判断。”[2]其次,与过分夸大某一价值在法律中的地位相反,说理还应谨慎对某一价值的贬低。以含蓄著称的儒家文化孕育出东方特有的“耻感文化”,与西方“罪感文化”相反,东方民族强调礼义廉耻,社会个体尤为在乎他人对自己的评价,这种“耻感文化”使非正式规范能够最大限度地调整社会行为,但也易陷入“民愤极大”的舆论怪圈,司法行政机关的社会影响力毋庸置疑,但弘扬核心价值观不代表否定价值多元化,故而对某一价值的否定更应慎重。最后,司法判决在法律内部具有惯性作用,一份裁判会被公开、被借鉴,从而影响后续裁判的作出,所以归于法律的案件应有限度地运用价值观,避免向非正式规范逃逸,彰显法律理性。公共利益或社会主义核心价值观或许是判决的理由,但绝不是判决的全部理由。[3]

法治是规则之治,在法治系统中,法律既是行为人的行动准则也是矛盾纠纷解决的既定标准,法律文本清晰明确但法律文化总是复杂多样,法治不得不对诸多价值的冲突与抵牾作出调整与取舍,而文化结构体系下价值与规范的良性互动,恰可为法治增添富有中国特色的情理底蕴。法治建设希望“人人有法学之思想,一法立而天下共守之,而世局亦随法学为转移”,[4]此

---

[1] 参见张义清、付梦婷:《社会主义核心价值观融入法治建设的文化结构分析》,载《法治现代化研究》2019年第4期。

[2] 张家勇:《也论“电梯劝阻吸烟案”的法律适用》,载《法治研究》2018年第2期。

[3] 参见张义清、付梦婷:《社会主义核心价值观融入法治建设的文化结构分析》,载《法治现代化研究》2019年第4期。

[4] 沈家本:《寄簃文存》,商务印书馆2017年版,第117页。

乃法学之盛,方可馨香祝之。[1]

第三节 社会主义核心价值观融入法治建设的基本要求[2]

社会主义核心价值观融入法治建设是国家政策和制度层面的战略选择。将社会主义核心价值观融入法治建设,就是要以法治建设为基础,以提升法治化水平为目的,在法治体系中寻找结合点,运用法律法规和公共政策向社会传导正确价值取向的方式,将社会主义核心价值观作为法治建设中的价值共识及其中的代表性元素,全过程、全方位和全领域地融入法治建设的各个环节和各个部分。[3]

一、社会主义核心价值观融入法治建设全过程

“将社会主义核心价值观融入法治建设,就是要将社会主义核心价值观的价值要素融入法治国家建设、法治政府建设与法治社会建设的全部领域,充分发挥社会主义核心价值观在法治建设一体化中的价值引领功能。”[4]

第一,须将社会主义核心价值观融入法治国家建设。法治国家建设是法治政府建设与法治社会建设的前提和基础。[5] 法与时转,治与世宜,法治国家建设必须符合我国现阶段社会主义的发展规律。将社会主义核心价值观融入法治国家建设的全过程,也必须将社会主义核心价值观的各要素与全面推进依法治国、依法执政的指导思想相结合,要与国家现阶段的经济、政治体

[1] 参见张义清、付梦婷:《社会主义核心价值观融入法治建设的文化结构分析》,载《法治现代化研究》2019 年第 4 期。

[2] 参见曾林翊晨:《社会主义核心价值观与法治的融贯性分析》,载《吉首大学学报(社会科学版)》2019 年第 1 期。

[3] 参见曾林翊晨:《社会主义核心价值观与法治的融贯性分析》,载《吉首大学学报(社会科学版)》2019 年第 1 期。

[4] 曾林翊晨:《社会主义核心价值观与法治的融贯性分析》,载《吉首大学学报(社会科学版)》2019 年第 1 期。

[5] 参见姜明安:《论法治国家、法治政府、法治社会建设的相互关系》,载《法学杂志》2013 年第 6 期。

制改革战略相结合，与社会主义发展阶段相结合，使之服从、服务于建设社会主义现代化强国的总体目标。[1]

第二，须将社会主义核心价值观融入法治政府建设。法治政府建设是国家法治建设中的关键环节，是全面依法治国要解决的首要问题。党的十八届四中全会对如何建设法治政府的主张既是对法治政府建设一般规律的遵循，也是对法治政府建设普遍标准的遵循。将社会主义核心价值观在法治政府建设中落实，就是通过相应的制度设计，将社会主义核心价值观的内容内化到法治政府建设的全过程。[2] 要将社会主义核心价值观的具体内容融入行政立法、行政决策、行政执法、行政监督和行政争议解决等各个行政领域，推进行政执法公正化、文明化程度，使之成为检验法治政府建设效果的标准。[3]

第三，须将社会主义核心价值观融入法治社会建设。法治社会建设是国家法治建设的基础性环节，是全面依法治国的落脚点。要发挥社会主义核心价值在法治社会建设过程中的突出作用，培育以公民自治为目标的法治社会，以平等构建法治社会的良性秩序，[4]将推动社会正义作为法治社会建设的基石，将公正价值作为社会治理的行为准则，以法治精神作为法治社会建设的精神引领，推动法治社会建设的有序进行。[5]

二、社会主义核心价值观融入法治建设各环节

"从法治实施体系的全过程来看，科学立法、严格执法、公正司法、全民守法是一个环环相扣的自洽系统，社会主义核心价值观融入法治建设必须从立法、执法、司法、守法各环节着手。"[6]

---

[1] 参见曾林翊晨：《社会主义核心价值观与法治的融贯性分析》，载《吉首大学学报（社会科学版）》2019年第1期。

[2] 参见马怀德、孔祥稳：《把社会主义核心价值观融入法治政府建设全过程》，载《光明日报》2017年2月24日。

[3] 参见曾林翊晨：《社会主义核心价值观与法治的融贯性分析》，载《吉首大学学报（社会科学版）》2019年第1期。

[4] 参见姜涛、柏雪淳：《以社会主义核心价值观引领法治社会建设》，载《检查日报》2017年5月22日。

[5] 参见曾林翊晨：《社会主义核心价值观与法治的融贯性分析》，载《吉首大学学报（社会科学版）》2019年第1期。

[6] 曾林翊晨：《社会主义核心价值观与法治的融贯性分析》，载《吉首大学学报（社会科学版）》2019年第1期。

第一,须以社会主义核心价值观引领科学立法。“科学立法”中“科学”的要义在于立法的合理性、合法性与合逻辑性,[1]其中立法的合理性就要求立法不但要合乎法理,还要合乎情理;逻辑性要求立法不但要合乎法律逻辑,还要合乎社会逻辑;换言之,科学立法不仅仅是对立法的技术性要求,还有对立法的德性要求。这就需要将社会主义核心价值观作为立法工作的价值准则,要把社会主义核心价值观的要求体现到宪法法律、法规规章和公共政策之中,转化为具有刚性约束力的法律规定。要培植和培育市场理念、权利意识和契约精神,促进社会诚信体系建设;完善体现权利公平、机会公平、规则公平的法律制度,依法保障公民权利。[2]

第二,须以社会主义核心价值观促进严格执法。严格执法是政府能力现代化的重要标准。执法活动是与群众接触最为密切的法治环节,严格执法是促进社会公平正义的最直接的方式,因此执法体系建设是法治建设的中枢。严格执法并不否定以社会主义核心价值观为代表的道德在执法活动中的积极作用,严格执法不反对“差异性正义”[3]的执法标准,也不反对道德感化的执法方式,并且严格执法本身就是一种“政府之德”。“法不阿贵,绳不绕曲”是对执法活动的要求,也是在执法活动中贯彻落实社会主义核心价值观的具体体现。坚持严格、规范、公正、文明执法,就是在执法活动中践行社会主义核心价值观。[4]

第三,须以社会主义核心价值观指引公正司法。“让人民群众在每一个司法案件中都感受到公平正义”体现一种“实践的法治理性”。司法是维护社会公平正义的最后一道防线,只有司法有“德性”,法治才会有“温度”。“南京彭宇案”所引发的公共伦理事件影响犹在,时刻警醒我们要在司法活动中加强贯彻社会主义核心价值观的价值精神。司法裁判要体现公平与正义的价值精神,以法律为依据,充分论情说理,实现形式正义与实质正义的统一、

[1] 参见冯玉军、王柏荣:《科学立法的科学性标准探析》,载《中国人民大学学报》2014年第1期。

[2] 参见曾林翊晨:《社会主义核心价值观与法治的融贯性分析》,载《吉首大学学报(社会科学版)》2019年第1期。

[3] 易小明:《分配正义的两个基本原则》,载《中国社会科学》2015年第3期。

[4] 参见曾林翊晨:《社会主义核心价值观与法治的融贯性分析》,载《吉首大学学报(社会科学版)》2019年第1期。

法律效果和社会效果的统一，提升公信力，增强法治的“自塑”[1]能力。[2]

第四，须以社会主义核心价值观带动全民守法。全民守法是法治的基石，也是全面依法治国的长期性基础工作。全民守法的前提是全民存在对法治的基本价值共识，这就需要以社会主义核心价值观凝聚法治共识、建设法治文化、形塑法治精神。发挥社会主义核心价值观的引领作用，就要明确道德在法治文化建设中的融结点，这个融结点就在于，若要全民守法，政府必先守法、官员必先守法。所以推动全民守法要坚持“依法治国，以德治官”。同时，以社会主义核心价值观推进全民守法不能过多寄望于“教育成效”，还要加强制度保障，通过“威慑”与“奖励”的制度手段促进全民守法。[3]

三、社会主义核心价值观融入法治体系各部分

全面推进依法治国是一项系统工程，中国特色社会主义法治体系是由法律规范体系、法治实施体系、法治监督体系、法治保障体系以及党内法规体系等构成的法治系统工程。为此，须将社会主义核心价值观融入我国当前法治建设的各个部分。[4]

第一，须将社会主义核心价值观融入法律规范体系。“法律法规是社会主义核心价值观的有形载体，只有将社会主义核心价值观融入法律规范体系，使其从‘价值’走向‘规范’，才能真正使社会主义核心价值观内化于心、外化于形。”[5]坚持以社会主义核心价值观为引领，要把社会主义核心价值观作为一种价值共识写入宪法文本当中，要把社会主义核心价值观的具体要求体现在宪法法律、法规规章和公共政策之中。同时，要加强宪法对法律法规的引领作用，将宪法精神与社会主义核心价值观的要求体现在具体的法律法规中。[6]

---

[1] 李群山：《中国国家形象塑造的困境及其应对之策》，载《吉首大学学报（社会科学版）》2018年第4期。

[2] 参见曾林翊晨：《社会主义核心价值观与法治的融贯性分析》，载《吉首大学学报（社会科学版）》2019年第1期。

[3] 参见曾林翊晨：《社会主义核心价值观与法治的融贯性分析》，载《吉首大学学报（社会科学版）》2019年第1期。

[4] 参见曾林翊晨：《社会主义核心价值观与法治的融贯性分析》，载《吉首大学学报（社会科学版）》2019年第1期。

[5] 王贤卿：《努力把社会主义核心价值观融入法治建设》，载《求是》2017年第7期。

[6] 参见曾林翊晨：《社会主义核心价值观与法治的融贯性分析》，载《吉首大学学报（社会科学版）》2019年第1期。

第二,须将社会主义核心价值观融入法治实施体系。法治的生命在于实施,社会主义核心价值观的生命也在于实施。将社会主义核心价值观融入法治实施体系,能够更好地促进"善治"。具体而言,要以社会主义核心价值观作为法治实施过程中的价值共识,加强法治实施能力建设,不断完善法治实施制度机制,着力构建以法律规范实施为核心,以党内法规实施、人民团体和社会组织规范实施、道德伦理规范实施以及乡规民约等社会生活规范实施构成的法治实施体系。[1]

第三,须将社会主义核心价值观融入法治监督体系。"法治监督体系既是中国特色社会主义法治体系的重要内容和内在目标,又是建成中国特色社会主义法治体系的根本保障和必然要求。"[2]将社会主义核心价值观融入法治监督体系,能够明确监督体系的价值方向、指明监督体系的运行规范、激发监督体系的内在活力,还能够提升被监督者对法治监督工作的价值认同。用社会主义核心价值观指导法制监督工作,就要将社会主义核心价值观的具体内容融入党内监督、人大监督、民主监督、行政监督、司法监督、社会监督、舆论监督等各个监督领域,有效指导监督行为,形成权威高效的监督体系。[3]

第四,须将社会主义核心价值观融入法治保障体系。"党的领导、中国特色社会主义制度、中国特色的法治文化、高素质的法治人才队伍等都是法治保障体系的有机组成部分。"[4]在意识形态层面,社会主义核心价值观对法治保障体系建设具有重要的推动作用。积极践行社会主义核心价值观,就是为破除法治运行过程中的刚性制约条件。具体而言,要以社会主义核心价值观作为法治保障体系建设的观念引领,进一步完善党对法治工作的全面领导,完善社会主义各项制度建设,加强青少年法治教育、法治工作队伍思想建设、法治职业道德建设,使法治成为一种普遍的社会生活方式,为法治实施提供有力保障。[5]

---

[1] 参见曾林翊晨:《社会主义核心价值观与法治的融贯性分析》,载《吉首大学学报(社会科学版)》2019 年第 1 期。

[2] 曹建明:《形成严密法治监督体系　保证宪法法律有效实施》,载《求是》2014 年第 24 期。

[3] 参见曾林翊晨:《社会主义核心价值观与法治的融贯性分析》,载《吉首大学学报(社会科学版)》2019 年第 1 期。

[4] 付子堂:《形成有力的法治保障体系》,载《求是》2015 年第 8 期。

[5] 参见曾林翊晨:《社会主义核心价值观与法治的融贯性分析》,载《吉首大学学报(社会科学版)》2019 年第 1 期。

第五,须将社会主义核心价值观融入党内法规体系。社会主义核心价值观是能够明确反映马克思主义政党本质的社会价值观。[1] 中国共产党作为坚定的马克思主义政党,其行为准则必须符合社会主义核心价值观的要求,因此党内法规与社会主义核心价值观在价值层面高度契合。将社会主义核心价值观与党内法规建设相结合,就是以社会主义核心价值观为价值导向,不断完善党内法规体系,增强党内法规的严整性、统一性、权威性和严明性,促进党规与国法的有效衔接;将社会主义核心价值观作为依法依规治党与"以德治党"的联结点,将基础性、可执行性的道德规范写入党内法规,做到依规治党和以德治党相统一,推动全面从严治党。[2]

社会主义核心价值观是我国长期以来形成的一种"社会价值共识",它与凝结着最广大人民利益与福祉的"法治共识"之间相融而共存。理应挖掘和加强社会主义核心价值观对于法治建设的引领、保障和矫正功能。同时,社会主义核心价值观作为一个有机联系的整体,它还既存于一个开放的、包容的、发展的价值体系之中。将社会主义核心价值观融入法治建设,目标就是不断完善我国相关领域的治理体系,提升其治理的能力和水平。[3]

第四节　社会主义核心价值观融入法治建设的规范化路径[4]

一、社会主义核心价值观融入法治建设的规范表现形态

社会主义核心价值观融入法治建设需要一定的规范表现形态。如何认识其规范表现形态,则需要对价值观诸要素予以与之相适应的更为深入的解读。法学界并不局限于社会主义核心价值观国家、社会、个人三个层次的划

---

[1] 参见姜迎春:《凝练社会主义核心价值观　弘扬马克思主义政党的本质》,载《红旗文稿》2012年第8期。

[2] 参见曾林翊晨:《社会主义核心价值观与法治的融贯性分析》,载《吉首大学学报(社会科学版)》2019年第1期。

[3] 参见曾林翊晨:《社会主义核心价值观与法治的融贯性分析》,载《吉首大学学报(社会科学版)》2019年第1期。

[4] 参见龙彩云:《社会主义核心价值观融入法治建设的规范分析》,湘潭大学2021年硕士学位论文。

分,而力争从这12个价值中探寻更多维度、更具说服性的逻辑分类。杨登峰强调,12个核心价值观的功能属性是复杂且有差异的。有些核心价值观如“富强”“和谐”“自由”等并不能作为行为规范存在,只能作为一种行为的目标或者行为的结果。但有些核心价值观,如“平等”“公正”“法治”,则既可以看作追求的目标或者行为的结果,也可以看作行为的准则或行为的方式。[1] 陈金钊提出了不同的分类,即社会主义核心价值观的内容可分为道德、价值以及目的或目标;爱国、敬业、诚信属于道德范畴;富强、文明、和谐则可以称为目标或目的;民主、自由、平等、公正在习惯上被称为法治的价值或法律的价值。社会主义核心价值观入法就是实现由道德、价值、目标或目的构成的“社会主义”。[2] 此外,价值观之间有着紧密的联系,有学者提出“公正”延展于“富强”,“民主”体现为“自由、平等、法治”,“爱国、敬业、诚信、友善”则是“文明”价值的具体阐释。“和谐”则是为达致上述三大目标的路径保障。[3]

本书认为,在法治建设的视域下,核心价值观在案例中的具体呈现不外乎4种形式,即权利化的价值观、义务化的价值观、作为法律原则的价值观以及作为法律目标的价值观。具体而言,“自由”与“平等”体现为权利形式,“诚信”“爱国”“敬业”“友善”“文明”以义务的形式呈现,而“民主”“公正”“法治”趋向于原则化,“富强”“和谐”“美丽”[4]则更多体现为一种理想状态。

(一)权利化的社会主义核心价值观

拉兹认为,每个法律体系中都有义务授予规范和权利授予规范,将义务授予规范和权利授予规范统称为权利义务规范,属于法律规范之中的内容。法律正是通过规范公民的权利和义务来调整人们的行为。孙国华、朱景文、张文显教授也将权利和义务作为法律规范的基本范畴看待,认为权利义务只

---

[1] 参见杨登峰:《核心价值观“诚信”融入法治政府建设的几个问题》,载《南京师大学报(社会科学版)》2018年第5期。

[2] 参见陈金钊:《“社会主义核心价值观融入法治建设”的方法论诠释》,载《当代世界与社会主义》2017年第4期。

[3] 参见秦小建:《价值困境、核心价值与宪法价值共识——宪法回应价值困境的一个视角》,载《法律科学(西北政法大学学报)》2014年第5期。

[4] “美丽”虽在核心价值观概念之外,但作为社会主义现代化强国建设目标的内容,被纳入理想状态范畴也是应有之义。

有在法律规范的范围内才能成为有意义的范畴。

权利化价值是指行为主体在一定条件下可以作出(或不作出)一定行为或要求别人作出一定行为的价值指引。“自由”和“平等”是社会主义核心价值观范畴之内典型的权利型价值观,在自由至上主义下,平等和自由被视为相互矛盾的价值观,认为自由的扩大必将损害社会的平等,而平等的强化则需以牺牲个人自由为代价。但作为社会主义核心价值观的“自由”不同于“绝对个人主义”下的自由观,正如罗尔斯和德沃金所主张的自由平等主义,核心价值观语境下的“自由观”在强调自由权利的同时,也融入了公平正义等要素考量。这种语境下的自由、平等价值都不是绝对的,而是相对的;不是表面的,而是具体实际的。

自由是法律权利的基本内容,构成法律权利的核心。马克思认为,法律上讲的自由,是指人们享有的“普遍权利”。康德强调自由是每个人“据其人性所拥有的一个唯一的和原始的权利”,[1]此外,民法中的意思自治原则[2]也是对“自由”价值的确认。自由作为核心价值观元素之一,具体到司法案件中多体现为当事人在行使相关自由权利时所涉及的权限与边界问题。如“宋某保与洪某快名誉权、荣誉权纠纷案”[3]中,北京市西城区人民法院强调公民行使自由权利,“负有不得超过自由界限的法定义务”,[4]不得侵害他人的合法权益、社会公共利益和国家利益。

作为权利代表的“平等”价值体现在《民法典》第 4 条“民事主体在民事活动中的法律地位一律平等”,第 1055 条“夫妻在婚姻家庭中地位平等”以及第 1126 条“继承权男女平等”等具体法律规定中。此外,2016 年 11 月 4 日《中共中央　国务院关于完善产权保护制度依法保护产权的意见》中提到“将平等保护作为规范财产关系的基本原则……平等保护各类市场主体”

[1] 转引自[美]E. 博登海默:《法理学:法律哲学与法律方法》,邓正来、姬敬武译,华夏出版社 1987 年版,第 252~273 页。

[2] 《民法典》第 5 条规定:“民事主体从事民事活动,应当遵循自愿原则,按照自己的意思设立、变更、终止民事法律关系。”

[3] 2013 年 11 月 8 日,被告洪某快在《炎黄春秋》杂志上发表了其本人撰写的《“狼牙山五壮士”的细节分歧》一文。该文分为几个部分,分别为“在何处跳崖”“跳崖是怎么跳的”“敌我双方战斗伤亡”“五壮士是否拔了群众的萝卜”。文章通过援引不同来源、不同内容、不同时期的报刊资料等,对狼牙山五壮士事迹中的细节提出质疑。案涉文章涉及的人物之一是原告宋某保的父亲宋某义。

[4] 参见北京市西城区人民法院民事判决书,(2015)西民初字第 27842 号。

等，平等也作为一项权利被纳入规范体系当中。在“邓某某诉北京市邮政速递物流有限公司侵犯一般人格权纠纷案”[1]中，邮政公司仅基于女性这一点拒绝聘用邓某某，法院确认此行为侵犯了邓某某平等就业的权利，判定邮政公司对其侵权行为给邓某某造成的合理损失应予以赔偿。此外，因“河南人”这一地域标签遭受就业歧视的“闫某某诉浙江某度假村有限公司平等就业权纠纷案”，[2]法官也作出了类似裁判，判定浙江某公司构成对闫某某的地域歧视，侵害了其平等就业权，判决被告进行口头道歉，刊登道歉声明，并赔偿原告精神抚慰金。

（二）义务化的社会主义核心价值观

社会主义核心价值观体系建设的关键在于处理好权利和义务的关系，不同于西方的个人主义，中国语境下的核心价值观强调“权利与义务的平衡”，以“公民权利观”为价值主线，兼顾了“权利实现过程中所要承担之必要义务”，[3]强调个人在享有“自由、平等”权利化价值的同时，也应当服从或履行“诚信、爱国、敬业、友善、文明”等义务化价值，这种“权利义务平衡范式”的社会主义核心价值观有利于提升公民对价值共识的认同感，构造良好的社会秩序。义务化的价值观是指行为主体在一定条件下必须作出或不得作出一定行为的价值指引，一般体现为职业道德义务、公民道德义务等，以“应当”的模式被确立在社会主义核心价值观的内涵之中，多数已作为法律义务被规定在法律规范之中，为人们的行为提供明确的指引。例如，《民法典》第7条要求民事主体从事民事活动时“秉持诚实，恪守承诺”，第509条要求当事人“根据合同的性质、目的和交易习惯履行通知、协助、保密等义务”均是对义务化价值“诚信”的明确规定。

爱国主义是中华民族精神的核心，是常写常新的主题，“爱国”也通常体现为公民应当遵守的一项义务。2014年10月15日，习近平总书记在文艺工作座谈会上的讲话提到，在社会主义核心价值观中，最深层、最根本、最永恒

[1] 邓某某诉北京市邮政速递物流有限公司侵犯一般人格权案，北京市顺义区人民法院民事判决书，（2015）顺民初字第03616号。

[2] 闫某某诉浙江某度假村有限公司平等就业权案，杭州互联网法院民事判决书，（2019）浙0192民初6405号。

[3] 参见曾林翊晨：《社会主义核心价值观与法治的融贯性分析》，载《吉首大学学报（社会科学版）》2019年第1期。

的是爱国主义。[1]“爱祖国”作为社会主义公德被写在《宪法》第24条[2]中，在《英雄烈士保护法》的立法目的条款中也有体现，即“为了加强对英雄烈士的保护，维护社会公共利益，传承和弘扬英雄烈士精神、爱国主义精神……制定本法”。“宋某保诉洪某快名誉权纠纷案”[3]中，承办法官强调“狼牙山五壮士”及其事迹，是当代中国社会主义核心价值观的“重要来源和组成部分”，也是我国“不可或缺的精神内核”。抹黑“狼牙山五壮士”名誉的行为，不仅损害原告之父宋某义的名誉、荣誉，更是对中华民族的精神价值的损害。此外，“董存瑞、黄继光英雄烈士名誉权纠纷公益诉讼案”[4]被收入最高人民法院大力弘扬社会主义核心价值观十大典型民事案例[5]中，体现了人民法院对英雄事迹所凝聚的民族感情和所展现的民族精神的肯定，通过对英雄烈士名誉的维护以及侵犯英雄名誉行为的打击，突出强调公民的“爱国”义务，进一步凸显“爱国”价值观。

敬业价值观体现在法律条款或职业道德准则对不同职业主体的法律限定中，如《教师法》第3条规定：“教师应当忠诚于人民的教育事业”；《劳动法》第3条规定：“劳动者应当……遵守劳动纪律和职业道德。”此外，国家工作人员不敬业的情形更是作为“玩忽职守罪”被纳入刑法。司法实践中，对于医院医生工作不负责、不敬业导致的医疗事故，法院结合核心价值观的“敬业”义务，根据民法的相关规定及人身损害赔偿的司法解释规定维护受害人的合法权益。在“蓝某一诉鹤峰县中营镇中心卫生院医疗损害责任纠纷案”[6]一审民事判决书中，法院认为，被告医院未以其专业技能和敬业精神对前去就诊的原告履行“高度注意、保护身体健康利益”的义务，认定其行为

---

[1] 参见《习近平在文艺工作座谈会上的讲话》，载《人民日报》2015年10月15日，第2版。

[2] 《宪法》第24条第2款规定：“国家倡导社会主义核心价值观，提倡爱祖国、爱人民、爱劳动、爱科学、爱社会主义的公德，在人民中进行爱国主义、集体主义和国际主义、共产主义的教育……”

[3] 参见北京市西城区人民法院民事判决书，(2015)西民初字第27842号。

[4] 2019年11月19日，杭州互联网法院对公益诉讼起诉人杭州市西湖区检察院诉被告瞿某某侵害烈士董存瑞、黄继光名誉权两案合并公开开庭审理，当庭判令被告瞿某某立即停止侵害英雄烈士董存瑞、黄继光名誉权的行为并在国家级媒体公开赔礼道歉、消除影响。

[5] 最高人民法院大力弘扬社会主义核心价值观十大典型民事案例之杭州市西湖区人民检察院诉瞿某某侵害烈士名誉权公益诉讼案，载最高人民法院网，https://www.court.gov.cn/zixun-xiangqing-229041.html，最后访问日期：2023年4月28日。

[6] 蓝某一诉鹤峰县中营镇中心卫生院医疗损害责任纠纷案，湖北省鹤峰县人民法院民事判决书，(2018)鄂2828民初480号。

构成侵权。

陌生人社会背景下，人与人之间的信任严重缺失，碰瓷事件频发更是导致人们不敢也不愿施以援手。“见危不救是否应当入刑”“老人摔倒扶不扶”这类问题的讨论又何尝不是“友善”价值的定性之争？“友善”作为维系人与人之间互信体系的关键，更多地体现为一种道德义务，其法律化条款的典型是被称作“好人条款”的善意救助者责任豁免规则，[1]通过增设紧急救助免责条款，给见义勇为者吃了颗“定心丸”，同时稳固了“友善”价值观的法律地位。“友善”被广泛适用于家庭婚姻纠纷、继承纠纷以及见义勇为等案例中，如“华某与王某波、王某全生命权纠纷案”[2]中，司法机关在确认本案申请人符合司法救助范围后，向申请人释明有关司法救助规定，体现了“友善”的核心价值观。此外，“电梯劝烟案”、“夺命香蕉案”的判决结果，福建救人反被拘案最终作出绝对不起诉决定均体现为对“友善”价值的维护。

文明这一价值观原本只是作为人与人之间的道德规范而存在，但随着不文明行为的屡禁不止，各地借社会主义核心价值观的推进而纷纷出台促进文明行为条例，如 2020 年 10 月 1 日起施行的《广州市文明行为促进条例》，对公共场所观看视频、收听音频应当佩戴耳机、患有传染病患者应当佩戴口罩等行为作出了规定，将文明这一价值观上升为法律义务，以纠正社会行为的失范，禁止不文明行为，提倡文明风尚。

（三）作为法律原则的社会主义核心价值观

这类价值不同于具体的权利义务规范，它对人们的行为也具有规范作用，但它往往是在国家治理中秉行的“原则化规范”，相较于权利义务型的价值观更为抽象。

民主与法治是相辅相成的，在法治中培育民主，在民主中滋养法治。民主是较为抽象的价值观，它体现在法治的各个环节，换句话说，它对于国家治理、法治的各个环节都具有全局性的指导作用。中国国情下的民主是社会主义民主，它要求人民当家作主，涵盖了民主选举、民主立法、民主决策、民主管理和民主监督等领域，体现为以人为本的人民代表大会制度，政治协商制度、

[1] 《民法典》第 184 条规定，因自愿实施紧急救助行为造成受助人损害的，救助人不承担民事责任。

[2] 华某与王某波、王某全生命权纠纷案，黑龙江省伊春市旺河区人民法院执行裁定书，(2015)汤法执 1 号。

立法时有效吸收公众意见等,通过建立健全社会利益表达机制,兼顾各阶层、各个不同利益群体,是防止权力落入少数人手中的有力保障。

就"法治"而言,其对于国家治理具有全局的指导作用,我们很难说哪一部法律法规未包含法治价值。2014 年 10 月 23 日发布的《中共中央关于全面推进依法治国若干重大问题的决定》中,"法治"价值以原则的形式呈现,宏观指导着法治国家、法治政府、法治社会的推进。被选入 2018 年度十大影响性诉讼的南京旅客穿越铁道被挤压致死案,法官以鲜明的态度批判了漠视规则、扰乱秩序的行为,号召社会公众重视规则,崇尚法治,体现了司法实践对法治原则的维护。诸如"天价过路费案"[1]等裁判结果遭到广泛质疑,也充分说明只有在法治原则反映社会大众的整体价值观和朴素的正义感时,其判决结果才能为社会公众接受。

公正价值观更是对行政执法人员和司法实务工作者的职业要求,它体现在《法官法》《检察官法》《公务员法》等规范各类国家工作人员的法律法规中,要求司法执法者在日常司法、执法中要做到公平公正。此外,《刑法》《行政法》等实体法律中,要求行政相对人和当事人应受到公正待遇,即使是被告人、犯罪嫌疑人,其享有的人权也不应当受到不公正的剥夺。《刑事诉讼法》《民事诉讼法》《行政诉讼法》《仲裁法》等从程序规范的角度要求审判和仲裁环节都应公平公正,以程序公正保障实质公正得以实现。《社会保障法》《反垄断法》《消费者权益保护法》《劳动法》《反不正当竞争法》等法律则是从国家干预经济、市场等角度平衡差距,以合理分配权利义务的方法实现实质公正。具体到司法实践中,"福州休曼电脑有限公司、福建省体育彩票管理中心诉福建省体育局合作合同纠纷案"[2]中,当事人对合同条款的理解出现争

[1] 河南农民时某锋于2008 年 5 月至 2009 年 1 月间为逃免过路费,分期购买了两辆大货车及假军车牌照,免费通行 2363 次高速公路,逃免金额高达 368 万元,被判处无期徒刑后,引起广大民众的一片哗然及高度质疑,此案经再审得以改判。

[2] 1993 年,福建省体委下属体彩中心与电脑公司签订合作发行体育彩票协议,由电脑公司出资 8000 万元引进设备,设立控制中心,合作发行全省体育彩票,并约定了投资返还比例。1997 年,中国人民银行福建省分行发函要求体彩中心纠正"名为代理实为合作"的行为。1998 年 7 月,双方合作实质终止后,省体委召开主任办公会议形成《会议纪要》确立了体彩中心与电脑公司合作终止后有关清理结算、财产处理原则,对其中第 2 条"投资返还"是依投资原值还是终止时的实值返还存在争议,同时对第 4 条关于"以发行总额的 5%作为投资成本返还电脑公司进行结算"如何理解亦有争议。参见福州休曼电脑有限公司、福建省体育彩票管理中心诉福建省体育局合作合同纠纷案,最高人民法院民事判决书,(2006)民二终字第 160 号。

议,法院依合同所使用文义、相关条款及订约目的等因素进行整体的、公正的、符合诚实信用原则的解释,并从公平合理角度判决被告作出相应补偿。公正价值观在国家的立法层面、执法层面、司法层面都有体现,它作为法治国家的基本原则,对法治建设各环节都有着宏观的指导作用,属于作为"法律原则"的价值观。

(四)作为法律目标的社会主义核心价值观

作为法律目标的价值观回应了"建设一个什么样的国家"的重大理论和现实问题。正所谓每个奋斗目标的提出,都是时代呼唤的结果。为了进一步发展生产力,应对道德失范等"矛盾凸显期",整治环境污染严重等问题,"富强、和谐、美丽"的核心价值应运而生。"富强"作为物质层面和经济层面的价值目标,包含了"国富"与"民强"两个价值内涵,代表着国家综合实力的强大及民众生活水平的提升。"和谐"价值目标的提出正是源于对中华优秀传统文化的溯源和传承,和谐平衡之道在中国由来已久,它既体现在人与人之间"以和为贵"的为人处世之道,也体现在人与自然之间"天人合一"的规律总结,"社会和谐是中国特色社会主义的现实价值追求的……人与人的和谐相处体现了人的本质的最高价值……人与自然的和谐体现了生态文明的核心价值"。[1] "美丽"价值的凸显是我国在社会主义现代化建设总体布局上的又一次突破,通过价值观引领建设美丽中国也是实现"人与自然和谐共生"方略的必经之道。将"美丽"纳入社会主义现代化强国的奋斗目标,呼应了中国特色社会主义事业总体布局的"五大建设"。

以奋斗目标呈现出来的富强、和谐、美丽等价值观,并不直接体现为行为规范,而是其他具备规范效应的核心价值观共同作用后反映出的良好效果,它们或反映了当代经济建设的奋斗目标,或指引了社会的发展主题,又或者是政治文明的建设任务,共同点则在于他们都属于次生内容,是践行其他价值观的推导结果。这些价值观的结果导向性明显,我们完全可以从核心价值观中把它们推导出来,即通过那些过程性的价值观我们要构造一个什么样的形态的国家。因此,将其类属于"法律目标"更为妥当。法律目标型价值观具有鲜明的中国特色,是当代中国社会迫切需要实现或者加强的政治文明建设任务等要求的工具性范畴。践行好了核心价值观当中的其他元素之

[1] 戴木才、黄士安:《论"富强民主文明和谐"》,载《马克思主义研究》2010年第5期。

后，我们便能达到国富民强、和谐共生、生态美丽的境界。

作为法律目标的价值观在司法适用当中通常作为“目的”出现，即这类核心价值观在具体案例中的适用结果导向性颇为明显，一般是以“为了促进……”“为了实现……”的形式呈现，通过“有倾向性”的裁决结果形成带动效应。例如，在“牡丹江市宏阁建筑安装有限责任公司诉牡丹江市华隆房地产开发有限责任公司、张某增建设工程施工合同纠纷案”[1]中，最高人民法院强调“为实现诉讼法律效果与社会效果的统一，促进社会和谐”，认定本案当事人之间的纠纷已得到解决，裁定终结再审诉讼。此外，“和谐”价值不仅体现在社会层面，众多环境公益诉讼中所强调的环保意识，也是对“和谐”“美丽”价值的再强调，如“中山市环境科学学会诉李某祥、苏某新环境污染责任纠纷案”[2]中，法院判定多个被告承担不同程度的侵权责任，显示了司法助推绿色、和谐、美丽生态构建的决心。

二、社会主义核心价值观融入法治建设的规范涵摄功能

在法具有局限性这一难题无法破除的大背景下，如果仍固执于坚守法律应得到严格适用的原有模式，那么不仅无法解决现有问题，反而会陷入更深的适法困境。为了维持经济发展和正常的生产生活，人们形成了一个相互依存且相对紧密的共同体社会，而社会主义核心价值观在使这种依存关系不致遭受破坏的层面，发挥着极其重要的保障作用。社会主义核心价值观本身就是时代价值观发展的产物与结晶，其在法治领域的融入可弥补当下法治建设过程中的诸多不足。核心价值观使法官得以在法律允许的弹性限度范围内，灵活处理公共政策、大众观念以及社会利益，进行具体问题具体分析。将核心价值观融入法治建设能有效处理法律稳定与社会发展不协调的僵局，在维护法秩序效果的同时彰显个案正义。

（一）法律规范的“填补”功能：价值观作为执法和司法裁量的基准

法律无法在事实上杜绝因为其不甚完备而导致的“适法困境”，但制度设计须得保留其法律救济途径，于个案中通过解释等途径延展法的规则与精

[1] 牡丹江市宏阁建筑安装有限责任公司诉牡丹江市华隆房地产开发有限责任公司、张某增建设工程施工合同纠纷案，最高人民法院民事裁定书，(2011)民抗字第29号。

[2] 中山市环境科学学会诉李某祥、苏某新环境污染责任纠纷案，广东省广州市中级人民法院民事判决书，(2017)粤01民初201号。

神,进一步稳固社会的和谐发展。因而,司法有必要越出严格适用法律的框架,以将精确凝练和大众认同的社会主义核心价值观作为实定化的基本理念,探寻法律和政策中内在的价值;同时,立足于法治社会应当实现的价值和目的进行裁判,采取一种为实现更值得追求的法治社会的相对能动的态度。只要坚守好法律至上的底线,把握好核心价值观在法治运用中的“度”,将核心价值观作为行政裁量和司法裁判基准,就不会破坏法治的权威。此外,在行政执法或司法裁判中,以社会主义核心价值观对某一行为进行判断定性,势必会对民众的价值取向起到一定的指引作用。

1. 执法裁量的基准

“善治”的关键在于执法。法治政府在建设过程中,社会主义核心价值观不仅可以作为重大行政决策的完善依据,也可以被运用到指导行政机关的日常执法活动中作为行政裁决的依据。《关于进一步把社会主义核心价值观融入法治建设的指导意见》要求将社会主义核心价值观融入法治政府建设的全过程,融入严格执法环节,作为与民众联系最为密切的行政机关,其行政裁量行为关系到人民群众的切身利益与正常的生产生活,在行政裁决过程中要借助社会主义核心价值观发挥行为指引作用,整治歪风邪气,通过将执法价值目标融入执法过程中,以促进行政相对人对行政行为的遵循,有效规制诸如高铁上旁若无人的“霸座”“脱鞋”“硬座当卧铺”等不文明行为。针对高铁霸座行为,2021 年 1 月 1 日正式施行的《民法典》第 815 条明确“旅客应当按照有效客票记载的时间、班次和座位号乘坐”,而在此之前,有关“霸占他人座位拒不让出”行为究竟是法律问题还是道德问题存在诸多争议,济南铁路局曾就男子高铁“霸座”案件作出回应称“不违法,属于道德问题”,这种处理结果不仅纵容了不道德、不文明的“无赖”行为,也大大损伤了公安执法必严的形象,“狭路相逢无赖胜”更是有悖于社会主义核心价值观。济南铁路公安局介入调查后,依据《治安管理处罚法》,将霸座行为认定构成“扰乱公共交通工具上的秩序”的违反治安管理行为,孙某被处以治安罚款 200 元。[1] 此类案件绝非个例,后续又被曝出阜阳女子高铁霸座被处以罚款 200 元等新闻,民众对行政行为的服从需建立在认同基础之上,而运用社会主义核心价

[1] 《治安管理处罚法》第 23 条第 3 项规定,扰乱公共汽车、电车、火车、船舶、航空器或者其他公共交通工具上的秩序的,处警告或者 200 元以下罚款;情节较重的,处 5 日以上 10 日以下拘留,可以并处 500 元以下罚款。

值观可以很好地引导各行业从业者爱岗敬业、诚信友善、文明和谐,从而实现执法效果与社会效果的统一。

2. 司法裁量的基准

司法裁判不仅需要合乎法规,也要合乎情理;不仅需要形式正义,也要实质正义,这就不可避免地会涉及价值因素。我们通常以近乎矛盾的心情看待"法治",从司法的角度来说,一方面,我们担心价值观融入审判会影响法官的判决,认为司法审判应当保持绝对的客观中立,作为裁判者的法官不应有任何价值判断;另一方面,我们怀疑拘泥于法律条文的判决是否能实现真正的实质正义。这种矛盾心理在一定程度上也是法官在司法裁决中畏于运用核心价值观的重要原因之一,法官担心处理不得当,或者引发司法不近人情的骂声,或者遭受不依法办案的质疑声。但是,我们不能忽视的一点是,法治本身就体现为一种价值观。绝大多数有争议的案件都是有情境的,其中充斥着价值的平衡及选择,因此"价值无涉"等表述都是文不对题的。诚如德国法学家卡尔·拉伦茨在《法学方法论》中谈道:"(法学)所关心的不仅是明确性及法的安定性,同时也致意于:在具体的细节上,以逐步的工作来实现'更多的正义'。"[1]法律的稳定性、滞后性以及社会的发展性决定了既有的法律无法做到"万物皆备于我",法律漏洞的存在无可避免,在这种情况下,法官需要运用自由裁量权对事实证据部分进行剪裁,在法院意见部分予以充分释法说理,全方位考量社会影响,作出正确的裁决。

从司法实践来看,一些"无法可循"案件的出现正是倒逼核心价值观融入法治建设的"导火线"。司法审判活动并不是在某种真空式的社会形态中孤立存在的,相反,它是与人们的生产活动相互依存,相互影响的动态过程。在"夏某玲诉连云港市公安局交通警察支队、连云港市人民政府行政撤销、行政复议案"[2]中连云港市中级人民法院在关于"找人顶替交通肇事"行为是否定性为逃逸的法律规定尚不明晰的前提下,分别从立法本意及社会主义核心价值观的角度展开论证,认为将"找人顶替的行为"定性为逃逸"既符合立法本意,又符合社会主义核心价值观",并指出若相关规定不明确,作出的判断"首先应当符合社会主义核心价值观",这一点与最新发布的《关于深入推

---

[1] [德]卡尔·拉伦茨:《法学方法论》,陈爱娥译,商务印书馆2003年版,第77页。

[2] 夏某玲诉连云港市公安局交通警察支队、连云港市人民政府行政撤销、行政复议案,连云港市中级人民法院行政判决书,(2017)苏07行终165号。

进社会主义核心价值观融入裁判文书释法说理的指导意见》中“将社会主义核心价值观作为理解立法目的和法律原则的重要指引”的要求十分契合。该案主审法官还强调,如果对此类行为不予惩治,将“错误地指引他人效仿该行为,进而助长不正之风,从而危害交通管理秩序,损害社会公共利益”。在“暗刷流量”合同无效第一案[1]中,在并无确切规章制度将“暗刷流量”行为认定为违法的前提下,北京互联网法院以违反商业道德底线,欺骗、误导网络用户,减损同行业竞争者和广大网络用户的合法权益为由将此行为认定为绝对无效,预防了网络市场“劣币驱逐良币”的不良后果,有效地维护了正常的市场竞争秩序。当然,社会主义核心价值观作为裁判基准存在逻辑前提,即以法官的回应义务为基础构建法官适用核心价值观的可控机制,将当事者与法官之外的其他社会公众等局外人纳入诉讼监督体系,作为监督法官作出正确裁判的有力保障,形成迫使法官不得滥用核心价值观恣意断案的压力。

(二)法律规范的“甄别”功能:价值观作为法律解释的实体理由

法官以法条为依据解决实际案件,而法律的滞后性、稳定性决定了其本身可能存在争议、模糊或空白地带,疑难案件由此产生。司法实践中的疑难案件昭示了法律在案件解决力方面所面临的局限性,说明法律与价值之间的关系尚未找到完美的契合点,也从侧面反映出二者之间存在张力,社会主义核心价值观入法可帮助缓解与弥合二者之间的“矛盾与间隙”,法律必须被信仰,但信仰不等于盲从,法官要做法律的“信徒”而非“奴仆”,在争议、模糊和空白地带,核心价值观有助于法官通过法律解释,明晰条文的确切含义,缓和条文矛盾,弥补法律的局限性,使法律在适应社会发展的同时,本身也得以在良好的轨道上发展。反之,如果放任漏洞的存在,以不存在明确的法律规则为由而拒绝或者逃避对之予以解释,那么法律系统表面上的逻辑自洽终将距离法律的真正目的越来越远。

1. 挖掘“隐含的法律”

社会问题纷繁复杂,法官在进行裁判活动时,涉及的不仅是法律问题,审判活动往往也涉及正义或者道德方面的所谓价值判断。因此,法官只将法律

---

[1] 全国首例涉及“暗刷流量”虚增网站点击量的案件,许某通过微信向常某某寻求“暗刷的流量资源”,双方协商后确认常某某为许某提供网络暗刷服务,后许某以流量掺假、常某某提供的网络暗刷服务本身违反法律禁止性规定为由,拒付款项。常某某将许某诉至北京互联网法院。

判断的结果剥离出来写到判决书上是远远不够的,审判的专业性及权威性要求法官在裁判过程中进行论证与说理,以便人们对法官的考量和推理过程大致上做到心中有数,增强判决结果的说服性和合理性。

诚如德沃金的法律解释理论将法律看作一个解释性概念,法律体系并不是完全独立封闭的,在解释的过程中政治与道德在对法律产生影响,许多内容甚至被纳入法律,成为法律的组成部分。司法审判活动并不是于某种真空式的社会形态中孤立存在,相反,它是与人们的生产活动相互依存,各自影响的动态过程。当出现哈特所谓的"空缺结构"或者当法律含混不清时,出身不同,背景各异的法官对法律条文可能有不同的理解,对案件事实的认定存在分歧也无法避免。也正是这一点,使核心价值观融入司法审判成为必然。当法律规范不够明晰或与公众认知相抵触时,法官应当善于运用社会主义核心价值观进行解释说明,即发挥自身的主观能动性,运用法律解释的方法对特定条文进行阐明,在争议、模糊或空白地带于社会主义核心价值观中寻求法律解释的实体理由,此时的实体理由可称为"潜在支配性解释基础"。当在某个具体问题上存在这种潜在支配性的解释基础,且其恰好可以代表民意时,法官若对其采取无视或反对的态度,公众就极有可能对这项所谓的"公正判决"嗤之以鼻,这种尴尬的局面,本身就应当促使我们考虑这些法律的道德性问题。社会主义核心价值观正是作为一种具有潜在支配性和价值共识的解释基础存在,其入法可提高法律与价值的逻辑契合度,法治不应止步于形式上的"合乎规则","合乎正义"才是社会公众所期待的,社会主义核心价值观融入法治可以立足于前者而加速后者的实现,通过引导当事人和大众发现"隐含的法律",以摆脱适法困境。

2. 明晰模糊条文的语义

全国人民代表大会常务委员会出台的《关于〈中华人民共和国民法通则〉第九十九条第一款、〈中华人民共和国婚姻法〉第二十二条的解释》[1](已失效)规定,有不违反公序良俗的其他正当理由,可以在父姓和母姓之外

[1] 全国人民代表大会常务委员会出台的《关于〈中华人民共和国民法通则〉第九十九条第一款、〈中华人民共和国婚姻法〉第二十二条的解释》(已失效)规定中的解释如下:"公民依法享有姓名权。公民行使姓名权,还应当尊重社会公德,不得损害社会公共利益。公民原则上应当随父姓或者母姓。有下列情形之一的,可以在父姓和母姓之外选取姓氏:(一)选取其他直系长辈血亲的姓氏;(二)因由法定扶养人以外的人扶养而选取扶养人姓氏;(三)有不违反公序良俗的其他正当理由。"

选取姓氏。在“北雁某某诉济南市公安局历下区分局公安户口行政登记案”[1]中,原告要求给女儿取名北雁某某是否属于“不违反公序良俗的其他正当理由”? 这就涉及法官如何解释并界定“公序良俗”对姓名的规制范围。本案法官在说理部分,从社会管理发展的角度阐述了放任姓氏管理将“不利于维护社会秩序和实现社会的良性管控”,并从传统文化传承及主流意识的角度结合核心价值观进行说理,“中国人民对姓氏传承的重视和尊崇承载着丰富的文化传统、伦理观念、人文情怀,符合主流价值观念”,并强调姓氏文化的丢失将造成“对文化传统和伦理观念的冲击”“违背社会善良风俗和一般道德要求”,从而作出了不支持原告的判决结果。

《商标法》第10条第1款第8项规定,有害于社会主义道德风尚或者有其他不良影响的标志不得作为商标使用。“混子曰”“叫个鸭子”“MLGB”等几起典型的商标价值争议案件曾掀起几波讨论热潮,这些商标是否属于“有害于社会主义道德风尚或者有其他不良影响的标志”? 唯有具体到个案中辅以法律推理及法律解释等方能得知确切答案。如“上海俊客贸易有限公司等诉国家工商行政管理总局商标评审委员会纠纷案”[2]中,北京市高级人民法院以该公司同时申请“caonima”商标的行为来佐证其恶意注册“MLGB”商标的推论,从司法对主流文化意识传承和引导青年一代树立正确价值观的职责角度,最终认定“MLGB”属于有害于社会主义道德风尚或者有其他不良影响的标志。

2021年1月,最高人民法院进一步发布《关于深入推进社会主义核心价值观融入裁判文书释法说理的指导意见》,[3]明确“法官在法律框架内运用社会主义核心价值观释法说理”这一基本定位,强调法官应当正确运用文义解释、体系解释、目的解释、历史解释等深入推进社会主义核心价值观融入裁判文书释法说理,并提出“结合社会主义核心价值观,重点说明裁判事实认定和法律适用的过程和理由”等要求,同时规定了六类“应当强化运用社会主义核心价值观释法说理”的情形,为部分法官在运用社会主义核心价值观释

[1] 北雁云依诉济南市公安局历下区分局公安户口行政登记案,山东省济南市历下区人民法院行政判决书,(2010)历行初字第4号。

[2] 上海俊客贸易有限公司等诉国家工商行政管理总局商标评审委员会纠纷案,北京市高级人民法院行政判决书,(2018)京行终137号。

[3] 2021年1月19日,最高人民法院印发《关于深入推进社会主义核心价值观融入裁判文书释法说理的指导意见》,全面规范法官运用社会主义核心价值观释法说理的基本原则、基本要求、主要方法、重点案件、范围情形、配套机制等。

法说理过程中“不会用”“不愿用”“用不好”等问题开出了一剂良方，充分发挥司法环节的价值导向作用。此外，截至2023年3月最高人民法院已公布三批“弘扬社会主义核心价值观典型案例”，为司法实践中发掘和运用社会主义核心价值观提供了示范样本。

（三）法律规范的“确定”功能：价值观作为法律推定的“前设规则”

对于已经发生的纠纷，呈现在法官面前的是通过双方的证据拼凑起来的“经过还原的事实”，而并非事实本身。法官没有上帝视角，在保证司法效率的前提下，不可能要求法官对每起纠纷的来龙去脉都悉数于心。由此，推定在司法实践中具有不可替代的作用。按照通说学理，推定分为事实推定和法律推定。事实推定是指法官在诉讼过程中依据经验法则和逻辑规则进行的事实推定，“彭宇案”法官关于是否撞人的推定就是适例。法律推定是指“立法者按照特定的立法意图依据立法程序在成文法条文汇总所设置的推定规范，规定以某一事实的存在为基础，据以认定另一事实或权利的存在”。[1]法律推定不可避免地会融入价值判断和政策考量。一味地强调法律要排除价值等不确定因素非但不能解现时之困，甚至会陷入更为糟糕的“守法”与“适法”的困惑。博登海默也强调“试图把法律同外部的社会力量——这些社会力量不断冲击着法律力图保护其内部结构所依凭的防护层——完全分割开来的企图，必然而且注定是要失败的”。[2] 在诸多不确定中寻求“确定性”，方是明智之举。

1. 确定“前设规则”

“前设规则”为何存在？法律条文与现实案情并不是一一对应的，规则之间需进行选择适用，故存在不确定性，需依赖“前设规则”规范规则之间的选择以确保公正性。“前设规则”的合法性源于人们的认可，通过对“前设规则”的严格遵守保障规则的合法性。在许多不被公众理解的案件中，法官的判决依据似乎无懈可击，“输入法条，输出判决”的程序也并无破绽，主客观条件一一满足，但是民众就是不买账，其原因在于明显偏离了“公正”的核心价值观。

为了限制法官的自由裁量权，刑法分则中各项罪名的量刑区间是被固定

[1] 王雄飞：《论事实推定和法律推定》，载《河北法学》2008年第6期。

[2] [美]E.博登海默：《法理学：法律哲学与法律方法》，邓正来译，中国政法大学出版社2004年版，第242页。

的,然而有些行为一旦被认定为构成犯罪,即使从轻处理,其刑罚之重也难以不让人感叹一句"罪不至此"。实践中部分法官机械套用犯罪构成要件,而忽视了法律自身的"自足性"协调机制,作出了许多匪夷所思的判决结果,如因 ATM 机器故障支取 17.5 万元被广州中院判处无期徒刑的广州许某案,[1]以非法经营罪被判处 1 年有期徒刑、缓刑 2 年的内蒙古农民收购玉米案,[2]被判非法持有枪支罪并获刑 3 年 6 个月的天津大妈气枪案,[3]以非法出售珍贵、濒危野生动物罪被判处 5 年有期徒刑,并处罚金的王某贩卖鹦鹉案,[4]以及售卖 4 厘米枪形钥匙扣被公安认定为枪支案。[5] 诸此种种,都是由于条文固化套用而导致的法治社会怪状。机械司法下的法律正义难以被信服,判决一出,舆论哗然,其实这类案件完全可通过法律内部的衡平救济机制予以调节。现行《刑法》第 13 条但书[6]以及《刑法》第 63 条第 2 款[7]为适用刑法分则条文判决存在不合理情形时提供了一种衡平思路,可以帮助法官调节法律内部逻辑之困,及时矫正即将偏离轨道的"正义"。而

[1] 2006 年 4 月 21 日晚 10 时,被告人许某来到广州天河区黄埔大道某银行的 ATM 取款机取款。结果取出 1000 元后,银行卡账户里只被扣 1 元,许某先后取款 171 笔,合计 17.5 万元。许某潜逃 1 年后被抓获,一审以盗窃罪被判无期徒刑。广州市中级人民法院改判为有期徒刑 5 年,罚金 2 万元,并追讨所取款项。

[2] 被告人王某军于 2014 年 11 月至 2015 年 1 月,没有办理粮食收购许可证及工商营业执照而买卖玉米交易,一审被临河区人民法院以非法经营罪判处有期徒刑 1 年,缓刑 2 年,并处罚金人民币 2 万元。巴彦淖尔市中级人民法院根据最高人民法院的再审指令,依法撤销原审判决,改判王某军无罪。

[3] 2016 年 8—10 月间,被告人赵某华摆设射击摊位进行营利活动,被公安机关收缴后,一审被天津市河北区人民法院以非法持有枪支罪判处有期徒刑 3 年 6 个月,经天津市第一中级人民法院二审后改判为有期徒刑 3 年,缓刑 3 年。

[4] 被告人王某贩卖自养的鹦鹉,一审被深圳市宝安区人民法院以非法出售珍贵、濒危野生动物罪判处有期徒刑 5 年,并处罚金人民币 3000 元。深圳市中级人民法院依法改判有期徒刑 2 年。

[5] 一男子因为在网上销售 4 厘米长的"枪形钥匙扣"被指涉嫌非法买卖枪支罪,被辽宁鞍山铁西公安分局刑事拘留 60 余天。辽宁鞍山警方随后作出回应,根据中国刑事警察学院物证鉴定中心的鉴定报告,该钥匙扣属于非军用枪支,具有射击功能,认定为枪支。

[6] 《刑法》第 13 条规定,一切危害国家主权、领土完整和安全,分裂国家、颠覆人民民主专政的政权和推翻社会主义制度,破坏社会秩序和经济秩序,侵犯国有财产或者劳动群众集体所有的财产,侵犯公民私人所有的财产,侵犯公民的人身权利、民主权利和其他权利,以及其他危害社会的行为,依照法律应当受刑罚处罚的,都是犯罪,但是情节显著轻微危害不大的,不认为是犯罪。

[7] 《刑法》第 63 条第 2 款规定:"犯罪分子虽然不具有本法规定的减轻处罚情节,但是根据案件的特殊情况,经最高人民法院核准,也可以在法定刑以下判刑。"

具体案件是否可以适用此类条文、案涉行为是否符合条文中所规定的“特殊情况”“情节显著轻微”等，则离不开法律推定前设规则。尽管有统一的制定法设定了评价标准与尺度，但法律规范从来都是普遍性的、抽象性的，法官的法律推理过程并不能总是保持统一性或一致性，其中属于价值判断范围的价值评价与属于价值推理范畴的利益权衡，为法官的自由裁量及适用价值观预留了空间。

一般而言，法律推定前设规则类似于法官的“前理解”，有赖于法官对案涉行为的价值平衡与抉择。当法律条文并无任何明确的禁止或限制，缺少作出否定性判决的形式推理的必要前提时，法官须进行论理解释和实质推理。法律推定适用及其程序虽被严格限定，但法官在是否选择适用法律推定以及选择哪一条具体的条文进行法律推定时，离不开主观价值判断，这就取决于法律推定前设规则。正如泸州保姆遗赠案[1]中，继承法中没有明确的禁止规定，但将遗产赠与侵害合法婚姻家庭权益的人，明显与主流价值观相违背，法官由此作出判决，以不符合法律的精神和立法者的意图、不符合当时的主流价值观为由而认定遗赠无效。社会主义核心价值观作为一种较为确定的“前设规则”，通过在案件事实与被选择的规则之间构建联系，帮助法官呈现合理的逻辑推理过程，实现以“让人民群众在每一个司法案件中都能感受到公平正义”为目标的“公正”价值观。

2. 去主观化

川岛武宜认为，所谓法解释的“客观性”，指的就是其解释受社会支持的程度，“价值判断的内容本身却能够以持有同样价值观的人们多少这一范围来量度其客观性的程度”。[2] 社会主义核心价值观融入法治建设不意味着法官可以随心所欲地进行裁决，这一点毋庸置疑。“橡皮筋式”的司法会降低法治的“能见度”，因此，法官裁判仍应以确定性为要求，在“这一狭窄的选择范围内寻求社会正义”。社会主义核心价值观的出现，为法官的法律推定提供了确定性的前设规则，实现了一定程度的“去主观化”。法官在作出裁决或法律推定时，社会主义核心价值观可作为法官进行利益平衡和价值选择的重要依托，使法官在自由心证环节中引以辨别是非善恶，约束司法裁量权

[1] 张某英诉蒋某芳遗赠纠纷案，四川省泸州市纳溪区人民法院民事判决书，(2001)纳溪民初字第561号。

[2] [日]川岛武宜：《判例研究的方法》，载氏著：《作为科学的法律学》，弘文堂1964年版，第20页。

的心理防线由“我的良知”向“我们的良知”转变,可以防止法律适用走上歧途,矫正法律适用的方向。

法律适用本质上是一种价值实现的行为。司法判断通过作出有罪与否、责任的判定,实质上是对案涉行为应当或不应当的评判或裁决,比如,消费者知假买假案件中,判断知假买假者是否为消费者,关键在于判断其是否属于《消费者权益保护法》保护的范畴。又如,环境公益诉讼中,企业是否要承担巨额环境损害赔偿费,也涉及经济效益是否应当让位于生态环境的抉择。每个裁决的背后,都隐含着对立法原意及法律价值的推理与判断。而在价值观多元化的背景下,价值观是多元且主观的,极有可能陷入“将主观价值判断误解为逻辑判断”的危险境地。核心价值观作为共同的价值目标虽无法完全避免各种规范之间存在的冲突,至少在不破坏法律至上的现有法治建构下,面临司法实践中的冲突状况时,核心价值观能发挥其润滑剂的功效。在法律缺位且不得违背社会的公序良俗的情况下,可以作为行为合法依据和法官裁决依据,延伸至日常行为甚至司法裁决过程中。

(四)法律规范的“导向”功能:价值观作为行为主体自决的合法性依据

基于司法功能的有限性、国家治理的理性选择或行为本身的特性,一部分不在法律范畴之内但急需被解决的道德问题受到关注,这些问题之所以未被纳入法治领域,或因为其属性偏向于私人领域,如情谊行为;抑或由于法律体系本身存在漏洞。在“非法律地带”,如果不存在价值共识,则会各执己见,在“谁的理由必须获得尊重”这一点上“毫不退让”,自行其是。久而久之,在道德争执中社会秩序就会被动摇。社会主义核心价值观的出现,一方面通过其本身“价值共识”的地位为法律主体行为提供正确指引;另一方面由法官借助社会主义核心价值观进行释法说理,对被提起诉讼的“非法律行为”进行定性,以裁判结果的导向为这部分行为“正名”。

1. 摒弃“貌似合法”

与正义相左的“貌似合法”是远远不够的,而且可能是有害的。司法审判不应只满足于形式上合乎法条,更重要的在于合乎正义。“和稀泥”式的判决于法而言虽无可厚非,但是往往会助长歪风邪气。电梯劝烟案一审断定电梯内劝阻吸烟的医生需承担公平责任,其结果不仅背离了公众心中朴素的正义观,而且宣扬了错误的价值观。“非法律地带”领域所引发的纠纷,于法官而言,职业素养要求更为严格,法官需通过裁判结果旗帜鲜明地褒奖善行义举,让正义不再瞻前顾后,切不能让英雄“流血又流泪”;在化解个案矛盾、明辨是非中,为促使社会主义核心价值观成为公民日常生活中的行为准则,法官通过个案的裁判使核心价值观的要求切实贯彻到公正审判中,将核心价值观具体化、形象化。

刘某某、郭某甲、郭某乙诉孙某、某物业公司生命权纠纷案[1]中,法院认为,路见不平的孙某阻拦肇事者郭某林离开,其行为的目的在于保护小孩权益,不仅不违法,而且还具有正当性,应予肯定与支持。诸如此类的案例还有67岁老人超市偷鸡蛋被抓猝死,家属索赔38万元,法官驳回全部诉讼请求;电动车违规闯红灯与出租车相撞,交警认定电动车全责。上述案例作为社交生活中时常发生的小事,我们每个人都可能成为其中的当事人,这也凸显了社会主义核心价值观融入司法实践的必要性。若法院不能通过公正判决惩恶扬善,彰显“正义不向非正义低头”的价值导向,对社交行为加以正确引导,“死者为大”“弱者有理”的判决终将导致空前的社交恐惧以及人人自危的局面。此外,为了平息个案矛盾,将不幸事故归责于没有任何责任的旁人,人与人之间的友善、乐于分享、见义勇为等美德将受重创,这必然与法律应有的公平、正义精神所背离。

2. 避免“是非不分”

哈特认为,任何社会都应当区分基本善恶的道德和“公说公有理,婆说婆有理”的道德,如哈特认为“诚实信用”这样的道德属于基本善恶的范围,这类普遍性的道德是作为稳固社会关系的基础存在,是必不可少的。社会主义核心价值观即属于基本善恶的道德,在思想多元、道德异质的背景下,面临价值缺失和偏离的窘境,迫切需要核心价值进行培育和纠偏。在法律扫视不到的盲区,社会主义核心价值观为人们的行为提供“规则的指引”,人们通过检验自己的行为是否符合这一价值共识而判断自己是否合乎规矩,避免陷入“谁的理由似乎更站得住脚”等无休止的争论。

大数据背景下,群体无意识现象盛行,当群体达到一定数量时,会形成一股强大力量,裹挟着周围人的意识。“群体无意识”作为价值体系陷入混乱的标志,如果不对这类现象加以正确引导,将产生诸多不理性行为,社会主义

---

[1] 孙某见到郭某林在小区内将小孩罗某某撞倒在地后,站在自行车前阻拦郭某林,让郭某林等待罗某某的家长前来处理相关事宜,后郭某林情绪激动倒地,抢救无效因心脏骤停死亡。

核心价值观融入法治建设可以为其提供良好的指引作用，做到“明辨是非”，避免被不良的群体意识所裹挟，规制诸如“朝自杀者起哄”以及“恶俗婚闹”等乱象，以主流价值观的牵引倒逼群体理性的形成。此外，社会主义核心价值观的“明辨是非”也体现在网络舆论的正确引导层面，毋庸置疑，网络舆论对司法公正有着一定的监督作用，对此司法要积极回应舆论，但要谨防被舆论“牵着鼻子走”。监督的前提在于理性监督，而目前网络舆论监督体系尚不够成熟与完善，不足以提供理性的监督。我们处在一个“后真相时代”，大部分媒体报道为了“夺人眼球”，其内容往往都失之偏颇，而网友们在网络舆论中往往会先入为主，网络舆论所代表的观点并不全面，其客观和理性程度有待考量，加之网民们的水平迥异，网络的匿名性等增大了网络舆论的不负责任性，大量真实的信息在网络舆论中被曲解，大量虚假的信息也凭借网络舆论兴风作浪。加强社会主义核心价值观的宣传能够有效避免舆论主导司法，只有让社会主义核心价值观占据思想高地，才能有效避免“是非不分”，引导群体舆论朝着理性的方向发展。

法官通过带有价值倾向的行为标准，对“非法律地带”的案涉行为予以评价来影响人们的价值观念，进而达到行为指引目的，此类评价并非仅限于对败诉方的劝诫与教育，绝大多数案件中，胜诉方也并非毫无过错，同样存在行为欠妥之处。法院也应当及时发挥司法引导作用，运用社会主义核心价值观这一价值共识进行评判，对不当言行进行释明并指正。正如“黄某等诉郭某民名誉权纠纷案”[1]中，北京市海淀区人民法院在一审民事判决书中指出，尽管被告言论不构成侵权，但作为一名网络用户，被告未遵循保持和维护网络空间的秩序与文明的义务，仍有“不妥之处”。法官以核心价值观为评判标准，对当事人的行为进行正面或负面的评价，极大地提升了司法的引导作用，通过案件强化民众的是非辨别意识，真正起到了“判决一案，教育一片”的法治效果。

3. 实现“活法”之治

基于对完备的法治状态的向往，法律规范的完善与精细化从未停下脚步，受调整的行为面也越来越宽泛。有极端观点认为，“违背社会主义道德致人损害的行为，也应视为违法行为”，但这种观点由于容易滋生“法外司法”

---

[1] 黄某等诉郭某民名誉权纠纷案，北京市海淀区人民法院民事判决书，(2014)海民初13924号。

的乱象而难以站住脚。根据“法不禁止即自由”原则,“非法律地带”属于公民个人自由的范畴,要求公民对其权利范畴内的行为承担法律责任,是不可取的。此外,漫无边际的立法扩张同样不可取。换句话说,当制度运行的基础秩序出现问题时,制定再多的制度也于事无补。随着改革开放的深入,制度并未得到真正的内化和认同,社会秩序缺乏深厚的根基,以致陷入制度设计不断完善而加剧社会失序的秩序困局。美国学者诺思发现,人们生活中的大多数行为主要还是靠非正式规则来约束。“即使是在最发达的经济中,正规规则也只是决定选择的总约束中的很小一部分”“社会强有力的道德和伦理法则是使经济体制可行的社会稳定的要素”。[1] 埃利希也强调:“法律发展的重心在于社会本身……法律规则和法律文件背后的社会事实、社会内在秩序的强大力量,是法律效力的真正来源。”[2] 他提倡“活法”之治,指出人们之所以会抚养子女、赡养父母、欠债还钱、敬业职守,并不是迫于可能的法律制裁,其真实的心理动机在于“自愿”。他还提出就支撑社会秩序而言,这种“自愿”比强制性制裁更为有效。当代社会秩序的稳定需要社会成员以统一的价值观念作为基础,可以说,中国社会秩序稳定的主观性基础就是社会主义核心价值观,将社会主义核心价值观融入法治的过程正是对埃利希“活法之治”模式的有益探索,同时社会秩序的有效维护过程也是社会主义核心价值观在中国社会大众心理结构和行为模式的不断内化,进而又外化为自觉遵纪守法和新行为模式的过程。各地陆续出台的文明行为促进条例取得了不错的成效,其中既有宏观价值引导,又有具体行为规范,是通过法治手段弘扬社会主义核心价值观的有力举措之一。

三、社会主义核心价值观融入法治建设规范化路径的反思

目前法治实践中仍存在诸多难点痛点,司法裁判当中社会主义核心价值观的运用并未得到很好的规范,“规则逃逸”乱象有所抬头,后果主义导向也严重影响了司法裁判的科学性,价值对于法治的渗入尚未合理回应价值循环、司法倒退等质疑。此外,通过社会主义核心价值观反哺立法过程中相应的规范程序存在缺位,唯有进一步规范社会主义核心价值的入法路径,方能

---

[1] [美]道格拉斯·C.诺思:《经济史中的结构与变迁》,陈郁、罗华平等译,生活·读书·新知三联书店、上海人民出版社 1994 年版,第 49~50 页。

[2] [奥]欧根·埃利希:《法律社会学的基本原理》,叶名怡、袁震译,中国社会科学出版社 2009 年版,第 213 页。

使核心价值观在促进法治建设层面发挥最大化效应。

（一）防止司法裁判“向一般条款逃逸”

“向一般条款逃逸”是指法官裁判时，有可适用的法律规则而不适用，将价值观作为裁判依据。目前司法实践中的确存在优先适用社会主义核心价值观导致“规则逃逸”的乱象。裁判文书说理分为“裁判依据”和“说理依据”，一般而言，社会主义核心价值观不同于法律规则和司法解释，其与解释方法、政策、道德等更多的是作为说理依据而存在。

1.“非疑难案件”中坚守法的安定性

社会主义核心价值观融入法治建设不意味着法官可以随心所欲地进行裁决，这一点是毋庸置疑的。社会主义核心价值观融入法治建设不同于摩尔“显而易见”“坚信我的断定有足够的理由”的直觉主义，[1]也不是G. D. 詹姆斯所说的将法律完全建立在理性、道德和正义观上，[2]更不是对法治稳定性与确定性的挑衅。社会主义核心价值观融入法治，不意味着可以“用道德、价值等直接改变法律的意义”，而是“法治建设有了来自社会主义核心价值或法律价值的支持”。[3]

为了保证程序的正当性，坚守法的安定性，需要法官的优良素质与自律品格自不待言；此外，法官审判案件须以理性的合乎逻辑的推论作为基础，法官在做好“自由心证”的同时也要确保社会主义核心价值观在该案件的运用没有破坏程序正当的前提，以保证事实认定的客观性，法律适用的正确性。如法律解释的方法包括文义解释、体系解释、立法原意解释、目的解释、合宪性解释等。即使运用社会主义核心价值观进行法律解释时，也应当遵循法律解释所隐含的程序性规则，即任何法律条文之解释，均必须从文义解释入手。

2. 坚守克制的司法能动立场

作为司法立场的两种站位，司法能动主义与司法克制主义体现的是对法官自由裁量权的不同解读。中国法治语境下的法官并不具有法律解释权，因

[1] See G. E. Moore, *Principia Ethica*, Cambridge University Press, 1993, p. 7.

[2] 参见[英]G. D. 詹姆斯：《法律原理》，关贵森、陈静茹等译，中国金融出版社1990年版，第6页。詹姆斯不认同将法律完全建立在理性、道德和正义观等因素上，其“危险”的理由有二：其一，这些因素根据不同的时间、地点、人物而有所不同；其二，包括法官在内的其他人无法把握某个人内心深处的道德观与正义观，只有他本人才知道。

[3] 陈金钊：《“社会主义核心价值观融入法治建设”的方法论诠释》，载《当代世界与社会主义》2017年第4期。

此并不具备司法审查意义上的司法能动,法官的司法能动体现在自由裁量权行使层面的角色定位中。司法能动主义提倡在判决中引入道德价值观,并根据技术、社会、经济、政治、道德等情景对法条进行解释,使法律得以跟上社会发展的步伐,实现实质正义。而司法克制主义严格区分立法、司法权限,要求法官严守法律适用的立场,强调法官应严格依据法律规定,以弄清立法者的意志为目标,根据立法者的真实意图作出判决。在社会主义核心价值观入法背景下,坚守克制的司法能动立场要求法官在对立法者意图进行解读时,即使个人的正义观、法律观与"具有多数公认力"的正义观念相背离,也应当根据大多数人的正义观解释法律。

此外,法治的实质是服从规则的治理。按照司法实践的一般原理,如果一条含义明确的制定法规则可以适用于某一案件的事实,那么"司法审判就不再需要价值判断了",[1]法官在裁判案件时,基本标准和依据必须是法律,也即规则应当优先适用。一般的"非疑难案件"也可以称为常规案件,比如张三故意杀人案中,证据确凿并已得到证实,则张三故意杀人罪的结论就无须价值出场,直接通过三段论演绎即可得出。此类常规案件在法律的三段论推理逻辑之内就能够妥善解决,只有对存在明显价值冲突的特殊案件,并且满足当法官避开法律所欲实现的价值明显高于法的安定性价值这一要件时,方能考虑避开法律的适用。

(二)理性对待"司法倒推"等结果主义导向

棚濑孝雄教授基于"判决的权威赋予作用"认为,审判结果的价值倾向给既有的对立社会价值之间的平衡局面造成微妙冲击,其意义远可以超越个案当事人,进而影响与本案存在结构性利害关系的关联人,形成预测效果。

结果主义导向思维是法官通过总结审判经验,逆向裁判思维的凸显。即法官在处理案件时,会考虑案件判决结果所带来的影响以及对类似案件所造成的冲击,从而影响其裁判结果。社会主义核心价值观作为法官与民众之间"同质共识"的存在,协调法官基于法律思维与民众基于朴素正义感对法律的理解的差异。

1. 理性与感性抉择之间,善用社会主义核心价值观

司法有两个极端,过于理性将导致机械司法,而过于感性则将导致舆论

---

[1] [美]E. 博登海默:《法理学:法律哲学与法律方法》,邓正来译,中国政法大学出版社 2004 年版,第 502 页。

主导司法。什么样的司法能被称为理性司法？本书认为，把握好天理、国法、人情的司法才能称为理性司法，但理性不应等同于百分之百的确定性。依据阿列克西的观点，规范性命题是否可以按照理性的方式加以证立，其讨论的结论是否理性，关键在于是否遵守一定的讨论（论辩）规则和形式。诚如卡多佐所言，“对确定性的过分强调可能导致我们崇拜一种无法容忍的刻板教条”。[1] 对社情民意充耳不闻，只会让裁判生长在没有蕴藏情理的土壤里，使“依法裁判”作为僵化司法的挡箭牌。当适度的情理得不到尊重、不被充分理解之际，法的应然与实然的背离就有可能成为现实。理性司法应当从两个角度来理解：一方面，如果法官简单地依据干瘪的法律条文作出判断，导致司法背离了多数人的价值观，背离普罗大众的认知，这种判决绝不能称为理性司法；另一方面，我们也不能因为舆论的热切关注而动摇法律至上主义，舆论是检验司法公正的手段，但是法官判案绝不能唯舆论是从。核心价值观蕴含了法律条文背后的时代内涵、普通公众的常识性认知及朴素的正义感，有助于法官在司法实践中寻求理性与感性之间的内在契合点。法官在援引和适用社会主义核心价值观时，其社会基础应当是牢固且已经达成广泛共识的价值释义，尚存争议的价值观释义或自己个人的片面理解绝不能作为裁判依据。

具体而言，在运用法律条文作出判决时，法官在判案时对法律既要保持绝对的忠诚，又要坚决避免舆论主导司法，为此应深刻认识到法官在审判时根本无法完全排除也不应当完全排除价值的渗透。无论舆论关注与否，司法都须以事实为根据，以法律为准绳，才能实现真正意义上的司法公正，赢得司法公信。当弱者杀了一个恃强凌弱的霸主，好人杀了一个双手沾满鲜血的恶人，从大众的视角来说结局总是大快人心的，但是大快人心的结果并非总是正义的，权贵们不能凌驾于法律之上，弱者和好人也概莫能外，我们需要从法律的角度为一个弱者、好人辩解，诚然，动机会成为定罪量刑的关键考量因素，但并不总能成为脱罪理由。因为报仇而杀人的现实案例并不罕见，张扣扣案中舆论的不当引导所体现出来的大多数人的意志及看法，并不是主流价值观，而是以偏概全、以点带面。诚然，司法机关一方面要审慎地对待网络舆情，另一方面亦非一味地顺从网络舆论导向。司法机关与司法人员，应当始

---

[1] ［美］本杰明·N. 卡多佐：《法律的成长：法律科学的悖论》，董炯、彭冰译，中国法制出版社2002年版，第4页。

终秉持一颗法治之心、高举法治之剑，无论任何时候都不可违背司法良知，应当依法、依证据、依法治良知作出公正处理。当依证据所认定的事实与舆论的判断不一致时，那就要敢于顶住压力，让真正的公平正义落地。坚决避免舆论代替审判、舆论绑架司法的现象，只有这样才能真正提高社会公众的法治意识，进一步推动司法公正的成熟。社会舆论往往会诱导人们对某种问题的看法带有倾向性，“好人”都是“罪不该罚”，“恶人”都该“十恶不赦”，司法不能规避社会公众的目光，也不能一味顺从“舆论”，否则司法机关的专业性将成摆设，其严肃性与公正性也无法得到保证。司法公正的核心是保持其独立性与权威性，审判权的行使要受到严格限制，始终坚持法治定力。如果司法机关不能持身中正，司法机关人员的法治心理素质不够强大，就很容易在网络舆论的压力下，无视法律的规定轻判或误判，污染司法公正的水源。

2. 弱化指导性案例的结果导向性

不可否认，当下社会主义核心价值观在具体案件当中的适用存在一定的结果导向问题，这一问题甚至表现在最高人民法院发布的典型案例之中。从核心价值观提出至今，最高人民法院共发布了三批共 30 个关于核心价值观融入司法的典型案例，这 30 个典型案例都属于明显的结果导向型。核心价值观在这些案件中的融入，虽然体现了法院正确地以核心价值观为指引，肯定了一方当事人的合理诉求，维护了当事人的合法权益，使案件整体的判决结果符合核心价值观，但在判决书中则多一笔带过，并未充分运用相应的价值要素进行释法说理。正如学者于洋所指出的，实践中部分法官适用价值观时存在“后果导向思维张扬”，并未结合价值观进行具体问题具体分析，在判决书中体现为“空洞的价值评价”，只能起到“背书”的效果，影响了司法的公正与权威。

我国虽不是判例法国家，但最高人民法院发布的指导性案例对于各级法院有着指向标的作用，这些案例所面对的最重要的观众有两类，一类是社会公众，另一类是法官。因此，最高人民法院在指导性案例的选择上，应当进行充分的考虑，不能只注重是非黑白的结果导向性，判决书如何体现好的价值导向也应当作为重要考量因素。具体说来，一方面，这些案件应当具备良好的社会效果，价值立场鲜明，有利于公民根据裁判结果预判自身的行为后果，从而更好地践行社会主义核心价值观；另一方面，这些案例的判决书应当结合具体案情充分运用核心价值观进行释法说理，让核心价值观融入司法公正的逻辑过程更加严谨清晰,让正义在个案中的实现因核心价值观的融入而显得更加夯实,为全国各级法院的法官提供释法说理的范本。

(三)终结价值循环、无限倒退等"明希豪森困境"

在德国法学家阿尔伯特看来,任何科学的命题都可能遇到"为什么"之无穷追问的挑战。寻求确定性的答案是司法实务工作者无法回避的使命,即使无法事无巨细做到百分之百正确,但寻求确定性的答案是司法实务工作者无法回避的使命,即使无法事无巨细做到百分之百正确,也不可能放弃具体司法判决中的确定性答案。尤其是在多元规范体系下,冲突时常存在,在司法实践中当"规范"开始打架时,便需要根据具体案情进行具体分析,以判断规范的适用情况。当法律存在空缺或规范之间存在冲突时,法官不能以"于法无据"为托词予以驳回,更不能直接拒绝裁判。因此,在不违背法治理念的前提下,如何作出接受度更高的判决即成为司法实务界长久以来面临的难题。面对冲突的法律规范,法官不能进行无穷的价值追问,而是需要运用法律适用选择权,给予案件当事人之间的争议以确定的裁判。法律适用的选择便需要充分考虑社会公认的主流价值观,在法律规范存在空穴或彼此冲突的法律规范之间寻找到更高的规范,以使案件的判决效果真正符合广大人民的意志。但社会主义核心价值观作为一种由诸多价值元素构成的价值规范体系,在融入司法时仍然会面临无限倒退的论证难题,出现价值之间孰优孰劣难以识别,论证陷入僵局等局面,这就亟须进一步对司法中的价值观融入予以理论的回应。

1. 采取价值相对主义,避免陷入"最好价值"的认识误区

正如柏林所说,在伟大的善当中,有一些"完全无法共存"。无论如何选择,都可能蕴含着一种无法弥补的损失。"严格的正义"与"仁慈、同情"作为同属于终极价值的善,在某些具体情况下并不兼容。

核心价值观各内部元素之间也并不是绝对和平的,价值多元背景下的价值冲突应通过相对主义模式予以化解。即使在精密的数学科学中,函数的最大值求解也可能存在多个正解,价值抉择领域同样可能出现多个"最好价值"。"自由"和"公正"同时出现时,不同价值取向所引申的行为及结果可能是截然相反的,需要进行价值抉择。但不同价值之间的孰优孰劣往往难以断定,在不同情境下,价值的"最大值"往往因时因事而异。在某些案件中不同价值选择可以共存,而在一些特定案件中某些价值选择之间可能彼此排

斥,不能共存。而且同一价值选择于不同的价值主体而言,其“效用价值”可能相差甚大。被指控犯罪的被告人恐无暇顾及“富强、文明、和谐”,而对于签署合同的企业家,其他价值可能都得为“诚信”让路。陈金钊教授认为,社会主义核心价值观突破了形式逻辑的“核心”二字,由一系列价值链构成,其多元内涵决定了诸多价值之间既有合作也有竞争。[1] “自由”与“文明”的价值之争一般体现在商标价值争议案例当中,判定撤销商标便剥夺了企业继续使用商标的自由,不撤销商标则无法发挥司法审判对于文明社会的引领作用,法官如何谨慎衡量价值权重,准确无误地进行选择性适用也是个不小的挑战。法院认为“MLGB”“叫个鸭子”“混子曰”等商标与文明传统大相违背,容易使大众尤其是青少年联想到低俗语言,作出撤销商标判决,体现了“自由”在具体案件中对“文明”价值的让步。

2. 解决价值判断难题的终结论证模式

面对“为什么”的无穷追问,明希豪森三重困境[2]概括了论证可能陷入的三种困境:其一,陷入无穷后退;其二,陷入循环论证;其三,在某一主观选择的节点上断然终止论证过程,例如通过宗教信条、政治意识形态或其他方式的“教义”结束论证。[3] 阿列克西的法律论证理论提出通过程序规则的设计克服“明希豪森困境”,我们认为,从我国社会主义核心价值观融入法治的大背景出发,可采取“法律规范/原则+社会主义核心价值观”模式,终结论证过程。

(1)法律规则的复合适用。其一,与核心价值观作为立法目的的条款复合适用。2020 年 5 月 28 日颁布的《民法典》沿用了《民法总则》第 1 条的规定,将弘扬核心价值观作为立法目的和依据规定下来,为法院在审理民事案件中更好地适用核心价值观提供了法律基础。[4] 《民法典》将社会主义核

---

[1] 参见陈金钊:《“社会主义核心价值观融入法治建设”的方法论诠释》,载《当代世界与社会主义》2017 年第 4 期。

[2] 阿尔伯特称以下三种结果为“明希豪森三重困境”:第一,无穷地递归(无限倒退),以致无法确立任何论证的根基;第二,在相互支持的论点(论据)之间进行循环论证;第三,在某个主观选择的点上断然终止论证过程,例如通过宗教信条、政治意识形态或其他方式的“教义”结束论证的链条。

[3] 参见[德]罗伯特·阿列克西:《法律论证理论——作为法律证立理论的理性论辩理论》,舒国滢译,中国法制出版社 2002 年版,代译序。

[4] 《民法典》第 1 条规定:”为了保护民事主体的合法权益,调整民事关系,维护社会和经济秩序,适应中国特色社会主义发展要求,弘扬社会主义核心价值观,根据宪法,制定本法。”

心价值观作为立法宗旨,同时也释放了明确的信号,即法院适用民事法律应当弘扬社会主义核心价值观,体现正确的价值导向,使符合社会主义核心价值观的行为受到鼓励和褒奖,使背离社会主义核心价值观的现象受到制约。民事案件中援引核心价值观进行说理时,法官通常会结合《民法典》第1条,援引作为民法的立法宗旨以及立法精神的社会主义核心价值观进行释法说理。如"蔡某高诉钟祥市石牌镇人民政府提供劳务者受害责任纠纷案"[1]中,一审民事判决书中法院认为:"'文明、和谐、友善'是社会主义核心价值观的基本内容……对于原告积极响应政府号召,积极参与公众利益建设的行为应当进行鼓励和援助。""常某军、常某生等诉常某玉等侵犯生命权、健康权、身体权纠纷案"[2]中,法院认为:"本案中,原、被告系近亲属关系,双方为赡养老人产生矛盾,应本着相互谅解、相互包容的态度,通过沟通、协商等恰当的方式处理问题,以维护和谐友好的亲情家庭关系。但原告、被告双方在处理问题过程中,不能冷静处理,发生众人厮打,以致发生损失,对此,本院判令双方各自承担50%的责任,以示对各自不当行为的处罚。"

其二,与核心价值观独立元素条文复合适用。社会主义核心价值观作为立法目的时才会作为整体呈现在某部法律当中,价值往往被分成独立的元素蕴含在具体条文中。如"平等"在继承法中便有所体现。广宁地区农村,普遍存在外嫁女不继承父母遗产的村规民约或有不成文的风俗习惯。在广宁县人民法院审理的"黄某、罗某继承纠纷案"[3]中,对于黄某亲属等人提出的"外嫁女不应继承父母的遗产"的诉讼主张,法院除强调其不符合《继承法》(已失效)第9条"继承权男女平等"外,还指出其中所涉及的外嫁女无权继承父母的遗产的村规民约、风俗习惯缺乏核心价值观支撑,不符合社会主义核心价值观的"平等"价值,认可了外嫁女平等继承父母的遗产的权利。

(2)与法律原则的复合适用。社会主义核心价值观与法律原则的复合适用,通常出现在涉及不诚信行为的民事案件中,法院通常将"诚实信用原

---

[1] 原告蔡某高响应被告钟祥市石牌镇人民政府关于环境整治、美丽集镇的号召,在义务帮助邻居拆除其违建棚子的过程中受伤。法院判决被告钟祥市石牌镇人民政府向原告蔡某高补偿9万元。蔡某高诉钟祥市石牌镇人民政府提供劳务者受害责任纠纷案,湖北省钟祥市人民法院民事判决书,(2019)鄂0881民初295号。

[2] 常某军、常某生等诉常某玉等侵犯生命权、健康权、身体权纠纷案,河南省焦作市中站区人民法院民事判决书,(2018)豫0803民初98号。

[3] 罗某等诉黄某继承纠纷案,广东省肇庆市中级人民法院民事判决书,(2017)粤12民终1716号。

则”与“诚信”价值一同适用。如“金某明、申某红合同纠纷案”[1]中,法院认定被告的行为不仅有悖“诚实信用原则”,也不符合“诚信”这一社会主义核心价值观,理应承担违约责任。又如,天祝藏族自治县人民法院审理的“马某诉王某业民间借贷纠纷案”[2]中,法官在依据《合同法》(已失效)第60条裁判案件时,于说理部分强调“诚实信用是民法的基本原则,诚实亦是社会主义核心价值观的基本内容”,被告屡屡失信的行为“不仅违反了民法的基本原则,也与社会主义核心价值观相悖”。核心价值观中的“诚信”元素与“诚实信用原则”的复合适用,在公正定夺双方权益的同时,也发挥了教化当事人诚实守信,维护社会和市场秩序的作用。

(3)与其他非正式法源的复合适用,强化说理。公序良俗、传统美德、村规民约等非正式法源不仅是法律的重要来源,也是社会主义核心价值观提炼过程中重要的根脉。张文显在全国人大常委会专题讲座中提到,社会主义核心价值观作为当代中国的核心法理,构成法律实施的“兜底性法源”。俞江认为,在日常话语中“伦理”或“传统”这些规则体系与某些价值观相结合,成为不同时代解释正当性的依据。[3] 不同于西方国家的个人本位,中国社会是一个伦理本位的社会,这与梁漱溟先生关于“伦理始于家庭,而不止于家庭”的论断一致。法律科学将每个人假设为抽象个体展开研究,但每个人的发展是多元化的,社会生活也极为丰富,抽象假设与实际存在的具体个人往往存在差异。这些非正式法源涵括的尊老爱幼、孝顺父母、以和为贵、与人为善等良好品质正是社会主流价值观的其他展现渠道,因此,这类非正式法源与核心价值观一同出现在说理部分往往能梳理论证逻辑,强化说理效果。

“殷某玺诉王某兰共有物分割纠纷案”[4]中,法院在一审民事判决书中写道,“诚信、友善系社会主义核心价值观的基本要求,尊老爱幼是中国的传统美德”,对于承担了相应抚养义务,身患恶性肿瘤且目前无其他生活来源的继母,已成年的原告要求继母返还相应补偿款有悖情理。“瞿某华、杨某月等

[1] 金某明等诉旌德县庙首林场案,安徽省宣城市中级人民法院民事判决书,(2017)皖18民终1176号。

[2] 马某诉王某业民间借贷纠纷案,甘肃省天祝藏族自治县人民法院民事判决书,(2017)甘0623民初706号。

[3] 参见俞江:《历史深处看规则——论规则作为法学研究的中心》,载《法制与社会发展》2008年第1期。

[4] 殷某玺诉王某兰共有物分割纠纷案,山东省滨州市中级人民法院民事判决书,(2018)鲁16民终1806号。

与李某虎、李某超生命权、健康权、身体权纠纷案”源于轻微的口角纠纷,但由于处理不当导致命案发生,承办该案的法官结合传统美德和核心价值观进行释法说理,并着重强调当下宣扬的社会主义核心价值观及在我国千百年来传统道德里所提倡的与人为善、以和为贵、为人谦让、崇德明理等理念,取得了良好的感化效果。

(四)在法律实施语境下通过社会主义核心价值观“反哺”立法

法治建设如同一辆承载着国家和民族希望的列车,需要法律和道德同向发力。对于尚未被纳入实在法的这部分行为,“依法”二字不能成为机械司法的挡箭牌,法官需要回应民众的关切,在追求“合法性”的同时也应当警惕“合理性”的丧失。在法治建设的各个环节中,立法环节的价值观渗透最为深入,法律文本的立改废释中价值体现得最为明显,法律条文中字斟句酌之间的取舍都是价值判断的结果。司法实践作为主流价值的再造空间,法官借助于司法技术和法律推理对主流价值进行“再加工”,丰富社会主义核心价值观的内涵与外延。

1. 实现法律制定与实施环节的良性互动

司法实践中所出现的矛盾纠纷来源于生活实践,是反映价值社会困境的鲜活素材,更是价值观推进过程中利益冲突的个案呈现。一些亟须被保护的法益并未被涵盖到法律文本中时,司法实践会出现无力感。当具备上升为法律的迫切性时,立法机关有必要进一步将这些主流价值观念转化为国家的法律规范,以实现立法、司法、执法、守法层面的良性互动。比如,英雄烈士所涉及的法益已超出“死者的人格权益”,进入社会公共利益的范畴,唯有通过专门的制定法发挥其政治、社会、文化、规范等功能。英雄情怀被消解,民族精神被亵渎等乱象愈演愈烈,意识形态斗争形势日益严峻,舆论抗争以及个案惩戒已经显得力不从心,《褒扬烈士条例》《关于进一步加强烈士纪念工作的意见》等法规、政策文件并未全面涵盖保护英烈的内容,已不能满足新时期保护烈士名誉的需要,《英雄烈士保护法》在社会各界强烈的呼声下得以出台。此外,孝道作为主流价值序列中的一部分,虽然政府提出了诸多老年人关怀和权益保障方案,媒体也大力宣传“孝文化”,但老年人精神赡养严重缺乏的困境始终难以取得实质性突破,2013 年 7 月 1 日起修订实施的《老年人权益保障法》也将“不与老年人共同居住的家庭成员应当常回家看看”纳入法律规定,强调家庭成员应当关心老年人的精神需求,维护的是父慈子孝、家庭和谐的优良传统。

法律适用环节的立法“反哺”不是一蹴而就的过程，只有在司法实践为主流价值进入法律制度提供的公共理性基础足够强大时，借助于司法实践资源支撑的主流价值才能以稳健的姿态上升为立法。早在 2014 年，我国就把每年的 9 月 30 日设立为“烈士纪念日”。2016 年 10 月 19 日，最高人民法院召开新闻发布会，发布人民法院依法保护“狼牙山五壮士”等英雄人物人格权益典型案例。2017 年《民法总则》增加保护国家英烈名誉的条款；2018 年 5 月 1 日起施行的《英雄烈士保护法》，将侮辱、诋毁英烈的行为纳入“不可触碰的红线”，宣传崇尚英烈，爱国精神的社会主义核心价值观。2021 年 1 月 1 日施行的《民法典》为侵害英雄烈士等的姓名、肖像、名誉、荣誉，损害社会公共利益的行为，规定了民事责任。2018 年 4 月 27 日全国人大常委会通过了《英雄烈士保护法》，其中第 22～26 条就明确宣示了“英雄烈士名誉受法律保护”的原则，并规定了侵犯英雄烈士名誉、荣誉的应承担相应的民事、行政和刑事责任，还明确规定了检察机关提起民事公益诉讼的权利。2021 年 1 月 1 日生效的《民法典》第 185 条继续延续了《民法总则》关于侵犯烈士名誉的民事责任条款。2021 年 3 月 1 日生效的《刑法修正案（十一）》规定了“侵害英雄烈士名誉、荣誉罪”并明确：侮辱、诽谤或者以其他方式侵害英雄烈士的名誉、荣誉、损害社会公共利益，情节严重的，处 3 年以下有期徒刑、拘役、管制或者剥夺政治权利。

立法与法律实施环节的互动并非单向度的，法律实施环节对于反哺后的法律文本也进行积极贯彻与回应。2018 年 5 月 8 日，最高人民法院迅速下发通知，要求各级人民法院认真学习宣传贯彻《英雄烈士保护法》，加强对英雄烈士的全面保护，依法惩处侵害英雄烈士权益、亵渎英雄烈士形象等违法行为。“两弹一星功勋于敏名誉权案”“辣笔小球恶意诋毁戍边英雄”分别出现在最高人民法院、最高人民检察院的报告中，也体现了法律实施环节对英烈名誉保护的贯彻与落实。

2. 遵循必要性原则及问题导向原则

乔新生认为，法律规范中引入道德规范，不是法律规范的无奈，而是法律规范的完美体现。有观点认为，核心价值观与法律都能起到规范人们行为的作用，建议把核心价值观“拔高一点”，将其一并纳入法律规范层面。通过国家强制力的保障，促进核心价值观的有效施行。但核心价值观不合时宜地僭越于法律的地位和作用，可能引发法治危机。古人有云，天下之事，不难于立法,而难于法之必行。法律对家庭、社交等日常生活社会行为的融入存在限度,社会主义核心价值观入法亦存在其限度,将道德领域的行为纳入法律规制范围,意味着一个没有明确违反法律的行为因不符合社会主义核心价值观而被规定了相应的法律责任,显然出现越界,造成对公民自由的不当限制,而涉及对自由的限定往往都需要经过充分论证。若在未进行充分论证的前提下,就作为强制性的法律责任加给公民,其效果无异于饮鸩止渴,可能陷入"以道德限制公民自由,却存在相应法律后果"的怪圈。

对于不符合社会主义核心价值观的"问题规范",则需要遵循问题导向,具体情况具体分析。对于与社会主义核心价值观存在轻微不协调的法律规范,完全可以通过法律漏洞的填补以及合理解释弥合其间的分歧。需注意的一点在于价值观语言转换需要规范化,通过转换的价值观在法律体系中需体现为指向清晰明确的法律语言,否则核心价值观不仅不能为行为提供明确指引,反而可能造成所立所改之法模糊化、加剧法律的不确定性等问题,导致行政机关选择性执法、司法机关差异化适用法律。对于相当部分条文不符合或者立法目的严重背离社会主义核心价值观的法律规范则应予以修改或者直接废止。

社会主义核心价值观入法是全过程、全方位的,需融入法律法规的"立改废释全过程",确保各项"立法导向"更加鲜明[1]地遵循问题导向,意味着并不是所有不符合核心价值观的行为都适宜纳入法治轨道进行调整。需要从分析社会现象着手,客观、全局性地总结现阶段突出的社会问题与矛盾,凝练出立法需求。此外,要避免"超前立法",一个社会的法律法规的完善程度只能体现出其法治建设水平高低的一方面,更重要的一点在于有法必依。立法要考虑社会的承载水平,通过社会主义核心价值观反哺立法同样需要考虑外在条件,如果为了践行"诚信"而仓促立法,将所有失信行为均纳入法律惩戒体系,则必然会超出法院的执行负荷,随之而来的执行不力,也会进一步损害法院的公信力。

3. 讲究立法技术

当下社会主义核心价值观在裁判文书中的运用已经逐步迈向正式化,而其中最为重要的转化途径便是通过价值观升华的手段,在源头上寻求共识、

[1] 参见中共中央:《社会主义核心价值观融入法治建设立法修法规划》,载《人民日报》2018年5月8日。

凝聚共识的立法过程。为避免盲目融入所带来的诸多弊端，需优化立法技术，通过价值导向型条款及反向激励条款提升价值与法律的融合度。

其一，善用价值导向性条款，"将社会主义核心价值观的要求细化为无明确法律责任的具体规则"，[1]既回应了"道德行为不应承担法律责任"这个质疑，也通过将价值观法律化的举措，弘扬主流价值观，引导全社会尊崇传统美德、善行义举。目的条款具有抽象性，善用立法目的条款，可为执法、司法提供指引，如《宪法》第 24 条第 2 款新增的"国家倡导社会主义核心价值观"条款，《民法典》第 1 条将"弘扬社会主义核心价值观"作为立法目的，《英雄烈士保护法》的立法目的条款中关于"培育和践行社会主义核心价值观"的表述。[2] 此外，《公共文化服务保障法》《电影产业促进法》等法，也将社会主义核心价值观写入其中。

其二，通过规定法律责任要求公民践行善行义举，难免会遭遇"道德僭越法律红线"的批判之声。救助行为的道德性在法律的制定、实施阶段都需得到重视，若因"见危不救"等道德滑坡趋势，便一股脑儿将道德义务上升为法律义务，将难以维持法的理性和感性之间的平衡点。广受好评的"好人法"条款既重申了救助行为的"道德性"，也体现出应有的立法限度，即立法者不能将施以援手、见义勇为等道德范畴的这类行为作为义务强加给公民，而是通过宽其心，免其忧，通过免除救助行为对受助人造成损害的民事责任达到鼓励见义勇为的目的。此外，也可通过奖励机制鼓励大家进行善行义举或者降低进行善行义举的成本。如对为残疾人提供岗位的爱心企业，通过减免税收和享受税收优惠政策，[3]正向激励社会关爱残疾人这一特殊群体，弘扬"友善"的价值观。

---

[1] 李锦：《社会主义核心价值观融入科学立法的路径选择》，载《新疆师范大学学报（哲学社会科学版）》2019 年第 1 期。

[2] 参见王怡：《社会主义核心价值观如何入法——一个立法学的分析框架》，载《法学》2019 年第 9 期。

[3] 《企业所得税法》第 30 条第 2 项规定，安置残疾人员及国家鼓励安置的其他就业人员所支付的工资可以在计算应纳税所得额时加计扣除。

第二章 社会主义核心价值观融入立法的机理

良法是治国之重器,善治是中国式现代化的应有之义,因此以良法善治为基石的社会主义法治建设是实现中华民族伟大复兴的重要制度保障。然而,要确保中国特色社会主义法治建设的正确方向,不仅要始终坚持和贯彻党的全面领导,而且要以核心价值观作为凝心聚力的灵魂中枢。党的十八大以来,以习近平同志为核心的党中央高瞻远瞩,不仅突出强调了核心价值观融入法治建设的重大意义,而且全局谋划了核心价值观融入法治建设的施工图。正是在一以贯之的立场上,党的二十大报告才会明确要求在广泛践行社会主义核心价值观的基础上,"坚持依法治国与以德治国相结合,把社会主义核心价值观融入法治建设"。

立法是为国家定规矩、为社会定方圆的政治性活动,事关党和国家事业的发展全局。作为法治建设的首要环节,科学立法必须及时呼应党中央的战略部署和科学谋划。近年来,我国各级立法机关在爱国主义教育、英雄烈士保护、见义勇为、文明行为促进、社会信用建设、弘扬家庭美德等方面,制定了许多法律法规,将人民群众广泛认同、较为成熟、可操作性强的道德要求上升为法律规范,实现了道德和法律的协调促进,取得良好的法律效果和社会效果。[1] 2023年3月13日,为了更好地体现核心价值观融入立法的规范要求,十四届全国人大第一次会议审议通过了《立法法》的修改决定,并明确增加了"立法应当倡导和弘扬社会主义核心价值观,坚持依法治国和以德治国相结合,铸牢中华民族共同体意识,推动社会主义精神文明建设"的条文内容。自此,社会主义核心价值观融入立法不仅是党和国家的政策导向,而且

---

[1] 参见童卫东:《新〈立法法〉的时代背景与内容解读》,载《中国法律评论》2023年第2期。

是立法定规的强行性要求与行为指引。

第一节 社会主义核心价值观融入立法的理论基础

作为当代中国精神的集中表达和全体人民的价值公约，社会主义核心价值观体现了社会主义的本质要求，具有价值引领、社会整合、政策导向等功能。社会主义核心价值观融入立法，既是社会主义核心价值观融入社会发展、推动法治建设的必然要求，也是筑牢全党全军全民团结奋斗的思想基础、实现伟大复兴"中国梦"的重要举措。

一、社会主义核心价值观融入立法的必然性与现实性

"核心价值观是一定社会形态社会性质的集中体现，在社会思想观念体系中处于主导地位，决定着社会制度、社会运行的基本原则，制约着社会发展的基本方向。"[1]从社会学角度来看，缺乏诸如核心价值观等共同观念基础的精神纽带，任何社会的存续与发展必将失去稳固的根基，成为无源之水、无本之木。由于核心价值观之于社会的重要性，古往今来诸多国家均通过立法的形式，将社会的核心价值观上升为国家意志的体现。

（一）历史逻辑：法的历史性与价值性的结构耦合

法是历史的产物，有其产生、发展或消亡的过程。作为科学的历史观，历史唯物主义不仅揭示了社会发展的规律性及其一般历史趋势，而且阐释了社会进步的动力源泉以及人类解放的必然性。[2] 历史唯物主义认为，社会存在决定社会意识，社会意识反过来可以塑造和改变社会存在。法的本质首先是由共同利益所决定的统治阶级意志的体现，属于社会意识的层次和作为制度形态的上层建筑，最终不可避免地受到一定社会物质生活条件的决定性影响。法的阶级本质和社会本质决定着法的历史性。任何社会的法律都无法脱离其所在历史条件的约束和影响，进而形成其独特的法的历史类型与形态。

---

[1] 王晓晖：《积极培育和践行社会主义核心价值观》，载《求是》2012 年第 23 期。

[2] 参见王维平：《对马克思唯物史观思想贡献的再认识》，载《科学社会主义》2018 年第 2 期。

与此同时,法还是价值的载体或表达,具有鲜明的价值取向性。无论是法的形式,还是法的内容,都一定程度上表征或载明了是非对错、善恶好坏的判别标准。在此意义上,法不仅是一种价值判断,更是一种涉及价值的事物。法的产生满足了人类社会的特定需求,有助于社会规范和事务规整。就法的形式而言,无论是诸法合体、还是诸法分立,背后隐含着对某些基本的公共善好(common good)和诸如公平、正义等价值的诉求,而且其形式并非系统自洽的,与其他规范信念或价值系统无法割裂。至于法的内容,马克思经典作家曾毫不讳言,"法典就是人民自由的圣经",更充分揭示了法与人的全面自由发展之间的深层结构。

而且,法的历史性与价值性在结构上是耦合的。所谓"耦合",是指事物之间存在的相互作用、相互影响的关系。一方面,法的历史性揭示了法的历史规律性,即作为上层建筑的法律制度受经济基础的决定性影响,并与所在社会的社会意识和信念系统之间产生相互作用。在此,法的历史性展示了法与其他事物的普遍联系和相互作用。另一方面,除了法的历史性外,社会价值同样具有一定的历史维度,其丰富内涵必将随着时代和历史的发展而多有变化。受价值事物变动的影响,作为涉及价值的法,无论是形式变动还是内容调整,都将随着社会价值的历史变动而调谐共振。

因此,社会主义核心价值观融入立法不仅是由我国历史文化传统所要求的,更是历史逻辑的必然。社会主义核心价值观植根于中华民族悠久的历史文化传统,体现出科学社会主义与中国社会发展历史逻辑、中国传统智慧与世界现代文明、国家意识形态与个体利益诉求的有机统一。[1] "牢固的核心价值观,都有其固有的根本。抛弃传统、丢掉根本,就等于割断了自己的精神命脉。"[2]作为优秀中华传统文化的传承与升华,社会主义核心价值观是凝聚社会共识、维系社会秩序、实现国家治理体系和治理能力现代化的强大精神动力。实现社会主义核心价值观入法入规,事关社会主义核心价值体系的确立与奠基,攸关社会主义法治道路正确方向的锚定与导正,从而发挥为中国特色社会主义事业培基固本、凝心聚力的功用。

---

[1] 参见张智:《习近平论社会主义核心价值观的重大意义》,载《思想教育研究》2015 年第 10 期。

[2] 《习近平谈治国理政》,外文出版社 2014 年版,第 164 页。

(二)现实逻辑:核心价值观与法治实践的外在符应

首先,核心价值观融入立法是社会主义法治建设实践的必然要求。中国特色社会主义法治体系的基础和出发点是在科学立法的环节上形成完备的、具有中国特色的社会主义法律体系。一个自治的法律规范体系与其所在社会的政治和社会生活存在一个接合地带,而立法就牢牢盘踞于此。[1] 中国特色社会主义法律体系不应只具备门类齐全、结构严密、内部协调、形式统一的基本结构,[2]更应服务于中国社会本身的发展和变化。[3] 中国特色社会主义法律体系必须在制度层面上解决社会主义发展进程中具有根本性、全局性和长期性的问题与挑战,为基本经济体制的不断完善、根本政治制度的深入发展,先进文化的日益繁荣、和谐社会的积极构建,确立相应的价值取向、发展方向和演进路径。[4] 在社会主义法律体系的价值凝练和表达上,社会主义核心价值观的引入势在必行,因为它是当代中国精神的集中体现,凝结着全党全社会的基本价值共识和共同价值追求。

中国特色社会主义法律体系的形成,有助于发挥它在法治实践及法治建设过程中的指引作用。与此同时,社会主义核心价值观入法入规并不单纯只是科学立法的要求,也是法治建设和法治实践其他环节的必然要求。严格执法需要忠诚地落实法律法规的各项要求,也需要在法律不完备或模糊不清之时发挥执法机关的能动性。只有在严格执法的环节中贯彻遵循社会主义核心价值观的价值取向,才能充分尊重人民群众的主体地位,提高执法效果的社会认可度和接受度。在公正司法的层面,司法不是纯粹的逻辑演绎方法,而是道德伦理、政治因素、公共政策等社会因素共同作用的裁判过程。在这一司法裁判的语境和脉络中,以社会主义核心价值观为主导的价值理念为整个司法活动撑开了一张融贯的无缝之网。至于全民守法则是核心价值观融入日常生活的内在需要,更是践行核心价值观的关键环节。在这一意义上,社会主义核心价值观入法入规离不开全体人民的价值自觉、价值自信与

[1] 参见[加拿大]罗杰·塞勒:《法律制度与法律渊源》,项焱译,武汉大学出版社 2010 年版,第 3 页。

[2] 参见李步云:《论法治》,社会科学文献出版社 2008 年版,第 339~340 页。

[3] 参见朱景文:《中国特色社会主义法律体系:结构、特色和趋势》,载《中国社会科学》2011 年第 3 期。

[4] 参见吴邦国:《形成中国特色社会主义法律体系的重大意义和基本经验》,载《求是》2011 年第 3 期。

价值实践。

从中国特色社会主义法治实践的各环节来看，核心价值观入法入规首先是坚持中国特色社会主义法治道路的不二法门。一方面，它有益于形塑我国法律的精神实质，从而使社会主义法律体系成为“民族的共同意识”或“中国精神”的具体呈现；另一方面，通过法治实践的诸环节，它能够使法律规范成为社会现实的建构性和形成性因素，[1]成为形塑中国特色社会主义法治实践和法治道路的制度框架和意义结构。

其次，核心价值观入法入规是回应社会主义法治建设需要的有力对策。社会主义法治实践总是在特定的历史语境下展开的，无法脱离于它所处的时代背景和现实条件。由于它处于现代性语境和全球化的影响下，现代社会的多元化思潮以及价值多元的事实，必定会对社会主义法治带来积极影响和重大挑战。当代中国社会价值虚无主义的具体表征是“终极价值的贬损”与“价值信念的坍塌”，由此而产生社会价值秩序的系列错乱：敬畏的丧失、犬儒主义的消极避世、价值观念的颠覆、人性的扭曲畸变与社会互信的瓦解。[2] 造成当代中国价值虚无主义的社会文化根源在于，传统社会垄断价值供给方式的失灵以及中国社会独特的现代化路径所遭遇的复杂的发展格局。[3] 在价值多元主义的理论语境中，解决价值虚无主义的有效对策无法再依赖于传统权威对终极价值的独断，仅能在追求价值一致的基础上，不断形成关于社会价值观念之间的共识。[4] 作为“当代中国最大公约数”的社会主义核心价值观，是超越价值虚无主义、重建社会价值秩序和精神秩序的定盘星和压舱石。培育和践行核心价值观是社会“凝魂聚魄、强基固本”的基础性工程，需要通过教育引导、实践养成、制度保障等途径和方式，多管齐下，把社会主义核心价值观融入社会发展各方面，转化为人们的情感认同和行为习惯。[5] 因此，核心价值观入法入规不仅是弘扬和践行核心价值观的重要制度保障，而且是破解价值虚无主义、重建社会价值秩序的关键举措。

另外，中国革命道路的特殊性和彻底性所造成的传统与现代的断裂，理

[1] 参见［德］莱因荷德·齐佩利乌斯：《法哲学》（第6版），金振豹译，北京大学出版社2013年版，第51页。

[2] 参见刘宇：《论当代中国价值虚无主义精神状况及其超越》，载《道德与文明》2014年第3期。

[3] 参见刘宇：《论当代中国社会化的价值虚无主义》，载《东岳论丛》2014年第11期。

[4] 参见陈新汉：《哲学视域中社会价值观念的共识机制》，载《哲学动态》2014年第4期。

[5] 参见黄坤明：《培育和践行社会主义核心价值观》，载《人民日报》2017年11月17日。

想与现实的落差,使社会主义法治建设遭遇到不少难题和挑战。正是在这样的现实背景下,社会主义核心价值观入法入规成为应对法治实践现实需要、根治现实困境的苦口良药。在这一复杂的社会情势下,传统社会的人与人之间守望相助的共同体关系日趋消解,"熟人社会"逐渐过渡到"陌生人社会",个体日益"原子化",人际关系更多表现为资本逻辑、功利取向和契约关系,传统价值观处于渐趋消解的状态。[1] 现代性以难以抗拒的迅猛之态势彻底改变着人们的日常生活,消费主义、享乐主义、庸俗主义等思维模式弥漫于社会生活的各个层面,"道德滑坡"和"信仰危机"等不断刷新人们的道德底线。社会主义核心价值观建设已不纯粹是一个道德问题或法律问题,而是一个关乎整个社会发展的全局性问题。[2] 上述转型发展以及法治建设的现实需求使社会主义核心价值观融入社会发展和法治建设过程不仅必要而且相当紧迫。

(三)理论逻辑:习近平法治思想与核心价值观融入的内在涵摄

党的十八大以来,在推动我国法治建设发生历史性变革、取得历史性成就的过程中,习近平总书记开创性提出了一系列全面依法治国新理念新思想新战略,可以高度概括为习近平法治思想,从而将中国特色社会主义法治理论与实践推上了历史新高度。[3] "习近平法治思想凝聚着中国共产党人在法治建设长期探索中形成的经验积累和智慧结晶,标志着我们党对共产党执政规律、社会主义建设规律、人类社会发展规律的认识达到了新高度,开辟了21世纪马克思主义法治理论和实践的新境界。"[4]

习近平法治思想从历史和现实的接续、国际和国内的贯通、理论和实际的结合出发,深刻回答了新时代为何推进全面依法治国、如何实行全面依法治国等一系列重大问题,其核心要义主张集中体现为"十一个坚持":(1)坚持党对全面依法治国的领导,党的领导是社会主义法治之魂和根本保证;(2)坚持以人民为中心,牢牢把握社会公平正义的法治价值理想;(3)坚持中

---

[1] 参见孙其昂、侯勇:《论社会主义核心价值观建设的现代性境遇与超越》,载《中国特色社会主义研究》2011年第2期。

[2] 参见王贤卿:《努力把社会主义核心价值观融入法治建设》,载《求是》2017年第7期。

[3] 参见中央全面依法治国委员会办公室:《坚持以习近平法治思想为指导 奋力开创全面依法治国新局面》,载《求是》2021年第5期。

[4] 栗战书:《习近平法治思想是全面依法治国的根本遵循和行动指南》,载《求是》2021年第2期。

国特色社会主义法治道路,探索适合本国国情的正确道路,绝不照搬照套他国模式和做法;(4)坚持依宪治国、依宪执政,全面实施以宪法为核心的法治要求和制度保障;(5)坚持在法治轨道上推进国家治理体系和治理能力现代化,充分发挥法治固根本、稳预期、利长远的保障作用;(6)坚持建设中国特色社会主义法治体系,加快形成完备的法律规范体系、高效的法治实施体系、严密的法治监督体系、有力的法治保障体系,形成完善的党内法规体系;(7)坚持依法治国、依法执政、依法行政共同推进,法治国家、法治政府、法治社会一体建设,增强法治建设系统性、整体性和协同性;(8)坚持全面推进科学立法、严格执法、公正司法、全民守法,着力解决法治各环节的突出问题和矛盾;(9)坚持统筹推进国内法治和涉外法治,善于运用法治手段开展伟大斗争;(10)坚持建设德才兼备的高素质法治工作队伍,为法治中国建设提供强有力的组织和人才保障;(11)坚持抓住领导干部这个"关键少数",更好发挥领导干部在法治建设工作中的关键作用。

在价值理念等多个维度上,习近平法治思想的内涵与社会主义核心价值观交织重叠,构成辩证统一的逻辑蕴涵关系。一方面,社会主义核心价值观倡导法治之价值,并基于法治之价值内涵对接社会主义法治理论的建构与阐释。这一逻辑勾连关系实则构成认识论上的循环,即认知螺旋上升的辩证法——起始于法治之价值,终于法治之理论阐释。作为价值的法治象征着一种近乎理想的状态,其内涵往往因价值理想的不同而多有出入。在西方资本主义社会,无论是形式或实质的法治观,还是"厚"(thick)或"薄"(thin)的法治观,均表述了不同国家或社会对法治的价值诉求与规定性内容。习近平法治思想是我们党在法治建设长期探索中形成的经验积累和智慧结晶,是全面依法治国的根本遵循和行动指南。它不仅是社会主义法治的价值理想,而且蕴藉着社会主义法治的规范内涵。另一方面,习近平法治思想的核心要义与社会主义核心价值观具有高度重合性。首先,法治中国建设坚持在法治轨道上推进国家治理体系和治理能力现代化,为实现百年奋斗目标、伟大复兴"中国梦"提供规范保障作用,因此其价值目标与社会主义核心价值观所倡导的"富强、民主、文明、和谐"相贯通。其次,法治中国建设坚持以人民为中心,蕴含着人类解放的充分自由,反对阶级剥削和异化的真实平等以及尊重劳动价值的公平对待,因此其社会价值取向与"自由、平等、公正"等价值相融通。最后,法治中国建设坚持中国特色社会主义法治道路的正确方向,坚持依法治国和以德治国相结合,重视道德之于法律的滋养和温润作用、法律之于道德的规范和保障作用，为此公民层面的价值准则，如"爱国、敬业、诚信、友善"等无不可渗透并温润于法律之中，以孕育法律的道德性和道德的法律性。

正是在两者辩证统一关系的基础上，社会主义核心价值观与习近平法治思想不仅在法治层面上具有价值同构性，可以丰富和阐释中国特色社会主义法治的道德底蕴和价值内涵，而且还揭示了习近平法治思想对核心价值观的规范表达。作为"社会最大公约数"，社会主义核心价值观是社会主义法治理论和实践必须依凭的基础价值共识。因此，社会主义核心价值观是社会主义法治建设的价值基石，而社会主义核心价值观融入立法必然成为习近平法治思想顺理成章的逻辑蕴含之义。

二、社会主义核心价值观融入立法的出发点与落脚点

作为法治建设的重要环节，立法既为国家和社会订立章程，又为严格执法、公正司法、全民守法立规矩，[1]是法治中国的前提和基础。立法事关党和国家事业发展的全局，攸关中国特色社会主义法治道路的成败，需要科学指导思想的导引和正确价值观的融入。

（一）作为社会主义法治建设的先行环节——科学立法

1.科学立法的提出与发展

在西方国家，立法是纯粹的政治活动，其产物被视为立法者主观意志的表达，因此除非其符合一定的外在标准，它通常是任意的或非理性的，并因此被驱逐在科学理性的范畴之外。正因如此，长久以来，立法难以获得法理学研究的关注与青睐，"作为法律的科学研究的立场，法学家们专注于对实证的法律规范的解释"。[2] 尽管如此，科学的立法研究不仅是可能的，而且是必要的。立法科学可以为立法者提供全部有用的信息，并教导他们如何制定更好的法律。问题是，立法者是否愿意听从科学的教诲，以及是否存在必要的政治结构，以促成科学与立法的结合？

如果西方世界对立法的漠视是因为对议会的不信任，[3]那么作为中华

---

[1] 参见李适时：《进一步加强和改进地方立法工作》，载《中国人大》2016年第18期。

[2] Virgilio Zapatero Gómez, *The Art of Legislating*, trans. By Jorge Yetano Roche, Springer, 2019, p. 3.

[3] See Jeremy Waldron, *The Dignity of Law*, Cambridge University Press, 1999, p. 1.

人民共和国根本制度的人民代表大会制度则是中国人民在人类政治制度史上的伟大创造,是中国人民翻身做主、掌握自己命运的必然选择。[1] 我国的立法实践充分证明,“人民代表大会制度是符合中国国情和实际、体现社会主义国家性质、保证人民当家作主、保障实现中华民族伟大复兴的好制度”。[2] 坚持和完善人民代表大会制度,就是坚持国家一切权力属于人民,坚持人民主体地位,支持和保证人民通过人民代表大会行使国家权力。

马克思曾指出:“立法者应当把自己看作一个自然科学家。他不是在制造法律,不是在发现法律,而仅仅在表述法律,他把精神关系的内在规律表现在有意识的现行法律之中。”[3]基于历史唯物主义的科学立场,立法者应当实事求是,从实际出发,揭示立法的内在规律,尊重社会发展的普遍规律,对社会行为进行对象性的把握。[4] 在科学的马克思主义的正确指导下,社会主义国家立法与资本主义国家立法的显著区别是,它始终坚持科学立法的理念与实践。因此在我国,虽然“科学立法”的提法出现得较晚,但科学立法的理念或早已有之。

新中国成立后,毛泽东同志在主持起草 1954 年宪法时曾说过:“搞宪法是搞科学。”在为国家建章立制的过程中,党和国家的第一代领导人早早认识到立法的科学性,这也是新中国成立后将立法视为科学行为的最早记载。改革开放后,科学立法的理念在恢复法制和法学研究的过程中得到进一步发展与提炼。1987 年党的十三大提出,切实加强党的制度建设,对于党的决策的民主化和科学化十分重要。[5] 为实现党的决策的科学化、贯彻和落实党的意志,立法活动越来越强调从实际出发,实事求是。在总结立法经验的基础上,法学教科书上开始出现并提出了立法的“科学原则”,[6]并成为科学立法的先声。

2000 年,经过长达 7 年的酝酿与完善,《立法法》正式颁布施行,“总则”

---

[1] 参见《习近平在庆祝全国人民代表大会成立 60 周年大会上的讲话》,载《人民日报》2014 年 9 月 6 日,第 2 版。

[2] 《习近平在庆祝全国人民代表大会成立 60 周年大会上的讲话》,载《人民日报》2014 年 9 月 6 日,第 2 版。

[3] 马克思、恩格斯:《马克思恩格斯全集》(第 1 卷),人民出版社 1995 年版,第 183 页。

[4] 参见高其才:《现代立法理念论》,载《南京社会科学》2006 年第 1 期。

[5] 参见中共中央文献研究室编:《十三大以来重要文献选编》(上),人民出版社 1991 年版,第 50 页。

[6] 参见张文显主编:《法理学》,高等教育出版社 1999 年版,第 273~276 页。

第6条明确规定:“立法应当从实际出发,科学合理地规定公民、法人和其他组织的权利与义务、国家机关的权力与责任。”这一规定不仅将科学原则确立为我国立法所应贯彻的基本法律原则,而且标志着立法领域的科学原则正式从立法理论走向立法实践,实现了由观念形态向法律化和制度化的转变。[1]

2006年,十届全国人大四次会议通过的“‘十一五’规划纲要”明确提出,“贯彻依法治国基本方略,推进科学立法、民主立法,形成中国特色社会主义法律体系”,这是“科学立法”之概念在官方文件中首次提出和正式确立。2007年10月,党的十七大报告再度确认,“坚持科学立法、民主立法,完善中国特色社会主义法律体系”。自此之后,“科学立法”成为固定搭配的用法,并成为与“民主立法”相提并论的重要理念。

自党的十八大以来,以习近平同志为核心的党中央就推进科学立法工作提出了一系列重要论述。党的十八大报告明确提出:“要推进科学立法、严格执法、公正司法、全民守法……完善中国特色社会主义法律体系,加强重点领域立法,拓展人民有序参与立法途径。”由此,“科学立法”取代“有法可依”的表述,构成法治建设“新十六字方针”的重要组成部分,这标志着我国法治建设进入了新的历史阶段。

2. 科学立法的内涵与层次

虽然科学立法的时代早已开启,但何为科学立法,并无高度统一的表述;与此同时,不同研究者界定或定义科学立法的内涵的做法也不完全一致。有的学者从科学立法的词项解析入手,得出两种不同方式的解释:一是将立法看成立法活动的结果,由此表示立法活动的结果是不是科学,由此“科学”成为制定法应当具备的基本属性;二是将立法看成立法活动本身,于此“科学”成为立法过程应当呈现的一种精神。[2] 与此同时,大部分学者在解析科学立法的词项时,侧重于对“科学”的诠释和说明,他们通常将“科学”理解为最一般意义的科学,即“科学就是实事求是,从实际出发;就是主观认识要符合客观要求;就是主观与客观的统一;就是认识掌握事物发展的客观规律”。[3]

有的研究者试图从科学立法的层次或维度着手阐述科学立法的丰富内

[1] 参见周旺生:《论中国立法原则的法律化、制度化》,载《法学论坛》2003年第3期。

[2] 参见易有禄、武杨琦:《科学立法的内涵与诉求——基于“法治建设新十六字方针”》,载《江汉学术》2015年第2期。

[3] 崔英楠:《从立法科学化到科学立法》,载《新视野》2010年第2期。

涵。例如,基于科学概念的不同层次,周俐等认为,科学立法具有对应的多层次性,具体表现为科学的立法理念、科学的立法制度、科学的立法技术。[1] 与之类似,田成有则认为,科学立法主要体现为科学理念、科学内容、科学方法的维度。科学立法的首要标准是,立法是否具备了科学理念,是否尊重科学;其次,检验立法科学与否的另一重要标准是看它是否科学合理地规范公民、法人和其他组织的权利与义务,是否科学合理地规范国家机关的权力与责任,是否符合公平正义精神;最后,科学立法还必须构建一套最有利于多数人表达意志和利益的民主程序。[2]

还有些研究者则试图以科学立法的评价标准或立法的科学标准阐述科学立法的要求。刘松山教授认为,推进科学立法,应坚持 8 个标准,即准确认识客观规律的认识论标准;妥善处理改革、发展、稳定关系的策略标准;科学规定权利与义务、权力与责任的公平正义标准;考量立法各种特殊情形的合理因素标准;用民主程序实现科学立法的程序标准;成熟管用的立法技术标准;可执行性标准;立法者的政治与专业素质标准。[3] 与之不同,冯玉军教授等从逻辑—规范的角度阐述立法的科学性标准,进而强调科学立法应以合理性、合法性与合逻辑性为核心标准。[4]

上述科学立法的定义和论述虽然各有精彩,但仍存在一定的局限性,主要表现为:一是多数科学立法的定义都依赖于科学或科学性的界定,并试图通过厘清科学或科学性的内涵揭示科学立法的内涵。由于科学本身的不确定性和模糊性,这一做法使科学立法的内涵难以获得全体一致的认同和理解。就科学而言,自然科学毫无疑问是典范和模板,但自然科学对事实性和可验证性的坚持,与社会科学或精神科学的价值追求并不完全契合,因此不论是以自然科学还是以社会科学作为科学的判断标准,都难以深孚众望。二是不少研究者善于从字面去解析科学立法的意义,却不可避免地陷入概念界定的逻辑沼泽之中。科学立法是典型的组合式概念,由“科学”和“立法”独立概念构成。在解析科学立法的概念时,研究者都不可避免地会囿于语法逻

[1] 参见周俐、闫鹏涛:《关于科学立法的几个层次》,载《人大研究》2012 年第 11 期。
[2] 参见田成有:《科学立法的三个维度》,载《人大研究》2018 年第 7 期。
[3] 参见刘松山:《科学立法的八个标准》,载《中共杭州市委党委学报》2015 年第 5 期。
[4] 参见冯玉军、王柏荣:《科学立法的科学性标准探析》,载《中国人民大学学报》2014 年第 1 期。

辑的思维定式,[1]并从两个独立概念的语义关系方面阐述科学立法的内涵。由于对独立概念之语义关系的侧重点不同,侧重于“科学”的研究者往往偏好于科学作为立法的修饰性定语,强调科学作为衡量立法的标准或结果;侧重于“立法”的研究者则倾向于将科学作为立法的描述性状语,强调科学作为贯穿立法过程的原则要求。无论何种选择,科学立法的概念界定都将遭受一定的非难与质疑。三是不少研究者虽然认识到科学立法的复杂性并试图通过层次或维度的构造阐释这一复杂性,但科学立法的结构和维度不过是立法活动的层次性或立法要素的体现。换言之,所谓科学立法的结构和维度更像是立法作为动态活动的表现形态,而非科学立法概念本身的繁复性。某种程度上,科学立法的繁复性不仅体现在科学立法概念运用的繁杂性,也体现为立法过程或立法要素本身的多样性和复杂性。

职是之故,我们认为,科学立法是合目的性的法律概念,概念内涵具有一定的可争议性,即理性主体可以运用这一概念指称与立法活动或立法过程有关的事务或现象。这就要求“法律准确反映和体现所调整社会关系的客观规律,同时遵循法律体系的内在规律”。[2] 作为合目的性的法律概念,使用者可能在不同的语境中使用科学立法的概念。例如,在法治建设“新十六字方针”中,科学立法是对作为法治环节的立法过程的高度概括和总结,因此其内涵约等于“立法过程及其价值取向”的复合意义,并因此可能涵摄通常狭义上所说的“科学立法、民主立法、依法立法”等内涵。而在区别运用的层面,科学立法又不同于民主立法、依法立法的内涵,仅指取向于科学性要求或科学标准的立法产物或立法活动。

科学立法概念的合目的性,使得科学立法的概念界定具有一定的复合结构与层次。我们认为,科学立法至少有以下三个层次的内涵:

在宏观层面,科学立法是法治中国建设的先行环节,是法治建设成败的重要关口。在这一点上,它与中国特色社会主义立法是同义词。与资本主义社会立法不同,我国立法工作始终坚持以马克思主义、毛泽东思想、邓小平理论、习近平新时代中国特色社会主义思想为科学指引,坚持党的领导、人民当家作主和依法治国相结合,推进科学立法、民主立法和依法立法,以良法促

---

[1] 参见黄瑶、庄瑞银:《科学立法的源流、内涵与动因》,载《中山大学法律评论》第12卷第4辑。

[2] 全国人大常委会办公厅、中共中央文献研究室编:《人民代表大会制度重要文献选编(四)》,中国民主法制出版社、中央文献出版社2015年版,第1634页。

进、保障善治。在此层面上,“科学立法”具有代表性和典型性,与西方资本主义国家立法的“政治博弈”性质形成了鲜明对照。宏观层面的科学立法,包含了科学、民主、法治等价值和精神,并不仅限于立法的科学精神与追求,其范围之广博与性质之复杂使这一层面的科学立法更多的是指中国特色社会主义法治道路的政治话语和法律概念。

在中观层面,科学立法是科学融入立法的过程或活动。作为客观知识的集合,现代科学可以为人类认识和改造世界提供丰富的教益。同样地,科学不仅可以而且应当教导立法者进行立法:公共政策研究可以更好地理解社会需求及其如何转化为政治决策或公共决策;法社会学有助于人们理解法律规范的实施效果及其影响因素,进而可以为相关立法的修改完善提供现实基础;经济学理论则可以为立法者的决策或决定提供有关成本收益或成本效能的分析和判断[1]……考虑及此,立法对科学的考量,或科学对立法的教导,使科学立法成为各国立法政治的必然选择。在西方,科学立法的关键是,立法者是否愿意,并在何种程度上乐于接受科学所能提供的有用知识,而惯于政治游戏或运作的政治家或国会议员似乎对此并不感冒。在中国,科学立法不仅是立法活动的基本原则,而且也是立法工作的操作性准则,因此其关键不再是政治的接受度,而是立法者如何更好地实现科学立法的任务和目标,即立法如何更加自觉地遵循经济规律、自然规律、社会发展规律和立法活动规律。[2]

在微观层面,科学立法既是立法的理想状态,也是科学立法活动的最终产物。自启蒙时代所确立的理性主体意志(voluntas rationeanimata)理念以来,法律不只是立法者意志的纯粹表达,而是由理性所引导或塑造的产物。[3] 受18世纪理性主义思潮的激发和影响,完美法律的理想及其诉诸科学的衡量让科学立法的理念得以深入人心:立法者应当接受科学的指导并运用科学的工具创制法律。在微观层面上,科学立法理念具有一以贯之的核心主张:立法应当坚持科学理性的精神,既准确反映法律所规整之社会关系的

---

[1] See Virgilio Zapatero Gómez, *The Art of Legislating*, trans. By Jorge Yetano Roche, Springer, 2019, p. 5.

[2] 参见李适时:《加强社会主义民主法治建设　推动全面依法治国迈上新台阶》(下),载《中国人大》2016年第11期。

[3] See Virgilio Zapatero Gómez, *The Art of Legislating*, trans. By Jorge Yetano Roche, Springer, 2019, p. 43.

客观规律，又尊重立法活动的内在规律性。因此，微观层面的科学立法既是价值理念的体现，又是法律原则的要求，具体表现为立法合规律性与合价值性相结合。

无论是合规律性，还是合价值性，均是科学精神在不同领域的集中体现。合规律性关注于自然事实或社会事实，旨在揭示事物背后的"规律性"存在，即诸事实或事实之间的因果联系。由于合规律性以事实及其规律为中心，其真伪的判断标准是以事实为准据，即通常所言的实事求是、从实际出发，以求符应事实背后的客观规律。因此，合规律性的知识追求是客观的、可检验的。合价值性关注作为道德主体的行动，旨在阐释人类行动的意义与价值，即有意识的人类行为对于预定目标或实践需求的实现或满足程度。合价值性以人类行动及其意义为关切，往往不以真伪性为衡量，而是衡诸善与恶、美与丑、有效与无效等标准，并因此服膺于不同时代所设定的价值理想和社会目标。[1]

（二）科学立法的初心与使命——"良法"

无论是何种层面的科学立法，"良法"是我国立法工作始终不渝的目标追求与使命所在。立法作为法治中国建设的先行环节，发挥着法治奠基的基础性作用。"法律是治国之重器，良法是善治之前提。"没有良法，就不可能产生善治。然而，何为"良法"，众说纷纭，莫衷一是。首先，现实的法律与"良法"并不完全一致。现实存在的某些法律难免存在这样或那样的问题，难以称之为"良法"或"真正的法律"："书报检查制度和新闻出版法的差别就是任性和自由的差别，就是形式上的法律和真正的法律的差别。"[2]西方国家法律"二元"分立的立场，进而催生了法律实证主义的分离命题："法律的存在是一回事，法律的好坏则是另一回事。"[3]其次，对现实法律的道德评价不仅是可能的，而且是必要的。良法是对现实法律进行道德评价的产物和结果，须取向于一定的衡量标准或价值标准。事实上，有关"良法"或"正当法"的标准的探讨，主导着西方法律思想史的发展与进程，并演绎出一

---

[1] 参见裴洪辉：《合规律性与合目的性：科学立法原则的法理基础》，载《政治与法律》2018 年第 10 期。

[2] 马克思、恩格斯：《马克思恩格斯全集》（第 1 卷），人民出版社 1995 年版，第 175 页。

[3] John Austin, *The Province of Jurisprudence Determined*, Cambridge University Press, 1995, p. 157.

场精彩纷呈的学术之旅。

1.“良法”标准的历史建构

亚里士多德最早将法治界定为“良法之治”,并将良法的内涵与伦理道德标准相联系。亚里士多德认为,良法应当满足如下的条件或要求:它是维护和促进公共利益,而非为某一阶级(或个人)利益服务的法律,后者必定导向专横统治而非法治;它应当体现所在社会所珍视的道德价值,对于古希腊人而言,这一价值正是被他们视为最高的道德价值的自由;良法有利于公民美德的塑造,社会秩序的维护,从而有助于城邦的长治久安。为此,城邦的立法者应当关注不同政体得以保全或被倾覆的缘由并寻求如何保全政体的妥当方法,借由精心制定的各种律法,以确立一套维系政体长久的体制。[1] 总之,亚里士多德的良法思想不仅确立了法律与道德价值之间的紧密关联,而且为良法理论或自然法思想的发展奠定了基础。

自然法思想自发轫以来,强调自然法与实证法之二元分离:自然法是永恒理性的产物,是优越于实证法的高级法(higher law);实证法是人类意志的产物,在符合或背离自然法的意义上,它们是真正的法律或赤裸裸的暴力。因此,在自然法的理论脉络中,实证法或人定法要么是良法,要么是非法的恶法。无论是古代自然法诉诸自然理性,还是神学自然法诉诸上帝意旨,或者经典自然法主张“人类理性”,自然法学派的良法标准往往是变动不居的,受伦理道德体系的影响而有所变化。即使是“二战”后复兴的新自然法学派放弃了对绝对伦理道德价值的执念,但仍不得不坚持法律与道德的紧密关联,并从不同层面阐述良法的价值构造。例如,德沃金十分强调立法的整全(intergrity of legislation)原则,即法律的原则一致性及其对道德证成的诉求;朗·富勒从虚拟的人类立法者雷克斯(Rex)的所作所为中推导出法的内在道德的要求,也就是使规则管理人类行为的事业成为原则性要求,后人也将其称为“法治八原则”。

虽然法律实证主义者未直接阐述良法的思想,却通过分离命题将良法及其标准的建构留给了伦理科学,因此在英美法理学界中普遍存在一种“支配性法理论”,即由以实然法律为对象的法律实证主义与以应然法律为对象的

---

[1] 参见王人博、程燎原:《法治论》,山东人民出版社1998年版,第11页。

功利主义理论所构成。[1] 实然的法律可能是不完美的，甚或是邪恶的，但应然的法律则必然取向一定的伦理道德原则，即众所周知的功利原则：最大多数人的最大幸福。如果说自然法学派和法律实证主义都依赖道德标准构建良法，那么法律现实主义的良法标准则试图消除道德价值的主观性。受科学实证主义思潮的影响，无论是美国还是北欧的法律现实主义者，都通过区分书本上的法律和行动中的法律，拒斥法律形式主义的主张，更加关注法律在现实世界中如何运作。法律现实主义虽然影响深远，却缺少相对集中和较为核心的命题。依照法律现实主义先驱卡尔·卢埃林的看法，"法律现实主义是一种方法，而非一种哲学"。[2] 作为方法，法律现实主义将社会科学的视野纳入法学研究，并将法律看成服务社会需求的工具或手段。"作为目的的手段之一，必须依据法律所实现的结果而非其内在结构的良善来评判法律的好坏。"[3]正是基于法律工具论和社会事实的导向，法律现实主义者才认为，良法的标准与其说是纯粹的道德价值，毋宁说是法律效应与社会事实的相互印证。

在批判继承西方学术传统的基础上，马克思经典作家形成了较为系统的良法理论。首先，马克思直接承继了西方法律二元论的划分传统，"这种区分的意义在于它假定有一种优于纯粹是人为的法律的秩序存在着"。[4] 马克思立足于区分"法"与"法律"，并为"真正的法律"奠定了逻辑基础："法律"是一种国家创制的行为规范，而"法"则是真正的法律，一种体现了事物本质与自由理念的社会规范。其次，马克思主义揭示了法律的真正本质，即法律的阶级意志本质和社会生活本质的二重性，认清了法律产生和发展的必然规律，从而为良法的生成奠定了唯物主义的认识论基础。为此，"立法者应该把自己看作一个自然科学家。他不是在创造法律，不是在发明法律，而仅仅是在表述法律，他用有意识的实在法把精神关系的内在规律表现出来"。[5] 从法律的客观现实性出发，推动或促进社会发展的法是良法，反之则是阻碍

[1] 参见[美]罗纳德·德沃金：《认真对待权利》，信春鹰、吴玉章译，中国大百科全书出版社1998年版，第1~2页。

[2] Karl Llewellyn, *The Common Law Tradition: Defining Appeals*, Quid Pro., LLC, 1960, p. 209.

[3] Roscoe Pound, *Mechanical Jurisprudence*, 8 C Law Rev. 605(1908).

[4] [美]保罗·菲利浦斯：《马克思恩格斯论法和法律》，禄正平等译，西南政法学院国家和法的理论教研室1985年版，第3页。

[5] 马克思、恩格斯：《马克思恩格斯全集》(第1卷)，人民出版社1995年版，第347页。

社会发展和进步的恶法。再次，在价值论的层面，马克思主义认为，法律虽然是多重价值的载体，但其最本质的价值是“自由”：法典是用来保卫、维护人们自由的，而不是用来限制、践踏人们的自由的，因为“只有当人的实际行动表明人不再服从自由的自然规律时，自然规律作为国家法律才强迫人成为自由的人”。[1] 最后，在形式上，良法必然是明确的和普遍的。“法律是肯定的、明确的、普遍的规范，在这些规范中自由获得了一种与个人无关的、理论的、不取决于个别人的任性的存在。”[2] 法律的明确性等同于法律的确定性，也就是，法律必须具有确定的行为标准和范围，人们据此可以合理预测自身行为的法律后果；法律的普遍性则要求，法律的规范性应针对普遍的人、普遍的事，不应就个别的人和个别的事进行调整。[3]

2. 融入社会主义核心价值观的良法观念

马克思主义中国化是将马克思主义基本原理同中国具体实际相结合，不断形成富有中国特色的马克思主义理论化成果的过程，为此既应坚持马克思主义的基本原理和指导精神，又要与时俱进、结合中国革命、建设和改革的实际需要，发展马克思主义。马克思主义中国化的重大理论成果是中国共产党领导中国特色社会主义伟大事业的胜利保证。马克思主义良法理论经由中国法治建设的历史进程的检验和发展，形成了具有中国特色的社会主义良法观念。在立法中融入社会主义核心价值观的良法观念，正是马克思主义良法理论中国化的最新结晶。

在社会主义良法观念的发展过程中，学者的研究和提炼发挥了不可忽视的积极作用。例如，李步云等认为，广义的良法是对社会发展起积极或推进作用的法，也就是具有真、善、美之品格的法：良法之“真”体现为法的内容的合规律性，即它必须符合事物自身的性质和事物发展的规律，又适应不同国家不同时期的条件和可能；良法之“善”是指法的价值的合目的性，并展现伦理性和工具性的双重价值；良法之“美”展现出法的形式的科学性，亦即结构、体系和规范语言的协调统一。[4] 刘风景教授同样从真、善、美的维度上将良法分解为三个侧面：尊重并体现客观规律之真法、契合政治伦理的善法

---

[1] 马克思、恩格斯：《马克思恩格斯全集》（第 1 卷），人民出版社 1995 年版，第 177 页。

[2] 马克思、恩格斯：《马克思恩格斯全集》（第 1 卷），人民出版社 1995 年版，第 176 页。

[3] 参见胡玉鸿：《马克思的良法观及其时代意义》，载《浙江社会科学》2015 年第 1 期。

[4] 参见李步云、赵迅：《什么是良法》，载《法学研究》2005 年第 6 期。

以及形式科学合理的美法。[1]

与之类似的做法是将良法的三个维度解析为三个方面,即围绕法的内容、价值和形式方面的要求阐述良法的标准。例如,李桂林教授认为,在法的内容方面,良法必然是合乎调整对象自身规律的法律规范;在法的价值方面,法必须合于社会公平正义的价值并以增进社会利益和公共福祉为己任;在法的形式方面,良法必须具有形式、体例和立法技术的科学性。这三个方面的要求共同构成了良法的标准。[2] 在这一基础上,王利明教授进一步发展为六个方面的标准:一要反映人民的意志和根本利益;二要反映公平正义的价值追求;三要符合社会发展规律;四要反映国情、社情、民情;五要具有科学、合理的体系;六要符合法定程序,具有程序正当性。[3]

从社会主义法治建设的实践来看,从"有法可依"到"科学立法"的提法的变迁,某种程度上揭示并反映出良法观念的转变。在"有法可依"的法制建设阶段,法律的制度供给存在"供不应求"的状况,因此大幅度增加立法数量变成了现实选择。在这一过程中,立法质量虽然重要,但并非关键,解决问题及其实效成为衡量立法成败的关键。而且,在缺乏现实经验或可借鉴之参考的前提下,实验性或试行性立法遂大行其道,地方立法先行先试亦渐成潮流,法律的优劣或好坏取向于经验主义和后果主义的判断标准。"黄猫、黑猫,能捉老鼠的就是好猫"。[4] 不断试错与实事求是,成为这一阶段"良法"形成的关键特征。

随着中国特色社会主义法律体系的基本形成,法律规范的供求关系得到根本性缓解,粗放式的数量型立法阶段已让位于精细化的质量型立法阶段,立法质量的高低获得了前所未有的重视。在这一阶段,"科学立法"的口号开始深入人心,并可以与良法、善法画等号。[5] 在科学立法的阶段,良法的判别标准日渐精细化、复杂化,不再局限于对事物规律性的认识和把握,而是越来越重视内在实质的良善以及外在形式的精美。外在形式的精美,既强调立法应严格遵照法定的程序要求,合乎立法的形式合法性标准,又坚持立法技术的规范应用以及立法作品的艺术美感。

---

[1] 参见刘风景:《基于"正反合"定律的良法重述》,载《南京社会科学》2018 年第 7 期。
[2] 参见李桂林:《论良法的标准》,载《法学评论》2000 年第 2 期。
[3] 参见王利明:《法治:良法与善治》,载《中国人民大学学报》2015 年第 2 期。
[4] 《邓小平文选》(第 1 卷),人民出版社 1995 年版,第 347 页。
[5] 参见董珍祥:《科学立法:一个划时代的重大课题》(上),载《人大研究》2016 年第 12 期。

除了外在形式的科学要求外,实质内容的良善不仅比过去变得更加重要,而且其内涵也变得越来越繁复。在过去,实质内容的良善虽然与道德标准或道德价值有着莫大的关系,但多局限于纵贯政治道德和法律哲学之中的法律价值,如公平、正义、自由等公认的价值。例如,正义是法律永恒的追求,并被理解为社会基本制度安排的首要价值。[1] 但是,正义作为综合性价值,其内涵与面向多种多样,既有个人正义与国家正义之别,又有实质正义与形式正义之分,更有社会、经济、法律正义之类型,因此难以单独判断法律良善与否。而且,在中国处于社会主义初级阶段的最大国情之下,传统的"义利"之争往往以公平与效率、集体利益与个人利益之争的形式重现于世,并成为影响法律良善的关键争议。在价值多元和社会多元的背景下,韦伯意义的诸神之争越发激烈,诸价值观念之间如何平衡成为社会难题,且容易造成公共生活中的激烈对立。社会主体不同,社会利益迥异,因此彼此之间的价值取向和价值追求也不同,并"自在地就是本质的差别"。[2]

然而,既要看到社会价值观的多元多样,也要看到"异中有同"、价值共识的可能性。"看不到价值领域存在共同性,就无法解释人类文明纵向上的继承关系和横向上的借鉴关系,也就无法解释人类文明的发展进步。"[3] 出于对价值虚无主义的警惕以及达致价值共识的迫切需求,在中国共产党的正确领导下,我国逐渐形成并凝练了社会主义核心价值观,并将其视为"民族赖以维系的精神纽带、是一个国家共同的思想道德基础"。[4] 社会主义核心价值观的凝练和表达,"需要紧密结合中国社会主义实践,根据核心价值观生成的一般规律和社会主义本质的内在要求,充分吸纳人类共同价值观和中国传统价值的合理内核,经过充分的理论探讨和高度的理论升华才能逐步凝结而成并在社会中普遍流行起来"。[5] 社会主义核心价值观的凝练和表达并非一蹴而就的产物,而是实践发展和理论总结的双向互动、辩证统一的过程。[6] 经过长期的酝酿和提炼,党的十八大报告最终在加强社会主义核心

[1] 参见[美]约翰·罗尔斯:《正义论》,何怀宏等译,中国社会科学出版社 1988 年版,第 1 页。
[2] 陈新汉:《哲学视域中社会价值观念的共识机制》,载《哲学动态》2014 年第 4 期。
[3] 文平:《"普世价值"辨析》,载《红旗文稿》2009 年第 10 期。
[4] 《习近平在文艺工作座谈会上的讲话》,载《人民日报》2014 年 10 月 15 日,第 2 版。
[5] 虞崇胜、张建军:《社会主义核心价值观生成的一般规律、基本原则和基本要素》,载《东南学术》2013 年第 1 期。
[6] 参见左亚文、程建:《再论社会主义核心价值观的凝练和深化》(下),载《理论探讨》2013 年第 4 期。

价值体系建设的基础上，明确提出了“倡导富强、民主、文明、和谐，倡导自由、平等、公正、法治，倡导爱国、敬业、诚信、友善，积极培育和践行社会主义核心价值观”[1]的总体要求。“24个字”从国家、社会和公民三个层面高度概括了国家的价值目标、社会的价值取向和公民的价值准则，不同层面的内容相辅相成、相互贯通，共同构成一个逻辑严密、层次分明的统一整体，并概括回答了“我们要建设什么样的国家，建设什么样的社会，培育什么样的公民的重大问题”。[2]

基于对价值共识的认知与需求，将社会主义核心价值观融入法治建设全过程，坚持德法合治，是坚持和完善中国特色社会主义法治道路的必然要求。而且，基于核心价值观融入立法的现实需要和战略规划，“力争经过5到10年时间，推动社会主义核心价值观全面融入中国特色社会主义法律体系，筑牢全国各族人民团结奋斗的共同思想道德基础，为决胜全面建成小康社会、夺取新时代中国特色社会主义伟大胜利，实现中华民族伟大复兴的中国梦，实现人民对美好生活的向往，提供坚实制度保障”。[3] 核心价值观融入立法的科学结晶正是具有典型中国特质的社会主义的良法。

融入社会主义核心价值观的良法不应简单理解为道德价值的立法张扬，更是法律“良善”的体系性重构。这种体系性重构主要体现在以下三个方面：一是在立法的目标导向上，社会主义核心价值观的融入体现了科学精神与价值目标的双重协奏。一方面，“富强”“文明”既是国家或社会发展的状态或水平，又是科学认知与利用社会发展规律的结果或产物。为此，必须坚持历史唯物主义的科学立场，坚持实事求是的精神和态度。另一方面，无论是“公正”“民主”“法治”，抑或“自由”“平等”等价值，都表达了全国人民的客观需求及其满足。价值是主客体之间的客观关系状态；“价值观念是对这一客观状况的主观认识或表达”。[4] 社会主义核心价值观是对社会主义价值的中国表达和客观反映，本身就是价值目标与科学属性的体现，因此融入社会主义核心价值观的立法必然具备科学和价值的双重属性。

---

[1] 胡锦涛：《坚定不移沿着中国特色社会主义道路前进，为全面建成小康社会而奋斗——在中国共产党第十八次全国代表大会上的报告》，载人民网2012年11月9日。

[2] 《习近平：青年要自觉践行社会主义核心价值观——在北京大学师生座谈会上的讲话》，载《人民日报》2014年5月5日，第2版。

[3] 参见中共中央印发《社会主义核心价值观融入法治建设立法修法规划》。

[4] 李德顺：《关于价值与核心价值》，载《学术研究》2007年第12期。

二是在立法的价值取向上,社会主义核心价值观的融入意味着多元价值的和谐统一,而非分裂冲突。核心价值观不是单一价值的表达,而是多元价值的组合。其中,部分核心价值是中华优秀传统文化的现代表达,部分核心价值是社会主义的规定性价值,也有部分核心价值则是人类社会文明的共同成果与价值共识。虽然社会主义核心价值观是多元价值的组合,但诸价值之间具有内在的统一性与一致性并构成一个融贯的整体。因此,即使价值之间在表面上(prima facie)是相互冲突的,但借由社会主义核心价值观的整体性解释,诸价值实现和谐与统一。例如,在西方政治法律话语中,"自由"与"平等"往往被认为存在尖锐的冲突,而在马克思经典作家关于"自由人联合体"的著名论断("在那里,每个人的自由发展是一切人的自由发展的条件"[1])中,"自由"与"平等"却实现了真正的和谐统一与共存。

三是在立法的道德品格上,社会主义核心价值观的融入展示了实质内容的良善。社会主义核心价值观融入立法并不意味着,法律规范内容是或者仅仅是诸价值的直接体现和要求,而是直接或间接呼应核心价值观的价值共识要素。所谓"融入"不是简单的"内容转化",而是法律规范在实质内容上与核心价值观的精神旨趣相契合。社会主义核心价值观是共同的道德基础和抽象的价值共识,其内涵与要求具有一定程度的开放性与融贯性;法律的良善则以是否符合社会主义核心价值观为标准,并依赖于法律解释的方法与准则。因此,从法律解释与道德真理的关系来看,法律规范与社会主义核心价值观之符合是人类理解之"视域融合"的产物。

第二节 社会主义核心价值观融入立法的现实与挑战

一、社会主义核心价值观融入立法的历史与现实

(一)历史语境中社会主义核心价值观融入立法的典范

在拉德布鲁赫看来,法律既是一种价值判断,也是一种涉及价值的事物。[2] 法律不仅是法律行为或社会现象的评判标准,而且是维系和保障社

[1] 马克思、恩格斯:《马克思恩格斯选集》(第1卷),人民出版社2012年版,第285页。
[2] 参见[德]G.拉德布鲁赫:《法哲学》,王朴译,法律出版社2005年版,第4页。

会价值的合法手段。“一个国家、一个民族在长期的实践过程中,需要并必然形成自己的核心价值体系。”[1]社会主义核心价值体系的确立与完善,对所在社会的存续和发展不仅至关重要,甚至直接关系到国家与社会的生死存亡。人类社会的历史经验表明,任何社会的崩溃和瓦解往往以共同价值观念和道德纽带的崩塌为先兆,因此任何国家和社会均有权捍卫自身的核心价值体系。在此意义上,道德和法律不仅是社会主义核心价值体系的承载手段,更是维护社会核心价值体系的保障工具。然而,如果说道德是社会主义核心价值体系缓慢沉淀的产物,那么作为人为之物的法律又该如何承载并体现社会主义核心价值体系的要求,并与主流道德观念之价值要求相一致?对此问题,不同时代的社会往往有着不同做法与实践,并形成了若干具有显著影响力的典范。

1. 渗入自然法思想的罗马法体系

在西方文明的源头,在古希腊社会的早期阶段,人们的行动往往以习俗(nomos)为据。“习俗”被看成人类社会的习俗或法则,并与事物本质意义上的“自然”(physis)相对。[2] 习俗是约定俗成的产物,属于全社会共同的价值选择和准则,其内容杂糅了伦理道德和法律规范的要求,其形式近于安提戈涅口中所言的“永恒不变的不成文律条”。[3] 因此,古希腊社会虽然不以其法律成就而蜚声于世,但法律的内容往往被包裹在习俗的外衣之下。在著名的苏格拉底审判中,苏氏被检控的正是具有强烈道德色彩的“腐蚀青年”和“引入新神”等罪名。

作为西方法律之源流,尤为大陆法系之历史源头的罗马法,不仅其一般的法律原则(或戒条),如优士丁尼《法学阶梯》所概括的诚实生活、毋害他人和各得其份原则,每一个皆可对应希腊哲人亚里士多德所意指的古代伦理美德,[4]而且其法律内容亦充分体现当时社会的主流价值共识,正如意大利罗马法学家彼德罗·彭梵得所言,“在整个真正的罗马时代,罗马私法就是‘家

[1] 《社会主义核心价值体系建设实施纲要》,载 https://sxzzjy.hactcm.edu.cn/info/1007/1081.htm,最后访问日期:2023 年 4 月 28 日。

[2] 参见[美]列奥·施特劳斯:《自然权利与历史》,彭刚译,生活·读书·新知三联书店 2003 年版,第 91~95 页。

[3] 在古希腊剧作家索福克勒斯的笔下,安提戈涅在为自己埋葬哥哥的习俗行为辩解时,曾指控城邦统治者克瑞翁的法令不能废除天神制定的永恒不变的不成文律条,具体内容参见罗念生:《罗念生全集》(第 2 卷),上海人民出版社 2004 年版,第 307~308 页。

[4] 参见徐国栋:《优士丁尼〈法学阶梯〉评注》,北京大学出版社 2011 年版,第 32~33 页。

父’或家长的法”。[1]

无论是在共和时代，还是在帝制时期，经由罗马法学家的构造和发展，罗马法真正体现出古代自然法的原则和要求。罗马法学家们都一致强调，自然法是最高的法律，“自然法高于制定法，自然法指导制定法，自然法决定制定法的内容，制定法必须体现自然法的原则和要求”。[2] 所有的人既要遵守和服从自然法，又要遵守和服从制定法——在自然法与制定法的两者关系上，自然法是评判或衡量制定法良善、正义与否的唯一标准。为此，制定法应服膺于自然法的基本原则，体现正义、自由和理性的要求。

在承继斯多葛学派思想的基础上，西塞罗认为，法律是“指挥应然行为并禁止相反行为的最高理性”。[3] “理性”是西塞罗自然法思想的核心。西塞罗强调理性具有普遍性的特征，是人类所共有的，理性使人类拥有自然法这样的“真正的法律”。理性能够帮助人们产生系统完整的认识能力，在这之后，人们便可以不断地建立健全完善的法律体系。因此，人们可以依靠理性去认识自然法，“当这种理性确立于人的心智并得到实现，便是法律”。[4] 与此同时，西塞罗还认为，是自然赋予了每个人应得的权利，“自然创造了我们，是为了让我们互相共同分配和享受法”。“公民个人应该享有同其他公民公平、同等的权利生活”，[5]而一个国家制定法律的目的就是寻求权利的平等。西塞罗在《论义务》中写道，“作为同一个国家的公民起码应该在权利方面是相互平等的”，“为了能享受公正，人们总是立道德高尚之人为王”，“制度法律的原因与拥立国王的原因是一样的。要知道，人们一向追求的就是权利的平等”。[6] 他还认为，关于仁爱、诚实、爱国、感激等美德，是法的基础。

受希腊自然法思想的影响和熏陶，罗马法学家将自然法思想与罗马制定的成文法相结合，继而提出了“万民法”的概念。“自然法宣称，理性作为一

---

[1] [意]彼德罗·彭梵得：《罗马法教科书》，黄风译，中国政法大学出版社 2005 年版，第 115 页。

[2] 谷春德：《略论古希腊罗马自然法思想》，载《湘江法律评论》2016 年第 1 期。

[3] [古罗马]西塞罗：《国家篇　法律篇》，沈叔平、苏力译，商务印书馆 1999 年版，第 218 页。

[4] [古罗马]西塞罗：《国家篇　法律篇》，沈叔平、苏力译，商务印书馆 1999 年版，第 192 页。

[5] [古罗马]西塞罗：《论共和国论法律》，王焕生译，中国政法大学出版社 1997 年版，第 106 页。

[6] [古罗马]西塞罗：《论义务》，张竹明、龙莉译，译林出版社 2015 年版，第 208 页。

种遍及宇宙的普遍力量，乃是法律和正义的基础，理性蕴藏于人们的心中。”[1]而在罗马早期的市民法的规定中，存在许多排斥外邦人或外族人的规定，这使得当时许多处于罗马统治下的其他种族的人没有成为罗马市民的资格。市民法产生的原因在于，当时的罗马人认为他们是基于相同的民族而联合在一起的，他们和其他种族的人是不同的，所以自己民族的公民所享有的权利不能分给其他种族的人。随着罗马帝国版图的逐渐扩大，外邦人或外族人的数量大大增加，他们被归入罗马的统治范围，但他们并没有取得罗马市民的资格，为此，他们要求罗马帝国给予他们和罗马人相同的待遇。随着这样的呼声越来越强烈，且在自然法思想的影响下，“万民法”的概念便产生了，它在最开始被提出来的时候，与自然法所代表的含义基本相同，万民法是一部适用于各个民族的法律。盖尤斯对万民法的定义是：“根据自然原因在一切人当中制定的法为所有民众共同体共同遵守，并且成为万民法，就像是一切民族所使用的法。”[2]也有许多罗马法学家认为，万民法存在于所有民族当中，是所有民族乃至人类共同的法律，在自然、理性、普遍适用、永远不变这些特点上，万民法的含义几乎等同于自然法。

罗马自然法思想对罗马法的发展具有重要意义。正是在罗马自然法思想的理性、自由、平等观念的影响下，罗马法逐步突破了市民法的局限性，发展出了万民法，自然法的观念也被罗马法学家们用以解释罗马的万民法，因此万民法有了更大的正当性与合理性并逐步成为适用于罗马市民的法律。英国历史学家梅因关于自然法对万民法的影响曾说过：“从整体上来讲，罗马人在法律改进方面，当受到‘自然法’的理论的刺激时，就发生了惊人迅速的进步。”[3]罗马法学家将自然法思想深入人心，为社会人民所接受，规范了大众的行为，进而影响罗马法的制定，甚至影响了整个罗马社会的发展趋势。如同梅因所说：“如果自然法没有成为古代世界中一种普遍的信念，这就很难说思想的历史，因此也就是人类的历史，究竟会朝哪一个方向发展了。”[4]不得不说，正是自然法中的理性、自由、平等和正义等思想内涵和精神融入了罗马法之中，推动着罗马法向更加理性和平等的发展方向前进。梅因曾如此评价道：“我找不出任何理由，为什么罗马法律会优于印度法律，假使不是

---

[1] 谭建华：《自然法思想与罗马法的发展》，载《云南社会科学》2005年第1期。
[2] [古罗马]盖尤斯：《法学阶梯》，黄风译，中国政法大学出版社1996年版，第12页。
[3] [英]梅因：《古代法》，沈景一译，商务印书馆1999年版，第33页。
[4] [英]梅因：《古代法》，沈景一译，商务印书馆1999年版，第64页。

'自然法'理论给了它一种与众不同的优秀典型。"[1] 由此可见,自然法思想是引导罗马法发展和传承的基本依据和理论渊源,也是罗马法区别于古代世界其他法律的标志性特征。自然法思想是一种富有理性和正义色彩的价值观,其有关自然、自由、平等和理性的观念深刻影响着罗马法的发展,从而使罗马法成为古代法律中的优秀典型和佼佼者。

2. 基督教思想与西方法律传统

即使法律与其他社会规范随着时代的发展而渐趋分离,但是法律与伦理道德价值之间的必要联系仍无可切断。在中世纪的欧洲,世俗社会与精神世界的法令开始分裂,世俗社会由专制王国的统治者之命令所主宰,而精神领域的事务(婚姻家庭等)则需听命于梵蒂冈教廷的宗教法令。然而,无论是统治者的法权命令,还是教廷的宗教法令,都无法脱离于所处时代的核心价值观念。

西方法律传统是西方文明的重要组成部分,"西方文明是古代世界形成的两种传统,即犹太—基督教传统和希腊—罗马传统融合的产物"。[2] 法律传统,也称为法律的历史传统,是"关于法律的性质、法律在社会与政治共同体中的地位、法律制度的专门组织及其运作;关于法律实际或应被如何制定、适用、研究、完善、教授的一整套根植深远、并为历史条件所制约的观念"。[3] 西方法律传统的形成和发展是一个连续不断的过程,并与政治、经济、社会、文化等制度、价值和观念之间相互影响。

按照伯尔曼对西方法律传统的描述,其主要特征可以概括为以下几个方面:第一,作为制度形态的法律与其他制度类型,诸如政治制度、经济制度等,存在较为明显的差别;第二,上述差别的明显事实是,法律的实施或施行是专业性的活动,它们被委托给一群职业的法律人;第三,职业法律人,无论是英美法系的律师,还是大陆法系的法学家,都是在独立的学术机构中接受专门的法学教育和培训;第四,职司法学教育的专业学术机构与法律制度有着复杂的和辩证的关系,它们既描述这些法律制度的内容,又通过法律诠释将其进行系统化和概念化并加以改造;第五,法律被设想为一个连贯一致的

---

[1] [英]梅因:《古代法》,沈景一译,商务印书馆1999年版,第65页。

[2] [美]马文·佩里主编:《西方文明史》(下册),胡万里等译,商务印书馆1993年版,第3页。

[3] J. H. Merryman, *The Civil Law Tradition: An Introduction to the Legal Systems of Western European and Latin America* (*2 ed.*), Stanford University Press, 1985, p. 2.

系统或整体,并经过数个世纪的充分发展;第六,法律体系的延续机制是内在的且有机变化的,这是法律体系之活力的主要来源;第七,法律的发展具有一定的内在逻辑性,其变化不是随机发生的,而是基于内在的需求,以便满足现在和未来的需要;第八,法律的权威性与法律的历史性是高度相关的,自 12 世纪以来,法律高于政治的思想被广泛论述并得到普遍认同;第九,同一社会内部各种司法管辖权和各种法律体系共存和竞争,这一多元性构成西方法律传统最为突出的特征。[1]

西方法律传统与基督教文明的关联是历史的,法律在其前进的每一个脚印里都与宗教有着千丝万缕的联系。伯尔曼在《法律与宗教》书中分析了法律与宗教共有的四种要素,并将其视为法律与超验价值相互联系与交流的主要方式:首先是通过象征法律客观性的形式程序,即仪式——法律仪式有助于法治信仰的养成,助力于应予确立的社会秩序和价值;其次则依靠权威,那些口头或成文的渊源既是法律所赖以存在的形式,又是其法律约束力的来源,由于这些法律的渊源具有至上性,因此人们必须普遍且严格服从它们的要求;再次则是经由传统,法律不仅可以与过去的历史相接续,而且体现了必要的连贯性和一致性;最后则是依靠一种普遍性。法律内容具有普遍的有效性,从而揭示出绝对真理和法律之间的隐秘关联。宗教和法律所共同具备的要素提供了一种背景,任何一个社会的法律规则都是在此背景下产生其作用并由此获得其合法性。[2]

基督教文明对西方法律传统的影响,主要从两个方面展开:一是在形式上,教皇革命孕育并催生了西方法律传统。它不仅产生了第一个近代意义的法律体系即教会法体系,而且通过与世俗国家争夺司法管辖权的斗争实践,促进了西方崇尚法治传统的形成。在教皇革命之后,基督教内部形成了一个“依法而治”的世界,教会法统治着处于精神王国支配之下的所有人,包括世俗国家的统治者。教会的最高首领教皇,与其说是依据上帝在世间的神圣权威而统治,毋宁说是依据教会法所赋予的权力而履行自身的法定职责。此外,无论是何种身份和地位,教会系统内部人员的独断权力受到来自实践和理论两个方面的限制和约束。与此同时,教会法与国家法的二元对立,使

---

[1] 参见[美]H. J. 伯尔曼:《西方法律传统的主要特征》,高鸿钧译,载《环球法律评论》1991 年第 4 期。

[2] 参见[美]H. J. 伯尔曼:《法律与宗教》,梁治平译,生活·读书·新知三联书店 1991 年版,第 46~47 页。

得司法管辖权成为教会与世俗国家争夺的中心和焦点。“并行而有限度的管辖权之间的竞争和合作不仅使法律的系统化成为必要和可能,而且也导致了对当时一些最尖锐的政治和道德问题提供法律上的处理方案和处理结果。”[1]教权和王权只有共同承认并接受法律的统治,承认法律高于它们,方能实现两者的和平共处,理性共存。由此,世俗国家和教会在司法管辖权上的相互制约和相对承认,使“法的统治”得以产生和出现。

二是在实质内容上,基督教教义对西方法律内容的塑造和影响,造就了富有特色的法律价值和观念。首先,基督教饱含众生平等的理念,并成为近代人权观念的基石。上帝创世说认为,人是上帝在创世第七天模仿自己的样子创造的,因此世人无论富贵贫贱皆为兄弟姐妹,因此在本源上,人人在上帝面前平等。新教的核心理念是,由于人人皆可以通过自身努力且无须教会的媒介便能实现与上帝的直接沟通,因此每一个人在能力、人格尊严等方面是平等的。“因为一切具有同样的共同天性、能力和力量的人从本性上说都是生而平等的,都应该享受共同的权利和特权。”[2]由此启蒙思想家们才会断言,人是自由且平等的存在,生来具有生命、自由、健康和财产等自然权利,政府唯一正当的目的是保护人所具有的天赋权利。其次,基督教义和学说确立了近现代的刑法正义观,从而为刑事责任理论的确立奠定了基础。基督教是一个以原罪和赎罪为基本内容的信仰体系,人因为具有原罪而怀有恶的倾向性,又因具有“自由意志”而成为道德行动者,因此犯罪的根源在于人的“原罪”和“自由意志”,其本质是违反神人之约。[3]“上帝为了永恒的荣耀而创造了人,这种荣耀要求人坦白地将意志服从上帝,不过,人却选择了不服从上帝的做法,并且这种不服从之罪孽能通过遗传而给予每个人。正义要求或者依据人的罪孽而加以惩罚,或者他应该因损害上帝荣耀的行为而进行补偿。”[4]最后,衡平、博爱、人道等法律观念的产生及其相应的制度建构,同样是基督教义深远影响的产物。例如在英国,基督教和新教精神通过中世纪教会法的广泛渗透,对与普通法并立的衡平法的诞生带来了积极影响。教会倡导良心原则,“良心”的含义被赋予了较为浓厚的神学色彩——它是一种

[1] [美]伯尔曼:《法律与革命》,中国政法大学出版社 2003 年版,第 270~271 页。

[2] [英]洛克:《政府论》(上),瞿菊农、叶启芳译,商务印书馆 1982 年版,第 57 页。

[3] 参见衣家奇:《基督教与刑法——对近现代刑法宗教渊源的解读》,载《甘肃政法学院学报》2005 年第 1 期。

[4] [美]伯尔曼:《法律与革命》,中国政法大学出版社 2003 年版,第 25 页。

事关是非对错的内在认知,是人和神共同分享的知识,即"和神一起知道"。[1] "从良心出发"是大法官进行衡平裁判时必须遵循的一项基本原则——当裁判者的良心与法律的衡平观念相结合时,衡平法便由此而产生了——它保护贫困无依者、反对富豪和权势,执行信托与信任关系,还提供诸如禁令一类的人身救济。[2]

3. 中华法系与礼法传统

"法系",或称"法律家族",是比较法研究采用的通行概念,20 世纪初获得中国学界的高度关注与普遍认同,相关研究成为"民族建构"工程的一部分。[3] 1937 年,杨鸿烈先生在综合比较不同观点的基础上,将世界法系划分为五大类型,并认为中国法系具有不可磨灭之存在价值,足以与其他四大法系分庭抗礼。[4] 由于"中华"兼具国号与族名的双重性质,其后遂有取代"中国法系"之称谓的发展趋势。"中华民族之复兴,与中华法系之复兴,实为一贯而不可分。"[5]于是,"中华法系"乃至"中华民族"之复兴,便寄托于"礼治"这一我国固有之传统之上。

中华法系以礼制法为鲜明特色,可谓"自西汉以至逊清,历朝法典均以礼教为依归"。[6] 中华法系并不简单等于中国古代法,后者远比中华法系历史更悠久,但两者又有重合之处,中华法系是中国古代法发展的最后一个阶段。根据这一认知,中华法系的概念有以下几个方面的内涵:第一,"中华法系"以中国古代法律为主要研究范畴,同时包含受其影响的东、南亚的古代法律,其地域范围以中国为主,又不仅限于中国范围。第二,"中华法系"主要指汉中期法律儒家化以来、截止于清末变法之前的中国古代法。第三,"中华法系"的特征在于,其价值观以儒家提倡的"礼",也就是三纲五常为核心;在表现形式上,以律令格式为主,"律以正罪名,令以存事制";[7]其目的在于

---

[1] Norman Dee, *Fundamental Authority in Late Medieval English Law*, Cambridge University Press, 1990, p. 133.

[2] 参见[美]伯尔曼:《法律与革命》,中国政法大学出版社 2003 年版,第 53~54 页。

[3] 参见赖骏楠:《民族主义视野下的近代"中华法系"学说(1900—1949)》,载《法律文化研究》第 7 辑,社会科学文献出版社 2014 年版,第 244~245 页。

[4] 参见杨鸿烈:《中国法律对东亚诸国之影响》,中国政法大学出版社 1999 年版,第 1 页。

[5] 丁元普:《中华法系与民族之复兴》,载《中华法学杂志》1937 年第 1 期。

[6] 马汉宝:《法律道德与中国社会的变迁》,载吴经熊、刁荣华主编:《中国法学论著选集》,台北,汉林出版社 1976 年版,第 40 页。

[7] 参见虞世南:《北堂书钞》卷 45 引《律令》。

维护礼教提倡的,而又为社会普遍认可的伦理道德。[1]

“礼法”一词首见于《荀子》。《修身》篇云:“故非礼,是无法也……故学也者,礼法也。”《王霸》篇则云:“君臣上下,贵贱长幼,至于庶人,莫不以是为隆正,然后皆内自省以谨于分,是百王之所以同也,而礼法之枢要也。……出若入若,天下莫不平均,莫不治辨,是百王之所同,而礼法之大分也。”因此,“礼法”是对古代“礼乐刑政”治国方式的统称,它既是秉承天道人情、统率各种规范的根本大法,也是具体贯彻实施的法律规范和行为准则。[2] 从起源来看,“礼法”意识和体制源于周礼,周礼在法律精神上表现为维护尊尊亲亲的政治等级和家庭伦理秩序。[3] 以周礼为代表的礼法文化得到了孔子所创立的先秦儒家的继承和发扬,并在其后的法律儒家化历程中成就为以礼为核心价值观的中华法系。中国法律儒家化的表现大抵有三。

一是“经义决狱”,是指在司法裁判中通过直接援引儒家经典的事例或论据而径行定罪量刑的方式。[4] “经义决狱”源于西汉中期大儒董仲舒所创之“《春秋》决狱”,其基本原则是“原心定罪”,即“志善而违于法者,免;志恶而合于法者,诛”。所谓“志善”“志恶”与否,是纯粹的主观判断,既非纯然依于事实,又非绝对本于法律,而是取向于儒家经义的精神和本旨。从《春秋》决狱的案例来看,大部分案例并非事实本身有可疑之处,又或者律文存在模糊不清或漏洞,而是依法审断定罪的结果与儒家所倡导的精神和原则扞格不入。因此,裁判者需要以儒家经义作为释法的基准,彻底扭转法律的非儒倾向,使儒家的理念贯注司法活动之中,从而实现儒家思想的精神指导地位。

二是“以经注律”。开以经注律、以儒家学说阐述律义之先河者,同为《春秋》决狱的始创者,是汉代大儒董仲舒。[5] 此后,许多著名的经学家,纷纷效仿董仲舒“表《春秋》之义,稽合于律”,亦有先好刑名之学,而后又学习儒家经典者,于是两汉律学得以蓬勃发展。据《晋书·刑法志》所记:“叔孙

---

[1] 参见马小红:《中华法系中“礼”“律”关系之正证:质疑中国法律史研究中的某些“定论”》,载《法学研究》2014年第1期。

[2] 参见俞荣根:《礼法传统与良法善治》,载《暨南学报(哲学社会科学版)》2016年第4期。

[3] 参见武树臣:《中华法系的原生形态、发展轨迹和基本特征》,载《法学杂志》2012年第1期。

[4] 参见马作武:《略论中国传统法律的儒家化》,载《中山大学学报(社会科学版)》1997年第2期。

[5] 马小红:《中华法系中“礼”“律”关系之正证:质疑中国法律史研究中的某些“定论”》,载《法学研究》2014年第1期。

宣、郭令卿、马融、郑玄诸儒章句十有余家,家数十万言。凡断罪所当由用者,合二万六千二百七十二条,七百七十三万二千二百余言,言数益繁,览者益难。天子于是下诏,但用郑氏章句,不得杂用余家。"为此,张鹏一在《两汉律学考》中如此总结道:"汉以经术施诸政治一事,实自董仲舒发之,当时人君向用其说,古汉世律法多洗秦旧,流风所被,浸为俗尚。"

三是"律令的儒教化"。首先,"律""令"是中华法系最重要的法律形式,无论是汉代的"律令科比"体系,还是唐代的"律令格式"体系,其主体是"律""令"两种法律形式。高明士教授认为,律令关系问题,实际上是礼刑关系问题;律令二者的分分合合、此消彼长,反映了礼刑分离到引礼入律、礼刑合一的进化过程。"令"代表着"礼"的追求,"律"代表着"刑"的判断。"出令入律"正是"出礼入刑"的表征。[1] 由此,"律"和"令"各自代表中国法律传统中的不同价值判断和意义追求:"律"具有"惩肃""惩恶""正罪名""正刑定罪"的功能,"令"则含有"设范立制""存事制""序尊卑""劝诫""教令"的功能,两者共同体现了一个完整的秩序追求。[2] 其次,自汉武帝"罢黜百家、独尊儒术"以来,内圣外王的儒家思想便取得了官方意识形态的正统地位。奉儒家为正统的封建官吏在编撰法典时,将原本详细规定于礼书中的规范和要求掺入法条的构成要件中,加诸刑罚的制裁效果,使儒家的"出礼入刑论""明刑弼教之说"得以法制化。[3] 从具体法典的儒教化来看,汉律已肇端绪,已有唐律"十恶"之"不道""不孝""大不敬"等条目,礼刑合一论渐成常规。魏律儒教化的标志,是"八议"之制正式入律,而西晋《泰始律》更明确以"峻礼教之防,准五服以制罪"为立法原则,"其所制定之刑律尤为儒家化"。[4] 真正完成法典儒教化目标的,应属以《永徽律》为本的《律疏》。作为古代法典的典范,《唐律疏义》"一准乎礼,而得古今之平",清晰展示了其以经立法的本质。

总之,传统中华法制之内容融合了刑罚制裁与道德伦理之两端,并以礼教为积极因素,以律条为消极因子,其结果为礼教的法律化。[5] 礼教的法律

---

[1] 参见高明士:《从律令制的演变看唐宋间的变革》,载《台大历史学报》2003年第32期。

[2] 参见范忠信:《律令关系、礼刑关系与律令制法律体系演进——中华法系特征的法律渊源角度考察》,载《法律科学(西北政法大学学报)》2014年第4期。

[3] 参见瞿同祖:《中国法律与中国社会》,台北,里仁书局1982年版,第408页。

[4] 陈寅恪:《隋唐制度渊源略论稿》,上海古籍出版社1982年版,第100页。

[5] 参见黄源盛:《汉唐法制与儒家传统》,台北,元照出版有限公司2009年版,第184页。

化主要体现在三个方面：一是礼教的精神贯彻于《唐律》的始终，支撑着整体的法律体系和架构，并衍化为"礼本刑用"的基本原则（"德礼为政教之本，刑罚为政教之用"）；二是礼教的要求被引为律条，并可概称为重要的法律制度。一个明显的例子是量刑方面的"八议"制度，其内容就直接源于《周礼》的内容，即"此谓重亲贤、敦故旧、尊贵宾、尚功能也"；三是除法律原则或法律制度外，将儒家的礼教思想转化为法律内容。[1] 例如，"十恶"之所以是"常赦所不原"的重罪，因为它们违反了"君为臣纲""父为子纲""夫为妻纲"等君权、父权和夫权等原则。[2]

（二）社会主义核心价值观融入立法的历史进程与时代发展

1. 社会主义核心价值观融入立法的奠基与波折

革命意味着断裂与新生。随着新民主主义革命的胜利以及新中国的诞生，废除旧法统，建立新法制成为迫在眉睫之势，为此 1949 年 2 月中共中央依据革命根据地法制建设的经验，发布《关于废除国民党的六法全书与确定解放区的司法原则的指示》，明确司法机关应当以党的政策、中央政府以及中央军委所发布的规范性法律文件作为司法活动的重要依据；同年 9 月，中国人民政治协商会议第一届全体会议在北京举行，通过了具有临时宪法性质的《共同纲领》，确认了党领导全国人民进行革命斗争的胜利果实，确立了我国的国家性质和国家政权组织形式，为新中国政权建设和法制建设提供了基础和保障。《共同纲领》连同《中央人民政府组织法》和《人民政协组织法》，为新中国成立、新政府组建夯实了法律基础。

新法制与旧法统的重大区别在于，其所维护和倡导的价值观是鲜明的社会主义核心价值观念。从 1950 年开始，根据《共同纲领》的规定，中央人民政府先后制定了婚姻法、土地改革法、工会法、惩治反革命条例、惩治贪污条例、选举法等一系列重要法律法令，为巩固新生的无产阶级政权、确立新的社会秩序和精神风尚提供了法治保障。例如，新中国成立后颁布的第一部《婚姻法》，不仅破除了封建包办婚姻的陋习与束缚，确立了婚姻自由、一夫一妻、男女平等等法律制度与原则，使广大群众，"尤其是妇女群众，从几千年野蛮落后的旧婚姻制度下解放出来"，而且建立并维护了互敬互爱、相互扶助、平等和谐的新型家庭关系。1954 年 9 月，第一届全国人大第一次会议通过了《宪

---

[1] 参见王立民：《中国古代的道德建设立法及其启示》，载《浙江社会科学》2014 年第 11 期。

[2] 参见黄源盛：《汉唐法制与儒家传统》，台北，元照出版有限公司 2009 年版，第 188 页。

法》,确立了人民民主原则和社会主义原则,为国家的发展建设勾勒出"一条清晰的发展轨道"。这是新中国成立后制定的一部具有中国特色和富有民主法治色彩的宪法,体现了鲜明的社会主义核心价值观。此后,全国人大及其常委会先后通过了《全国人民代表大会组织法》《国务院组织法》《人民法院组织法》《人民检察院组织法》《地方人民代表大会和地方各级人民委员会组织法》等法律共60部,为实现和保障人民当家作主、实现社会主义过渡时期总任务打下坚实的法制基础。

但是,自20世纪50年代后期开始,特别是在"文化大革命"期间,受指导思想"左倾"的不当影响以及各项工作中存在的偏误,社会主义民主法制遭到严重破坏,立法工作几乎陷入停顿。从1959年到1977年,除了通过《商标管理条例》《军官服役条例(修正)》和《外国人入境出境过境居留旅行管理条例》三部法规外,几乎没有其他立法活动和作为。在"文化大革命"期间,较为薄弱的社会主义法制遭到了空前破坏,宪法缺乏权威、法律形同虚设,不仅公民的基本权利和正常的社会秩序得不到有效保障,甚至国民经济体系和国家政治生活都逼近于崩溃边缘。

2. 社会主义核心价值观融入立法的探索与拓展

1978年,党的十一届三中全会拨乱反正,开启了改革开放和社会主义民主法制建设的历史新征程。全会公报强调,"为了保障人民民主,必须加强社会主义法制,使民主制度化、法律化,使这种制度和法律具有稳定性、连续性和极大的权威,做到有法可依、有法必依、执法必严、违法必究"。在这一方针的指导下,我国立法工作全面恢复并迅速发展。1979年,五届全国人大二次会议审议通过了《地方各级人民代表大会和地方各级人民委员会组织法》《刑法》《刑事诉讼法》《中外合资经营企业法》等7部重要法律,拉开了新时期国家立法工作的序幕。

1982年12月,在深刻总结新中国成立以来正反两方面的经验教训的基础上,五届全国人大五次会议通过现行《宪法》,确立了国家的根本任务和根本制度、公民的基本权利和义务等,为改革开放和社会主义现代化建设提供根本遵循。此后,全国人大根据改革开放和客观形势的发展需要,于1988年、1993年、1999年和2004年,对《宪法》进行了部分条款的修改,先后将"国家实行社会主义市场经济""私营经济是社会主义市场经济的重要组成部分""实行依法治国,建设社会主义法治国家""国家尊重和保障人权""公民的合法的私有财产不受侵犯"等内容写入宪法。宪法是党领导人民治国安邦的总章程,是所有立法活动的根本依据,宪法的修改和完善不仅为我国立法工作的全面推进奠定了根基,也为社会主义核心价值的确立和弘扬提供了法治保障。

1997 年 9 月,党的十五大明确提出,要加强立法工作,提高立法质量,到 2010 年形成中国特色社会主义法律体系。为了实现这一目标,在党中央的统一领导下,全国人大及其常委会有计划、有步骤、有重点,立、改、废、释并举,精心组织,积极主动开展立法工作;其他立法主体积极跟进,不同层次立法齐头并进。到 2010 年年底,以《宪法》为核心,以宪法相关法、民法商法、刑法、社会法、诉讼法等多个法律部门为主体,由法律、行政法规、地方性法规等多层次法律类型所构成的中国特色社会主义法律体系如期形成,我国经济、政治、文化、社会各领域基本实现了有法可依的法治状态。

这一时期虽然并未明确提出社会主义核心价值观,但先后提出了"八荣八耻""社会主义荣辱观""社会主义核心价值体系"等重大命题,同时明确了社会主义核心价值体系的关键、中心和内核,因此社会主义核心价值观融入立法得到前所未有的拓展和深化,具体表现为:一是为适应社会主义市场经济体制的完善需求,制定出台了一系列有关市场经济基本制度的法律法规。为了规范市场主体行为、维护公平有序的市场秩序、扩大对外开放、振兴产业发展、激发市场活力,全国人大及常委会先后出台了《公司法》《合同法》《担保法》《证券法》《反不正当竞争法》《商业银行法》《劳动法》《对外贸易法》等一大批符合社会主义市场经济发展需要的法律,[1]为经济社会的繁荣发展奠定了基础;二是发力于社会领域立法,先后制定《就业促进法》《劳动争议调解仲裁法》,并修改《义务教育法》《妇女权益保障法》《未成年人保护法》《残疾人权益保障法》等法律法规,确保妇女、儿童、老人、残疾人等社会弱势群体能够平等参与社会生活,共享社会物质文化成果,推进社会公平公正的实现,为构建和谐社会提供了必要的法制保障;三是积极制定维护社会主义道德风尚的法律法规,为培育有理想、有道德、有文化、有纪律的"四有"新人提供强有力的支撑。其中,在社会公德的培育和践行方面,《民法通则》确立了公序良俗和诚实信用的法律原则,《治安管理处罚条例》则对有悖于社会善良风俗的违法行为进行查处和打击,有力地维护并弘扬了社会正气。

[1] 参见胡健:《新中国立法工作七十年》,载《中国法律评论》2019 年第 5 期。

3. 社会主义核心价值观融入立法的深入与定型

“党的十八大以来,以习近平同志为核心的党中央,从关系党和国家长治久安的战略高度定位法治、厉行法治,将全面依法治国作为‘四个全面战略’一同布局,开启了我国法治建设新征程。”[1]全国人大及其常委会深入贯彻习近平新时代中国特色社会主义思想,特别是坚持以习近平法治思想为工作指引,加强重点领域立法,“立法工作呈现出数量多、分量重、节奏快的特点,取得了一批新的重要成果”。[2] 截至2024年6月,现行有效法律303件,行政法规598余件,地方性法规1.4万余件,以宪法为核心的中国特色社会主义法律体系得以进一步完善。

在政治、经济、社会、文化、生态文明建设等领域,我国相继出台不少重大立法成果,社会主义核心价值观旗帜鲜明。为推进依宪治国、依宪执政,健全保障宪法实施的法律制度,对《宪法》及其相关法进行修改和完善,先后设立国家宪法日,建立宪法宣誓制度、国家勋章和国家荣誉称号等制度,完善了国家监察制度,普遍赋予设区的市以地方立法权,基本确立国家安全法律制度体系。2018年3月,十三届全国人大一次会议对《宪法》进行了第五次修正,确立了新的宪法规范,吸纳法治建设的新经验,以适应新时代的新要求、确认中国特色社会主义事业的新成果、新成就。宪法修正案确立了习近平新时代中国特色社会主义思想在国家政治和社会生活中的指导地位,规定了国家监察委员会的组成与职权,明确“国家倡导社会主义核心价值观”等宪法规范,更好地体现了人民意志和党的主张。

在民法典的编纂方面,2014年党的十八届四中全会明确提出要编纂《民法典》,2017年先行出台了《民法总则》。之后,在全面总结提炼我国民事法律制度建设经验的基础上,十三届全国人大三次会议表决通过《民法典》,自此我国正式步入“民法典时代”。《民法典》共1260条,基本覆盖公民生老病死的全部过程,涵盖公民权利范围之广,前所未有,被誉为“社会生活的百科全书”“市场经济的基本法”。作为公民生活的百科全书,《民法典》将社会主义核心价值观融入民事法律制度的立法理念之中,塑造了民法典的“中国气质”“中国品格”。例如,《民法典》第1条的立法目的、第8条的公序良俗原

[1] 朱宁宁、蒲晓磊:《立法从无到有、从零散到完备　与时代同步、与改革共频》,载《法治日报》2021年6月22日。

[2] 许安标:《人民代表大会制度是支撑国家治理体系和治理能力的根本政治制度》,载《行政管理改革》2019年第11期。

则、第86条的法人社会责任、第184条的自愿紧急救助、第185条的英烈保护、第1043条的优良家风等条款，均是社会主义核心价值观的集中体现与规范要求。

社会民生和生态文明领域立法进一步加强。近年来，陆续修改了《环境保护法》《大气污染防治法》《水污染防治法》《固体废物环境污染防治法》《环境噪声污染防治法》，制定《土壤污染防治法》，并作出有关生态文明建设的决议或决定，构建了最为严格的生态环境保护法律制度，筑牢了社会主义生态文明建设的法治保障；"制定《公共文化服务保障法》《电影产业促进法》《公共图书馆法》等，激发文化创造活力，保障人民基本文化权益。制定《慈善法》《反家庭暴力法》《疫苗管理法》等，修改《食品安全法》《药品管理法》等，充分保障人民群众的合法权益"；[1]制定《英雄烈士保护法》、修改《国旗法》《国歌法》《国徽法》等，弘扬爱国主义精神和家国意识，修改《老年人权益保障法》《未成年人保护法》《预防未成年人犯罪法》，进一步回应老无所养、少无所依的社会现象，有效推动了社会主义核心价值观全面融入立法。

与此同时，为保证重大改革于法有据，使立法同改革决策相适应，通过统筹修改相关法律、作出授权决定等方式，支持和推动政府"放管服"改革、优化法治化营商环境，回应党和国家机构改革的现实需要，从而确保法治和改革相辅相成、相互促进，更好地服务于我国的经济社会发展。

二、社会主义核心价值观融入立法的问题与挑战

社会主义核心价值观融入立法的理想状态是形成具有中国特色的社会主义法律体系，其内部圆融、结构完整、体系齐备、实施得当。然而，理想并不等于现实，社会主义核心价值观入法入规的实践和过程难免会遇到一些亟待解决的问题与挑战，需要理性沉着地应对。

（一）立法导向的价值迷失

按拉德布鲁赫之见，法律不仅是涉及价值的事物，而且本身乃是一种价值判断。就此而言，从规范创设的目的和意图来看，立法本身必然涉及价值取舍以及价值权衡。与此同时，作为政治场域的活动，立法还牵连到众多的利益纠葛，向来存在立法博弈之情实，其结果往往取决于不同利益

[1] 许安标：《新中国70年立法的成就与经验》，载《中国人大》2019年第21期。

之间的较量与争斗。因此,规范创设的最终胜者,实际上并不简单是价值或理念的优胜,毋宁说是权力角逐乃至利益争夺的最终胜者。因此,在西方社会,奠基于资本主义生产资料私有制的所谓民主体制,实际上形成了惯有的"赢者通吃"的格局,容易导致立法机构"阻挠议事"或"肉桶立法"的现象与问题。

与西方社会不同,基于我国以生产资料公有制为主体的基本经济制度,以及共产党的领导,我国的立法能够较好地克服西方那种容易受制于利益集团的现象,坚持科学立法。在科学立法的思想指引下,我国立法也呈现出与西方国家迥然不同的发展格局。首先,我们必须看到,在中国共产党的正确领导之下,良法已然成为中国特色社会主义立法的初心与使命。作为执政党,中国共产党"是中国特色社会主义事业的领导核心,代表着中国先进生产力的发展要求,代表着中国先进文化的前进方向,代表着中国最广大人民的根本利益"。[1] 中国共产党"全心全意为人民"服务的宗旨,意味着它脱离了偏狭的党派利益,超越于短浅的眼光和局限的格局,是创设社会主义良法的关键。其次,为了实现科学立法,我国不仅强化了民主立法、依法立法的原则要求,奉行开门立法,严格履行法定职责,而且通过各种立法监督机制,及时纠正和废止有问题的法律法规,从而实现有错必纠、有错必究。在这样的格局下,立法或许有着这样或那样的问题,却可以通过有效途径和方式及时进行处理与完善。最后,中国特色社会主义立法发展符合立法的内在逻辑和历史规律,它是以立法的问题与缺陷为起点,并在此基础上寻找修改、完善或废止立法的策略,最终完成法律体系的新陈代谢。因此,它是一个渐进实现、渐趋完善的过程,容不得敝帚自珍与闭门造车,而应直面真实的生活世界。

当然,也需看到,即使在科学立法的臂弯里,社会主义核心价值观融入立法仍不可避免一定程度地存在价值导向的迷失与缺陷。这种价值导向的迷失有两种不同的表征:一是因为利益偏狭而导致的价值偏失与异化,其具体的表征是立法研究所诟病的部门利益化或地方保护主义的"幽魂";二是因为语言表述或规范表达而导致的价值模糊与虚化,其具体的表征是立法的价值导向不够鲜明。

---

[1] 中国共产党章程汇编编写组:《中国共产党章程汇编(从一大—十八大)》,中共中央党校出版社 2013 年版,第 211 页。

从价值偏失与异化来看,立法的部门利益化或地方保护主义的现象曾经盛极一时。例如,作为中国特有的一个概念,“行政垄断”涵盖了行业壁垒、地区壁垒、政府限制交易或强制交易等行为。这一现象在我国计划经济及其转型期曾经长期存在,不仅具有一定的必然性,而且具有相当的合法性,由此可见,它与社会主义市场经济体制下的基本精神和价值取向是相背离的,并与社会主义核心价值观的要求背道而驰。即使在今天,由于立法的博弈性质以及我国立法参与主体的多元化,再加上部门主导立法起草的现实情况,部门利益化或地方保护主义仍旧“阴魂不散”。

例如,曾经很长一段时间,由政府有关部门评比“著名商标”或“知名商标”的做法成为通行的实践,并由此成为地方性法规、部门规章和地方政府规章的规范内容。然而,这样的做法未能正确处理好政府与市场的关系,是对市场机制的不当扭曲,不仅容易产生政府部门的寻租和腐败行为,而且会对政府信用造成破坏性的损害与影响。企业或产品的商标品牌应当在市场竞争中自然形成,是众多消费者自由选择的结果;由政府主导评比和奖励将影响消费市场的公平竞争,可能误导消费者的选择,进而导致反向“优胜劣汰”的结果发生。为此,2017 年 11 月 2 日,全国人大常委会法工委向有关地方人大常委会发出《关于印发〈对有关著名商标制度地方性法规的研究意见〉的函》,要求对有关著名商标制度的地方性法规予以清理,适时废止。经过梳理,现行有效的关于著名商标或者驰名商标的地方性法规共有 11 部,其中省人大常委会制定的地方性法规 8 部;设区的市人大常委会制定的地方性法规 3 部。当然,类似的情形还有不少,例如在没有上位法依据的前提下,在地方性法规或政府规章中违规设立产品目录清单,同样可能发生妨碍公平竞争的效果。

在价值模糊与虚化的层面,部分是因为语言表述的问题,导致法律规范的内容存在模糊不清之处。例如,《民法典》第 1070 条规定:“父母和子女有相互继承遗产的权利。”然而,“父母”和“子女”均有生物学意义和社会学意义,就其表面意义来看,它并未表达“生育”与“养育”的差别,因此在两者分离的情形之下,这一权利可能产生冲突或不和谐的音符。另外,在规范的表达上,由于规范是价值或原则衡量的产物,是最佳化的诫命,因此在规范的表达上,如果未能注意到与相邻原则或相关价值的权衡,就有可能导致其价值导向不够鲜明,仍有待司法裁判的厘清和析明。

（二）道德立法的真空地带

随着中国特色社会主义进入新时代，社会主要矛盾发生了根本性变化，即由过去的“人民日益增长的物质文化需要同落后的社会生产之间的矛盾”已经转化为“人民日益增长的美好生活需要和不平衡不充分的发展之间的矛盾”。党的十九大报告关于我国社会主要矛盾的重要表述，符合当前我国社会发展的具体实际，是马克思主义中国化、时代化、大众化的重大理论创新。社会主要矛盾转变的背景依据是：一方面，经过我国人民长期的艰苦奋斗，我国稳定地解决了14亿人的温饱问题，并“实现了第一个奋斗目标，在中华大地上全面建成小康社会，历史性地解决了绝对贫困问题”。[1] 在这样的历史条件下，人民的美好生活需要内涵更加丰富，范围更加广泛，品质要求更高，不仅物质文化生活方面有了更高的要求，而且在民主、法治、公平、正义、安全、环境等方面也提出更高层次的多样化要求。另一方面，我国经济社会发展还存在不平衡、不充分的状态。这种发展上的不平衡不充分，不仅仅表现在经济发展水平、物质生活方面，而是体现在经济社会生活的方方面面。[2] 在经济领域，发展不平衡不充分体现在财富占有和收入分配上的较大差距，尚不能充分满足人民的物质生活需要。与此同时，社会主义精神文明建设存在的不足与问题，社会主义社会建设、治理中存在的复杂问题，以及生态文明建设的不足与环境污染，都是发展不平衡不充分的典型表现。这种发展上的不平衡不充分，已经成为满足人民日益增长的美好生活需要的主要制约因素。

美好生活或“好生活”（good life）具有浓厚的道德意味与色彩，因此需要良好的法制保障和基础。然而，社会主义核心价值观融入立法的范围和程度，与人民群众的殷切期盼和道德需求尚有落差。改革开放以来，随着社会主义市场经济的发展，以及集体主义伦理向个人主义伦理的转变，在旧的价值观念受到冲击、新的价值观念尚未形成之际，社会出现了西方资本主义国家常见的极端个人主义、唯利是图、突破道德底线的现象，出现了理论上存在较大学术争议的道德滑坡现象。“道德滑坡论”的理论对手是“道德爬坡

---

[1] 《习近平：在庆祝中国共产党成立100周年大会上的讲话》，载《人民日报》2021年7月2日，第2版。

[2] 邓纯东：《我国发展不平衡不充分体现在哪些方面》，载人民论坛网，http://www.rmlt.com.cn/2019/0723/552540.shtml，最后访问日期：2023年4月28日。

论”,后者认为,从道德建设所取得的历史成就,改革开放以来我国伦理价值观的转向,道德评价等方面出发,可以判定改革开放以来我国社会道德状况在总体上处于“爬坡”的事实。[1] 也就是说,我国社会道德状况趋于总体向好的状态之中,社会道德积极、进步和向善才是主流,社会局部的失德失范现象并不足以撼动总体向上的道德发展趋势。

即使如此,对这种局部的失范现象,也应当予以足够的重视和矫正,不能以总体爬坡而被忽视。客观存在的事实是随着我国经济社会发展进入社会转型期、改革攻坚期、矛盾凸显期并存交错的关键时期,社会各种矛盾和问题必然投射到人们的道德生活中,加之各种内源性矛盾的存在,社会道德面临多种因素共振、多种问题交织的复杂局面。[2] 各种道德问题交叉重叠,公德失范、诚信缺失,突破道德底线,践踏社会良知等不良现象屡有发生,成为人民群众迫切希望解决的道德领域的突出问题。在道德领域的突出问题中,突破道德底线的道德失范行为往往令人侧目,引发社会的广泛关注和热议。道德失范是指社会生活中,作为生活规范的道德价值及其规范要求或者缺失,或者缺少有效性,无法发挥其对社会生活的规范作用,进而表现出来的社会行为的混乱或迷失。道德失范内在隐含着两个方面的内容:一是行为的越轨或脱序,即行为层面不合于道德规范的要求;二是行动者内在精神世界中,意义或价值系统被破坏、动摇、否定或失落。[3] 在社会转型期,道德失范行为与现象较为常见与频繁,并遍及社会、经济、政治等多个层面。道德失范的负面影响是多方面的,它不仅弱化了社会道德对于法律在惩恶扬善方面的社会调节功能,而且削弱了道德价值的引领导向作用,不利于社会良善秩序的建构与维系。

对道德失范行为的破坏力,尤其是突破道德底线、蹂躏社会道德的行为对社会信任、社会团结的破坏性影响,应以制度化、规范化的法治手段予以应对和处理,以避免发生“礼崩乐坏”“社会崩溃”的问题。孙立平教授认为,社会道德底线的不断降低是快速变化的道德景观中最令人担忧、最具潜在危险

[1] 参见罗国杰:《如何看待当前社会道德现状与建立社会诚信体系》,载罗国杰:《罗国杰自选集》,中国人民大学出版社 2007 年版,第 408~411 页;江畅:《论当前我国道德的变化与进步》,载江畅:《江畅自选集》,华中理工大学出版社 1999 年版,第 355~357 页;张传有:《改革开放与中国社会伦理价值观的转向》,北京人民出版社 2012 年版,第 171~174 页。

[2] 参见王维国:《深化新时代公民道德领域有效治理的着力点》,载《思想理论教育导刊》2021 年第 3 期。

[3] 参见高兆明:《简论“道德失范”范畴》,载《道德与文明》1999 年第 6 期。

的社会问题,因为对社会道德基石也即道德底线的持续破坏威胁到社会生活的共同基础。[1] 然而,限于西方自由主义之国家中立性的理解以及法律实证主义分离道德与法律之关系,过去大部分道德失范行为被认为是纯粹私人的事务或领地,仅予以一定的道德否定或谴责即已足,根本未考虑将道德失范的行为纳入法律的视野而加以解决。

法律的功用不止于惩恶,更在于扬善。在西方社会的语境中,或许由于道德失范的行为并未产生较为明显的物质性伤害(physical harm),根据自由主义的伤害原则(principle of harm)因而被排除在法律禁止或惩戒的范围之列;又或许,国家本应秉持中立性原则(principle of neutrality)和自由原则,在道德良善的取舍上保持必要的中立,从而允许社会主体自行决定或选择什么是良善生活。这使西方社会的法律仅限于惩恶,而几乎不考虑扬善。与西方社会不同,中国更加强调依法治国与以德治国相统一,强调国家法律在维护和保障社会主义美好生活方面的现实意义和重要功能。正因为如此,中国特色社会主义法律不应满足于法律与道德的分际,而应善用各种法治工具以崇德向善。

正是考虑到底线道德的重要性以及突破道德底线之道德失范的严重威胁,部分道德突出问题的处理和解决仍缺乏充分的法律依据,为此有必要进一步加强相关重点领域的立法工作,明确失德失范行为的法律处理和惩戒。具体而言,至少需要做好以下几个方面的立法工作,以填补道德立法的真空地带:第一,道德文明建设是夯实社会主义核心价值观的必由之路,应探索公民文明行为促进方面的法律制度,鼓励文明行为、激浊扬清、敦风化俗,把文明创建工作纳入法治轨道予以保障,引导和推动全民树立文明观念,养成良好行为习惯;第二,筑牢社会道德底线,增强社会信任,应探索完善社会信用法律制度,建立统一、规范的社会信用信息系统,健全守法诚信褒奖机制和违法失信行为的联合惩戒机制,使诚实守信成为全体人民的共同追求和自觉行动;第三,恪守职业道德,推动将基本的职业道德要求转化为法律规范。围绕入职条件、从业义务、纪律约束等方面,将公职人员职业道德规范转化为法律规范。切实增强体育、演艺、网络等领域公众人物的社会责任,树立良好形象,自觉践行社会主义核心价值观。完善有关立法,培育“亲清”的新型政商

[1] 参见孙立平:《守卫底线:转型社会生活的基础秩序》,社会科学文献出版社 2007 年版,第 1~7 页。

关系,引导企业家爱国敬业、遵纪守法、创业创新、回报社会。适时修改相关法律法规,强化关乎人民群众身体健康和生命安全重点行业从业人员的职业道德。

(三)法律规制的现实无力

“徒善不足以为政、徒法不足以自行。”[1]这句话的大意可以理解为:善政有赖于法治,法治则依赖于人为。因此,法律的生命在于实施,或诚如霍姆斯所言:“法律的生命不在于逻辑,而在于经验。”倘若法律法规无法解决现实问题,或者不能有效实施,那么即使最完美无缺的立法,也不过是一纸空文而已。

从现实情况来看,造成法律规制无力的因素很多:一是在中国特色社会主义进入新时代之后,我国经济社会发展面临百年未有之大变局,需要沉着冷静应对,以高效稳妥的政策措施和积极有效的法律手段回应新任务、新挑战、新机遇。例如,在面对以大数据、区块链、人工智能和基因编辑为代表的新技术发展时,我们必须采取行之有效的法律规制政策和手段,既促进相关产业技术的发展与进步,又规范技术发展所潜在的隐患与风险。二是在叠加时间、空间等外在条件的影响下,既有的法律规制出现了错配或误置的问题,导致法律规制不仅未能正确发挥其应有的引导和调整作用,相反还阻滞了社会自发调整的功能实现。例如,从计划经济体制迈向社会主义市场经济体制的过程中,无论是企业的产品定价、生产计划,还是其他市场要素的合理配置,都有可能被过去的法律规制所束缚,成为难以突破的法律壁垒,为此需要进行大规模的经济体制改革和法律革新,以适应新经济体制的现实需要。三是由于立法技术和立法风格的缘故,任何时代和社会都会需要宣言式或倡导性的法律规范,以宣导国家和社会的精神追求和价值取向。类似的立法也被认为是“符号立法”(symbolic legislation),其象征和符号意义远远大于其实际的实施成效,在此“符号立法”的社会效益包含着无法量化,也难以实体化的无形收益。以此而言,“符号立法”不应过于强求法律实施的有形收益,尽管它仍然需要借由贯彻实施而融入社会生活之中。

职是之故,法律规制的现实无力有两种不同的情形:第一种情形是未在预料范围之内的“规制无力”,属于典型的事实无力的情形。这种类型的“规

[1] 《孟子·离娄上》。

制无力”是无意的，或者超出立法者的掌控的。造成这种“规制无力”的原因是两方面的：一方面，现实的发展导致法律规制的事实基础不在，因此在社会事实的面向上削弱了法律的实效力；另一方面，法律规范创设存在一定的理念性、逻辑性或技术性问题，导致它并不符合社会价值的期待或者无法满足社会发展的现实需要，因此从其规范创设之初便偏离了法律规制的意图和目的。

例如，2009年《食品安全法》第101条曾经规定：“乳品、转基因食品、生猪屠宰、酒类和食盐的食品安全管理，适用本法；法律、行政法规另有规定的，依照其规定。”彼时的酒类商品是当作特殊食品对待的，但这一做法随着社会的发展而变得不合时宜了。为此，2015年修订《食品安全法》时，对此作出了重大调整，即明确将酒类商品剔出特殊食品的范围，仅被当作普通食品对待，并适用于《食品安全法》的严格保护。基于酒类食品的性质和地位变化，国务院对食品安全监督管理作出统一部署，将酒类流通监管职能划转至国家食品药品监管总局，机构改革后又归并为国家市场监督管理局。为了理顺和转化相关管理体制，2016年，商务部正式废止了2005年的《酒类流通管理办法》并于2018年公告废止了《商务部关于做好酒类流通备案登记工作的通知》《商务部关于实施酒类流通附随单制度的通知》《商务部办公厅关于做好酒类流通管理工作的通知》等规范性文件。随着酒类流通特殊监管地位的变化及其监管主体职能的调整，地方立法或部门规章所确立的酒类流通监督管理体制及其相应法律责任显然已被新的《食品安全法》架空，并在事实上失去了其应有的法律效力。

第二种情形是在人们预料或意识范围之内的“规制无力”，属于非典型的法律无力的情形。这种“规制无力”往往是有意为之的结果，或者是明知其不可能而强行为之的要求，因此法律规制本身是可欲的、值得追求的，但实际上这一规制本身会因为诸种条件限制而难以执行，或者虽然可以实施，其结果往往难以令人满意。以“见危不救”为例，虽然不少国家曾经尝试将坏撒玛利亚人（bad Samaritan）的行为入刑，以此阻止社会道德风气的败坏并重建友爱互助性的社会关系，然而从相关立法的实施成效来看，这一立法注定是失败的，因为不仅查证和打击见危不救的事实难度极大，而且其行为的道德评价容易受限于人们的道德认知和行为能力。又如，我国多受诟病的“常回家看看”立法，从其价值取向来看，它符合有关孝亲的优秀传统文化，是孝文化在当代中国法治建设进程中的复现和重生，理应视为社会主义家庭美德融入立法的具体表现。然而,“常回家看看”虽然为人之常情常理,但实际上这一法律规定知易行难,难以满足和实现老年人精神赡养的需求。究其根源在于,常回家看看需要现实约束条件(探望时间是否充足、探望距离是否适当、收入水平是否能够覆盖多次探望的费用和支出,等等)的满足和达成,在后者无法成就的基础上,“常回家看看”只能是宣导性的法律规定。

值得注意的是,第二种规制无力的情形并不必然是问题,除非人们径行否认符号立法的意义和存在。法律不全然是行为约束性的规定,也包含价值倡导性或目标导向性的要求,后者多体现为原则性或政策性的法律规范。从这一意义上说,法律可以通过宣导和助推的方式导引人们崇德向善,从而实现核心价值观融入立法的终极追求。

第三节　社会主义核心价值观融入立法的路径与机制

一、社会主义核心价值观融入立法的规范路径

推动社会主义核心价值观全面融入立法,需要审慎选择核心价值观入法入规的具体路径。从法律规范生成机制来看,狭义上的立法,即代议机构作为民意的代表机关运用法定权限,经由法定程序形成规范性法律文件的过程,是社会主义核心价值观入法入规的主流范式。然而,在法律多元的观念下,社会主义核心价值观可以通过多种途径和形式融入或浸润社会规范,并透过不同社会规范系统之间的互动与影响,从而实现对法律规范系统的渗透或融入。因此,从规范生成的立场来看,社会主义核心价值观融入立法的规范路径,大致可以概括为两大类型。

(一)价值软法化

“软法是一个概括性的词语,被用于指称许多法现象,这些法现象有一个共同的特征,就是作为一种事实存在的可以有效约束人们行动的行为规则,而这些行为规则的实施总体上不直接依赖于国家强制力的保障。”[1]由于“软法”与具有强制实施力的“硬法”相对,因此在区分时,有学者倾向于将

[1] 罗豪才等:《软法与公共治理》,北京大学出版社2006年版,第6页。

两者的对立绝对化并认为两者是性质不同的规范。然而,事实上,软法与硬法的界限并非泾渭分明,而是处于相互交融的状态。为此,学者在界定软法的范围时,不仅将广义自治性组织的组织规范(涵括政党、社会团体、国际组织规范)纳入其内,而且将法律法规中未明确法律责任的条款称为“硬法中的软法”。基于这一阐述,尽管道德或价值并非软法,然无论是理论还是实践均已表明,价值(或道德)的内涵或要求可以软法化。

“价值软法化”是将社会主义核心价值观转化为实际上有效约束人们行为的行为规则,使之能够内化于心、外化于行,从而收到春风化雨、润物无声的功效。价值的软法化并不仰仗国家强制力的保障或法律的强制实施,毋宁更有赖于社会成员的内心确信和普遍践行。在自我约束、自觉践履的意义和层面上,价值软法化属于较为典型的社会自我立法(self-legislation)的范畴,其约束力取决于行为主体对社会规则的普遍接受及其所持有的批判反思态度。也就是说,作为软法的价值理念,已经外化为日常生活和社会实践中被普遍信仰且践行不息的行为准则,并以可普遍化的逻辑方式成为不假外求的道德立法。

就价值软法化的具体方式而言,又有两个可能的潜在立法方向。

第一,自治性组织的自治型立法。所谓自治性组织,其范围不仅包括政治层面的自治团体或社团机构,如我国的基层群众自治组织(居民或村民委员会)、政治组织(执政党和参政党、其他人民团体),而且囊括社会自治意义上的社会团体法人或行业自律组织,后者的典型是不同社会中存在的各种类型行业协会、高等院校、公益事业组织,等等。这些自治性组织为规范自身活动及其成员行为所设定的章程、规则或内部规范,是典型意义的自治型立法,通常仅具有对内的规范效力,往往并不具有直接对外的约束力和强制力,因此才归属为软法之列。我国自治性组织应当在自治型立法中嵌入社会主义核心价值观的要求,将培育和践行社会主义核心价值观的要求转化为组织纪律或伦理义务。在这个方面,作为执政党自治型立法的党内法规应率先垂范,从党内法规的健全和完善入手,推动党员干部带头践行社会主义核心价值观,充分展现共产党人的高尚道德情操和价值追求,做到依规治党与以德治党相结合。

根据《中国共产党党内法规制定条例》的规定,“党内法规是党的中央组织、中央纪律检查委员会以及党中央工作机关和省、自治区直辖市党委制定的体现党的统一意志、规范党的领导和党的建设活动、依靠党的纪律保证实施的专门规章制度”。通常认为，党内法规的基本性质属于软法和社会法，[1]但基于中国共产党在中国特色社会主义伟大事业中的特殊领导地位，党内法规的规范效力具有一定的外溢效应，即应对涉及国务的事项予以规整。为此，作为治国理政的规范依据，党内法规不仅需要与国家法律相互衔接与协调，而且其规定在率先垂范方面要严于国家法律的要求。

就“党规严于国法”而言，党内法规较为鲜明地体现出更高标准的行为要求和道德标准，这不仅是由共产党作为无产阶级的先锋队性质所决定的，更是中国共产党作为我国各项事业领导核心的地位所要求的。党政军民学，东西南北中，党是领导一切的。中国共产党领导是中国特色社会主义的本质特征，是中国特色社会主义制度的最大优势，是党和国家的命脉所在，是各个民族和全体人民的利益所系。坚持党的领导，必须不断改善党的领导，深入贯彻全面从严治党方针，始终坚持以党的自我革命引领和推动伟大社会革命。为此，社会主义核心价值观融入党内法规，不仅是加强党内法规建设、实现全面依法治国与全面从严治党相结合的重要举措，而且是保持和发扬先锋队性质和作用的集中体现。

在价值软法化的路径上，党内法规的修改和完善堪称社会主义核心价值观入法入规的典范。2017 年党的十九大对《中国共产党党章》进行重要修改，不仅在总纲部分增加了“培育和践行社会主义核心价值观……提高国家文化软实力。牢牢掌握意识形态工作领导权，不断巩固马克思主义在意识形态领域的指导地位，巩固全党全国人民团结奋斗的共同思想基础”等一般性要求，而且还将践行社会主义核心价值观规定为党员干部的行为要求和基本义务。例如，第 3 条党员义务条款增加“带头实践社会主义核心价值观和社会主义荣辱观”“弘扬中华民族传统美德”的内容和要求，第 36 条则增加了党的各级领导干部必须“信念坚定、为民服务、勤政务实、敢于担当、清正廉洁”的要求。

第二，在硬法（hard law）中引入软法性的规定。究其本质，此种软法性质的法律规定虽然已经是实定化的法律内容，且毋庸置疑具有法律的拘束力与强制力。然而，由于其规定属于高度抽象化或概括性的内容，或者从根本上缺乏相应的法律责任条款，相关规定的法律强制难免虚有其表，因而高度依

[1] 参见姜明安：《论中国共产党党内法规的性质与作用》，载《北京大学学报（哲学社会科学版）》2012 年第 3 期。

赖于行动者的自觉遵守。硬法中之所以会存在诸如软法式的规定或内容,是由法律本身和法律实践的复杂性所决定的。法律乃是人造之物,且通过并不完美精确的人类语言予以表述,即使是人类意志之表达的实定法,其规范意旨和法律内涵也不可避免地存在一定的模糊性和开放性。此外,为了彰显或表彰特定社会价值的实际需要,每个社会均可能将社会所追求或认同的理想标准内化为法律的要求。这些理想化事态的规定,之所以会引入硬性的法律规定之中,是因为社会不仅需要冷冰冰的规则约束,而且需要抚慰人心的法律温情。

社会主义核心价值观以软法的形式融入实定法之列,大体可以有以下策略:

一是将社会主义核心价值观作为国家目标或国家政策条款而引入,作为国家应予追求或实现之政策或纲领。在此,2018 年我国《宪法》修改开启了将社会主义核心价值观列为《宪法》规定的探索,其修正案第 39 条明确规定,将《宪法》第 24 条第 2 款中"国家提倡爱祖国、爱人民、爱劳动、爱科学、爱社会主义的公德"修改为"国家倡导社会主义核心价值观,提倡爱祖国、爱人民、爱劳动、爱科学、爱社会主义的公德"。此外,在国家发展目标上,宪法序言第七段的修改更为明显地体现了国家发展目标与价值标准的交融重叠,2018 年修正案第 32 条将序言第七段中的"推动物质文明、政治文明和精神文明协调发展,把我国建设成为富强、民主、文明的社会主义国家"修改为"推动物质文明、政治文明、精神文明、社会文明、生态文明协调发展,把我国建设成为富强民主文明和谐美丽的社会主义现代化强国,实现中华民族伟大复兴"。

二是将社会主义核心价值观的要求概要规定为法律上的一般条款或一般原则,甚或简单规定为立法宗旨和目的条款。首先,法律价值作为原则性要求,进而凝结为法律原则条款,是价值软法化的主要形式之一。例如,平等、自由、法治等价值要求,不仅是社会主义核心价值观的共同诉求,通常也是各国法律体系中的基本原则。因此,各国成文或不成文的宪法,基本上会在一般性条款中将平等、自由、法治等法律价值规定为法律原则。其次,作为价值要求的基本法律原则,往往还会向以宪法为母法的部门法进行渗透并成为贯穿其中的法律原则。例如在我国,平等、自由原则在私法领域中体现得淋漓尽致,不仅被《民法典》确立为基本原则(第 4 条、第 5 条),而且还在各种民事法律关系和民事法律制度中得到充分体现。最后,在一般性条款的表述上,较为简单的方式是在立法目标或立法宗旨条款上,明确将"培育和践行社会主义核心价值观""弘扬社会主义核心价值观"列为相关立法的宗旨或目标。例如,各省市制定的文明行为促进条例均会在第1条中明文规定"为了培育和践行社会主义核心价值观,促进文明行为"等立法宗旨或目的。

三是可以将社会主义核心价值观的要求细化为无明确法律责任的具体规则,借以弘扬美德义行,引导全社会崇德向善。一方面,社会主义核心价值观可以细化为崇德向善的行为要求,如倡导人们勿以善小而不为、勿以恶小而为之,以促进文明行为的养成和社会文明程度的提升,并通过激励性的奖励措施加以引导,为此法律规定可以以柔性助推的方式实现社会主义核心价值观的入法入规;另一方面,某些符号性立法需要社会主义核心价值观在指引上的规则化,强化其威力和作用。某些不良行为或不法行为即使打算通过法律惩戒或强制的方式制止其发生,但这些规定往往因为现实执法的困难而被悬置,成为较为典型的符号立法。例如,以见死不救的惩戒为例,尽管多个国家曾经立法试图将见死不救予以刑事制裁,但现实表明见死不救的刑事惩戒不过是一纸具文,难以真正发挥其导向性作用。在我国,如果通过社会主义核心价值观对此类行为进行细化规范,则可能事半功倍。

(二)道德法律化

相对于价值软法化而言,道德法律化更加强调对不道德行为的法律规制和制裁,因此其主要途径是通过制定实定法的方式,将有害于社会秩序的不道德行为实施强制或制裁。然而,道德法律化或道德的法律强制,在西方社会向来存有理论争议,争议点在于有什么样的正当理据允许政府以法律的武器对付行为不检的普通民众。但是,即使在西方社会,实际上,无论是自由主义的伤害原则,还是法律父爱主义抑或至善主义的立场,至少在特定基础上道德法律化是必要且正当的。

在我国,法律与道德的同源和共生不仅形塑了传统的礼法合一的法制秩序,而且还形成了法治与德治无法切割的关联。在此意义上,法律是成文的道德,道德是内心的法律,两者都具有规范社会行为、调解社会关系、维护社会秩序的作用,在国家治理中占有相应的地位,具有相应的功能。法律与道德的不可分离和协同发力,需要充分发挥道德滋养和法律保障的双重功能,既应善于运用法治手段解决道德领域的突出问题,明确对失德失范行为的惩戒措施,依法依规推进社会主义道德体系建设,又要强化道德对法律的滋润作用,克服法律规则的僵硬性和局限性,缓和法律实施过程中的不合情理和窒碍难行之处。

然而,道德与法律的结合程度向来不同,因而造成道德法律化的范围存在一定的差别。在较为严格的层面上,道德法律化主要体现为对不道德行为的刑事制裁,并演化为刑法限度或法律限度的深层次问题;而在相对平和的层面上,道德法律化并不拘囿于刑事法律的范围,也包括行政法、警察法,以及民事、商事法律等方面。例如,绝大多数大陆法系国家的民法典均毫无疑问地确认了公序良俗原则对民事行为的评价意旨。因此,无论何种层面,道德法律化是通过部门立法的形式,将合于或不合于道德标准或要求的行为,以法律规范的形式予以弘扬或遏制。

习近平总书记就核心价值观入法入规的具体路径,作出过明确的指示:"要……把实践中广泛认同、较为成熟、操作性强的道德要求及时上升为法律规范,引导全社会崇德向善。"[1]基于这一指示,社会主义核心价值观入法在道德法律化的层面上有三个方面的实际需要:

(1)从维护社会公德的角度出发,对攸关公共秩序、善良风俗,乃至危及社会制度、事关社会存亡的道德事务或道德问题,国家有权实施自我防卫,运用刑事制裁的手段和方式,维系并彰显社会主义核心价值观的基本要求和根本主张。例如,2020 年十三届人大第二十四次会议通过《刑法修正案(十一)》,明确将高空抛物的行为纳入刑事制裁的范围,从此颇受诟病的高空抛物行为不仅仅是不道德或不文明的行为,而且是可能危害公共安全的犯罪行为。因此,绝大多数的犯罪行为往往也是突破社会道德底线的不道德行为,其刑事责任具有较为坚实的道德正当性。

(2)在捍卫职业道德的层面上,国家可以从产业发展、行业自律、人权保障、社会和谐等层面入手,以职业伦理道德建设为抓手,综合运用行政规制的手段和方式,开创一个社会互信互利、人人共建共享的新局面。首先,不应将职业道德的要求简单转化成法律的强制性要求,而应结合具体语境下的不当行为,经由社会危害性和当罚性的筛选过滤,将背离职业道德的严重不法行为上升为法律的禁止性或义务性规定,并予以惩戒或处罚。其次,应当将职业道德的普遍性要求转化为一般的行为义务,尤其是直接面向消费者的从业

[1] 《习近平:坚持依法治国和以德治国相结合　推进国家治理体系和治理能力现代化》,载《人民日报》2016 年 12 月 11 日,第 1 版。

人员义务应当进一步充实和完善,从而为消费者权益的保护和实现夯实基础。最后,还应当将职业道德要求与特定职业的准入门槛或执业资质相联结,通过失信惩戒、守信激励的社会信用体系,并借由声誉罚等相对柔性的惩戒机制,实现职业市场的良性循环和优胜劣汰。

(3)在养成家庭美德或个人品德方面,国家和社会应谨守分际,注重宣传教育、示范引领,弱化法律强制的色彩,以民事法律的权利义务机制为楔子,褒奖善行义举,倡导人们自觉履行法定义务、家庭责任和社会责任,以养成勤俭节约、孝亲敬老、敦亲睦邻、见义勇为、扶贫济困的良好社会风气。一方面,有必要继承和发扬有关人伦孝亲的优秀传统文化,重视家庭在中国伦理秩序格局中的独特地位,创造性吸收并转化有益于家庭美德建设的传统法律因素;另一方面,应当与时俱进,高度重视社会主义核心价值观的融会贯通,将人格平等、人身自由、人际诚信、人性友善等法理思想体现在与婚姻家庭有关的法律规范之中。[1]

二、社会主义核心价值观融入立法的实现机制

(一)完善社会主义核心价值观融入立法的输入机制

要实现社会主义核心价值观全面融入立法,应当建立健全专项的立法输入机制,从源头上把好关并做好相应的计划与准备。

首先,应完善立法调研机制。立法调研是发现问题、找准症结、探究规律的重要方法。立法调研质量直接决定了立法质量。通过充分论证调研提纲、组建联合调研队伍、运用实地走访、问卷调查等多种调研形式,总结调研成果、评价调研成效等,让调研更精细化、更具针对性,把是否找准突出问题作为立法是否体现社会主义核心价值观的衡量标准,以更好地推动科学立法。

其次,要贯彻落实习近平总书记关于“全过程人民民主”的重要论述,完善并畅通立法民意表达机制。“人民民主是一种全过程的民主,所有的重大立法决策都是依照程序、经过民主酝酿,通过科学决策、民主决策产生的。”[2]广泛的代表性是人民民主的核心要义,检验良法的直接标准是顺应人民的意愿、增进社会的认同。立法机关应当透过座谈会、听证会、论证会、

[1] 参见龙翼飞:《编纂民法典婚姻家庭编的法理思考与立法建议》,载《法制与社会发展》2020年第2期。

[2] 《习近平:中国的民主是一种全过程的民主》,载新华社2019年11月3日。

网络征集、公众意见采纳反馈等各种民意表达机制，让公众能充分地表达意愿，在这个过程中尽可能地化解矛盾和冲突，对各利益主体的利益偏好进行整合，寻找它们最大的契合点并在立法中反映最大多数人的最大利益，实现社会共识的最大公约数。

最后，通过确定专项的社会主义核心价值观立法规划或相应的年度计划，或者在确定立法规划或年度立法计划时，明确一定比例、彰显核心价值观的立法项目，以加快社会主义核心价值观全面融入的速度和力度，从而使核心价值观入法入规成为立法者的政治自觉和日常工作。随着中共中央印发《社会主义核心价值观融入法治建设立法修法规划》，各级立法机关应当在立法工作中“全方位贯穿、深层次融入”，[1]充分发挥核心价值观对法治建设的引领、评价和校正作用。

(二)健全社会主义核心价值观融入立法的监督机制

社会主义核心价值观融入立法是一项系统性工程，不仅需要系统性规划，而且需要强化落实，建立健全必要的实施监督机制。

一是建立社会主义核心价值观入法入规协调机制。国家和地方应根据《关于建立社会主义核心价值观入法入规协调机制的意见》的要求，及时建立社会主义核心价值观入法入规协调机制，通过协调机制统筹协调社会主义核心价值观入法入规的相关工作，研究解决社会主义核心价值观入法入规的重大问题，重点审查有关立法项目是否符合社会主义核心价值观。

二是建立社会主义核心价值观入法入规的专项审查机制。首先，在立法起草的评估环节，设置核心价值观是否融入立法以及融入的合法性、适当性的专项评估；其次，在提出法律议案的阶段，提案单位应当就法律议案融入核心价值观的必要性以及融入情况进行适当说明；最后，在审议法律议案阶段，人大有关专门委员会应当就核心价值观融入立法的合法性、适当性进行审查并向有关机关反馈其审议结果，必要时还应当将审议结果向提案单位或起草单位进行通报。

三是建立出台后的跟踪落实机制。法律议案通过后，采取主动审查和被动审查相结合的方式，跟踪核心价值观的制度设计是否落实：一方面，执法单

---

[1] 张文显：《十三届全国人大常委会专题讲座第十二讲：社会主义核心价值观与法治建设》，载中国人大网，http://www.npc.gov.cn/npc/c35574/201907/5bda5cd42fd14bbebf48658a3c09f640.shtml，最后访问日期：2023年4月28日。

位应当建立“一款一策”的落实机制，即一个具体条款对应一项具体落实对策，同时通过执法监督检查持续跟踪对策落实情况；另一方面，通过备案审查工作，在公民提出的审查申请、意见及建议中，及时发现、审查核心价值观融入立法的合法性适当性问题。

四是建立专项的立法后评估机制。立法后评估是检验法律法规的实施效果、改进立法工作的一种有效方式。在立法后评估中，应当就核心价值观融入立法条款的科学性、规定的可操作性、执行的有效性作出专项的客观评价，从而为下一步修改完善相关法律法规提供重要依据和参考。

（三）强化社会主义核心价值观融入立法的保障机制

推动社会主义核心价值观全面融入立法，还应加强立法的组织领导和人才队伍建设，充分做好思想和组织保障工作。

一是要加强立法机关的思想政治学习，用习近平新时代中国特色社会主义思想武装头脑，秉持科学的立法理念。社会主义核心价值观是习近平新时代中国特色社会主义思想的重要组成部分。社会主义核心价值观融入立法，不是形式化的喊口号、贴标签，也不是将 24 个字简单地照搬套用，而是在遵循客观规律的基础上进行科学、实质性的融入，从而实现核心价值观与法律法规的自然交融。立法者需要具备将价值观念转化为行为要求的实践智慧，能够将德性知识应用于法律的创制过程。既要善于将核心价值观转化为法理，处理好道德规范上升为法律规范的转换问题，又要善于平衡社会主义核心价值观中不同价值的冲突问题，科学设定行为标准，合理设计惩戒尺度，比如在为构建诚信社会而建立信息共享机制时，也要考虑对公民个人信息等隐私的保护；在为保护生态环境而设定禁限范围和措施时，也要考虑当地百姓的基本生存和发展需求等。

二是优化立法队伍建设，强化立法人才的专业素养和能力。立法者及立法工作者在立法中发挥着关键作用，因此须具备所需的专业知识和能力，以便能在风云变幻的世界格局中、在多元复杂的价值取向中有效履行自身职责，用正确的价值理念引领社会风尚。为此，既要加强立法者及立法工作者的法律素养和道德素养教育，使其具备应有的职业信仰、职业伦理、法律素养和专业技能，又要加强立法队伍的人才建设，通过公开招录、定向选调或人才交流等方式，招录或吸纳有实践经验或深厚理论知识的立法专业人才。

第四节　社会主义核心价值观融入立法的重点与前瞻

一、社会主义核心价值观融入立法的重点领域与要求

（一）社会主义核心价值观融入立法的科学规划及路线图

以习近平同志为核心的党中央高度重视社会主义核心价值观融入法治建设，先后出台了《关于培育和践行社会主义核心价值观的意见》《关于进一步把社会主义核心价值观融入法治建设的指导意见》《社会主义核心价值观融入法治建设立法修法规划》，明确了社会主义核心价值观融入法治建设的重要意义、指导思想、基本原则和重点任务。其中，《社会主义核心价值观融入法治建设立法修法规划》对核心价值观入法入规工作作出了安排部署，既是贯彻落实习近平总书记关于核心价值观融入法治建设重要指示的具体举措和工作要求，也是我国立法机关一定时期内科学立法的专项规划和实施路线图，必将对社会主义核心价值观融入法治建设产生深远影响。

基于社会主义核心价值观入法入规的重要意义和现实问题，《社会主义核心价值观融入法治建设立法修法规划》提出了核心价值观入法入规工作的总体要求。这一总体要求包含三个层面的内涵。

一是在指导思想上，核心价值观入法入规应坚持以习近平新时代中国特色社会主义思想为根本遵循和行动指南。社会主义核心价值观融入法治建设是习近平法治思想的组成部分，也是完善社会主义核心价值体系与推进全面依法治国的着力点和重要抓手。要将社会主义核心价值观贯穿于全面依法治国实践，用价值共识夯实法律的合理性和权威性，以法律权威增强人们践行核心价值观的自发性和自觉性。

二是在规划目标上，要“力争经过5~10年时间，推动社会主义核心价值观全面融入中国特色社会主义法律体系，筑牢全国各族人民团结奋斗的共同思想道德基础，为决胜全面建成小康社会、夺取新时代中国特色社会主义伟大胜利、实现中华民族伟大复兴的中国梦、实现人民对美好生活的向往，提供

坚实制度保障”。[1] 在中国特色社会主义法律体系基本形成之后，部分法律还存在价值导向不够鲜明、措施不够有力等问题，与推进全面依法治国、国家治理现代化的要求还有一定差距。为此，应当在法律法规“立改废释”全过程中，全面贯穿、深度融入社会主义核心价值观的要求，进一步夯实全面依法治国的道德基础，更好地释放出社会主义核心价值观的法治动能。

三是在工作原则上，要坚持党的领导、立法为民、价值引领、问题导向和统筹推进的原则。首先，应坚持党的领导，切实加强党对立法工作的领导，使党的主张通过法定程序上升为国家意志，确保社会主义立法的政治方向正确、价值导向鲜明、符合人民的意愿并反映时代的要求。其次，应坚持立法为民，始终以人民为中心、以人民福祉为上，充分反映人民的根本利益，切实保障人民的合法权益，让法律法规更好地体现“发展为了人民、发展依靠人民、发展成果由人民共享”的理念。再次，应坚持价值引领，在“立改废释纂”的全过程中树立正确的价值导向，充分反映核心价值观的要求，及时把现实可行的道德准则上升为法律规范，以法治承载德治，弘扬美德义行，以德治促进法治，夯实法治建设。又次，还应坚持以问题为导向，立足于实际问题，遵循立法规律，回应社会关切，从人民反映强烈的利益问题入手，深入调查研究、广泛征求意见，找准思想的共鸣点、利益的交汇点、价值的共通点。最后，坚持统筹推进，突出重点。既应分清轻重缓急，加快推进重点领域立法，以重点突破推动整体发展，又要切忌缓不济急，有计划有步骤推进相关立法，以按部就班促进协同发展。

除所设定的总体要求外，立法修法规划还阐述了不同领域的主要任务，其范围涉及市场经济、民主政治、精神文化、社会民生、生态文明等法律制度。作为一个管总的规划，它所确定的重点项目和任务是未来5~10年核心价值观立法工作的预期安排和未来蓝图，并有待于各级立法机关书写或擘画。然而，计划永远赶不上变化，经济社会发展的情势变化难以预测，因此在具体实施过程中，立法者应当根据新形势新情况新问题，及时对规划项目进行适当增减和调整。

（二）社会主义核心价值观融入立法的重点领域及要求

基于核心价值观立法修法规划及我国经济社会发展的现实需要，核心价

---

[1] 中共中央印发《社会主义核心价值观融入法治建设立法修法规划》，载中国政府网，http://www.gov.cn/zhengce/2018-05/07/content_5288843.htm。

值观入法入规的重点领域应与“五位一体”的总体布局、“四个全面”的战略布局相辅相成、相互辉映。

在经济建设领域，要以国家富强为导向、促进全体人民共同富裕为目标，坚持产权保护、契约自由、平等保护、公平竞争等基本原则，完善社会主义市场经济法律制度。我国以公有制为主体，多种经济成分并存的基本经济制度条件下，在涉及分配领域的法律法规制定中，应当切实贯彻公有制的按劳分配原则，保障好按劳分配的主体地位，规范和落实二次分配、三次分配。随着《民法典》的制定实施，社会主义核心价值观对民事法律制度的塑造和铸魂已经基本完成，为此应通过法律清理、备案审查等方式和途径，及时修改废止与《民法典》不一致的法律规定。此外，还要进一步健全以公平为核心原则的产权保护制度，加强新兴领域和新业态的产权保护，保护各种所有制经济产权和合法利益，坚持机会平等、规则平等、权利平等，推动法律法规的公平竞争审查，清除各种人为障碍和市场壁垒，维护公平竞争的市场秩序，充分发挥市场在资源配置中的基础性作用。

在政治建设领域，要以民主、法治为导向，坚持和巩固人民主体地位，推进社会主义民主政治法治化。随着社会主义核心价值观融入宪法，在坚持依宪治国的过程中，要充分体现并发挥核心价值观对我国政治体制改革的积极引领作用。要把核心价值观融入立法体制机制，并将其确立为立法活动应当遵循的基本原则，从源头上确保立法的价值导向；要贯彻全过程人民民主，构建程序合理的协商民主制度体系，建立以培育和践行社会主义核心价值观为主要内容的民主监督审议机制；全面推进以司法责任制为核心的司法体制改革和配套改革，加快修改相关法律法规，完善司法管理体制和司法权力运行机制，强化司法民主和司法监督，努力让人民群众在每一起司法案件中都感受到公平正义。

在文化建设领域，既要进一步健全文化法律制度，充分发挥先进文化育人化人的重要功能，促进中华文化繁荣复兴，又要继续推进道德领域重点专项立法，及时将社会广泛认同的基本道德要求上升为法律规范，形成风清气正的良好社会风尚。为此，一方面，要完善我国公共文化服务法律体系，制定文化产业促进法律法规，建立健全文物保护和非物质文化遗产保护等有利于中华优秀传统文化传承发展的法律制度，加强网络空间立法，维护国家网络主权，营造清朗的网络空间。另一方面，应针对道德领域的突出问题进行专项立法：制定英雄烈士褒扬保护法律和红色资源保护开发法律，惩治诽谤、污蔑英雄烈士的违法行为，引导全社会尊崇英雄先烈、保护红色资源；健全完善见义勇为立法，依法保障见义勇为人员的合法权益，弘扬社会正气；针对社会存在的不文明行为、奢侈浪费、攀比等陋习，制定公民文明行为促进立法，引导全社会树立文明观念、养成文明节俭新风。

在社会建设领域，要着眼于民众最关心最切实的重大利益问题，完善社会民生法律制度。要建立健全兜住底线的社会保障法律制度，推进社会公平正义，充分保障特定群体的生存权和发展权；在 2020 年如期完成全面脱贫后，应进一步完善乡村振兴法律制度体系，助推乡村振兴发展、实现全体人民共同富裕；完善教育领域法律制度，不忘立德树人初心，坚持三全育人理念，把社会主义核心价值观融入国民教育的全过程；要把人民生命安全和健康放在第一位，制定基本医疗卫生方面的法律，健全疫情防控法律体系，充分保障人民群众的医疗和健康权益；完善社会信用法律体系，健全守信激励、失信惩戒的协同机制，使诚信、守诺成为全体社会成员的共同追求和自觉行动；完善社会组织立法，积极规范和引导各类社会组织健康发展，形成共同推进社会主义核心价值观建设的良好局面。

在生态文明建设上，为实现人与自然的和谐以及社会的永续发展，应建立健全严格的生态文明法律制度。要加强自然生态保护立法体系建设，完善国土空间开发保护立法，制定国家公园管理法律法规，完善自然遗产保护体系；制定生态补偿法律法规，确立可操作性的生态补偿机制，确保“绿水青山”的永续发展；加快资源节约型、环境友好型社会建设，建立健全绿色生产和消费的法律制度，完善粮食安全、节俭消费、资源回收利用等方面的法律法规，推动形成勤俭节约、绿色低碳、文明健康的生活方式和消费理念。

二、社会主义核心价值观融入立法的未来图景

任何一国的法律体系都是静态规范体系与动态层级体系的结合：在静态的层面上，法律体系是结构完整、要素齐备、内部融贯的规范体系；而在动态的层面上，法律体系是基于授权而形成的、位序有别、上下有序的等级体系。社会主义核心价值观融入立法是中国特色社会主义法律体系的鲜明特征，并促进了别具一格的动态层级体系的形成与发展。

（一）国家法律的价值导向

在法律等级体系中，宪法具有根本法的地位，居于法律金字塔的顶端。

宪法既是政治文明的制度形式,也是社会核心价值的最重要载体,确认并保障社会核心价值正是宪法文本的中心所在,这也是由宪法的基本内涵、宪法的发展历程所决定的。因此,从宪法的规定来看,宪法不仅是一整套有关国家和公民之关系的基本规范体系,而且是一个弘扬与呼应社会核心价值的宪法价值体系。

在社会主义核心价值观融入立法所形成的动态层级体系中,社会主义核心价值观入宪不仅是我国《宪法》不断完善发展的必然结果,而且是核心价值观融入法治建设的集中体现与根本保障。新中国成立以来,社会主义核心价值观入宪是一个渐进发展的过程。虽然"五四宪法"、"七五宪法"与"七八宪法"没有明确的社会主义核心价值观的表述,但相关条款内容蕴含平等、自由、爱国等核心价值;现行《宪法》不仅进一步丰富和完善了核心价值的相关规定和意义,而且在第 24 条中明确规定"国家倡导社会主义核心价值观",全面完整地表达和贯彻了社会主义核心价值观的理念和要求。

社会主义核心价值观入宪不仅具有鲜明的价值宣导意义,而且可以发挥强大的价值辐射作用。作为法律体系的"母法",《宪法》是普通法律的立法依据。作为"子法"的普通法律不仅应萧规曹随,将核心价值观奉为立法的指导思想和价值理念,而且理应将社会主义核心价值观的原则性要求与理念转化为相对明确而具体的法律条款,从而使《宪法》及其价值得以具体化与现实化。

以我国《民法典》为例,它不仅是 21 世纪一部代表性的《民法典》,而且是社会主义核心价值观入法的集大成者。首先,《民法典》第 1 条就开宗明义,明确了《民法典》的立法宗旨是:为了保护民事主体的合法权益,调整民事关系,维护社会和经济秩序,适应中国特色社会主义发展要求,弘扬社会主义核心价值观。这是将社会主义核心价值观作为《民法典》的核心和灵魂写入立法宗旨,以立法形式表达、传承中华民族的优秀文化和核心价值的重要体现。其次,总则编所确立的平等、自愿、公平、诚信、公序良俗、绿色等基本原则,本质上就是社会主义核心价值观的直接转化,进而成为纵贯民事法律制度和内容的基本要求。最后,无论是物权编、合同编、人格权编,还是婚姻家庭编、继承编、侵权责任编,以社会主义核心价值观为基本遵循,其制度设计和规范内容充分体现了产权的平等保护、契约自由、诚实守信、人格尊严、婚姻自由、男女平等、孝老爱亲、家庭和睦等价值和美德。总之,作为保障个人权益的社会生活百科全书,《民法典》全面贯彻落实了社会主义核心价值观,为人民群众的生命健康、财产安全、人格尊严、家庭幸福、美好生活等各方面权利提供了全方位保护。

从社会主义核心价值观入宪,再到社会主义核心价值观全面融入普通法律,国家法律通过其规范性表达向全社会传达了社会主义核心价值观的价值导向和诉求。国家法律通达于社会主义核心价值观的导向,不仅为自觉践行社会主义核心价值观提供了法治保障,有利于推动社会主义核心价值观落地生根、深入民心,而且可以通过体系内部的授权机制,进一步充实社会主义核心价值观入法入规的规范力度。

(二)党内法规的价值宣示

《中国共产党党内法规制定条例》第3条第1款规定:"党内法规是党的中央组织、中央纪律检查委员会以及党中央工作机关和省、自治区、直辖市党委制定的体现党的统一意志、规范党的领导和党的建设活动、依靠党的纪律保证实施的专门规章制度。"党内法规是党的意志的规范表达,它的制定和实施已经成为党的建设的重要组成部分。经过百年的探索和实践,党内法规在党内政治生活中发挥着不可替代的作用。[1] 党内法规具有多重性质:首先它是党员、党员干部和各级党组织的基本行为规范,是党内活动和党内关系的基本保障,因此对于党组织及其成员而言,它是必须遵循和不容违反的硬性要求与刚性约束,[2]具有内在的规范约束力。其次,党内法规是相对于国家法律的"社会法",是由公权力主体制定或认可的规范相应共同体成员行为、调整公权力主体与相应共同体的关系、公权力主体与相对人的关系、公权力主体的相互关系,不具有国家强制约束力的规则总称。[3] 最后,由于中国共产党领导地位的特殊性,党内法规对党务的调整必然影响和涉及国务,因而其部分的规定和内容兼具国家法和硬法的性质和要素,具有溢出效应。[4]

作为治国理政的手段,党内法规与国家法律并称为"党规国法",皆具有重要的法治功能与意义,是依规治党与依法治国有机统一、统筹推进的有效媒介。党内法规与国家法律既有区别,又有联系。从区别来看,无论是制定

[1] 参见周叶中:《关于中国共产党党内法规建设的思考》,载《法学论坛》2011年第4期。

[2] 参见宋功德:《党规之治》,法律出版社2015年版,第64页。

[3] 参见姜明安:《论中国共产党党内法规的性质与作用》,载《北京大学学报(哲学社会科学版)》2012年第3期。

[4] 参见欧爱民:《党内法规的双重特性》,载《湖湘论坛》2018年第3期。

主体、体例形式、制定程序、规范结构,还是适用范围、行为规范标准、实施方式,党内法规与国家法律均有较为明显的差别。然而,在把握两者的区别的同时,也应当充分认识两者的紧密关联。党内法规与国家法律具有本质一致的基础,都是党的主张和人民意志的统一。[1] 虽然两者关系的处理应奉行"国法高于党规、党规严于国法"的原则,但党内法规与国家法律之间主要呈现为5种关系,即价值取向的一致性、规范对象的相融性、功能发挥的互补性、文化倡导的层级性、制度建设的衔接性。[2]

基于党内法规与国家法律的衔接协调,《法治中国建设规划(2020—2025年)》明确要求"努力实现国家法律和党内法规相辅相成、相互促进、相互保障的格局"。就社会主义核心价值观入法入规的实践需要来看,在国家法律展示鲜明的价值导向之余,党内法规也应有效衔接、强化并践行社会主义核心价值观的规范要求。社会主义核心价值观融入党内法规的历程,与党内法规的百年发展历史息息相关,尤其与依规治党的治党新理念与新模式紧密关联。

具体而言,党内法规从价值宣示的角度,有效衔接国家法律的主要做法有三:一是作为党内最具权威的根本大法,党章不仅明确了践行社会主义核心价值观的现实意义与(作为党员的)行为义务,而且在总纲中从党的基本路线出发,围绕发展社会主义市场经济、民主政治、先进文化,构建和谐社会、建设生态文明等方面,详细论述社会主义核心价值观作为中国共产党的价值诉求所应具有的规范意义以及相应的行动纲领。例如,党在社会主义初级阶段的基本路线上,价值诉求的发展方向是"把我国建设成为富强民主文明和谐美丽的社会主义现代化强国"。二是不同类型的党内法规通过必要的制度设计和规范内容,将社会主义核心价值观的科学内涵予以转化和现实化。无论是党员权利保障,还是基层党组织选举,抑或党的组织工作、组织处理,或者执纪问责,都体现出民主集中制、党纪面前人人平等、公正、法治与德治相结合等原则与价值。例如,民主集中制作为党的根本组织原则,必须发展党内民主,坚持集体领导制度,实行集体领导和个人分工负责相结合。为此,既要建立健全党内民主和正确集中的相关制度,又应严格执行《关于新形势下

[1] 参见秦前红、苏绍龙:《论党内法规与国家法律的协调衔接》,载《人民论坛·学术前沿》2016第10期。

[2] 参见付子堂:《法治体系内的党内法规探析》,载《中共中央党校学报》2015年第3期。

党内政治生活的若干准则》,进而实现党要管党、从严治党。三是作为“全面从严治党”之体现,党内法规以“严于国法”的行为义务和规范要求,调整和指引各级党组织和党员、干部的作为,有助于促进社会主义政德的形成与深入人心,确保中国特色社会主义事业“行稳致远”。政德是社会道德建设的指示器和风向标。立政德就要“明大德、守公德、严私德”。[1] 所有党员、干部不仅要补理想信念的“钙”、锤炼坚强党性的“骨”,始终对党保持忠诚,在大是大非的考验面前立场坚定,而且要恪守立党为公、执政为民理念,始终牢记全心全意为人民服务的初心和使命,谨守政治操守和公私分明,做到廉洁奉公,公而忘私,不断造福于人民。

(三)地方立法的制度构建

在中国特色社会主义法律体系中,相对于国家法律,地方立法是从属性和辅助性的立法。作为地广物博的单一制大国,我国受限于地方经济社会发展不平衡的态势,需要充分发挥中央与地方“两个积极性”,因此在国家立法权的“一元”体制之下存在中央一级与地方一级立法。中央与地方的立法分权是法定的,主要由《宪法》《组织法》《立法法》等法律确定。地方立法属于职权立法,其立法事项范围根据《立法法》之规定,主要有三:一是为执行法律、行政法规,需要根据地方实际作出具体规定的;二是属于地方性事务需要制定地方性法规的;三是除法律保留的立法事项外,国家尚未制定法律或行政法规的,需要根据本地实际需要先行制定地方性法规的。在法律的动态层级体系中,地方立法是法定分权和授权的产物,因此须遵循并满足法制统一和体系融贯的原则要求。

作为法制统一的原则要求,地方性法规和地方政府规章不得与宪法法律、行政法规相抵触。考虑到地方立法的实际情况,所谓不抵触或不冲突,并非简单的不同规范内容的相同或兼容,而毋宁是不同规范在价值取向与原则精神上的圆融或一致。之所以更强调价值取向和原则精神的圆融一致,是因为从动态的法律发展来看,不同层级的法律规范在内容与形式上的抵牾或冲突往往是常态,衡量和判断“抵触”或“冲突”的标准不应局限于形式的要求,而应取向于实质的价值要求。社会主义核心价值观是社会主义法治建设的灵魂和中枢,其融入地方立法乃是情理之中。

---

[1] 参见《习近平主持中共中央政治局第六次集体学习并讲话》,载中国政府网,http://www.gov.cn/xinwen/2018-06/30/content_5302445.htm。

社会主义核心价值观融入地方立法，首先体现为立法导向的价值引领。地方立法应坚持党的领导，高度重视社会主义核心价值观在地方立法实践中的价值引领，突出弘德立法时代主线，以法律规范承载核心价值观要求，使制定和修改的地方性法规在国家、社会、公民的不同价值层面上，充分发挥地方立法保障民生、促进公平、弘扬美德、树立新风等方面的积极作用。其次，在地方立法的内容设计上，推动社会主义核心价值观从观念层面向制度层面转化，最终落实并转化为具体的法律条文与制度设计。一方面，应结合地方立法工作实际，针对社会诚信、见义勇为、志愿服务、生态文明等问题，围绕重点领域立法，抓住弘德立法的切入点，构思和阐述社会主义核心价值观融入立法的思路和主要内容；另一方面，在地方立法项目推进实施中，要将核心价值观融入贯穿于立法之中，其要求应更加明确，措施要更加有力，制度需具体可行。例如，由于不文明行为的概念和类型存在较大不确定性，因此多地的文明行为促进条例，不仅就保护生态、文明出行、邻里和谐、家庭和美、文明装修、尊老爱幼、热心公益、文明节庆、喜事简办、厚养薄葬、尊重劳动、文明用餐等内容提出了倡导性规范，而且还通过问卷调查等方式排摸出需要重点解决的不文明行为，并有针对性地提出了治理对策。最后在地方立法的全过程中，大胆创新，不断探索，建立健全核心价值观融入地方立法修法的工作机制体制。具体而言，要注重精准选题，在严把法规立项关、入门关的同时，突出地方特色，反映地方实际，优先统筹弘德立法专项项目；把社会主义核心价值观作为立法的重要标尺，注重从法规条文合法性、制度规范导向性、重点问题解决有效性等层次进行“多维审查”，坚持用社会主义核心价值观检视法规制度的价值导向；为防止将弘德立法简单化、表面化、口号化，更加注重对弘德立法的理论研究、实务调研、实践检验一体推进，坚持把评价核心价值观是否有效融入法规作为必经环节、必审内容，保证社会主义核心价值观真正“融入”，而非将24字简单“罗列”“引用”。

（四）个别规范的行为约束

法律规范具有一般性和普遍性，可视为一般规范的类型。法律规范的个别应用，最为典型的例证是司法适用，它是由法官通过自身的裁判行为个别决定的规范意旨。法律适用过程正是一般规范不断被个别化与具体化的过程，因此个别规范是一般规范的具体化，是一般规范在具体适用场景下的应用。个别规范具有规范的应然结构，且是“决定一个人在一个不重复发生的状态下的行为并从而只对一个特殊场合才有效而且只可能被遵守和适用一次”[1]的规范。在动态法的层级体系中,“一般规范与个别规范之间不存在直接的逻辑蕴涵关系,而是一种经由意志行为作为中介的间接关系”。[2]个别规范的创制,同样是法的“创制和适用”技术的结果,因而其类型主要包括司法裁判、行政行为和私法行为。在社会主义核心价值观入法入规的动态层级体系中,个别规范的行为约束是最直接也最有效的社会底线。

司法裁判是通过法院或法官的裁判活动将一般规范与个案事实相结合,进而得出具有拘束力和规范效力之法律文件的活动和过程。司法裁判是典型的法律适用技术,其所创设的个别规范具有现实可操作性,并对当事人的行为和权益产生重大影响。又由于司法裁判的个案拘束力及其示范效应,其所产生的价值影响力往往会超越个案的范畴,对社会成员的行为选择与取舍产生普遍性的影响。例如,2007 年彭宇案判决书所展示的“做好事被讹诈”的背后逻辑是,在正常的情况下,社会成员应当向政府部门或官员求助或者干脆一走了之,而非主动帮助受伤者,[3]并从根本上否认或怀疑人的向善本能。在这样的裁判指引下,部分社会成员会本能地选择自我保护,事不关己则高高挂起,进而形成社会冷漠和旁观的不良风气。在产生个案规范的意义上,引入社会后果的考量,强调法律效果与社会效果的统一,不仅是社会公正的底线要求,而且是核心价值观融入司法裁判的直接体现。在此,社会主义核心价值观融入司法裁判,可以在案件事实和法律规定之间建立有效连接,提高裁判的可接受性,增强司法活动的公正性,提升司法的公信力,有利于发挥司法裁判的价值引领与社会导向作用。

在个别规范的生成上,行政行为与司法裁判高度相似,“行政的大部分职能与司法并无二致,二者本质皆在于实现国家目的”。[4] 但是,相比于司法裁判实现国家目的的间接性质,行政行为既可间接又可直接实现国家目的。行政行为是行政机关依据一般规范而作出的影响相对人权利义务的单方行为,具有拘束力和确定力。行政行为是一般规范的直接现实化,且往往以行政制裁为后盾。行政行为所涉的事项范围广泛,遍及国家治理的方方面面。

[1] Hans Kelsen, *General Theory of Norms*, trans. by Michael Hartney, Oxford University Press, 1991, p. 7.

[2] 钱涌:《凯尔森个别规范理论研究》,东南大学法学院 2017 年硕士学位论文。

[3] 参见阎云翔:《当代中国的道德转型》,载《中国战略报告》2016 年第 1 期。

[4] [奥]凯尔森:《纯粹法理论》,张书友译,中国法制出版社 2008 年版,第 91 页。

行政行为融入核心价值观的程度，不仅是核心价值观融入法治建设的现实需要，而且将影响社会主义精神文明建设以及培育和践行社会主义核心价值观的成效。在个案规范的形成过程中，行政行为同司法裁判一样，需要诉诸意志主体的自由裁量权。但是，行政行为的作出不得滥用自由裁量权，而自由裁量也非恣意妄为，而应在一定价值和原则的羁束之下。例如，行政行为所涉的行政处罚畸重畸轻，或者所涉事项的行为处理属于选择性执法，不仅背离了合理性的法律原则要求，而且有违于诚信、公正等社会核心价值理念。在此，社会主义核心价值观融入行政行为，不仅可以充分发挥其在日常生活中的价值辐射作用，而且可以有力彰显政府在推进社会治理中的道德意图和目的。

在个别规范的形成上，私法行为不同于司法裁判和行政行为，它是纯粹意志自治的产物和结果，其背后的理论逻辑是自治与他治的分野。私法行为之所以可以成为个别规范，不仅因为它本身具有规范的属性与意义，亦即可以拘束和影响私法主体的行为，而且其根本原因是得到了立法者的授权，私法行为“基于立法所委托之权，当事人自行创设规制其相互行为之具体规范”。[1] 然而，私法行为所创设的个别规范并非无限制的，而是必须置于一定的法律制度框架之内。换言之，私法行为不得背离和违反法律的强制性规定及其原则要求。在这一点上，作为社会主义核心价值观在伦理道德领域的重要体现，公序良俗不仅是民事法律所确立的重要法律原则，而且构成私法行为应当满足的限制性约束条件。据此，背离公序良俗、违反社会主义核心价值观要求的私法行为不仅无法成为个别规范，而且还是根本无效的行为。

[1] [奥]凯尔森：《纯粹法理论》，张书友译，中国法制出版社2008年版，第91页。

第三章　社会主义核心价值观融入执法的机理

法律运行的常态是自上而下地执行立法的规定，在中国特色社会主义法律体系已经建立的前提下，行政执法是将文本转化为现实的进一步工作，立法本身不可能覆盖社会生活的所有细节，需要执法机关在执法活动中积极地发挥能动作用。即使在立法中作出明确规定的，具有多歧性的法律术语与丰富的社会生活之间，也具有复杂的对应关系，需要行政主体进行灵活适当的行政性解释。即使执法主体对立法规定理解准确，但特定执法行为的对象可能具有道德伦理性（如家事纠纷）、社会情绪性（如文化传播内容）等因素，需要执法人员在照章办事的同时，结合执法事项上的关联性因素，考量其执法措施对行政相对人的影响，及其可能造成的社会外部效应。

与解决违反立法规定形成纠纷的司法活动相比，行政执法则是积极主动地在更宽广的社会关系范围内发挥着建构作用，是国家权力与人们日常生活互动最为频繁的领域。因此，行政执法不是简单的法律公式计算过程，在执法依据、执法标准和程序的具体展开过程中，浸透着执法人员的价值判断。在政府活动从权力主导向多元共治转变的时代背景下，行政执法在整个国家、社会生活的总体需要中，是与立法、司法、社会监督等相互分工、合作，共同达至善治的构成要素，其本身是法治行为体系的一部分，受到更高一级价值观和行为规定性的约束。在我国当下的政治体制和社会道德环境中，社会主义核心价值观正是贯穿法治体系的精神要素，既对行政执法本身发挥着内在的规定性，也引导着其与社会治理体系的其他构成部分形成有机衔接。可以说，将社会主义核心价值观融入行政执法全过程具有重大的理论意义和实践意义，但也面临突出的问题。我国绝大部分国家立法和地方立法都由行政机关执行，行政执法是政府履行法定职能、全面介入社会经济发展的主要方式,与人民群众切身利益的联系最密切、最直接。因此,行政执法是社会主义核心价值观融入法治建设的主要环节。

第一节　社会主义核心价值观融入执法的意义

社会主义核心价值观作为我国全民的共同价值体系,需要在包括执法活动在内的所有经济社会活动中加以践行,方可转化到人民群众的日常生活内容中,也是确保24字价值观内容落地的必然要求。同时,行政执法既具有形式意义上履行公权力职能的功能,对解决经济社会发展中各种矛盾富有实质意义,作为国家秩序构建的工具而发挥着积极作用。但是,行政权力运用要与全民道德相契合,才能确保价值观内容与个人内心认同相一致,全民道德体系对落实手段的需要,是我们认识融入过程的基本前提。结合我国深厚的历史传统,以及新中国经过革命—建设—改革时期探索认清的民族复兴时代使命,这一融入过程还有着传统性与时代性相交织的深远意义。因此,社会主义核心价值观融入执法有如下两方面意义。

一、扬弃传统行政治理模式的内在要求

根据《现代汉语词典》的定义,“治理”具有两种文义:一是“处理、整修”之义,指对物质要素出现问题加以应对,如治理水患等;二是“统治、管理”之义,此用法针对政治、社会生活中诸多致乱的风险因素而言,这也是我国传统中对“治理”一词的主要用法。纵观中国政治文化五千年的发展历程,“治理”主要是对君主贵族、官绅阶级对平民百姓加以统驭的过程和手段的描述,这种刻画统治阶级控制普罗大众的治理模式,深植于我们的礼法传统之中。

我国的传统文化及其衍生的中华法系,立基于自西周以来形成的“礼”文化传统,逮至西汉将儒家学说确立为立国的政治价值体系。西周是沉淀三代以来政治文化经验的集大成者,在周公主导下形成的“周礼”,成为中华民族对国家、集体、家庭认同的文化底色。尔后,经“独尊儒术”的政治理念改造,形成了影响迄今的中华文化传统,其中,与“治理”理念相关的思想资源也非常丰富。

(一)君主的独裁性治理主导地位

这一样态确立于周天子承自上天的无限权威,为最高统治者缔造出一种富有自然神秘主义的权力来源,使其一人具有代表上天、统驭万民的政治垄断权。这种解释方案既利用了周朝取代商时,人民群众对姬姓统治者的政府认同感;也巧妙地利用了生产力水平低下的时代,普通个人对自然环境、神秘力量的恐惧感,将这种处于生理特征和生存焦虑的状态,转化为新朝立国时巩固统治秩序的政治资源。如此一来,天子代表上天,对所有个人的日常生活具有了决定性的影响,在政治从属性上天子处于金字塔顶端,对政治社会事务具有排他性的最高权威。因而,所有的礼制均建立于这样的尊卑关系之上,形成了周天子与百民间的统治关系,具有“治”的纵向从属规定性。这一关系围绕着国家对社会事务的管理而展开,具有管理特定经济社会事项的“理”之内容规定性,根本上讲,这种礼制下营造出的“治理”,是天子以政治权威决定个人生存发展,甚至剥夺其生命或身体完整性的状态,构成了我国封建政治文化的内核。

但这种依凭宗法身份确定政治身份的方式,在西周立国时尚可运行,因为当时周天子处于被信仰的地位,以强大的军事实力、政治权威等硬实力因素为依托,随着时间的推进,立国者的政治影响开始变得“久远”,后世诸天子开始出现荒政,诸侯中既出现了乱政、失礼之现象,如韩、赵、魏三大夫家直接瓜分晋国;也出现了诸侯国间相互讨伐、争相称霸的政治乱象,周天子的统治地位江河日下,以致孔子先圣在春秋时期即感叹“礼崩乐坏”。从历史发展的高潮点来看,直接表现为尚贤任能、以礼为据的三代之风被诸侯各国的政府强权竞争状态所取代,政治精英的产生方式及确立其地位的依据,开始转变为实际拥有的经济、军事等实力性因素,而不是其人格品行优劣和行为的道德正当性。但在政治精英与平民百姓的关系上,诸侯统治与周朝的施政模式并没有根本区别,甚至由其引发旷日持久的交战更造成生民日艰的负面效果。不过由于打破分封制下身份政治的垄断,使部分来自平民甚至奴隶身份的人士,可以通过军功、知识等手段赢得权贵认可,拓宽了向上升迁的通道,在不改变统治与被统治关系的基本逻辑前提下,统治集团内部的遴选标准和人员结构发生了一定变化。

在这个由分封制走向封建帝国的过程中,地处西陲的秦国通过商鞅变法、引入韩非子法家思想,将固有的诸侯国家统治理念转变为高效率、强纪律的运行逻辑，以开阡陌、重军功、立严法等方式，扩大了秦国统治的物质基础，提升了国君动员全国人员参与对外竞争的政治效率。在此过程中，申不害、韩非子等法家思想家提出的法、术、势，将平民百姓作为政治工具的理论被用到极致，在与组织纪律懒散、耽溺三代遗俗的其他诸侯国的军事竞争中取得优势，最终通过统一六国、建立统一秦帝国的方式，将先秦各代积累下的世俗化而非神意化、效率性而非道德性的统治经验，上升为秦朝立国的根基。这种以高度组织纪律进行全体动员，满足君主一己争霸雄心的治理体制，对内失之过苛，平民百姓始终处于一种对外竞争的紧张感，对内统治者惩罚的恐惧感之中，很难转化为大国强政建立后人民安居乐业的常态性经济社会生活。在战国诸雄相继灭亡后，执行战争状态下统治策略的各种手段在无适用于敌手时，与平民百姓间的紧张关系势所难免。

汉朝建立者通过汲取倒秦的战争经验，认为单一地采用过于严酷的法家思想，是引发社会分裂和政治暴动的思想因素。因此，汉初采取了无为而治、休养生息的治理模式。此间，国家统治人民、管理民间社会的方式趋于轻缓，但采取的分封制与郡县制相结合的复合政体，使统治者与平民百姓间的治理关系，具有两周、秦朝政体的混合特征。这种局面的形成，既有统治者宽宥战乱频繁状况下民间疾苦的仁政，也有对开国军功团体利益的让步，还有对匈奴等外部威胁下营造内部团结的政治考量，但在政治关系的基本构架方面，专制性统治结构没有本质变化，只是统治阶级的构成相对多元，君主、贵族、官僚基于对前朝覆灭经验的总结，在统治工具的运用上避免失之过严，以便达到保境安民的统治效果。尔后，汉武帝对诸侯国进行了成功的裁撤，并有效地解决了匈奴等少数民族引发的边疆安宁问题，通过积极地采取“罢黜百家、独尊儒术”的思想文化政策，奠定了中华文化以儒家学说为政治指导理念的基础。在这一统治思想的转型中，汉武帝既实现了从黄老学说的消极统治向积极统治的转变，也解决了秦政过苛、周政过缓的两极化弊端，在确立汉朝皇帝至高无上地位的前提下做出了皇帝及其所属官僚施仁政、避苛政的实质性承诺，使一人垄断性封建帝国统治与平民百姓对常态化安定生活的私人诉求间，达到了一种治理价值和执行技术上的一致性。

由此，在国家治理关系上形成了中华传统的两个基本面向：一是皇帝的至尊地位及以家庭传递方式进行权力继承的基本格局，统治与被统治的封建专制结构成为政治秩序的源点；二是在治理工具上使儒家仁政的正向激励，与法家峻法的反向激励相配合，封建专制在内容和外观上具有可接受性。

此后,随着儒家经典成为裁判社会矛盾的制度渊源,特别是隋唐确立了科举考试之后,儒家学说及其主要经典文献随之成为考核内容和政治官员选拔标准。在“学而优则仕”的社会风气之下,四民之首——“士”的政治评价标准,对农、工、商其他三类平民形成道德优越性,进而转变为社会共举的公共行为评价和具体品行衡量的标准。

(二)士绅集团构成的治理中介体

我国历史各代采取了官僚体制与基层自治相结合的统治管理技术,将专制性隐没于复杂的中间传导体中,但在不同朝代也有不同的发展阶段。

第一,统治技术首立于奴隶制下的分封制,采取以宗法关系为依托的行政权力架构。自三代建政特别是西周政权成立后,在全国范围内采取了天子以大宗身份驭小宗、小宗以封臣贵族身份的驭士大夫、士大夫驭平民的运行体制,在这些主体之外,还有大量没有人格的奴隶,从奴隶国家建立那一刻起,建立在血统身份基础上的尊卑关系,对应着不同政治等级及在整个国家体制的定位。

第二,封建帝国制度打破了宗法制度的血统纽带,将行政权的划分单元和职官任命规则世俗化,一定程度上增强了社会精英和政治官员来源的广泛性。秦汉时期以郡县制替代分封制后,确立尊卑关系的标准从具有浓厚主观倾向的血缘宗法关系,转变为以客观空间为区分的地域划分,获得政治地位的依据也从以家族身份为主开始走向多元化。秦国之所以能从东周列国中脱颖而出,关键原因在于其在国内选用了客观的政治身份、社会地位的衡量标准,导引个人向着满足这些军功、耕战等标准去努力,改变了过往片面服从奴隶主、传统社会精英的模式。相对于以血缘为纽带的大小宗权力承接方式,自秦以下所实施的郡县制在统治方式和效率方面,具有明显的历史进步意义。不过,以新的晋升标准涌现出的新型社会精英,特别是通过考核和科举选拔的行政官员,与平民之间仍然是严格的命令与服从、施加负担与顺受的单向关系。虽然将周朝以礼为据的统治手段改造为一断于法的模式,但秦国实现了以郡县制替代宗法关系为凭的分封制,以空间地域为标准划分出郡和县,由皇帝直接派遣官员而非委托小宗、士大夫代管的方式,使统治者与民间社会的中间阶层发生质变。加之秦始皇采取的书同文、车同轨、统一度量衡等统治技术创新,管理经济社会的效率和准确性都有所增益。直至1912年清帝宣布退位,即使历史上封建王朝更替不断,但封建君主统治平民百姓的政治逻辑和基本手段并未发生任何本质性变化。只是在县以下的基层治理中,大量地依靠保甲、宗族、家庭、行业组织等进行社会自治,县级官员向基层精英传达国家的政治意图,由后者在所属区域、人群范围内加以落实;当然,对基层矛盾甚至刑事违法行为,也有相当部分由基层组织自行裁决,即使由官员出面解决,也会尊重礼法关系、地方惯例和乡绅态度。

由此可见,从权力顶端的专制君主到社会底层的普通民众,正式的行政体制与自治的社会体制间的良性互动,形成了一严一宽的两种统治工具。封建统治集团本身也奉行儒家的价值理念,在统治管理过程中一定程度上也贯彻仁政的策略,在自然灾害、病疫应对、战乱平复等非常状态下,也实施了一些救拯之举,使治理关系的两端之间总体上处于平和的状态。当这种平衡局势被统治者品格败坏、自然灾害、政治腐败、外族入侵等原因打破,造成民生严重受困时,则会出现朝代更替,继而恢复到前朝的政治逻辑中。遗憾的是,封建各朝并未走出这样的专制主导、自治辅助的行政权运行模式,以致造成王朝更迭但政治本性难移的命运,平民百姓的个体能动性也无法穿越政治约束,以至 20 世纪 30 年代英国著名学者李约瑟提出"为什么近代科学和工业革命没有在中国发生"的"李约瑟之问"。但必须肯定的是,该体制也在幅员辽阔的中华大地上构建起政治统一的帝国,形成了传承数千年的中央集权政体,其治理逻辑形成的社会团结和国家认可,富有积极的历史意义。

(三)严刑峻法作为基本的治理工具

儒教礼法只是中国传统国家治理的一个维度,而以刑法为主的法系传统则是维系封建统治底线的另一个维度。自夏朝制《禹刑》以降,在历朝历代的法律规范体系中,刑事立法占据了绝对的优势,在规范的内容方面,也形成了以"十恶"为代表的罪名体系、"五刑"为代表的刑罚手段,在许多朝代还制定了严酷的肉刑和适用范围较广的死刑,且死刑的执行方式还包括腰斩、枭首、凌迟等异常残酷的方式,使平民百姓形成了强烈的心理恐惧效应。而且,刑罚的打击范围与民事、行政违法并未区分,大量的家事、宗族、财产纠纷等也适用刑事立法加以调整,使普通群众陷入动辄得咎的被动局面。而在适用这些惩罚性手段的过程中,基层司法审判权往往也由行政官员行使,行政权对平民百姓的日常生活处于绝对的控制地位;即使由民间的基层精英执行国家法制时,也大量地适用私刑、家法等惩戒性措施,"出礼入法"的制度规范适用结构,将个人的日常生活紧紧地裹束于严格的社会纪律之下。对上既要模仿社会精英的言行举止，以统治者制定或社会通行的外部道德克制自己的自由意志，在思想自由和价值观念上服从精英集团设定的主观标准。同时，在行为上还要遵循复杂的国家法和社会法，不仅要在政治上避免触及“十恶”及其他严重的刑事犯罪，也要在保甲制度、家族连坐规则下对周边平民进行严密的监督，避免自己因其行为受到牵连性打击，还要在处理个人的家事、交易等民事纠纷时小心谨慎，避免私人矛盾公开化从而上升到国家法、社会法适用的境地，否则会有因民事纠纷而招致刑事打击的可能性。可以说，中华法系的主干部分体现为刑事立法，以其为治理国家的主要手段，显示出普通个人处于礼、法二元规范调整下的被统治地位。

二、建设社会主义现代政府的历史需求

显然，传统中国的治理经验具有政治专制、经济垄断、文化钳制的基本特征，并不适应我国建设社会主义现代化国家的基本要求。但是，正在推进的现代化建设也不能脱离民族文化传统，因为传统治理经验中既具有一定的积极成分，可资现代化过程加以善用；也在传统上发挥了将幅员辽阔、人口众多的中华民族，凝结在一个中央集权国家之下，对中华五千年文明赓续的积极功能，是中国人民的国家情感和文化认可的根本来源。近 150 年来兴起的国家现代化建设，是在西方冲击下作出的被动反应，当西方治理经验开始褪色，我国革命、建设和改革已经铸就伟大国家的时刻，改变学习西方、因循发达国家既有经验的发展之路，重新找回自己的国格和文脉，成为当下中国特色社会主义理念下现代国家建设的时代任务。

（一）主动谋求现代化实现民族复兴的必然要求

中国已从鸦片战争迫使下学习西方器物、法律制度的被动现代化，走向了谋求民族伟大复兴的主动现代化阶段，迫切需要一个在根本利益上能代表全国各族人民，在道德理念上能反映当代中国意识的国家价值观体系。自 1840 年以来，西方列强以武力为手段，将欧洲中心主义的理念、制度和技术工具强加于古老的文明古国身上。经济上，以现代化技术、大机器工场为代表的工业型生产关系，取代了传统自然经济下的农业经济模式，逐步动摇了以农村社会为基础的中华文化传统；政治上，通过多次战胜晚清政府而签订的不平等条约，逐步向封建专制的肌体中注入现代政治的理念和治理技术。这些外来压迫刺激着近代精英的神经，改变了固有的天朝上国、四夷来贺思

维，近代有识之士先后发起了洋务运动、维新变法、“五四运动”等，主动追求西方的物质、文化层面的积极因素，对已不适时的封建文化进行改造。这一进程在当时的局势之下具有明显的进步性，但随着历史的发展，新中国选择了以马克思主义为建制的哲学基础，否弃了霍布斯、洛克以来形成的自由主义学说。新中国成立后，恢复国家经济社会和应对西方资本主义国家的敌对行动，都要求新中国以全体动员的集权式方法开展国家治理活动。在改革开放后，我国积极吸纳市场经济、现代法治对人民生活有利的因素，综合国力大幅提升，经济和政治运行模式创新，深刻地改变了我国的社会结构，极大地强化了人们的权利意识及依法行政理念，也带来了发展不平衡的新矛盾。这一时期，美国发生的“9·11”事件、2008 年国际金融危机、英国脱欧等重大事件，也体现出进入现代化建设的深水区后，主导西方模式的新自由主义学说不敷使用。自 2012 年后，我国经济社会发展模式的理论自足性特征逐步强化，既要承续五千年来形成的思维模式、文化传统，又要批判性地吸收并超越已有的西方政治文化范式，还要契合新时代继续推进现代化建设进程的现实需要。

因此，主动现代化是站在已有的发展成果基础上，反思传统、反思西学而谋求更高程度发展的自我革新过程，核心要义在于以怎样的方式可以使 14 亿中国人民组织起来投入经济社会发展的进程之中。在此过程中，个人之间、个人与国家机关之间的关系如何处理，特别是如何纠正过去学习西方时形成的制度惯性，厘清改革开放之初尚不够明确的价值理念和制度规范问题，至为关键。立足中华民族的文化传统、新中国发展的成功经验与挫折，我们需要一种全民共享的道德价值体系。无论在政治统治还是社会生活中，中华传统向来讲求“得道多助，失道寡助”，虽然也有君臣孝悌、三纲五常等不适于时代精神的内容，但中华传统文明中是以道德品行的标准，而非以客观利益为准绳形成社会等级，一直为中国人民广为接受。纵观新中国成立后的现代化事业探索过程可知，“集中力量办大事”是我们获得成功的法宝，无论从继承传统文化还是延伸成功的实践经验来看，国家治理的现代化转型过程都是建立在一个集中的、统一的国家意识之上的，经过中西文化交互荡涤和国内建设实践的磨砺，社会主义核心价值观就是我们找到的共同价值体系。此外，国家治理的目标是人民生活提高与国家综合实力增强的有机结合。在协调国家的整体利益与个人的私人利益关系时，必须确立国家治理所需依循的价值本位，当西方国家通过彰显个人自由主义所获得的资本主义国家发达的经验摆在面前时，我国应当如何借鉴并应对？问题的根本在于：其经验背后的价值逻辑是否与传统中国的文化范式、现代中国的社会组织需要相契合。显然，我国应当有自己独特的价值选择，在核心价值观确立过程中，应排定国家利益优于个人利益的价值顺位，也要协调国家、社会、个人利益，达到宏观上“国富”与微观上“民强”的共同效果。

（二）中国特色社会主义道路的文化旗帜

新中国成立后，经过对固有经济体系的社会主义改造，在历经 1956~1966 年的十载探索，以及“文化大革命”的曲折后，党的十一届三中全会使我国社会主义建设重回正轨。改革开放在坚持“三个有利于”的原则下，不问姓资还是姓社的问题，高举市场经济、国家机构改革等伟大旗帜，使我国经济社会在 40 年内迅速成长为综合国力全球第二的庞大实体。与此同时，产业间、地区间、城乡间发展不平衡的问题也开始凸显，解决之道在于完善资源的社会公平分配保障体制，发挥社会主义国家集中力量办大事的制度优势。

此时，与改革开放初期在“一穷二白”的基础上，追求效率成为全民共识的氛围大为不同，自 2017 年党的十九大对我国当前社会主要矛盾作出全新诠释后，社会主义道路的目标和任务也发生重大变化。改革开放初期，党和国家确立的社会主义初级阶段的基本路线，紧紧围绕解放生产力、发展生产力展开，着力于解决长期困扰民众的物质匮乏问题。是时，以效率优先作为破困之策，代表了广大人民群众的根本利益，使全民在可预见的时限内树立改善生活的共同愿景，故而成为当时生产力大发展、社会生活大进步的文化旗帜。40 余年的实践，证明了以“生产力要素”为发展的立足点，既达到了团结全民的政策效果，又获得了人民群众在物质利益、精神享受等方面的实践效果，证明其对社会生活确实发挥了凝聚人心的文化号召力，且在处于从探索时期向改革开放时期转型的节点上，发挥了强大的边际性社会效益。但是，在新的发展形势下，国内经济社会在已有一定体量发展，不充分不平衡的问题进一步凸显；国际形势在 2008 年以后，进入新一轮的制度竞争周期，所面临的外部环境遭遇百年未有之变局，和平与发展的国际关系主基调遭受部分发达国家的单方面挑战，处于新的国内外形势之下的中国，以怎样的策略进一步团结全体中国人民，如何因应国内外发展的新特征，是当代中国面临的重大课题。

一方面，社会主义核心价值观展示了我国继续在党的领导下，通过动员全体人民共同参与的组织方式,遵循国家—社会—个人的价值逻辑,开启新时期的社会主义现代化建设。在此过程中,通过对社会主义核心价值观24字的要素厘定,清晰地宣示我国将在国家—社会—个人利益的价值顺位与辩证逻辑之下,通过以共同的道德价值凝结全民力量,对外适应国际变局,对内承续中华文明的良性基因,而不会走向所谓的原子式自由主义的歧路。通过核心价值观要素的确定,不仅可以清晰地表达我国在与西方在一些价值观要素上的中国理解,也体现出我国对不同价值进行的位阶排序,以"爱国"价值统领核心价值观体系,体现出国家利益在发展全过程中的首要价值定位。不仅党和国家机关要依法执政、依法行政、依法适用法律,不允许存在法外特权,否则将有违国家利益至上的价值归依;而且,公民个人利益也应服从国家利益,不允许个人利益凌驾于国家之上,如通过谄媚西方获得个人声誉、以污蔑英烈获取关注流量等。在此前提下,对个人在社会活动的日常互动关系中,将继续秉承社会利益优先的价值本位,这标志着在西方市民社会—政治国家的传统命题上,我国已高度重视处于二者之间的社会利益层次,继续弘扬为公尚义的传统文化,继续坚持以社会本位高于个人本位、集体价值高于个人价值的次序逻辑。

另一方面,社会主义核心价值观也注重对人类共同价值利益诉求的及时回应,并未拒斥自由、民主等价值元素,而是结合国情、正视初步发展后人民群众对个人合法权益保护的实际需求,立足于社会主义的价值坐标提出中国化阐释方案。在我国的现代化进程中,自由、平等、公正、法治等现代性价值多为舶来品,特别是近现代历史进程中,这些价值要素由西方冲击中华传统文化,我国被动回应而将其吸纳到改革和发展进程中,相当长的一段时间,此类价值均是以西方现代价值伦理的标签,存在于我国现代化进程的文化符号体系中。但自1992年确立社会主义市场经济体制以来,市场驱动下的发展对个人利益的彰显,也开始折射出对社会价值、公共利益等非私属化领域的侵蚀,在物质层面上表现为一定程度的分配不公,在精神层面上呈现出个人主体与传统文化的集体本位、社会主义政治逻辑下社会利益优先间的抵牾,在这种价值冲突之间如何定位现代化中国之下的个人生活,是我国迈入新时期的一个重要命题。社会主义核心价值观并没有抛开对个人正当利益的维护,并没有延续传统中华文化中以过度牺牲私益为代价,维护封建等级秩序的做法;而是充分地从新中国革命与建设的经验中汲取教训,注重对个体主动性和创造力的充分保护。因此,社会主义核心价值观旗帜鲜明地保护个人的自由,努力保持个人幸福自由与国家、社会整体利益间的一致性;并融入平等、公正的交互状态的考量,确保个人之间的关联模式,在整体观的视野下达到新的平衡,在横向的私益关系上努力做到形式与实质平等的结合,过程公正与结果可接受性的综合平衡。这些方面都要纳入法治中国的体系之下,其内容根本上取决于法律规范的内容及其融入生活的真实样态。在法治中国的构造中,法律制度在内容上体现人民群众的根本利益,通过党领导人民群众立法的方式具体地表达,全民利益的内容通过政治协商、人大立法、执法司法部门予以落实,并由法定机关进行全方位、全过程监督。可见,自由、平等、公正等价值要素既充分地融入了法治各环节,又在程序规则上得到最大限度的保障;而在立法内容的厘定、执法司法人员素质与组织体制建设等方面,则由党统一领导之下确保静态的规范内容与动态的法治效果,均能达到保障人民群众根本利益,形成社会积极效果最大化的运行效果。可以说,我国不仅合理借鉴西方文化,更是结合中国国情统合个人人格、社会定位、国家利益的表达需求,进行了全新的内容更新,既能在权益类型上对接现代化的国际主流,又在内容上深植于中国人的内心和现实生活状况,成为引领新时期现代化建设工作的文化旗帜。

(三)博采众长融贯中西的法治文化符号

为何我国会在2010年前后明确地提出社会主义核心价值观？这是对西方文化急剧变化的及时反应,也是在初步发展的成果呈现出物质与精神不平衡的苗头后,再次激发中华传统文化的积极效应。重新回到中国思维、中国智慧的框架下思考如何与当下的西方国家群体、西方文化相处,特别是以扬弃的态度重新思考中西文化在新时代再度相遇时,现代中国应秉持怎样的思想符号问题。所以,社会主义核心价值观作为从整体性政治高度提出的思想符号体系,既不是对西方文化的逢迎也不是拒斥,既不是对传统文化的否定也不是照搬,而是一种秉持现代中国态度之上的否定之否定。

一方面,社会主义核心价值观是借鉴、消化、吸收西方文化后的思想创新。自1840年之后,落后挨打的现实被各类不平等协议真实地反映出来,自洋务运动、百日维新、辛亥革命之后,“落后挨打”成为民族国家成长过程中的深刻记忆;新中国成立后,国际关系上对美苏争霸的西方新格局的“一边倒”回应,国内发展道路上艰难探索的经验,打开国门与西方国家的互通有无,成为我国破解发展阻碍的关键决定因素。面对西方发达国家的市场经济、自由民主等体制，伟大的共产党人抛开姓资还是姓社的意识形态之争，以积极务实的态度融合中西、统摄左右，集中精力解决生产力发展落后与人民群众日益丰富的需求之间的矛盾。在此过程中，我们借鉴西方市场经济体制下释放个体创新性，通过农村联产承包责任制、国有企业改革、税制改革、政府职能转变等重要举措，实现个体利益与整体利益高度统一。但也并非一放了之，而是在确保以国有与集体财产为代表的公有制，掌握国民经济命脉的前提下进行经济改革，在保障党对思想政治、经济社会文化发展领导地位的前提下，展开一系列的体制机制、社会改革，这些明显区别于西方国家的做法，实质上成为我国社会主义国家性质的基本依凭。随着对计划经济时代不利因素的革除，市场经济体制和现代民主政治体系对固有社会关系的冲击也越发明显，而初步发展成果采取效率为主、兼顾公平的原则进行分配，也与计划经济条件下强调"一大二公"的原则形成了反差。虽然这体现了时代的进步，但所有公民个人都要从市场体制中分享发展的红利，才能凝聚人心、继续前进。在此过程中，经济社会中的分配性改革空间已然减少，触及个人与社会权益边界的政治体制本体性问题开始成为关注的焦点。进入新时代后，我们采取了全面深化体制改革的一系列举措，成效明显，但也因为会触及既有利益的格局而需要思想认识的更新。基于此，为实现从借鉴西方到价值认知的自足自主，实现现代化根本转型，社会主义核心价值观正视西方价值体系中对个人正当利益的保障，从传统文化、现代中国建设的实践经验中，总结出国家—社会—个人之间的理性关系，以政治宣示的方式凝结为一套为全民共享、全民遵循的思想道德体系。它体现出全民对当下中国现实的清醒认识，对未来中国现代建设路径的愿景目标，成为回应西方冲击到超越西方价值文化的内生性价值符号，而在其间政府与个人之间的关系重构，是核心价值体制落实到具体作用于利益关系的核心环节。

另一方面，社会主义核心价值观根植于中华主体性中，是面向未来发展的思考成果。回应西方政治文化的冲击，并非退回到传统外儒内法的传统治理轨道上去，而是认清中华文化对个人、社会、国家间关系的具体要求，成为所有中国人思想上、心理上共同接受的现代性文化思维。根据未来我国经济社会发展的内在需要，以及面临和将可能面临的各种国际环境因素，形成作用于未来发展的思想路线图和文化号召力。社会主义核心价值观体现中国人、中华民族与中华文明在我国未来发展中的自主性作用，既注重与国际普遍的思想规律相融合，与关注中西社会结构差异对个体心理、文化模式、政治思想建构方面的特殊要求,又与传统文化中潜在的等级秩序、暴政专制工具等滥用共同文化思想的做法相区分,这是一种自我批判基础上的再创新。在个人人格的设定层面,正视现代经济社会条件下个人理性的独立性,承认个人创新为主基调下推动社会整体发展的基本模式,对其参与国家管理和政治生活的民主权利予以确认,这是传统文化的理学、心学传统中较为缺乏的内容。因此,反对在整体利益语境下肢解甚至否定个体利益的正当性,是社会主义核心价值观对传统文化扬弃的重要体现。平衡整体—个体关系过程中,要保持谋取个体利益时助力于整体利益,根除个体之间的利益冲突,消解个体利益对整体利益的侵蚀,这就需要在核心价值观的统摄之下形成个体与整体、个体与个体间的和谐利益观。

三、夯实法治政府建设的社会共识基础

在社会主义核心价值观促成整体利益与个体利益协同的过程中,与人民群众密切接触的各级人民政府及其职能部门的作用至为关键,也是公民个人感知核心价值观实际运行效果的窗口。因此,政府运行的体制机制充分体现24字价值观要求,成为行政行为赢得社会赞誉、获得人民接受的关键所在。在我国社会主义现代化过程中,转变政府职能、优化行政执法方式,是政府法治化建设的主线,通过多轮的政府机构改革和职能优化措施的实施,法治政府建设水平已大为提升。此间,改革的重心在于明确政府干预的事权边界,对每一个政府行政行为的程序过程、执法方式、法律依据严格性等方面进行了大力改革,力求减少因政府职能与公民权益间的制度摩擦性成本。但是,这些改革也是主要从行政程序问题入手,将原本由领导干部、行政机关工作人员主观意志决策的行为,更多地放置于公开透明的制度阳光下进行,这对减少肆意妄为、权益膨胀的行政痼疾具有良好的治理作用。但法治政府的建设并不仅仅意味行政权力收缩,或在每一个行政行为中遵守程序,还在于规范后的行政权力是否获得更大的治理效能,每一个行政行为的程序规范之后是否达到实质正义与社会正面效应。因此,法治政府的建设还是实质内容的面向,社会主义核心价值观也在此方面为政府组织体制及其行为模式树立了道德标准,从政府—公民间营造社会矛盾解决的合作共同体角度,力求将价值要素融入每一个行政行为实施过程的始终。

第一,社会主义核心价值观对政府组织体制、能力建设,以及执法人员的职业素质提出了综合性的道德要求。社会主义核心价值观表述的,是一个包

括政府建制在内的中国现代化利益共同体如何融贯的宏大命题，政府机构作为治理体系的重要板块，其内部的组织模式与纪律关系必须回应整体利益对国家行政提出的现实要求。首先，在政府机构设置与职能转变方面，核心价值观要求在国家利益至上的前提下，回应自由、民主等社会建设的根本需求，以此为据优化央地间、部际间、区域间、上下级间行政权力关系，梳理各职能部门内部的执法依据，根据宏观规划设定的权力清单、事项目录、执行程序等流程环节，形成有效抑制官员个人、地方或部门本位的运行机制；对已不适应人民群众利益诉求的机构设置与职权类型予以革除（如安全生产与突发事件应对的事权整合），对新的社会需求及时调整权限和完善职责要求（如在环境领域执法对生态修复的制度供给不足状况下提出的“生态环境损害民事诉讼”），对新的行政执法权力风险适时作出制度反应（如检察行政公益诉讼机制的建立与完善）。这是站在价值引导的层次上审视行政执法权配置的静态方面，根据社会需求—政府服务供给的基本逻辑，实现核心价值观力求构筑公私主体价值共同体、行为协作体的基本构思。其次，在政府机构的能力建设方面，核心价值观要素对其具有明显的结果导向作用，其在要求按权限和程序完成执法过程外，还对执法行为的直接效果和社会影响，建立了完整的评价体系。如此一来，执法者不能拘泥于部门、岗位的狭小立场，还要将特定执法行为放在整体的行政体系、社会环境中进行综合考量，在职权允许的范围内输入最有利于国家、社会的执法结果。

第二，社会主义核心价值观对各级人民政府及其职能部门，在行政行为处理行政相对人个体利益时，如何行使法定裁量权、因循法定程序、生成与执行政府决策结果等各个环节，提出了具体的道德要求。政府在国家治理体系中的宏观定位须具化到各部门与公民个人产生权益互动的每个行政行为中，实行与行政执法权特征相适应的行为模式。在特定的行政关系中，行政主体往往处于优势地位，通过命令—服从、公共服务—公民受益的多种形式对行政相对人的权益产生实际影响。无论立法对行政权力作出如何详尽的文本设计，都无法完全覆盖丰富多变的执法实践，在事实认定和法律解读方面，仍有赖于职能部门与执法人员正确地发挥主观能动性。针对立法疏漏、文本含义不清等文本与实践之间的差距，以及规范内容在何种场景下、以何种程序和步骤加以执行，既有赖于执法人员对立法内容的准确理解，对条文不及之处在国家治理体系框架下的整体语境，秉承形式上依法执政、实质上有效治理社会矛盾的价值导向进行正确的解释，为处理具体行政事务树立正确的逻辑大前提；又有赖于执法人员深入地查明所管辖事项的事实，根据行政执法的证据标准和采集程序，完整、准确地形成案件的事实认定，为执法对象事实与立法文本间是否存在涵摄关系或类推关系，确立法律实施的小前提。那么，执法人员对规范文本、程序标准的“活学活用”式实施，就成为关键要素，否则文本与实践间就会发生脱节。在各环节中职能部门和执法人员的价值引导至为重要，对部门性、岗位性的裁量性事项，核心价值观要求其在行使权力时注重执法活动所处的价值环境，虽然在法定幅度内如何裁量由执法机关最终决定，但并不意味着可以进行价值独断，应当注意的是：不同的执行模式对其他国家权力系统、公民个人、社会公众的影响是不同的，执法权既在权力分工体系中具有相对的独立性，也是公权力体系的一个构成部分，而公权力又是与社会体系、公民个人构成共建共享型治理格局的二级构成因子。因此，执法的所有环节须在价值导向、行为指引、部门和执法人员本位追求方面，均要落实社会主义核心价值观的总体要求，作为填补裁量空白、程序空间、执法与综合效果间模糊对应的规范填充。

第三，社会主义核心价值观将政府视同为与社会、个人共同致力于国家治理的主体类型之一，成为检验其执法效能的重要评价标准。核心价值观从实践中提炼而来，也最终要回到实践中回应各类社会需求，各个价值要素发挥的不仅是宏观的、间接的、整体利益层面的引导性功能，也是作为各级政府、职能部门与执法人员工作绩效评价的重要标准。一方面，执法工作落实社会主义核心价值观的情况，应当纳入执法工作评价的标准中。虽然核心价值观较少作为执法活动的直接性、具体性制度依据，但执法工作在融合核心价值要素与立法文本中形成的有益经验、经典案例事例、先进执法做法，是行政执法工作融合道德与法律要求，体现执法人员政治素质、个人品质层面践行核心价值观的生动素材。特别是执法人员在工作中将核心价值观内化于心，对规范文本作出的贴合实践需求的理解，应当成为可复制、可推广的示范性做法并得到全社会的承认。对应地，也应充分地转化为相关政府部门的考核结果，全面地融入执法工作人员的职业荣誉体系。另一方面，对执法工作与核心价值观要求相脱节的反面事例，也应进行及时纠正和总结，对相应部门及其执法人员作出否定性评价。由于行政工作所依据之法律依据以成文法形式体现，其与具体执法对象之间，天然地存在一定的主客观间距。当行政执法有悖于核心价值观要求时，典型的如过度严守执法的程序性要求，以致损及执法的价值目标追求，问题的根源在于片面理解依法行政。不仅如此,更严重的是执法人员对程序要素、执法标准、社会效果缺乏充分认识,或者政府部门在执法能力建设方面存在不足,导致执法效果与普遍性价值追求发生根本冲突,执法文书和执行结果违反常识、违背常理,对社会造成的负面影响甚于对公共秩序的积极效果;更有甚者,出现腐败现象与"权力寻租"等违法情形,根源上仍是对个人与所在行政单位、社会外部环境的价值共同体联系缺乏认知。对此,应秉持社会主义核心价值观作出是非分明、臧否有度的判断结果,并以考核、表彰、典型案(事)例等做法,与部门与个人的职业荣誉评价相对接。

第二节　社会主义核心价值观融入执法的难点

我国拥有一个体量庞大的行政执法体系,经过梳理,以执法内容为标准大致可分为三个子部分:(1)市场建设与行业发展领域的经济执法子部分。主要包括:商务综合行政执法、市场监管执法、交通执法、农林业执法、水利执法、土地执法、建设行政执法等,通常是企业或其他经营者就其经营范围所接受的行业主管部门的执法监督,以及商品服务流通环节的过程监督。由于其主要是市场主体与国家行政权间产生的制度关联,属于经济运行各环节国家意志融入个人意志的基本范畴。(2)公共安全与社会公共利益保障领域的公共执法子部分。主要包括:公安执法、市政执法、安全生产执法、卫生执法、劳动与社会保障执法、教育行政执法、文化与文物行政执法,此领域内的执法事项与人身安全、文化与社会权利紧密关联,是保障每一位公民作为社会成员所享有的最基本的社会保障的执法领域,以防控私人行为破坏所有人安全、经济社会利益的共同性权益为特征,政府既作为主权者履行公民保护义务,又以社会利益代表者的身份就单方行为与特定个人形成执法对应关系。(3)协调人与自然关系的生态环境执法子部分。与第二类执法相似,但特殊性在于此领域所针对的违法行为,是以自然界为中介影响到其他个人或社会公众的共同利益,在传统法域中易被误认为自然力介入的不可抗力,但实质上通过自然规律而传导的加害行为,应当作为一类特殊的执法领域予以认识。

不同执法领域与社会主义核心价值观的联结模式需要具体问题具体分

析。在价值目标方面均要接受核心价值观的引导，而在具体行为内容上却以不同的方式呈现着核心价值观的各个要素。从前述三个主要领域的执法依据，以及引发社会热议的典型事件、各自发布的相关典型案例事例等可见，各自对核心价值观的落实方式，多停留在作为价值引领的倡导层面，尚未达到全面融入执法各环节、全过程的充分程度。可以说，当前的执法体系在面对社会主义核心价值观时，存在明显价值宣示与个案贯彻之间脱节的现象，甚至在部分领域、部分典型执法事例方面，行政裁量权的行使方式、行政执法程序标准和要求的具体落实，与核心价值观的要求存在明显差距，甚至与之相冲突。

一、价值宣示与实践规则有所脱节

在执法依据的职权来源、程序要求等相关立法中，以及党和国家、各部门依照法律授权出台的政策性文件，主管行业的五年规划、年度规划等宏观性指导文件中，均明确宣示以社会主义核心价值观为引领，体现中国特色、社会主义特色的制度内涵。但是在据此形成权力清单、审批目录和执法标准等操作性规范时，核心价值观的各项要求并未完全下沉到对具体执法行为的实际指导中，导致部分执法行为出现侵蚀社会整体价值体系的不良现象。诚然，执法实践更多需要技术性指导，以明确的定量化标准、时序步骤安排等形式上外观可见的方式，为执法部门及其工作人员提供具体指引。但这些形式要求是否适用于特定执法事项，法定标准是否与待执法事实的情节、构成要件完全吻合，在多种执法行动可选择项之间怎样衡定优劣、拟定的执法方案是否有利于社会效益最大化等细节问题，透过一些典型案例事例可以发现，核心价值观并未成为执法者实际遵循的行为准绳。

在我国的法治体系之下，社会主义核心价值观提出后，被写入我国《宪法》的前言中，成为领导干部、人民群众共同的行为准则，并在《乡村振兴促进法》《反食品浪费法》等约 50 部国家立法中得以明确规定，行政法规、部门规章、地方立法或政府规章，以及各级各部门贯彻性文件数以万计，但其与社会实践的需要之间还存在相当大的距离。

第一，择其间代表性文本观之，会发现在各类立法文本中，核心价值观主要位于前言性价值宣示中，而在实体性、程序性权利义务中，并未找到很好地融入核心价值道德要素的有效办法。可见，作为执法依据、操作准则等的规范文本，仍然将社会主义核心价值观置于传统的道德—法律的关系框架下,将其仍理解为传统意义上的职业道德、社会道德等倡导性道德引导;而未充分地重视这些价值观的"核心属性",以及由其导引出的对制度化实现机制的内在要求,对其是由执政党从国家社会生活中提取出的共同思想文化符号的政治功能定位,缺乏清晰的认知。因而在行动上不可避免地偏重社会化视角而忽视政治化视角,在具体的组织建构环节和各个执法环节,并未将其作为上下级执法机关间、执法机关与行政相对人间权益配置的实质性标准。例如,在2016年,福建省莆田市长乐区人民政府因下属职能部门在办理土地权属变更、规划指标变更业务过程中与当地坤元公司发生争议,区政府出面协调后形成《会议纪要》,而区政府未履行会议纪要载明的相关承诺,致行政相对人利益遭受重大损失。公司起诉区人员政府,一审、二审法院均认定,涉案事项为职能部门的职责,不在区政府的法定职责范围内,《会议纪要》不是区政府履职的依据。但是最高人民法院再审后作出的判决认为:政务诚信是社会信用体系建设的关键,对其他社会主体诚信建设有着重要的表率和导向作用,《会议纪要》属于未履行职责的违法行为,政府违反承诺导致相对人经济损失的,要承担法律和经济责任。此案中诚信价值显然未被转化为区政府及其职能部门一以贯之的执法准则,涉事行政主体妄图以职权划分为挡箭牌,规避自身根据《会议纪要》作出的承诺,作为价值宣示的社会主义核心价值观显然未实际地融入上下级一致的执法体制之中。因此,执法体制机制在将文本转化为实践行为准则的方法论建设方面,对实际支配着执法行为的行政"活法"如何契合核心价值观要求,仍有待进一步提升。

第二,行政执法行为上,存在以形式合法、程序规范逃逸核心价值观落实现象。在行政执法行为过程的制度建设方面,党和国家、各级政府和相关部门就行政裁量权行使、行政行为公开、具体的执法规定、执法责任追究等方面的制度建设上,已较充分地体现了核心价值观的指导功能。许多部门还在所管辖行业的主体中,发布了许多倡导核心价值观的具体活动方案、比赛竞赛等,作为核心价值观融入社会实践的具体举措。相比之前的裁量权过宽、执法不透明、取证不规范等乱象,近些年的法治政府建设成果斐然,依法行政、规范执法等良好做法蔚然成风。但细究这些指导具体执法环节的规范设计,多以政府指导公民学习核心价值观为特征,对执法部门的制度建设和执法人员的核心价值观素质提升并非落实的主要环节,向下级部门单位分解并最终主要由公民个人加以落实的趋向比较明显。在执法体系内部,以形式合法、程序规范等为主要的衡量标准导向并未改变,忽视了24字价值观作为官民共守、公私同体性道德要求的根本特征，也未找到将其价值要素转化为工作具体要求的方法。在落实到具体行政行为时又往往会走样，如2016年时河南省滑县道口镇政府为执行县政府建设文化墙的决定和命令，在公民王某林门前设置了文化墙，王某林提出镇政府的行为属于堵门式设置，侵犯了其合法权益，起诉后法院以宣传内容正面积极，且符合行政权限和程序为由，不予支持；后河南省高院经再审后最终确认：道口镇政府将王某林所建房屋的部分门户封堵，影响通行、给房屋使用带来安全问题，侵犯了王某林的合法权益，应予拆除。此案集中地反映了部分执法部门在履行上级决定和命令时，仅在形式服从方面考量执法方式问题，而未考虑到其所宣传的核心价值观本身就是为了保护人民的合法权益，却以侵权的执法方式号召保护公民权益，直接地体现出24字核心价值观具体化为制度措施时存在的执法"短板"。

这进一步地体现出，法治政府建设在程序正义方面的进展，相对于执法者意识的现代化、中国化的进度相对较快，对易于定量化、数值化的内部考核指标较为偏重，对其执法行为向外部扩展、有待社会公众和公民个人回馈的信息，未上升为评价执法部门及其工作人员的明确指标。这与国家治理体系下公私以合作模式，而非执法主体辖制公民个人、权力者向社会主体转嫁制度负担的根本要求，不相符合。

第三，核心价值观作为正面激励与负面否定的执法评价标准的地位，尚未得以确立。除执法依据、执法过程中体现核心价值观要素外，执法结果作为政府最终作用于社会的末端因素，其所形成的对正面道德价值的宣示，以及其对负面做法的否定，是影响公民个人对执法质量体认的重要环节。在当前的执法工作中，更多地强调执法人员作为评价公民个人的主导性作用，而鲜于反向思维式地将执法行为折射出的品质作为评价对象，这种现象的原因在于较重的"官本位"思想。如电子艺界公司向原国家工商行政管理总局商标评审委员会申请商标"植物大战僵尸"时，委员会认为：申请商标中的"僵尸"为封建迷信中的一种鬼怪，申请商标整体作为商标使用具有不良影响，属于有害于社会主义道德风尚或者有其他不良影响的标志，不予注册。将该商标的名称作出近乎条件反射式的认定为封建迷信似乎有理，但也可理解为"植物与僵尸的斗争或战争"，且游戏本身也属于中性色彩而无恐惧性内容。法院认定，无证据证明对我国社会公共利益和公共秩序产生了消极、负面影响，且中英文对照的英文商标已合法注册，所以驳回中文商标申请不符合权利一致性原则的要求，最终政府败诉。本案充分体现出核心价值观转化为直接的执法依据时,往往需要执法人员结合案情进行切身式的法条理解,判定其对公民权益的有利与不利之处。在集中地呈现执法导向的典型案例事例遴选与宣传时,发布部门更多地将本部门、本地方领导的重视作为吸引公众注意的卖点,片面地注重对有利于社会正面评价的面向进行宣讲,而对存在负面作用的执法方式,就造成不良影响的执法事例较少进行充分的剖析和总结。如此一来,落实核心价值观的主要任务落在公民个人身上,而体现核心价值观的积极价值则比较集中于执法人员,特别是领导干部;忽视了核心价值观对社会矛盾、公民间纠纷、公私主体间纠纷进行就事论事的描述,落实核心价值观要求的执法效能评价上存在泡沫,对此应予充分重视。

二、核心价值观引导执法权的实效有限

通过分析各执法领域中出现的典型事件和案例,会发现核心价值观体系的三个层次价值间对接、融合,存在以约束行政相对人为主,而对执法者自身道德素质建设未予充分重视的现象,在执法权启动、执法方式与执法程序、执法后果评价等方面,充分地体现出来。从根本上讲,是由于核心价值观对执法权限、边界及其实施条件等实质内容,未形成有力的引领作用。

一方面,执法权启动方面仍未充分体现核心价值观的道德共享要求,侵犯公民财产人身自由权益,不文明执法现象仍不同程度地存在,对权力膨胀缺乏有力的规训。虽然国家和各地出台了大量的关于裁量权、执法规范性要求的规定,但在面对具体的执法事项时,特别是突出性公共事件的应急处理中,这些对执法者的要求容易在紧急权限名义之下,以合法名义过度侵害公民个人的合法权益,失去社会认可的合法、合理正当性。例如,在应对新冠疫情时,部分地区出现私自设卡断路、执法人员采取强制性过度的手段驱散群众、个别地区直接入户执法等做法,在形式外观上似乎具有应急的正当理由,但是从执法手段与民众可接受性、执法交涉方式与一般社会生活习惯,在执法者与公民个人间关系方面产生了过度的对立情绪。对此,我们应当反思的是:在执法权存在合法依据时,与被执法对象之间在法定事项之外更宏观的社会连带关系之上,是否存在更为重要的共同利益,是否应当遵循更深层次的、立法条文之外的行为规范。显然,单独看待特定执法行为,确实需要追求当下的效率和社会震慑效果,但如果忽视可能造成的利益对立,就会将公民作为执法对立者。而核心价值观将公私主体置于社会共同体之下,在国家利益、集体利益的整体利益格局之下再审视相关执法行为的适当性时,则会

发现其间在执法权启动及其运用方式上存在的负面效应。从我国当前三个领域内十余个主要执法点的制度设计来看,均是以授权性规范为主,过程控制以形式化要求为主,而对其损失相对人权益的程度、深度,以及其与违法情节间的比例性对比关系,缺乏有力的控制环节。从根本上讲,这是由于执法理念和权限启动逻辑,受到执法关系间对立面向的过度影响,但忽略利益统一面所致。而对核心价值观在更高层次上倡导的利益统一面向缺乏全面的审视,24 字价值要素对执法体系的引领作用还需要继续加强。

另一方面,典型事例的发布中体现领导重视的成分过重,为公民个人形成敬业、友善等良好社会道德的示范效应和感召力不够明确,执法方式的社会效益最大化导向尚未完全形成。反映执法者准确辨识特定执法事项中情、理、法成分,并将之作为解释特定执法依据的涵摄、类推、填白等法律技术运用能力有所不足。实际上,通过典型人物、典型事例案例、典型执法措施等示范性执法反映的内容,相对立法文本而言,应当具有更生动的阐释效果;相对于复杂多元的社会现实,又能反映执法部门及其工作人员在事实认定、法律逻辑的具体运用方面,既守住法律底线,又在合法行政的限度内将核心价值观的积极作用发挥到最大,是一种就事论事、就法论法、就案论理的综合过程。但是在当前不同行政部门发布的执法案例情况来看,一是执法部门不如司法机关那样重视示范性事例案例对工作的推动作用,发布频率并无规律,二是执法部门择机发布的各类典型做法、典型执法事例、典型或先进执法人物事迹等,较多地体现本部门如何重视上级文件,各级领导干部或负责人如何重视某类工作,如何动员全系统工作人员开展工作。例如,上海市市场监管局于 2021 年 7 月 23 日公布的《2021 民生领域案件查办“铁拳”行动第三批典型案例》中的案件二“正大食品案”,黄浦区市场监管局查实:当事人未建立健全食品进货查验制度,在采购上述韭菜时未取得该韭菜批次的正规检验检测报告;经中检科(上海)测试技术有限公司出具检验报告,该公司经销的“四季农庄”韭菜经抽样检验,腐霉利项目不符合《食品安全国家标准食品中农药最大残留限量》要求,被判定为不合格,违反了《食品安全法》第 34 条第 2 项的规定。据此,对其经营农药残留含量超过食品安全标准限量的食品的行为,作出行政处罚,并将“四季农庄”韭菜生产商的农残超标行为抄告相关的市场监管局。这只是《食品安全法》中一个普通的执法流程,既不涉及疑难术语的解读,也缺乏取证、认定方面特定法律技术的展示,这样的案例明显缺乏典型性。

从典型案例体现出的导向看,以表态性事件信息的发布为主,甚至是标榜自身的责任敏感性与工作积极性,这些内容对营造部门文化、提高社会影响力是具有积极作用的。但所涉内容失之过宽,对本部门内执法事项中法律制度作出强制性要求的事实成分,与基于执法主体的价值判断而形成的官方理解的展示严重不足,如此一来,则无法就执法结果中对严格遵守法律明确规定的部分,与社会主义核心价值观引领下在合法限度内进一步形成的利益考量,进行清晰的展示。这对社会公众形成的影响,是一种自鸣的、含混的执法过程,从中无法展示职权主体对执法对象进行事实、价值复合评判的心证过程,也无法发现执法者示范性地在具体执法行动中遵循核心价值观的具体做法,执法者对核心价值观的情感认同、行动落实过程没有得到充分展示。在多部门的视角下,相互间竞相向公众展示的示范性、典型性执法信息,传达出对核心价值观的理解不尽一致,加之部门间、地区间处于执法效应的竞争状态,质量欠佳的执法案例展示无法形成良性的政德竞争,反而可能降低信息准确性、清晰度,使那些正确辨识法律与核心价值观要求,更符合核心价值观的执法实践案例,反而在混杂的信息流中处于弱势地位。

综合来看,无论从一般规则到具体执法实践的制度性执法落实角度,还是从众多实践中提炼一般性执法经验角度,核心价值观与书面规范文本间的契合关系还未稳定地生成,前者引领执法实践的实质效应尚未充分地发挥出来。

三、核心价值观对执法程序的规制乏力

执法主体与相对人的互动关系,可以具体分解到以时间为顺序实施的步骤中,就是执法人员按规定的步骤和顺序,完成各个工作环节的任务需求,但实践中,忽视关键步骤缺少重要程序环节的现象时有发生。内在地看,乃是因为在执法人员内心中对公民、公众权益的轻视,既是政务职业道德方面存在不足,也是在职业行为规范上脱离公私互动的需要。执法人员对特定程序环节的不规范执行,甚至是忽视,可能会造成行政行为的效力瑕疵,也可能给与其效力无直接关联的行政相对人、社会公众带来不良的执法体认感,造成行政权威的损耗。

(一)富含核心价值观的实质性程序观缺位

从执法程序的履行环节来看,核心价值观的诸要素在有效地转化为实质

程序观价值方面,尚有相当的距离。执法程序既具有形式意义也具有实质意义,它不只是一个按时序推进的、中立的步骤系列而已。在此过程中,首先,在面对特定执法事项时是否启动法定的执法程序,相应的事实元素是否符合启动特定执法程序的前提条件,是需要执法者对涉及行政相对人的事件和行为进行定性和定量判断。其中,如何看待行政相对人相关权益与本部门、本执法者职权职责间的关联,到底是作为对立与统一相协调的国家治理合作者,还是作为完成执法任务的"敌对性"相对方,影响执法程序的具体展开过程,是否全面考量对相对人不利的和有利的程序要素,对之有利与不利的执法证据进行全部收集涉及对执法程序背后法律价值的理解。其间,需要从执法者的价值观层面,充分地接受核心价值观的理念输入,在国家治理一致性利益框架下充分尊重公民合法权益,秉承执法过程也是公私合作解决问题的伙伴精神,在执法终极目的上因循民主价值,以核心价值观为引领执法的逻辑起点。

其次,执法过程是多个环节、步骤连续构成的整体,其间是有时序、衔接与标准一致性要求的,在执法实践中还存在各环节间不协调的问题。例如,2021 年 5 月 1 日凌晨 4 时许,西安一驾驶员将车行驶至康乐路时停车,其从主驾驶位换至副驾驶位,并放倒副驾驶座椅后躺卧,后出现呕吐和抽搐等症状,约 4 小时后司机再无生理反应。但在 10 时许执勤交警发现该车违法停放后,却在驾驶位 B 柱(副驾驶位一侧)处粘贴违法停车告知单,未注意到车内的异常,后群众发现车内情况后拨打"120",确认该司机死亡。根据《道路交通安全法》第 93 条的规定,对机动车违反停放、临时停车规定的,如机动车驾驶人在现场,则应令其立即驶离,如机动车驾驶人不在现场或者虽在现场但拒绝立即驶离,妨碍其他车辆、行人通行的,方可罚款。根据此规定,执法人员应当先确认司机是否在现场,发现其在车内的,应先告知驶离。本案中,执法人员对违法停车行为进行行政处罚前,如果严格执行交通处罚程序,就可以发现昏迷于车内的司机发生的紧急情况,从而施以援手而不是径直贴上罚单。正是由于在程序上无视确认是否在场的环节,既造成对处罚程序的违反,也在社会公众间引起不良影响。由此可见,贴罚单是罚执分离的程序环节,而确认在场与否从而决定是否贴单罚款是前续环节,只有诸环节间周延相继才能完整地将制度规范与事实要素进行对接。可见,坚持社会主义核心价值观的引领,形成具有实质效果的执法程序观,仍然任重道远。

(二)跨部门执法时核心价值观难以融贯地落实

当前,执法体系内部权责不清、消极推诿等现象仍然存在,围绕共同管辖事项的法治化部际程序的衔接关系、协同效应尚未有效形成。执法程序的展开不局限于特定部门内部,特定行政审批、监督、处罚、强制等事项,往往需要多部门联合进行,特别是我国在不断优化营商环节,深入推进"放管服"的过程中,大量的事前审批被取消,或修改为备案;对存量的多部门事前审批事项,也将固有的各部门之间依顺序审批的方式,变更为平行式审批方式,较好地减轻了行政相对人的制度成本。据统计,从 2002 年 11 月《国务院关于取消第一批行政审批项目的决定》(国发〔2002〕24 号)开始,至 2019 年年底《国务院关于取消和下放一批行政许可事项的决定》(国发〔2019〕6 号)颁发,国务院共取消、调整、下放行政审批事项 3819 项,其中取消 2028 项(占比为 53%),这些领域内行政相对人的合规监督将转变为事中事后监督环节;取消和下放管理层级的行政审批 442 项、调整的行政审批 201 项,取消的职业资格许可和认定、清理规范的国务院部门行政审批中介服务各 192 项。这还不包括地方各级执法部门的落实性措施、"放管服"改革、"只跑一次"、"两随机一公开"等改革中,作出更多取消、调整、下放、清理等事前程序。这一改革对多部门执法事项提出了更高的要求,主要体现如下。

1. 事前审批顺位变平行的情形中,行政相对人在分别获取各个执法主体的许可后方可实施相关事宜,从形式上看,各部门间的许可权无前后顺序,是一种独立实施、分头进行的行政执法过程。但是,这并不意味着各部门审批之间不应当横向关联,对特定部门审查发现不符合本部门的审批要求,但完全符合其他部门要求的事项,如部门之间未就审批环节发现的不法信息进行通报,则会出现部分执法部门许可、其他部门不许可的情况,在实践中行政相对人会将有许可事项作为抵抗的盾牌。执法体系与公民发生制度互动时,应当以一个内部协调的、职权行使融贯的状态出现,而不是孤立地在部门本位视野下作出相互矛盾的执法决策,这将使核心价值观所保护的整体利益被部门化拆解,造成本应统一行动的不同执法部门因时因地因部门领域发生功能错位,甚至相互抵触,更会使坚守爱国、诚信等个人层面价值观的公民对执法主体产生异在感、逆反性。

2. 事中事后执法监督环节的部际互动,对落实核心价值观的要求也至为重要。与事前审批环节各部门被动接受申请,处于主动作为、行政优益的地位不同,事中事后监督出现的违法情况多是不作为性违法。以生态环境领域的事中事后行政不履职为例,第一轮中央环保督察分 4 批于 2015 年 12 月至 2017 年 9 月进驻各省后,督查组反馈的信息[1]情况为:企业、政府部门单独违法的情形约占 23%,且很多是政府单独违法,企业单独违法的情形较少。在政府单独或共同违法的情形中,违规审批等作为型违法情形占比约 20%,剩余八成左右的问题均是政府消极违法的情形,各督查组通报的问题主要包括:政府监管不力(占比为 34.27%)、行政机关执行命令不及时(占比为 5.24%)、政府缺乏环保理念(占比为 4.44%)、政府不作为、乱作为(占比为 25.40%)、落实不严(占比为 10.48%)。由此可见,在事中事后监督中,行政不作为是较为典型的问题,而当执法事项属于多部门联合监督的情形时,则更易出现不依法履职情况。如在湖南省×市的采矿破坏林地的案例中,(2019)湘 0381 刑初 339 号刑事判决认定:企业在相关许可不齐全的情况下私自进行林木砍伐、开采矿区,并在采矿权审批区域范围外采矿,私自占用农用地修建采矿设备,造成林地破坏,岩石裸露,生态环境破坏,严重损害公共利益。林业部门发现后,两次责令停止破坏、恢复林地植被或者恢复林地植被条件。但国土资源部门在此期间仍为采矿许可证办理了延期,甚至在林业部门将本案移送至公安局立案侦查进入刑事司法程序后,国土资源部门仍为其第二次办理了延期,部门间事后监督环节执法权脱节使当地森林植被受到严重破坏。此例启示我们:林业部门发现违法后,国土资源部门是否也应同步地采取执法措施?在其采矿行为需多部门平行许可时,可否以其违反其他部门的审批要求,或违反其他部门的事中事后要求而采取联动执法?打破部门本位,特别是杜绝本部门许可决定与其他部门监督权之间的冲突,这需要执法部门间进行系统执法,执法部门与权力机关、司法机关等构成一个国家公权力体系,公法主体与私人、社会主体共同构成国家的治理体系,这种不同部门共同遵守社会主义核心价值观带来的跨部门视角,有利于各部门审视自身行为与其他部门的协调关系,根本上防范后续行为的矛盾。

---

[1] 笔者通过汇总生态环境部“中央生态环境保护督查”专页第一轮督查进驻各省的督查组反馈报道,对企业违法、政府违法、企业政府共同违法问题进行分类汇总。由于督查组在反馈中的用语存在差异,笔者尽量直接援引其定性的用语,因而文中的分类子项间可能存在同义交叉情况,特此说明。

第三节　社会主义核心价值观融入执法的具体路径

社会主义核心价值观是集传统文化中的治理资源，综合西方先进文化和当下国情对共同道德体系的需要，由执政党总结提炼作为全民共同遵守的核心性价值观。行政执法体系是公私法主体接触互动最紧密的领域，将核心价值观要件全面融入执法体系，既是优化执法过程本身的内在需要，也是改变执法者与其他国家治理参与者关联方式的整体需要。据前文所述，全面融入过程中最为关键的是对行政裁量权和行政程序两个方面的影响，同时，也要与执法部门及其工作人员的执法意识、工作动机、职业荣誉体系相衔接。

一、核心价值观具化为执法主体的工作理念

执法理念是引导为什么执法、如何执法的思想性指导，是执法者所遵从的工作意识。执法者对执法事项中利益成分作出理性分析，是决定其执法质量的关键因素。如缺乏一个宏观的、整体的核心价值观引导，则执法体系将成为一个单独的价值体，异化为按照地方或部门本位的功利性、策略性执法行为模式。鉴于"核心价值观具有'制度建构'和'公民行为规范'双重作用"[1]，是新时代支撑国家运行的共同道德诉求，执法过程中既要严格遵循书面规范，良好的执法效果也会产生"道之以德，譬如北辰，居其所而众星拱之"那样的道德示范效应，是支撑国家治理体系的子单元。

（一）核心价值观引领下构建共益型执法观

立足社会主义核心价值观的三个层次，以及每个层次内的价值逻辑，重构执法者与行政相对人之间以统一为根本、以对立为外部表象的行政关系认知。现代行政不仅是传统的政治行政，也是面对工业化、信息化各种风险的风险行政，还需要执法者发挥提供安全、社会保障等方面的给付行政功能。政府不仅是私人违法行为的禁绝者，也与公民在现代技术、社会矛盾化解方面处于利益一致地位。因此，在核心价值观的统领下，行政执法关系双方除

[1] 刘建军：《"社会主义核心价值观"的三种区分》，载《思想理论教育导刊》2015年第2期。

具有法益冲突外,更存在利益共通性。同时,这些共同利益不仅来自技术、国内社会发展中的不确定性,也是外部压力之下的必要反应,这就需要我们在共同的核心价值观感召下,强化执法关系内部的利益一致性,采取更易沟通、更具价值共识、更能为各方共同接受的执法具体方式。这需要以核心价值观为沟通基础,发掘在执法关系双方利益对立背后的国家道德、社会道德、个人道德等共同文化因素。特别是执法者要改变工具化地看待行政相对人的模式,而公民也要转变对执法人员的成见,双方在共同价值前提的影响下进入和谐状态。

由于执法者往往处于主动和优势的地位,因此将社会主义核心价值观融入执法理念,首先要求执法者的权力观和执法思维进行改变。传统文化的官本位在一定程度上仍然存在,近些年来反腐工作的情况揭露了一大批潜藏在执法权外衣下的“两面人”。从办案机关披露的许多案情以及贪腐分子在忏悔材料中的自我剖析可知,其在行使执法权中出现的偏差,在理念认知上多将执法关系设定为单纯的权力行使关系。这些人将相对人权益、社会公共利益作为个人谋利的工具,将一己之私凌驾于共同利益之上,加上我国集权制的宪制结构,为这些隐藏在执法权力背后的扭曲思想,提供了得手的工具性便利。这些案例及其形成的治理教训给我们的启示是:执法者必须将其手中的公权力置于整体国家、社会谱系的框架中,不能限于地方性、部门性片面的主体观,执法权本身也是“国家—社会—个人”关系中的一环,执法者的职业本身也是国家治理功能的要素之一,不能凌驾于社会价值和共同利益之上。同时,我们也要认识到执法者作为公共资源的分配者、公共意志的直接表达者,在公众中间具有道德示范的功能,其执法行为作为公器将特定利益分配给相对人,对公众体认国家意志、社会情感起到了重要的影响作用。在这一方面,社会主义核心价值观超越规范文本之处,集中地体现在内化的理念和甄别执法事项中的客观利益和主观价值方面。这需要执法者将核心价值观作为与执法依据并行,甚至更高位阶的制度渊源看待和使用,作为确定执法依据、拟定执法方案的效力依据。

(二)比例原则指引下的善意文明执法观

执法目的之合法性并不能当然赋予执法手段的正当性。政府行政执法的基本要求是:严格规范公正文明执法。其中,文明既是社会主义核心价值观的基本要求,也是行政执法的基本要求。近年来,我国行政执法机关在严格规范执法方面虽然较过去有了显著的进步,但是有些地方仍然存在随意执法、粗暴执法、执法“寻租”等问题。执法不作为、乱作为、过度执法等问题严重影响党和政府的形象,损害人民群众的利益。下面列举一个近期在社会上引起广泛关注的执法案例从而管中窥豹。

2021 年 8 月 5 日上午 10 时,含山县环峰镇接到群众举报,反映城区一处的房屋内,有人违反防疫规定,组织多名学生聚集补课。社区工作人员到达现场后责令立即停止补课,现场负责人贾某某当场承诺停止补课。当天下午 2:40,环峰镇再次接到群众举报,反映学生还在同一场所集中补课。公安民警和防疫人员赶赴现场后,敲了一个房间 10 多分钟都不开门,遂使用暴力破门而入,在现场学生的众目睽睽之下,执法人员掐住补课老师的脖颈将其带离教室并将学生疏散。该执法视频在网络上传播后引起轩然大波。虽然含山县人民政府在调查报告中说明,该场所无办学许可证,且该补课老师严重违反含山县疫情期间暂停校外培训机构线下培训的相关规定,已责令其立即关闭补课点并接受处理。但是公众对行政执法过程中执法人员简单、急躁、粗暴、不规范的执法行为强烈不满。社会公众基于社会主义核心价值观的常识常情常理本能地认为,无论如何,当着众多青少年学生的面像对待嫌犯一样掐住老师的脖子将其“押出”教室,公众无法接受。事后经查,该执法场景系因执法人员多次警告,而补课教师拒不配合而采取的不得已之举,破门而入似为被迫,押解离场似对违法补课行为的执法。此类执法案例显然是违背社会主义核心价值观的文明理念。

文明执法的理念是近年来法治建设的重要关注点,最高人民法院《关于在执行工作中进一步强化善意文明执行理念的意见》中提出:强化善意文明执行理念,在依法保障胜诉当事人合法权益的同时,最大限度减少对被执行人权益的影响,实现法律效果与社会效果有机统一;2020 年 2 月,司法部《关于推动严格规范公正文明执法为疫情防控工作提供有力法治保障的意见》规定:要坚持文明执法,推动、监督各级行政执法机关积极践行执法为民理念,尊重行政相对人的基本权利和合法权益,确保行政执法法律效果和社会效果的统一。进一步改进办案方式方法,注重语言规范、行为规范,杜绝粗暴执法、生硬执法,避免激化矛盾,引发对立冲突。严禁以执法名义打击报复行政相对人,严禁乱收费、乱罚款、乱摊派。要善于释法说理,做到以法为据、以理服人、以情感人,减少执法阻力,赢得群众对执法工作的理解和支持。为了进一步落实“严格规范公正文明执法”,国务院办公厅于 2018 年 12 月印发的

《关于全面推行行政执法公示制度执法全过程记录制度重大执法决定法制审核制度的指导意见》,从执法权来源、执法过程和结果三个环节,规定了保障严格规范公正文明执法的具体操作方法。

尽管有这些针对执法症结问题的国家政策和决定,但正如前述案例所呈现的情况,一些执法人员存在将严格执法与文明执法对立起来的错误观念。实际上,严格执法强调的是有法可依,有法必依,执法必严,违法必究。文明执法不是要求执行人员以“善意文明执行”为借口消极执法,而是强调执法过程中,应当通过文明的手段、规范的程序实现执法目的。文明执法观的本质是行政机关在行政执法过程中,要贯彻社会主义核心价值观,坚持比例原则,找准双方的利益平衡点,追求执法社会效果和法律效果的统一,避免过度执法。因此,文明执法的精髓在于比例原则,保障执法手段与违法行为间在性质、程度上的匹配性,需要执法人员以核心价值观为思想基础,认清其与行政相关人除具有矛盾的对立一面外,还有着更深层次的统一面向,据此形成善意执法,通过执法过程向不特定多数人释放良性执法意志。

(三)着力形成执法思政的有效融入方案

当前,国家在教育领域提出在教学内容中要植入体现社会主义核心价值观的思想政治教育内容;执法行为既是社会利益的配置过程,也是通过实践行为展示公民关系的法治教材,涉及行政相对人的切身利益,对相对人的价值冲击和思维影响更加深刻。要将核心价值观按“执法思政”的方案实现有效融入,需要拆解为执法行为过程中的具体要素。

因此,应当在执法部门考评规则、执法人员素质培训方案、执法行为的操作指南等方面,将社会主义核心价值观的三个层次要求,具体分解为执法部门职责、部门职权衔接与补漏协作要求、执法思政的肯定性与否定性标准等可操作的具体指标。应当谨记的是:法律的生命在于执行,但执行本身应当是有生命温度的。由于立法文本中会涉及道德伦理因素,如在家事领域的相关法律;也有的法律涉及许多技术性色彩较浓的事项(如食品安全标准、环境质量标准等),与价值伦理的直接关涉性不强,但其执行结果也会引起社会的广泛关注。因此,在打破执法仅是对法律文本进行机械化操作的迷思后,更要对照不同执法部门、人员岗位的权力清单、目录和具体的操作性纪律要求,从中梳理出需要在执法过程中关注价值要素,对应地提出其践行社会主义核心价值观的应然的、示范性的做法,作为工作纪律和要求加以贯彻。同时，要将这些分拆的价值指标与条文文本的行政解释对应起来，使其既作为解释特定执法制度渊源的背景信息，也作为特定解释形成后但无法调整执法事项所有环节时的空白填补规范，还可承担在形式化解释引发不合理的执法结果时，对相关的执法行为进行纠偏，甚至创制出优化版的执法方案。总体而言，社会主义核心价值观能对具体的执法行为形成微观意义上的价值引领，通过国家道德实践与社会道德共识相契合，在个案中对特定个体的道德表现进行评价，融核心价值元素于法理、情理之中，实现执法的最大效益。即使对立法中有明确规定的内容，也要融入公私主体的治理共同体视野，注重文本规定的执行方式，才能避免价值抵牾和社会矛盾。特别要依据社会主义核心价值观的要求，在各个执法环节中进行换位思考，加强执法工具在非紧急情况下的使用弹性，重视不同的执法手段展开方式对公私合作关系构建的差异化影响。

（四）强化结果意义上的执法价值倒逼机制

社会主义核心价值观既要作为事前、事中对执法行为的引领，也要形成结果意义上执法效果的社会认可度，通过事后价值评价的预测可能性倒逼前续环节。行政执法目的不是逞示权威，也不仅是在形式上配置公民之间、公民与特定国家机关的实际利益，而是政府组织全体公民营造社会生活的手段，具有更深层次的结果追求。社会主义核心价值观对执法的效果进行良性、恶性的区分，对应地转化为执法部门和工作人员的优劣评价体系。通过执法者与公民间互动结果的价值利益分析，厘清其作为法治教育的实践材料在家庭与邻里、职业等社会关系方面实际形成的激励效果。可见，结果意义上的引领是对核心价值观要素向事后、事外的延伸性思考，在执法过程拆解了价值要素后还要求重视执法方式与处理结果可能在纵横利益关系中的后续影响。执法行为本身应当是国家治理秩序的积极贡献性要素，在政府与公民的重复博弈、反复交往中输出执法核心价值观，强调将形成的公私关系固定化，增强执法对核心价值观的遵从度，提升社会认可度，形成行政道德与公民道德间的互相促进关系。

二、核心价值观融入执法措施的实体内容

向执法体系中融入核心价值观，使其在“形”外获得“神”，“要义是核心价值观要素由外而内地融贯其中，融入须在应然与实然、能指与所指、认知与

践行的层面上综合地进行”[1]。核心价值观要依循执法的固有逻辑，执法不像司法那样以纠纷化解为导向，而是“只要是有执法依据的这些主体所做的行为都是一种执法行为。从这样一个角度观察，执法在法律实施中承担着更重要的任务”[2]，是执法者与公民的日常往来总和，融入点就在其中。

第一，加强执法部门的涉价值类规范建设，提高核心价值观较化为执法规范的制度建设水平，以执法者的职业道德、社会道德要素作为核心价值观的抓手，引入核心价值观解决为谁执法的问题。国家治理的现代化关键是人的现代化，核心价值观融入执法价值判断所依赖的标准，是整个融入过程的起点，“大道之行也，天下为公”，行政权是公器，是国家治理体系的一环，政府用权、公民服从不是目标，而是中华民族在追求社会主义共同价值的手段。执什么法、怎么严格执法是施政的逻辑起点，它由国家的文化共识所决定，只有先进的文化共识才能导出良法善治。社会主义核心价值观正是我国社会的文化共识，以其引领严格执法，就是要将核心价值观摆在确定执法内容、依据、领域等的决定因素位置上，执是手段、法是本原。既要将其全面转化为法律制度，又要将未转化部分用政治责任、社会责任管起来。激发人民群众对执法来自共同价值的意识，形成于法、于德有据的社会监督文化自信。因此，应当在执法部门人员招募、执法证书准入、执法部门内部业务规范、执法人员定期或不定期培训等工作环节中，以核心价值观为样本素材，分解为各类执法过程相关规范的条、目、款、项，将核心价值观从思想文化体系直接转变为有效约束执法者的显在规范。

第二，提高执法部门及其工作人员运用核心价值观的能力。将社会主义核心价值观作为执法的直接依据、辅助依据，或立法规范行政解释过程中的考量因素，解决执法是以何制度为依据的问题。法律在形式上表现为通过社会实践需求总结出来的行为规范，但法定机关在取舍对哪些实践需求进行制度回应时，必须在社会需求和政治决定之间，找到整个国家的制度共识，所执之法是调和政治、社会、社会多元需求的规范成果。从发生学上看，社会需求与政治决策间的共识，是需要实事求是地进行梳理和总结的，看似回应的是公私主体的客观需要，内在的是不同主体对社会事实的价值判断，良法是主

[1] 曾令辉：《论构建培育和践行社会主义核心价值观长效机制的切入点与维度》，载《思想教育研究》2015 年第 12 期。

[2] 刘作翔：《关于社会治理法治化的几点思考——“新法治十六字方针”对社会治理法治化的意义》，载《河北法学》2016 年第 5 期。

客观相统一、公私意志相协调的成果,体现一定时期内所有国民的世界观、价值观之总和,执法机关必须对之有效回应,否则执法行为将失去民意土壤。但由于制定法的稳定性同时也会产生背离现实的不足,对立法规定进行权威解释,特别是着力填补立法漏洞,不仅是司法官解决争议时的使命,更是执法人员解决行政纠纷时的必备技能,根据民情进行积极解释是执法工作的重要内容。无论是核心价值观制度化还是能动执法,主"合"不主"分"是基本导向。所以,无论是以正式渊源还是以非正式渊源为执法依据,都要从核心价值观中汲取营养,从多元诉求中提取共同利益。据此,首先,应由不同部门结合本领域执法对象的特征,出台将核心价值观融入执法过程的业务规范,使基层执法人员有法可依,并定期地进行审核、更新和调整;其次,加强行政执法典型案例事例与示范性执法措施的建设,通过一事一例的方式,紧紧结合具体执法事项的事实因素、涉核心价值观因素相结合的执法技术问题,以个案的办理为素材展示在具体语境中体现核心价值观的示范性做法;最后,要加强执法案件评查制度,从业务行业和法律领域的专家中,以及一定范围内的公众中遴选出评查人员,定期对执法案件进行抽查和匿名性评价,从专业与社会道德相结合、行政效率与社会民主相平衡的角度,提升行政执法践行核心价值观的社会共识度和科学性。

第三,优化执法依据与执法事项相对应的判断基准,强化裁判基准的形式化要求,以及程序启动、事实认定、裁量权适用等执法环节中具体要素的基准要件的标准要求,解决实际执法中形式立法与法外价值融合程度不够高的问题,总体上具备良性执法的特质。首先,核心价值观对执法具有目的检测和效果矫正作用。执法并非仅作用于行政相对人,也会影响第三方,特别是对社会公众形成示范效应,执法不严会向非当事人传达违法更有利的负面信息。因而,执法者在面对个案中的具体行为时,也要看到具体中包含着普遍性因素,个案的处理方案也构成富强、民主、文明、和谐的国家治理组成部分,要注重处理过程中与社会主体互动时是否体现自由、平等、公正、法治的内容要求,甄别不同的执法方式和手段对塑造爱国、守法、诚信、友善的个体行为模式的差异化功能,有效提升执法者"小中见大"的能力和水平。其次,在实施行政裁量权时,核心价值观成为关键性抉择要素。我国的许多立法中,给予行政机关较大的裁量空间,在其设定的上下限之间,不同的执法方式均是合法的,但社会对其合理性的认可是不同的。其中的评价标准并非执法者的好恶,而是社会普遍认识水平的理性个体感知。最后,在法律具有明确规定之处,执法方式也具有朝着相对人有利的方向适当延伸。严格执法对执法者形成刚性要求,但其行使方式应有利于激发相对人参与行政过程,与执法者一道成为公共利益的捍卫者。

第四,提高对执法程序的实质化要素的认知,优化具体执法手段、措施的合理性,解决如何最适宜于具体对象的执法问题。执法是在一定时段时完成多个程序环节的活动,既需要从技术角度考量的执法可行性,也要注重执法效率与政府成本等多个方面的问题。核心价值观能有效地引导执法者综合考量各因素,选择达到最优社会效果的操作方法:一方面,核心价值观要求选择执法手段坚持比例原则。根据涉案行为的利益关系、行政相对人的具体状况,适时、适度地执行法定措施,当存在多个手段并存时,应考虑合理地进行组合,执法乏力和执法过度,都会损害法治目标。另一方面,在执法程序的各环节中要与行政相对人积极互动,以公开的、有序的执法过程,吸收相对人参与,对其提出的异议进行及时、准确的回应,引导形成政民互信的社会风气,在程序运行中提高执法措施的说服力和人性温度,减少对立法内容的误读和程序规则的误用。同时,紧扣行政文化与科层评价机制[1]的要害,将核心价值观作为评价执法成效的重要标准。这不能停留于抽象层次,而要与执法实践更加紧密地结合起来,综合运用公众满意度、社会矛盾与敏感纠纷点防控能力、引导道德性事件社会舆论等因素来评价执法机关的工作,使核心价值观对执法效果的引领效果具体展现在执法工作的各方面。

三、核心价值观强化执法体系的组织保障

我国执法实践中还存在有法不依、执法不严的问题,体现为法治思维与法治意识不够,执法机关积极配合当事人的违法行为,监管松软的不作为型违法,对群众举报不回应、不惩处等。将社会主义核心价值观融入严格执法,“意味着传统政治意识形态内容的改变,权力话语权将被抑制,而法律、权利话语权将要形成”[2]。这关键就在于形构“执法者—相对人”的统一体,要结合执法活动的道德塑造功能,在执法行为的内部植入核心价值观要求,并营造促进融入的外部环境。“执法体系现代化建设的核心是实现执法

---

[1] 参见吴翠丽:《社会主义核心价值观嵌入日常生活的内在机理与实现路径》,载《南京社会科学》2015 年第 2 期。

[2] 陈金钊:《对法治作为社会主义核心价值观的诠释》,载《法律科学(西北政法大学学报)》2015 年第 2 期。

主体、执法权力结构和执法监督三个要素的现代化”。[1] 有效融入也须在这些方面开展。

一是加强党对执法过程中落实核心价值观的领导，以一岗双责、党政同责的基本逻辑，为核心价值观融入国法从而形成执法依据综合规范体系，在政治高度形成顶层设计。道德与法律是异质的，而社会主义核心价值观融入行政执法又要建立在二者共生的关系上，融入过程本质上是以马克思主义的哲学要求为指导，根据新时代我国发展的实际需要，结合中华文化优秀成分进行有机融合。在行政执法领域，有些是法律能解决的传统问题，有些是非法律问题而需要其他制度渊源填补，我国政党制度完全具备将全民道德与法治要求在行政执法领域加以整合的能力。一方面，党规严于国法，党的制度可以大量吸收道德因素，在约束范围和力度上对党员干部作出了更高要求，党内法规与国家法律虽制定主体不同，但从根本上讲，都来源于人民利益，是人民意志在不同层级上的规范性反映，均是党依法执政的制度渊源。党的执政规范在我国具有行为“风向标”的作用，党员干部带头践履核心价值观能形成强烈的正面示范效应。另一方面，党是一切事业的领导核心，核心价值观要素首先成为党内规范，成为党执政兴国的行为准绳。同时，通过党的领导体制作用于普通党员，成为惩戒违反政治责任标准，为核心价值观融入严格执法过程提供了政治基础和制度前提。

二是加强社会主义核心价值观转化为执法各环节行为依据的立法技术保障。首先，规范性文件是执法行为的主要载体，应以此为载体将核心价值观转化为上级对下级、执法者对相对人的命令或指导。同时，应当善用核心价值观对执法工作形成的三个层次的指导意义，以“富强”“文明”“爱国”为代表的国家层面的意义，作为处于执法中宏观利益高于微观利益的总体要求；挖掘“民主”“平等”“公正”“法治”对执法工作全过程提出的程序性要求，利用4个价值要素的落实来实现程序与实质要求的协调；“和谐”和“诚信”侧重于对执法行为后果的评价，以此为据，避免机械、僵化的“照章办事”式执法，注重公民的体认感，特别是执法活动的内容、形式对公民个人的行为示范与教育意义；“敬业”和“友善”可资作为执法行为在公民间关系上落地效果的检验，通过执法的引导来缓解单位与个人相互之间的紧张关系，回到社会共同体、治理合作者的正确看法中来，深层次地夯实社会团结的心理基

[1] 张明军：《执法体系现代化的价值及其建构逻辑》，载《社会科学研究》2016年第5期。

础。行政规范性文件可根据社会实践和个案特征,与四者对应地形成工作要求。其次,在文化、信息等价值敏感领域,加强市场准入、信息保护与安全、传统与新媒体平台监督等环节的执法投入,防控违法违规内容的曝光,严惩污损核心价值观、丑化英模等文化侵蚀行为,资助和鼓励正能量文化产品供给。再次,在食品、社会保障等民生领域,结合立法与政策宣教手段,促进将人民群众的物质获得感转化为精神获得感、国家认同感。最后,在行政解释时,要将核心价值观作为文义或目的解释的基本依据。在形成裁量基准时,要审视不同的责任分段的对相对人产生的可能效果。各级政府机构和执法队伍,要提高引用核心价值观的本领。

三是加强执法队伍建设,提高执法人员的法律公共服务供给能力,为融入过程提供公众参与和社会监督的人才保障。融入过程不是执法者的独角戏,要通过信息链条、程序纽带将执法者和相对人、公众系于共同利益之上。关键就在于,如何诱使相对人之外的公众能够以公共精神参与非涉己事务中,执法者在立法和政策框架下放宽利益相关人的范围势在必行。同时,在执法手段的运用中要加强执法者的说明与提示节点,减少动辄处罚、执法粗暴甚至野蛮执法的情形。在非严重违法时应多用前置性警示,教育不改者方可处罚;在非紧急性违法时,使用提示说明督促改正,通过扩大容错空间,以案育人;加快社会诚信体系建设,将教育、提示、警告等的次数作为后续执法的参考。总而言之,核心价值观要求执法朝着缓释执法对抗的方向发展,提高执法者的公共服务质量和精准度,促进容错与留痕相结合,识别相对人和其他公众对执法活动的善意违法和恶意利用,在社会大众间形成向善向法的意识引导。

第四章　社会主义核心价值观融入司法的机理

在当前中国社会转型的特定历史时期，核心价值观的识别、凝聚、倡导和维护显得极为迫切且意义重大。司法机关是社会的最终稳定器，肩负着化解社会矛盾纠纷、保障民众基本权利、维护社会公平和正义的重要使命。基于此，一个不得不思考的问题是，司法能够为核心价值观的弘扬和倡导做些什么。对这个问题的回答必须要从司法活动本身的内在属性出发，整体考量核心价值观融入司法活动的基本原理与运行机制。本章对“司法”的界定，采用一种狭义的理解，将司法权界定为法院的审判权，[1]研究视角限定在审判机关的司法活动全过程，考察审判机关如何通过司法活动维护社会主义核心价值观。

第一节　社会主义核心价值观融入司法的重要意义

党的二十大报告指出，在文化建设方面，要建设具有强大凝聚力和引领力的社会主义意识形态，广泛践行社会主义核心价值观；在法治建设方面，要坚持全面依法治国，坚持走中国特色社会主义法治道路，建设中国特色社会

---

[1] 张文显教授认为，将司法权界定为判断权和裁判权，一方面，给了司法权一个开放的结构，司法各个环节都行使对事实和法律的判断权；另一方面，又强调了在司法权中具有决定意义的是审判权，审判权的核心是裁判权，无论是侦查，还是检察，说到底都服务于定罪量刑，只有人民法院的裁判才是终局意义上的司法。参见张文显：《司法的实践理性》，法律出版社 2016 年版，第 3 页。

主义法治体系、建设社会主义法治国家，完善以宪法为核心的中国特色社会主义法律体系，扎实推进依法行政，严格公正司法，加快建设法治社会，推进法治中国建设。将社会主义核心价值观融入司法活动是社会主义文化建设的应有之义，也是严格公正司法，加快建设法治社会的内在要求。近年来，最高人民法院积极践行和弘扬社会主义核心价值观，先后发布了《关于在人民法院工作中培育和践行社会主义核心价值观的若干意见》《关于在司法解释中全面贯彻社会主义核心价值观的工作规划》《关于深入推进社会主义核心价值观融入裁判文书释法说理的指导意见》等规范性文件，并通过评选和发布"弘扬社会主义核心价值观典型案例"等输出方式，在培育和践行社会主义核心价值观方面发挥着积极的引领和保障作用。社会主义核心价值观融入司法活动对司法体系内部建设以及司法机关增强在国家治理、社会治理方面的话语权方面均起到了积极的推动作用。

一、为司法提供价值规范与指引

（一）为司法改革决策提供价值指引

20世纪90年代以来，为了应对社会转型带来的司法环境的重大变化，我国司法改革做了诸多尝试。从"一五改革纲要"到"五五改革纲要"，司法改革虽建立在法治话语基础之上，但改革过程中依然不断暴露出司法信任危机和司法权威受损的问题，究其原因在于，我国司法制度所依赖的法治话语体系无法与道德话语体系截然分开，却忽视了二者之间的内在逻辑联系。司法改革同时也需"以人民为中心""司法为民"。人民群众身处的社会环境是一个脱胎于传统道德话语体系的世界，尽管专业化、职业化的司法改革强调尊重司法规律，兼容并蓄地吸收了普适性的法治理念，但根据这些法治理念实施的改革方案最终还是要经过人民群众的检验，司法改革同时也需"以人民为中心""司法为民"，道德评价始终存在于司法改革的所处的现实话语体系中。中国的司法改革不仅仅是一种法治实践，更承载了解决纠纷、引领社会公共规则、塑造公民德性的多重功能。人民群众对司法机关的角色期待，决定了司法改革的决策者不仅要考虑法治原则，更要兼顾道德话语体系。司法改革要回应好人民对司法机关的期待，急需社会主义核心价值观提供规则引领和价值导向。

如在立案登记制改革背景下，农村外嫁女土地承包经营权、征地补偿款分配权等引发的纠纷是否应当由法院受理的问题，部分法院实际上经历了从一概不受理，到部分受理行政案件，再到部分受理民事案件的过程。“这类诉讼实际上要求的是废除农耕社会长期遵循的普遍规则”，[1]如果仅仅遵照法律规则办案，可能催生家庭内部围绕土地和财产的矛盾纠纷更多地进入法院。当事人若以道德习俗的标准评价法院办案的结果，如何能让人民群众在这类诉讼中感受到公平正义？

司法改革固然要遵循司法规律，但于当下司法体制所依赖的双重话语体系之下，并不存在一个普适性的、始终如一的、符合审判工作规律的标准选项，司法改革的决策者只能在权衡利弊、兼顾法律效果和社会效果之后作出一个妥协的选择。社会主义核心价值观作为当今中国社会道德话语体系的高度概括，其提炼出的“自由、平等、公正、法治、爱国、敬业、诚信、友善”可以为司法改革需兼顾的社会和个人两个层面提供全面、客观的价值指引。

(二)为纠纷化解的政治效果提供评价规则

大量案件涌入法院使得法院受理案件数量持续大幅度增长，司法的功能定位对社会生活的影响力与日俱增。“仅仅抽象地理解法院的功能是解决纠纷，显然不够，一定要在社会格局和政治体系中来了解和理解法院适合以及能够接受和处理什么样的纠纷。”[2]从宏观上来讲，服务于国家政治大局是司法化解纠纷的应有之义，各地法院均将为促进经济社会发展提供有力的司法保障作为自身使命。从微观角度看，除提供充分的程序保障为案件当事人提供表达诉求的平台，以求在法律上通过司法技术理性得出法治话语体系内的裁判结果外，“案结事了”仍是国家和人民群众对司法功能的期待。政治效果的评价标准应当明晰唯一，并独立于法律效果、社会效果的评价标准。一旦实践中对法院化解纠纷的政治效果评价标准不唯一、不独立、不明确，会导致各地法院、上下级法院因缺乏统一的评价规则而出现不同，甚至相悖的政治效果考量因素，以致在处理类案时的裁量标准不一。社会主义核心价值观阐述了在国家、社会、个人层面上的政治考量，司法化解纠纷的功能应定位于促进社会主义现代化国家的建设，促进良好的社会秩序形成，以及塑造更有德性的公民，最终实现更有尊严的美好生活。这个统一的政治评价规则将

---

[1] 苏力：《司法改革的知识需求——波斯纳〈各行其是〉中文版译序》，载《法治现代化研究》2017年第1期。

[2] 苏力：《司法改革的知识需求——波斯纳〈各行其是〉中文版译序》，载《法治现代化研究》2017年第1期。

进一步引领完善我国司法功能的话语体系。

(三)为司法队伍建设提供价值准则

根据我国《法官法》第1条、第7条之规定,人民法院依法独立行使审判权,法官依法履行职责,受法律保护,不受行政机关、社会团体和个人的干涉。法官依法独立履行职责,并基于慎思享有的自由裁量权,构成了法官办案质量终身负责制和错案责任倒查问责制的逻辑前提。“与英美国家强调较高程度的规则之治不同,中国的法治模式是将‘法’作为‘治’的工具,并以‘治’为根本取向。”[1]法官在遵循司法核心价值观“公正、廉洁、为民”时,“廉洁”是对司法行为最低层次的价值准则,“公正、为民”则是为司法实现功能价值的更高层次要求。何为“公正”、何为“为民”？回答这个问题可能需要更客观、细化的价值准则。

首先,高度的自由裁量权可能引发司法信任危机,除了通过法律手段规制法官的自由裁量权外,在法律的空白地带、鞭长莫及的视域内则需要更高阶位的道德评价体系约束法官的行为。其次,法官是否公正、忠实地行使了自由裁量权,达到了秩序至上的社会效果和政治效果,其评价标准也不仅仅来自法律体系内部。最后,人民群众对法官的角色期待不仅是依法办案的技术工匠,而且是“体察民意”“案结事了”的纠纷终结者,故而我国的法官队伍培养体系不应当仅仅包含法律科学素养训练,更应当是从天理、国法、人情等多种价值取向角度培养法官的综合思辨能力。一名优秀的法官,不仅需要具备依法独立行使职权的职业技能,“更要具备社会性、洞察力以及关爱弱者等资质”,[2]更需要与时俱进的政治敏锐性。社会主义核心价值观应当担负起对司法队伍建设的价值引领作用,法官自由裁量权之规制、法官追责之依据、法官养成之要义无不需要社会主义核心价值观作为奠基之石。

二、为社会提供司法裁判的价值引导

最高人民法院《关于加强和规范裁判文书释法说理的指导意见》(法发〔2018〕10号)中定义的裁判文书释法说理包括“事理、法理、情理、文理”。释法说理应当在案件事实和法律规定之间建立有效联结,提高裁判的可接受性,“增强裁判行为公正度、透明度,……提升司法公信力和司法权威,发挥裁

---

[1] 贺宁:《法官责任制度的双重逻辑与价值衡量》,载《法制与社会发展》2021年第1期。
[2] [日]秋山贤三:《法官因何错判》,曾玉婷译,魏磊杰校,法律出版社2019年版,第8页。

判的定分止争和价值引领作用，弘扬社会主义核心价值观”。

（一）阐明事理、释明法理的价值指引

“随着社会关系、法律关系、司法案件的复杂化，随着公众法律知识的增长和法律意识的提高，特别是司法公开的强力推进，司法裁判文书的说理性、说服力和可接受性成为保障公民诉权和提高司法公信力的基本要求。”[1]在个案中，当事人基于诉讼策略通常会穷尽一切支持其主张的理由和观点，即便部分观点是偏激或者牵强的。判决书的阅读者不仅有案件当事人及其家属等利益相关人员，还包括法学研究者、关注重大敏感案件的一般社会公众等，判决书的阅读者在评价司法裁判时，可能关注和质疑的重点有事实认定、法律适用和是否符合公众认知的道德标准。裁判文书中的“事理、法理、情理、文理”任何一点都可以作为批判对象。

最高人民法院《关于加强和规范裁判文书释法说理的指导意见》认为事理是“裁判所认定的案件事实及其根据和理由”，阐明事理即“展示案件事实认定的客观性、公正性和准确性”。事实认定并不单纯为查明事情发生的经过，法律事实认定的根据和理由与法律规则息息相关但又不仅限于此。如侵害商标权纠纷中，对认定商标相同或者近似，首要标准为相关公众的一般注意力，其次要考虑该注册商标的显著性和知名度。上述两个判断原则均不可避免地需要考虑到相关公众的认知程度，在此基础上讨论注册商标的保护程度以及其他市场经营者的诚实信用判断标准，需要借助诚实、信用原则，站在公众的角度阐析“一般注意力”“显著性”。对最后作出的是否容易让相关公众误认为被控侵权商品与商标权利人有特定联系的判断，才能使裁判文书的阅读者信服。此时的社会主义核心价值观可作为原则性法律规定的有益补充，为事实认定提供充分的理据。

“法理”是指“裁判所依据的法律规范以及适用法律规范的理由”，释明法理即说明适用某条法律的理由，是弥合专业知识与公众认知的必要解释。释明法理包括释明某法条蕴含的法理，以确保公众对该法条的认知与立法原意一致；还包括了对法官正确地适用该法条的阐释，以确保公众能将作为法律规则的大前提和认定事实的小前提正确地匹配。如河北涞源反杀案，“反杀成立”是否构成法律上的“正当防卫”，法官如何正确地释法说理，回应公

---

[1] 张文显：《法理：法理学的中心主题和法学的共同关注》，载《清华法学》2017 年第 4 期。

众基于朴素常识认知得出的直觉结论,会对整个案件的舆论导向起到至关重要的作用。法律规则的专业解读固然重要,但如果判决书仅面向法律专业人士"自说自话",其后果是无论作出何种判断,均可能引发舆论汹涌,且舆论关注的重点与判决的争议焦点可能存在严重的错位。释明法理需要寻找专业知识与公众认知之间的共鸣点,有必要引入社会主义核心价值观作为释法明理的价值指引。

(二)特定情况下的准裁判依据

司法裁判活动通常以法律、行政法规、司法解释等正式法律渊源为依据,但在特定情况下,社会主义核心价值观可能作为准裁判依据出现。如司法实践中遇到的新问题而成文法中没有明确的规定,在法律空白地带即有了社会主义核心价值观适用的空间;再如前所述的法律仅有原则性规定,法官行使自由裁量权时需引用社会主义核心价值观衡平裁判幅度;又如法律规定与情理在个案适用中存在价值冲突的情形下,可能在个案中突破法律规定,作出此种修正需引用社会主义核心价值观作为情理依据。无锡冷冻胚胎权属纠纷案即属此例,即使在我国法律对冷冻胚胎的权属没有明确规定的情况下,法院也不能拒绝裁判,所能援引的不过是以社会主义核心价值观为代表的情理。

此外,法律规定本身应是与情理相通的,甚至法律规定本身就是多种价值权衡的结果。在个案中援引适用该法律规定的时候,该法条背后的多种价值观不得不被公众重新审视。裁判文书若不能回应公众对多重价值观在法律规定中权衡适用的来龙去脉,从文理上说明多重价值观如何在其中融贯一致,即使精准地适用法条、正当地适用法理,也只是获得了表层的合法性,难以得到公众内心的认同和共鸣。因为"融贯性不是形式逻辑层面的标准,而是关乎论证可靠程度的问题:一个理由没有其他任何理由的支持是不可靠的"。[1]

(三)满足公众对法治和德治的知识需求

司法裁判文书作为公共知识产品,除去其解决纠纷的基本功能以外,还

[1] 侯学勇:《融贯论在法律论证中的作用》,载《华东政法大学学报》2008 年第 4 期。

承载着恢复社会秩序、确证社会价值、安顿人心的重要政治意涵。[1] 司法案例是弘扬社会主义核心价值观的生动教材，尤其是重大社会关注案件、新型案件，更能引发人们对某一公共话题的思考和对话。通过司法引领、承载社会主义核心价值观，塑造更有德性的公民和更有尊严的生活并非空谈。凝聚了千百年中华传统文化精髓，并结合当前国情与时俱进的社会主义核心价值观，若与司法案例结合在一起，可以更生动、更出色地阐明社会倡导遵循的价值与规则，并用以解决当下的困惑，满足人们在社会转型期对重塑价值观、获取法治与德治的知识需求。

公众对司法公共产品的需求，源自社会急剧转型带来的价值多元化与公众价值意义系统缺失之间的张力。若法官将西方法治理念或中国传统文化资源不经加工创造地进行照搬，那么司法机关所输出的司法产品便会与公众的共情越来越远。失去共情的司法公共产品无法塑造出社会主义现代化法治国家。当下社会公众亟须找到真正能引发共鸣、维护公共道德秩序、引领社会风尚的价值体系，社会主义核心价值观的及时提炼和广泛传播，为将其融贯于司法公共产品中奠定了群众基础，以社会主义核心价值观作为引领的司法公共产品，才最有可能源源不断地满足社会生活和大众心理的需要。

三、促进司法参与社会治理

（一）推动回应型司法理念的完善

激烈的社会转型使当代中国经济社会结构发生了深刻变化，司法机关从客观上必须正视和面对公众维权意识的觉醒。“以积极主动、开放灵活姿态回应社会变迁现实需求的回应型司法理念正在生成。”[2] 相比立法过程的缓慢和滞后，司法往往更能实现坚持法律规则和平衡多元价值冲突的目的。面对复杂多变的各种类型法律关系，法官通过法律在个案中的具体适用，不断地挖掘法条背后的深意，增强法律的灵活度和适应性。虽然随着国家法治建设的推进和公民法治理念的进步，个人的维权意识不断增强，也促使法律制度漏洞的填补和制度错位的调试，个案推动司法制度进步的例子不在少数，但法官在办案过程中通过类推适用或者“反转”适用从而克服成文法的

[1] 参见方乐：《纠纷解决与美好生活——转型中国司法的政治意涵》，载《江海学刊》2020 年第 3 期。

[2] 章志远：《我国行政审判白皮书研究》，载《行政法学研究》2018 年第 4 期。

漏洞,更为直接地回应了公众对公正、诚实信用等司法理念的追求。法官在类推和反转适用时必须更加小心谨慎,在出现价值冲突或者法律空白时,引用社会主义核心价值观中高度凝练出的社会公共价值体系对法律适用作出调试和修正,是连接个案公正和司法制度完善的桥梁。

注重公众关注热点、敏感案件的公开审理和宣判,即不仅应对公众争论的疑难问题作出符合公众理解力和思维习惯的回应,更应当旗帜鲜明地引领法律的时代价值观,促进公众法律思维和守法习惯的养成,肃清思想认识上的偏差,以正视听。公众对热点、敏感案件的关注和讨论,虽然客观上给审判工作造成了无形的压力,但也为司法引领社会价值观提供了良好的机遇。通过公众对热点敏感案件的讨论,也为司法向公众植入正向的法律思维、传递社会主义核心价值观在司法中的演绎提供了空间,同时也可揭示司法自身需要完善的地方,通过对热点敏感案件的再思考,进一步完善司法体系,回应型司法理念得以发展完善。

(二)商谈型司法关系的改造

社会转型矛盾凸显时期,党委和政府面临着推动经济发展和维护社会稳定的双重压力,行政权力在行使过程中遭遇的一些阻碍和矛盾纠纷可能第一时间反映到法院,党委和政府迫切需要调动包括法院在内的一切有利资源维护社会稳定,希望法院协同化解矛盾,以良性互动获取司法支持。另一方面,司法在现有政治体系中的话语权相当有限,但又被迫面对“民告官”的矛盾纠纷处理,需要通过与行政机关的对话平台获得政治支持。《行政诉讼法》颁布实施以来,行政诉讼承载了通过司法制约公权力的厚望。“民告官”的最初模式是权力对抗,强调司法主导、排斥调解的结果是行政判决“执行难”倒逼“立案难、审理难”。《行政诉讼法》构建的理想制度在司法实践中艰难运行,司法机关为此努力探索与行政权力构建新的和谐关系的可能性。人民法院推出的行政审判集中管辖、行政机关负责人出庭应诉、司法建议和行政审判白皮书等一系列新举措、新作为,进行了行政案件协调化解机制的积极探索,构建了一幅“策略性服从”的行政诉讼图景,[1]“商谈型司法—权力关系”逐步构建。司法建议以及行政审判白皮书即是这种对话机制的体现,既体现了司法积极参与社会治理的理性态度,也实现了行政权力与司法

---

[1] 参见于晓虹:《策略性服从:我国法院如何推进行政诉讼》,载《清华法学》2014 年第 4 期。

权之间的商谈对话。行政机关的司法建议复函或党委和政府领导对行政审判白皮书的批示,均可表现出对司法的尊重,司法建议或行政审判白皮书得到的回应级别越高,越能体现出行政权力的重视和整改的决心。

司法机关渴望以更加积极的姿态参与社会治理,党委和政府希望借助司法力量共建和谐稳定的社会环境。双方的共同目标应围绕社会主义核心价值观展开,坚持这个基本的价值引领,"商谈型司法—权力关系"将具有更富活力的生长空间。以社会主义现代化国家建设目标"富强、民主、文明、和谐"引领行政主体在行使行政权力过程中更审慎克制,以社会层面"自由、平等、公正、法治"的美好蓝图作为验证司法机关参与社会治理的成效标准,"商谈型司法—权力关系"的发展将始终坚持正确的道路。

除与党委和政府的商谈型司法关系外,非对抗性的司法程序还包括刑事审判、民事审判中的协商性程序。作为公共产品的司法资源具有天然的稀缺属性,对抗性的司法程序一方面对司法资源消耗较大,另一方面所产生的结果有可能无法同时兼顾双方的利益,甚至出现"零和博弈"的结果。双方当事人的诉讼能力不同,选择诉讼对抗或者协商性程序时可以根据自身以及案件的具体情况决定。在刑事诉讼程序中,部分被告人受财力与知识的限制,或许只能获得法律援助律师的帮助,如果不能获得援助律师的有效辩护,更理智的选择是认罪认罚以获得与检察机关进行量刑协商的机会。在刑事和解制度中,被告人和被害人通过商谈、对话达成妥协,被告人可能通过给予高于附带民事赔偿数额的赔偿金额达成"刑事和解",争取获得可能宽大处罚的"刑事和解协议书"。以上两种协商性司法程序均通过互谅互让的协商过程,达到多赢的结果,在节约司法资源的同时,尽可能地通过对话达到实质正义的结果,修复被破坏的社会关系。这背后蕴含的文明、和谐、自由、平等、公正、法治等理念与社会主义核心价值观是一脉相承的。

(三)源头型司法治理方式的完善

司法参与社会治理除了通过行政审判白皮书等形式,促进行政纠纷实质性化解、倒逼行政机关弥补依法行政漏洞,更好地运用法治手段进行社会管理以外,还从客观上推动了司法参与社会矛盾纠纷源头治理。如同司法系统一样,公共决策系统并不是与世隔绝的闭环系统,同样是与周围的环境存在互动互构关系。行政决策是否良善不仅由行政内部评价指标来考量,更应当放在法治体系以及更为根源性的社会价值体系中进行评判。

司法机关若要提升参与公共政策制定的实效，也应当在法治体系、社会价值体系的宏大角度考虑政策系统之外的社会环境。避免在行政审判白皮书、司法建议中僵化适用法律条文，一味要求行政行为的合规性而不考虑政治因素、世道人心。行政审判人员要想积极参与社会治理，除熟练运用专业法律知识以外，更要保持足够的政治敏锐度和社会敏锐度。司法权和行政权在社会主义核心价值观的统领下，达成良性互动机制，将会成为公共制度创新的催化剂。

要进一步促进源头型司法治理的实效，目前政府与司法机关私下非正式的回应互动还远远不够。既然司法机关可以通过裁判文书公开上网促进司法透明度的增强，那么行政审判白皮书、司法建议向全社会公布，将会扩大司法主流文化的社会影响力，司法所承载的传递、输出社会主义核心价值观的功能将进一步放大。

第二节 社会主义核心价值观融入司法活动的基本现状

前文已述，本章对司法活动的研究视角限定在审判机关（法院），故本章以法院为考察对象，扫描社会主义核心价值观融入司法活动的方式，了解司法机关贯彻、结合、融入社会主义核心价值观的现状。

一、社会主义核心价值观融入司法政策

只有找到合理的契合点，社会主义核心价值观才能在司法活动中承载起自身的特殊使命。我国司法机关接受党的领导，具有政治属性，在现代化法治国家治理中贡献司法力量，其在执行公共政策方面所发挥的主要功能是制定政策。[1] 倡导社会主义核心价值观是党的十八大提出的重大政治部署，最高人民法院通过司法政策性文件将其转化为阶段性司法目标，在司法政策的制定和运行中融入社会主义核心价值观，以突出核心价值观的维护与司法机关履职的有效结合。

[1] 参见侯猛：《中国最高人民法院研究——以司法的影响力切入》，法律出版社2007年版，第1页。

(一)样本的选取及说明

司法政策性文件不同于一般的司法行为,是对下级法院或者本院部门的指导。最高人民法院和各级人民法院制定司法政策文件将维护和弘扬核心价值观具体路径的标准和方式予以规范,是司法人员践行社会主义核心价值观最直接的依据。因为只有最高人民法院制定的政策才能在司法系统内通行,因而本部分考察的对象是最高人民法院发布的政策性文件,本书以"核心价值观"为关键词,通过"法信"系统,对最高人民法院公布的政策性文件进行检索,获取到29份文件,这些文件是最高人民法院对各级法院如何弘扬和践行核心价值观的具体要求。需要说明的是,没有对外公布的司法文件,暂不列入本部分的考察范围。

(二)样本的呈现及初步分析

截至2021年3月,最高人民法院对外公布的司法政策性文件中,含有"社会主义核心价值观"字样的一共有29份,详细情况如表4-1所示。

表4-1　最高人民法院发布的涉及社会主义核心价值观的文件

文号	文件标题	主要内容
法发〔2013〕10号	最高人民法院关于新形势下进一步加强人民法院队伍建设的若干意见	提出引导干警恪守职业道德和司法良知,弘扬社会主义核心价值观和政法干警核心价值观,意在从队伍建设方面推进社会主义核心价值观的融入
法发〔2014〕17号	最高人民法院关于进一步加强人民法院思想政治建设的意见	意在通过学习教育,培养干警的社会主义核心价值观,促使干警把社会主义核心价值观内化为自己的价值理念和精神追求
法发〔2014〕21号	最高人民法院关于进一步加强新形势下人民法庭工作的若干意见	提出人民法庭要继续充分发挥审判职能作用,增进人民司法的社会认同,弘扬社会主义核心价值观
法〔2015〕13号	最高人民法院关于表彰全国优秀法院、全国优秀法官、全国法院办案标兵的决定	意在通过对先进典型进行表彰,倡导干警向先进学习,践行社会主义核心价值观

续表

文号	文件标题	主要内容
法〔2015〕77号	最高人民法院关于印发《2015—2019年全国法院教育培训规划》的通知	意在通过教育培训,在内引导法院干警自身树立社会主义核心价值观的精神信仰,对外以司法审判活动推动社会主义核心价值观建设。开始提出以司法活动推动社会主义核心价值观的整体建设
法〔2015〕80号	最高人民法院、国家民族事务委员会关于印发《关于进一步加强和改进民族地区民汉双语法官培养及培训工作的意见》的通知	意在通过对双语法官的培养和培训,以民族地区双语法官对社会主义核心价值观的践行,在民族地区弘扬社会主义法治理念,为民族地区弘扬社会主义核心价值观提供法治保障
法发〔2015〕14号	最高人民法院关于在人民法院工作中培育和践行社会主义核心价值观的若干意见	提出法院系统内部培育和践行社会主义核心价值观的11条意见,将干警的培养教育工作与社会主义核心价值观相结合
法发〔2015〕15号	最高人民法院关于新形势下加强人民法院文化建设的指导意见	明确要求发挥司法裁判对社会价值的规范、指导、评价、引领作用,将审判工作与弘扬社会主义核心价值观相结合
法〔2016〕128号	最高人民法院关于开展家事审判方式和工作机制改革试点工作的意见	意在以改革促进家事审判理念转变,通过家事审判工作弘扬社会主义核心价值观,弘扬中华民族传统家庭美德,维护公序良俗,促进家庭和谐,社会健康发展
法发〔2016〕12号	最高人民法院关于充分发挥审判职能作用为推进生态文明建设与绿色发展提供司法服务和保障的意见	意在通过司法裁判中最严格的源头保护、损害赔偿和责任追究制度,增强社会环保意识,弘扬社会主义核心价值观,促进绿色发展
法〔2016〕399号	最高人民法院关于印发《第八次全国法院民事商事审判工作会议(民事部分)纪要》的通知(以下简称《八民会纪要(民事部分)》)	强调审理好婚姻家庭案件对于弘扬社会主义核心价值观和中华民族传统美德的重要意义,意在通过审理婚姻家庭案件传递正能量,促进家风建设,维护婚姻家庭的稳定

续表

文号	文件标题	主要内容
法〔2017〕18 号	最高人民法院关于建立家事审判方式和工作机制改革联席会议制度的意见	与相关部门建立联席会议制度,意在通过多部门的努力,加强婚姻家庭纠纷化解工作,依法维护婚姻家庭的和谐稳定,保障未成年人、妇女、老年人的合法权益,共同在家庭纠纷化解工作中弘扬社会主义核心价值观
法发〔2018〕10 号	最高人民法院关于加强和规范裁判文书释法说理的指导意见	提出将核心价值观融入指导案例编撰、裁判说理等司法活动,以司法判决的教育、指引作用在社会面形成践行社会主义核心价值观的导向
法发〔2018〕3 号	最高人民法院关于印发《2018 年人民法院工作要点》的通知	以推进家事审判等民事审判体制机制改革为抓手,将践行和弘扬社会主义核心价值观与法院重点改革工作结合
法〔2018〕52 号	最高人民法院关于认真学习贯彻《中共中央国务院关于实施乡村振兴战略的意见》的通知	意在通过司法审判和宣传工作,倡导文明乡风,促进乡村社会主义核心价值观建设
法〔2018〕68 号	最高人民法院关于加强"红色经典"和英雄烈士合法权益司法保护弘扬社会主义核心价值观的通知	加强对红色经典和英雄烈士合法权益的司法保护,统一此类案件的法律适用,让案件审理工作和弘扬社会主义核心价值观相互推进
法〔2018〕118 号	最高人民法院关于认真学习宣传贯彻《中华人民共和国英雄烈士保护法》的通知	强调以司法手段捍卫英雄烈士的合法权益,维护中华民族共同的历史记忆,弘扬社会主义核心价值观
法发〔2018〕12 号	最高人民法院关于进一步深化家事审判方式和工作机制改革的意见(试行)	意在将培育和践行社会主义核心价值观与家事审判改革相互促进,准确把握改革的方向目标,回应时代和社会对家事审判工作的新需求、新期待

续表

文号	文件标题	主要内容
法发〔2018〕19号	最高人民法院印发《关于为实施乡村振兴战略提供司法服务和保障的意见》的通知	意在通过涉农案件审判执行和多元化纠纷解决工作，与乡规民约建设将结合，促进乡村的和谐稳定，推进乡村社会主义核心价值观建设
法发〔2018〕20号	最高人民法院关于进一步深化司法公开的意见	以司法公开传播中国法治声音，促进增强全民法治意识，弘扬社会主义核心价值观
法〔2019〕254号	全国法院民商事审判工作会议纪要（简称《九民会议纪要》）	明确在民商事审判工作中要弘扬社会主义核心价值观，提出民事审判情理法交融平衡的要求
法〔2020〕158号	最高人民法院关于认真学习贯彻《中华人民共和国民法典》的通知	将学习贯彻《民法典》与弘扬社会主义核心价值观有机结合起来，用法治力量引导人们向上向善
法发〔2019〕7号	2019年人民法院工作要点	将大力弘扬社会主义核心价值观纳入人民法院的重点工作，将法院工作与社会主义核心价值观建设相融合
法发〔2019〕8号	最高人民法院关于印发《最高人民法院关于深化人民法院司法体制综合配套改革的意见——人民法院第五个五年改革纲要（2019—2023）》的通知	明确完善推动社会主义核心价值观深度融入审判执行工作的配套机制，将弘扬社会主义核心价值观融入审判执行和法院文化建设的各项工作中
法发〔2019〕21号	最高人民法院关于进一步加强合作建立健全妇女儿童权益保护工作机制的通知	明确在判决说理部分要注重体现情理法的融合，弘扬社会主义核心价值观，在案件审理、法治宣传教育等工作中融入社会主义核心价值观建设
法发〔2019〕25号	最高人民法院关于依法妥善审理高空抛物、坠物案件的意见	针对群众反映强烈的高空抛物现象，发挥司法规范、指导、评价、引领社会价值作用，将社会主义核心价值观融入以案释法工作中

续表

文号	文件标题	主要内容
法发〔2020〕31号	最高人民法院关于依法适用正当防卫制度的指导意见	把社会主义核心价值观融入刑事司法工作,使正当防卫案件的处理成为全民普法和宣扬社会主义核心价值观的过程
法发〔2020〕35号	最高人民法院关于完善统一法律适用标准工作机制的意见	将弘扬社会主义核心价值观作为统一法律适用标准工作机制的指导原则之一
法〔2021〕21号	最高人民法院关于深入推进社会主义核心价值观融入裁判文书释法说理的指导意见	将社会主义核心价值观作为理解立法目的和法律原则的重要指引,并对如何深入推进社会主义核心价值观融入裁判文书释法说理提出了具体要求

从表4-1中可见,最高人民法院积极通过司法政策引导各级法院践行和弘扬社会主义核心价值观,将核心价值观融入政法队伍的建设和司法理念的塑造之中。司法活动的核心是人,社会主义核心价值观的弘扬和倡导都是由一个个具体司法人员的行动实现的,社会主义核心价值观融入司法活动中,首先要做好的就是在司法人员的头脑中树立起社会主义核心价值观。所以早在2013年,最高人民法院就在《关于新形势下进一步加强人民法院队伍建设的若干意见》中提出"积极引导广大干警恪守职业道德和司法良知,大力弘扬社会主义核心价值观和政法干警核心价值观"。接下来在2014年、2015年相继出台了最高人民法院《关于进一步加强人民法院思想政治建设的意见》,最高人民法院、国家民族事务委员会《关于印发〈关于进一步加强和改进民族地区民汉双语法官培养及培训工作的意见〉的通知》,最高人民法院《关于印发〈2015—2019年全国法院教育培训规划〉的通知》,最高人民法院《关于在人民法院工作中培育和践行社会主义核心价值观的若干意见》,最高人民法院《关于新形势下加强人民法院文化建设的指导意见》一系列文件。可以说在2013—2015年,法院系统中践行社会主义核心价值观还主要体现在文化建设相关的工作中,与具体的司法审判工作之间融合尚不紧密。

在政治经济体制改革的浪潮下,中国的司法制度也在发生巨大的变革,贯穿其中的是司法价值诉求的变迁。司法的价值追求不仅仅是定分止争,从党和政府的层面,希望司法可以在维护稳定和社会治理中发挥更强的作用；就司法机关自身的需求而言，希望可以通过司法改革解决自身在审判、执行工作的困境；对于人民群众来说，求助于司法是为了能够公平正义地保护自己的合法权益。司法的价值，存在着公正与效率的冲突、秩序与自由的冲突等。在此过程中，不时有不少所谓法律效果和社会效果不统一的判决产生，这些都是源于司法人员和人民群众在价值位阶的判断上存在割裂。社会主义核心价值观作为凝聚了全党全国全社会价值共识的重要论断，确立了司法最需要保护、最应该实现的价值。因此2015年以后，最高人民法院不断强调要在审判执行工作中贯彻社会主义核心价值观。党的十八届四中全会以来，人民法院积极推进"由审理者裁判、由裁判者负责"的司法责任制改革、推进以审判为中心的刑事诉讼制度改革、加强司法队伍的正规化专业化职业化建设、构建司法权力运行机制、完善司法民主机制，正是对社会主义核心价值观"公正、法治"的直接践行；而创新司法便民举措、多方位打造两个"一站式"诉讼服务体系，倡导善意文明执行理念，探索民事诉讼繁简分流，试点家事审判改革，更进一步彰显了司法改革中"文明、和谐"的价值理念；至于不断推进的司法公开更是对"民主"这一价值的直接体现。

从表4-1中还可以看到，最高人民法院发布的涉及"社会主义核心价值观"的司法文件还包含《八民会纪要（民事部分）》《九民会议纪要》《关于依法妥善审理高空抛物、坠物案件的意见》《关于依法适用正当防卫制度的指导意见》等对审判执行工作具有具体指导意义的文件，这些司法文件是最高人民法院对审判执行中发现的突出问题的关切和回应，具有一定司法解释性质，可以指导各级人民法院形成统一的裁判标准和价值导向，故以此作为司法解释类文件将在下一部分予以分析。

二、社会主义核心价值观融入司法解释

社会主义核心价值观的表述是开放、抽象的，仅仅从这24个字是无法寻求到具体的能够指导人民行为的价值观，社会主义核心价值观作为价值意识形态没有明确地规定法律的权利与义务，必须具象化才能够在现实生活中得到践行。人类的一切知识都是通过话语而获得的，一种社会价值观念体系能否成为居于主导地位的意识形态，更取决于它的话语表达能否为社会成员所真正占有，[1]故而话语正是社会主义核心价值体系的重要呈现形式。最高

---

[1] 参见孙大伟：《社会主义核心价值体系话语日常生活化探究》，载《行政与法》2020年第7期。

人民法院的司法解释作为国家最高审判机关公布的官方话语，具有极强的问题导向，受到社会公众的广泛关注，可以很好地发挥指引、评价、预测和教育作用，能够成为社会价值取向的“风向标”，让社会主义核心价值观通过司法解释的转译得到更加具体的呈现、更好地深入人心。

（一）样本的选取及说明

价值观是一个开放的概念，一直深耕于中华民族和中国人民的思想观念之中，所有的法律和司法解释都始终坚持国家和社会的基本价值，但是价值也会随着时代进行变迁，社会主义核心价值观是将中国现代化代国家、社会和人民群众遵循的最基本最重要的价值进行了统一。最高司法机关以现阶段全国全社会普遍认同的核心价值观为纲领，对司法解释进行清理和修正，正是回应时代的要求，也是司法机关的职责所在。为求统一，本部分对司法解释考察的样本是以最高人民法院发布的《关于在司法解释中全面贯彻社会主义核心价值观的工作规划（2018—2023）》（以下简称《规划》）为统计时间的起始点，对在此之后发布的相关司法解释进行统计和分析，考察最高人民法院如何贯彻《规划》，将社会主义核心价值观融入司法解释的立改废之中。

（二）样本的呈现及初步分析

自《规划》发布以来，最高人民法院出台和修改了“一揽子”司法解释，内容涵盖民事、行政、执行以及诉讼程序等各个方面，详见表4-2。

表4-2　《规划》出台后发布司法解释及司法解释文件的情况

发布时间	文件名	价值体现
2023-01-19	最高人民法院关于办理申请执行监督案件若干问题的意见	法治公正
2022-12-21	最高人民法院发布关于加强中医药知识产权司法保护的意见	诚信法治
2022-12-15	最高人民法院、最高人民检察院关于办理危害生产安全刑事案件适用法律若干问题的解释（二）	法治公正
2022-07-14	最高人民法院关于办理人身安全保护令案件适用法律若干问题的规定	文明和谐

续表

发布时间	文件名	价值体现
2022-06-13	最高人民法院关于审理森林资源民事纠纷案件适用法律若干问题的解释	富强文明
2022-05-11	最高人民法院、最高人民检察院关于办理海洋自然资源与生态环境公益诉讼案件若干问题的规定	文明法治
2022-04-24	最高人民法院发布《关于修改〈最高人民法院关于审理人身损害赔偿案件适用法律若干问题的解释〉的决定》	公正平等
2022-04-06	最高人民法院、最高人民检察院关于办理破坏野生动物资源刑事案件适用法律若干问题的解释	文明公正
2022-03-20	最高人民法院关于审理行政赔偿案件若干问题的规定	公正法治
2022-03-16	最高人民法院关于适用《中华人民共和国反不正当竞争法》若干问题的解释	文明诚信
2022-03-03	最高人民法院、最高人民检察院关于办理危害药品安全刑事案件适用法律若干问题的解释	公正法治
2022-03-01	最高人民法院关于审理网络消费纠纷案件适用法律若干问题的规定(一)	平等法治
2022-02-24	最高人民法院关于适用《中华人民共和国民法典》总则编若干问题的解释	公正法治
2022-02-23	最高人民法院关于修改《最高人民法院关于审理非法集资刑事案件具体应用法律若干问题的解释》的决定	富强公正
2022-02-08	最高人民法院关于审理涉执行司法赔偿案件适用法律若干问题的解释	文明法治
2022-01-21	最高人民法院关于审理证券市场虚假陈述侵权民事赔偿案件的若干规定	诚信敬业
2022-01-12	最高人民法院关于审理生态环境侵权纠纷案件适用惩罚性赔偿的解释	公正文明

续表

发布时间	文件名	价值体现
2021-12-30	最高人民法院、最高人民检察院关于办理危害食品安全刑事案件适用法律若干问题的解释	富强和谐
2021-12-30	人民法院在线调解规则	民主法治
2021-12-27	最高人民法院关于生态环境侵权案件适用禁止令保全措施的若干规定	绿色法治
2021-12-20	最高人民法院关于人民法院强制执行股权若干问题的规定	文明法治
2021-12-17	最高人民法院关于人民法院司法拍卖房产竞买人资格若干问题的规定	诚信公正
2021-08-09	最高人民法院、最高人民检察院关于办理窝藏、包庇刑事案件适用法律若干问题的解释	法治自由
2021-07-27	最高人民法院关于审理使用人脸识别技术处理个人信息相关民事案件适用法律若干问题的规定	自由平等
2021-07-04	最高人民法院关于审理申请注册的药品相关的专利权纠纷民事案件适用法律若干问题的规定	鼓励创新
2021-06-03	最高人民法院批复明确知识产权侵权诉讼中滥用权利的原告赔偿被告合理开支问题	诚信法治
2021-05-24	最高人民法院关于审理银行卡民事纠纷案件若干问题的规定	平等公正
2021-03-24	最高人民法院关于审理国家赔偿案件确定精神损害赔偿责任适用法律若干问题的解释	文明法治
2021-01-26	最高人民法院关于适用《中华人民共和国刑事诉讼法》的解释	平等公正
2021-02-27	最高人民法院、最高人民检察院关于执行《中华人民共和国刑法》确定罪名的补充规定(七)	平等公正
2020-12-29	最高人民法院关于新民间借贷司法解释适用范围问题的批复	平等法治

续表

发布时间	文件名	价值体现
2020-12-31	最高人民法院关于适用《中华人民共和国民法典》有关担保制度的解释	公正法治
2020-12-29	最高人民法院关于修改《最高人民法院关于审理侵犯专利权纠纷案件应用法律若干问题的解释(二)》等十八件知识产权类司法解释的决定	富强创新
2020-12-29	最高人民法院关于修改《最高人民法院关于人民法院扣押铁路运输货物若干问题的规定》等十八件执行类司法解释的决定(执行类)	平等法治
2020-12-29	最高人民法院关于修改《最高人民法院关于人民法院民事调解工作若干问题的规定》等十九件民事诉讼类司法解释的决定	和谐平等
2020-12-29	最高人民法院关于修改《最高人民法院关于破产企业国有划拨土地使用权应否列入破产财产等问题的批复》等二十九件商事类司法解释的决定	富强和谐
2020-12-29	最高人民法院关于修改《最高人民法院关于在民事审判工作中适用〈中华人民共和国工会法〉若干问题的解释》等民事类司法解释的决定	民主和谐
2020-12-29	最高人民法院关于适用《中华人民共和国民法典》时间效力的若干规定	平等法治
2020-12-29	最高人民法院关于适用《中华人民共和国民法典》婚姻家庭编的解释(一)	文明和谐
2020-12-29	最高人民法院关于适用《中华人民共和国民法典》继承编的解释(一)	文明和谐
2020-12-29	最高人民法院关于适用《中华人民共和国民法典》物权编的解释(一)	公正法治
2020-12-29	最高人民法院关于审理建设工程施工合同纠纷案件适用法律问题的解释(一)	公正诚信
2020-12-29	最高人民法院关于审理劳动争议案件适用法律问题的解释(一)	和谐敬业

续表

发布时间	文件名	价值体现
2020-12-08	最高人民法院关于审理食品安全民事纠纷案件适用法律若干问题的解释(一)	文明和谐
2020-11-26	最高人民法院关于内地与香港特别行政区相互执行仲裁裁决的补充安排	和谐
2020-11-16	最高人民法院关于知识产权民事诉讼证据的若干规定	平等公正
2020-09-27	最高人民法院关于审理涉船员纠纷案件若干问题的规定	富强敬业
2020-09-12	最高人民法院关于涉网络知识产权侵权纠纷几个法律适用问题的批复	富强公正
2020-09-10	最高人民法院关于审理涉电子商务平台知识产权民事案件的指导意见	富强平等
2020-09-12	最高人民法院、最高人民检察院关于办理侵犯知识产权刑事案件具体应用法律若干问题的解释(三)	富强创新
2020-09-10	最高人民法院关于审理侵犯商业秘密民事案件适用法律若干问题的规定	富强文明
2020-09-10	最高人民法院关于审理专利授权确权行政案件适用法律若干问题的规定(一)	富强创新
2020-08-19	最高人民法院关于修改《关于审理民间借贷案件适用法律若干问题的规定》的决定	富强公正
2020-07-31	最高人民法院关于人民法院民事诉讼中委托鉴定审查工作若干问题的规定	平等法治
2020-07-30	最高人民法院关于证券纠纷代表人诉讼若干问题的规定	富强平等
2020-06-22	最高人民法院关于行政机关负责人出庭应诉若干问题的规定	平等法治
2020-03-19	最高人民法院、最高人民检察院关于适用《中华人民共和国刑法》第三百四十四条有关问题的批复	文明绿色

续表

发布时间	文件名	价值体现
2020-01-14	最高人民法院关于修改《关于内地与澳门特别行政区法院就民商事案件相互委托送达司法文书和调取证据的安排》的决定	创新开放
2019-12-26	最高人民法院关于适用《中华人民共和国外商投资法》若干问题的解释	富强开放
2019-12-25	最高人民法院关于民事诉讼证据的若干规定	平等公正
2019-11-27	最高人民法院关于审理行政协议案件若干问题的规定	诚实法治
2019-11-25	最高人民法院、最高人民检察院关于人民检察院提起刑事附带民事公益诉讼应否履行诉前公告程序问题的批复	平等公正
2019-11-18	最高人民法院关于审理走私、非法经营、非法使用兴奋剂刑事案件适用法律若干问题的解释	富强文明
2019-10-21	最高人民法院关于依法妥善审理高空抛物、坠物案件的意见	公正友善
2019-10-21	最高人民法院、最高人民检察院关于办理非法利用信息网络、帮助信息网络犯罪活动等刑事案件适用法律若干问题的解释	公正法治
2019-09-02	最高人民法院、最高人民检察院关于办理组织考试作弊等刑事案件适用法律若干问题的解释	公正法治
2019-08-08	最高人民法院关于死刑复核及执行程序中保障当事人合法权益的若干规定	平等
2019-06-27	最高人民法院、最高人民检察院关于办理利用未公开信息交易刑事案件适用法律若干问题的解释	平等公正
2019-06-27	最高人民法院、最高人民检察院关于办理操纵证券、期货市场刑事案件适用法律若干问题的解释	富强诚信
2019-06-05	最高人民法院关于审理生态环境损害赔偿案件的若干规定(试行)(2020年修正)	文明和谐

续表

发布时间	文件名	价值体现
2019-04-28	最高人民法院关于适用《中华人民共和国公司法》若干问题的规定(五)(2020年修正)	富强公正
2019-03-18	最高人民法院关于技术调查官参与知识产权案件诉讼活动的若干规定	平等公正
2019-04-24	最高人民法院关于适用《中华人民共和国人民陪审员法》若干问题的解释	民主法治
2019-03-27	最高人民法院关于修改《最高人民法院关于严格规范民商事案件延长审限和延期开庭问题的规定》的决定	公正法治
2019-03-27	最高人民法院关于适用《中华人民共和国企业破产法》若干问题的规定(三)(2020年修正)	富强开放
2019-03-25	最高人民法院印发《关于为深化两岸融合发展提供司法服务的若干措施》的通知	富强法治
2019-01-31	最高人民法院、最高人民检察院关于办理非法从事资金支付结算业务、非法买卖外汇刑事案件适用法律若干问题的解释	富强法治
2018-12-29	最高人民法院关于审理建设工程施工合同纠纷案件适用法律问题的解释(二)	公正诚信
2018-12-27	最高人民法院关于知识产权法庭若干问题的规定(2023年修正)	富强平等
2018-12-12	最高人民法院关于审查知识产权纠纷行为保全案件适用法律若干问题的规定	富强平等
2018-11-28	最高人民法院、最高人民检察院关于办理妨害信用卡管理刑事案件具体应用法律若干问题的解释	平等公正
2018-09-28	最高人民法院、最高人民检察院、公安部关于办理盗窃油气、破坏油气设备等刑事案件适用法律若干问题的意见	平等公正

续表

发布时间	文件名	价值体现
2018-09-30	最高人民法院关于公证债权文书执行若干问题的规定	平等法治
2018-09-26	最高人民法院、最高人民检察院关于办理虚假诉讼刑事案件适用法律若干问题的解释	诚信

从表4-2可见,司法解释的出台随时间呈递增趋势。《规划》于2018年9月颁布,当年公布的司法解释数量不多,为司法解释出台提供了调研和酝酿的时间,2019年开始司法解释按照《规划》的预期陆续发布,2020年随着《民法典》的通过及实施,最高人民法院在当年下半年密集开展了一批司法解释清理工作,修改司法解释111件,废止116件,新制定7件,为各级法院准确适用《民法典》提供指导。2021年以来,最高人民法院出台了大量保护环境资源、促进生态文明建设的司法解释,是《民法典》绿色原则的贯彻、是实现我国碳达峰、碳中和目标的司法实践,也是司法对和谐美丽生态文明的保护。总体而言,最高人民法院出台的司法解释依照"统一规划、分批制定,急用先行、重点推进"的原则开展,符合《规划》的预期和人民群众的期待。

表4-2中除了司法解释外,还统计了一些对审判执行活动有具体指导意义的司法解释类文件。随着社会上不断出现的一些新问题和新情况,司法也面临严峻的挑战,这些新问题、新情况,是社会价值多元化后产生的冲突,但严重损害社会秩序,人民群众十分关注,对如何处理这些价值冲突的司法裁判也时有分歧,在社会和学界舆论的讨论和发酵下,甚至一度给司法公信力造成影响。司法解释固然可以统一裁判,但对于这些亟须解决的问题,如果待司法解释论证、出台,可能存在一定的时间差、空白区,导致在这个空白期产生极大的价值冲突和判决分歧。因此,最高人民法院对一些影响人民群众的突出问题,在司法解释条件尚未成就时,就以司法解释性文件进行裁判指引,故本章将该类文件归类到司法解释中。

与司法解释不同的是,司法解释性文件针对的是亟须解决的问题,其出台时间不需要也不能够按《规划》的进度开展。比如,新冠病毒感染暴发初期,最高人民法院发布了《关于依法惩治妨害新型冠状病毒感染肺炎疫情防控违法犯罪的意见》,为疫情防控工作提供了安定的社会环境;而疫情得到有效控制后,最高人民法院单独或联合其他部委及时出台了《关于依法妥善审理涉新冠肺炎疫情民事案件若干问题的指导意见》《关于依法妥善办理涉新冠肺炎疫情执行案件若干问题的指导意见》《关于依法妥善处理涉疫情旅游合同纠纷有关问题的通知》等一系列文件,确保国家经济社会的稳定。再如,面对高空抛物、坠物事件频发的问题,最高人民法院及时发布《关于依法妥善审理高空抛物、坠物案件的意见》护卫人民"头顶上的安全";面对近年来电信网络诈骗高发的问题,最高人民法院联合最高人民检察院、公安部出台了《关于办理电信网络诈骗等刑事案件适用法律若干问题的意见》遏制电信网络诈骗等犯罪活动。这些司法解释性文件的出台普遍针对的是群众反映强烈、社会矛盾突出、价值冲突激烈的现实问题,最高人民法院以规范性文件的方式,统一裁判尺度,指导地方各级法院妥善处理此类纠纷,引领时代新风尚,弘扬社会主义核心价值观。

三、社会主义核心价值观融入司法裁判

司法的生命在于实践,司法机关的实践体现在对每一个具体案件的裁判,司法裁判就是司法人员在国家授权下对每一个案件和每一个行为在法律和普适价值观的指引下作出的价值评价,具有国家强制力和强大的指引、教育效力,司法活动与社会主义核心价值观的融合最重要的是与裁判工作相结合。2015 年 10 月 12 日最高人民法院发布《关于在人民法院工作中培育和践行社会主义核心价值观的若干意见》,对全国各级人民法院开展社会主义核心价值观建设进行了系统全面部署。近年来,各级法院在审判执行中践行和弘扬社会主义核心价值观,如对虚假诉讼的惩罚和对失信被执行人的惩戒就是在审判执行中弘扬"诚信"的社会主义核心价值观,贯彻善意文明执行理念以及给困难当事人以司法救助是对核心价值观中"文明""和谐"的践行,坚持以审判为中心更是对"公正"价值的具体行动。更有直接将社会主义核心价值观融入裁判文书中,将法治的专业化与大众化道德相结合,用普适的核心价值观检验裁判效果,通过司法裁判行为鲜明地鼓励符合核心价值观的行为,制约违背核心价值观的行为。

(一)样本的选取及说明

司法裁判从产生到落地,通常以文书为其对外输出的最终产品,裁判文书作为法官在司法案件办理过程中形成的智力成果,承载着法官对事实的认定和对法律的分析,蕴含着法官的逻辑推理和价值评价过程,分析裁判文书

能够准确获知法院在司法裁判中运用社会主义核心价值观的情况。

本部分考察的司法裁判，系中国裁判文书网2013年至今公布的以“社会主义核心价值观”为关键词检索到的6824件裁判文书。需要强调的是，以2012年11月8日为样本选取时间起点是因为这是首次将社会主义核心价值观进行概括表述。

(二)样本数据的呈现及初步分析

以“核心价值观”为关键词对中国裁判文书网中公布的裁判文书进行全文检索，共收集到裁判文书40575件(最后访问时间2023年3月)。另外需要说明的是，该样本考察的是裁判文书中使用社会主义核心价值观这一要素，包括当事人在诉讼请求或者答辩中的引用以及司法裁判的适用。当然，对于裁判文书中仅引用核心价值观中的子价值，或者采用社会主义核心价值观理念说理的，以及依法未公开的裁判文书，由于缺乏可行的统计途径，故排除在统计数据之外。

以“核心价值观”为关键词，检索到40575份裁判文书。其中，最高人民法院35份，高级人民法院527份，中级人民法院9958份，基层人民法院30055份。从以上数据中可以发现，基层人民法院和中级人民法院在裁判文书中使用“核心价值观”的比例最高，而中级人民法院使用“核心价值观”的裁判文书中大部分为二审或者再审案件，这与各级法院案件数量呈正相关状态，同时也表明仍有大量涉及社会主义核心价值观的案件并未在一审程序中得到有效化解。

从不同地域法院使用“核心价值观”的情况来看，各地区法院在裁判文书中使用社会主义核心价值观的频率差别较大(见图4-1)，广东、湖南、山东、河南省各级法院直接在裁判文书中使用“核心价值观”的数量明显高于其他地区，这与地区案件数量之间未呈现明显相关状态，甚至北京、上海、浙江等地案件的数量巨大，但文书中使用“核心价值观”的频次反而不及安徽、湖南，其中的原因值得探究。当然需要强调的是，在裁判文书中引用“社会主义核心价值观”和在裁判文书中融入社会主义核心价值观是两个不同的概念，后者的范围远远大于前者，但是在核心价值观需要大力弘扬的当下，直接在司法裁判文书中引用“社会主义核心价值观”更能鲜明地彰显司法机关对社会主义核心价值观的贯彻，更能发挥司法的引领作用。这也是本节以关键词检索结果考察分析司法裁判与社会主义核心价值观融合情况的原因。

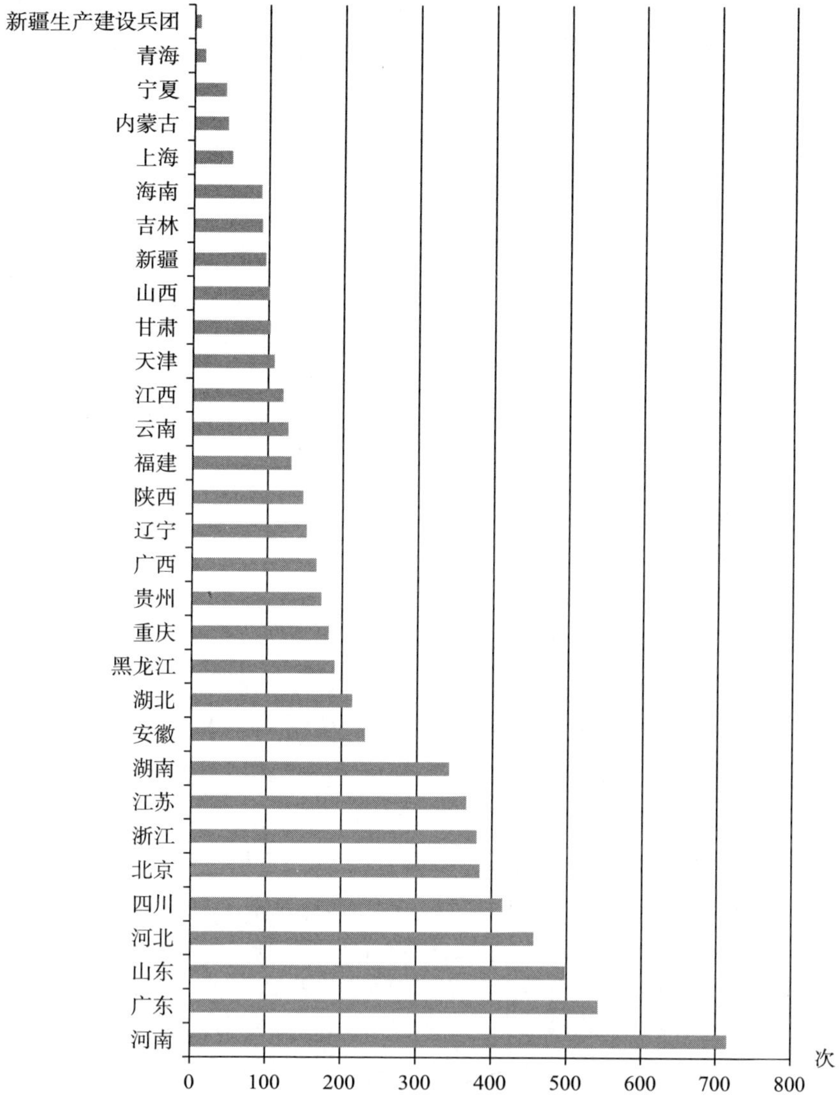

图 4-1　各地法院裁判文书中“社会主义核心价值观”出现频次

根据不同年度对裁判文书使用“核心价值观”的频次查询可知，从 2012 年 11 月至 2021 年 3 月，社会主义核心价值观使用频次逐年递增，尤其是在 2018 年开始激增（见图 4-2），这与最高人民法院发布的《关于加强和规范裁判文书释法说理的指导意见》和《规划》具有一定的关联性，这两份司法政策性文件对在裁判文书中使用“核心价值观”注入了强大的政治动力。2020 年以来,最高人民法院和各级人民法院多次评选和发布弘扬社会主义核心价值观典型案例,更是带动了各级法院在裁判文书中融入社会主义核心价值观的风潮,司法导向更加鲜明。

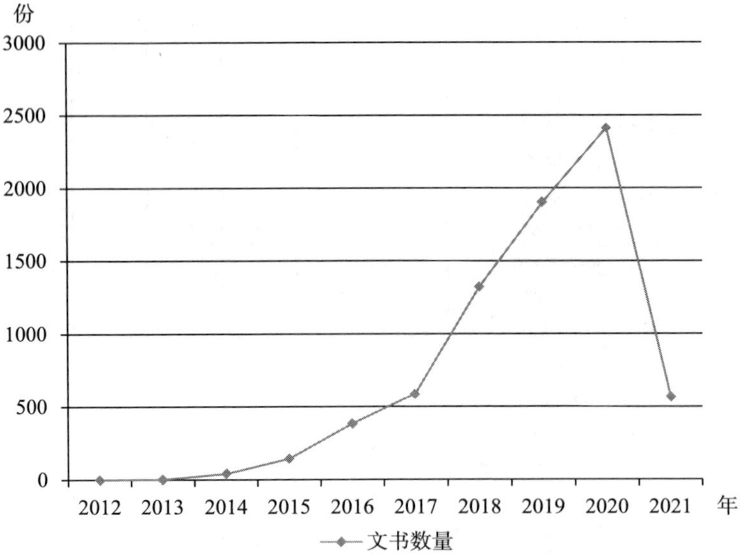

图 4-2 裁判文书中使用"核心价值观"的整体趋势

从中国裁判文书网中获取的数据来看,使用"核心价值观"的裁判文书类型中,判决书多达 38891 份,裁定书 1754 份,调解书 3 份,决定书 11 份,通知书(刑事审判监督)8 份。从以上数据的对比中也可以发现,司法裁判中对"社会主义核心价值观"的使用主要集中在实体判决之中,但程序处理中亦有不少需要核心价值观的评价标尺,这一点还需要进一步加强。

从案件类型来看,民事案件中使用"核心价值观"频次最高,共有 6649 件,行政案件次之,共有 503 件,刑事案件 106 件,执行案件裁定书中有 85 件使用了"核心价值观",国家赔偿与司法救助案件 20 件。十分明显的是,法院在民事裁判文书中使用"核心价值观"的比例远高于其他类型的案件。一方面,是因为民事案件基数大,案件整体数量就高于刑事和执行案件;另一方面,民事案件与人们生活息息相关,具有政策执行窗口的地位,[1]在民事案件中适用社会主义核心价值观符合"使核心价值观融入人民生产生活和精神

[1] 参见李海峰:《核心价值观的司法维护研究》,南京师范大学 2020 年博士学位论文。

境界”[1]的要求。行政案件中社会主义核心价值观也作为裁判考量的因素予以运用,刑事判决中的社会主义核心价值观使用较少,尤其是因社会主义核心价值观直接影响定罪量刑的,更是凤毛麟角,社会主义核心价值观在刑事案件中更多的是在法律适用后的一种补充和调整。可见,在民事和行政领域,社会主义核心价值观的融入更为深入,而在刑事领域中相对保守。

四、社会主义核心价值观融入司法宣传

除了上述司法活动外,司法机关还需要开展其他一些诸如典型案例发布、司法公开日、公开庭审、邀请旁听庭审和案例宣传报道等司法宣传行为。司法宣传能够放大司法裁判的引领效果,提高司法触达力。因此,将弘扬社会主义核心价值观的司法案件进行大力宣传,也是社会主义核心价值观融入司法活动的重要举措。各级人民法院通过各种人民群众喜闻乐见的方式进行案例宣传,而其中对社会引领效果最好的是最高人民法院公布的弘扬社会主义核心价值观典型案例,这是最高司法机关在全国范围内评选征集弘扬社会主义核心价值观的典型案例,对整个社会产生了引领效力,对各级法院产生参照效力。

2016 年 3 月 8 日,最高人民法院公布 10 起弘扬社会主义核心价值观典型案例,2016 年 8 月再次公布 10 起关于弘扬社会主义核心价值观典型案例,2020 年 5 月 13 日,最高人民法院发布人民法院大力弘扬社会主义核心价值观十大典型民事案例,2022 年 2 月 22 日发布第二批人民法院大力弘扬社会主义核心价值观典型民事案例,2023 年 3 月 1 日发布第三批人民法院大力弘扬社会主义核心价值观典型民事案例。截至统计日前,最高人民法院以弘扬社会主义核心价值观为主题发布的典型案例有 49 件(见表 4-3)。其他各级法院也以自己的名义发布了弘扬社会主义核心价值观的典型案例,但是数量巨大,难以统计,且宣传效果与最高人民法院发布的不能等同,因此不纳入本书的考察范围。至于最高人民法院发布的如保护妇女儿童等典型案例,因发布主旨并非弘扬社会主义核心价值观,虽然在弘扬价值方面存在重合,但仍然不纳入本节的样本范围。

表 4-3　最高人民法院发布的弘扬社会主义核心价值观典型案例

序号	典型案例	弘扬价值
1	刘某诉刘某某、周某某共有房屋分割案	家庭美德

[1]　中共中央办公厅印发《关于培育和践行社会主义核心价值观的意见》。

续表

序号	典型案例	弘扬价值
2	“北燕云依”诉某派出所拒绝办理户口登记案	公序良俗
3	周某诉某公安分局拖延履行法定职责案	社会公德
4	张某等诉杨某继承纠纷案	友善互助
5	杨某诉某财产保险股份有限公司意外伤害保险合同纠纷案	诚实守信
6	张某诉某商贸有限责任公司买卖合同纠纷案	诚信经营
7	某船厂诉某船务有限公司船舶修理合同纠纷案	诚信诉讼
8	金某伪证案	诚实守法
9	高某诉上海某大学不授予学位案	诚实守规
10	某环保联合会诉某农化有限公司等环境污染责任纠纷案	环境公益
11	某村民委员会诉郑某某等 12 人返还原物纠纷案	诚实守法
12	伊春某旅游酒店有限公司诉张某某劳动争议纠纷案	诚实守规
13	丘某良诈骗案	诚实守信
14	微信朋友圈销售假冒注册商标的商品案	诚信经营
15	旅游卫视诉爱美德公司等侵犯台标著作权案	诚信诉讼
16	北京某集团总医院申请执行陈某春医疗服务合同纠纷案	公序良俗
17	某小区业主委员会诉邓某某物业服务合同纠纷案	诚实守信
18	唐某某诉唐某甲等 5 子女赡养纠纷案	家庭美德
19	邓某某诉某速递公司、某劳务公司一般人格权纠纷案	社会公德
20	华某与王某波、王某全生命权纠纷执行案	友善互助

续表

序号	典型案例	弘扬价值
21	董存瑞、黄继光英雄烈士名誉权纠纷公益诉讼案	英烈保护
22	淮安谢勇烈士名誉权纠纷公益诉讼案	英烈保护
23	村民私自上树摘果坠亡索赔案	公序良俗
24	撞伤儿童离开被阻猝死索赔案	友善互助
25	微信群发表不当言论名誉侵权案	社会公德
26	“暗刷流量”合同无效案	诚实守信
27	开发商“自我举报”无证卖房毁约案	诚实守信
28	吃“霸王餐”逃跑摔伤反向餐馆索赔案	诚实守信
29	自愿赡养老人继承遗产案	家庭美德
30	困境儿童指定监护人案	未成年人保护
31	祖母赠予孙子房产后有权继续居住	家庭和谐、孝敬老人
32	父母有权拒绝成年子女“啃老”	独立自强、家风文明
33	村民委员会垫资照顾“空巢”老人有权请求子女补偿	扶弱济困、乡风文明
34	遭遇就业地域歧视可请求赔偿精神抚慰金	就业平等、文明用工
35	经民主决策以合理方式在老旧小区加装电梯受法律保护	睦邻友善、社区文明
36	通过享受对口支援政策入学深造，学成违约拒回原单位工作，应承担违约责任	诚实守信、爱岗敬业
37	乐于助人且无过错不应承担侵权责任	助人为乐、社风文明
38	媒体如实曝光食品安全问题不属于侵权行为	求实敬业、诚信经营
39	好意同乘期间驾驶员致同乘人损害可依法减轻赔偿责任	好意同乘、善意施惠

续表

序号	典型案例	弘扬价值
40	踩踏烈士墓碑底座、在墓碑前不敬摆拍应依法承担刑事和民事责任	英烈保护
41	劝阻影响公交车安全驾驶行为,劝阻人挣脱拉扯对被劝阻人损伤不担责	文明出行
42	自愿参加“广场舞”猝死,组织者无过错不担责	公正法治
43	丧子老人可对孙子女“隔代探望”	尊老爱幼
44	子女受父母胁迫结婚可请求依法撤销婚姻	婚姻自由
45	父母异地共同抚养让儿童利益得到最优保障	关爱儿童
46	向未成年人提供内容不健康网络服务的合同无效	社风文明
47	遭受职场性骚扰有权依法请求精神损害赔偿	职场文明
48	劳动者有权拒绝用人单位以虚拟货币支付工资	合法用工
49	劳动者请假照看病危父亲,用人单位应给予适当善意和包容	职场友善

最高人民法院发布的这些典型案例,向社会宣告司法弘扬社会主义核心价值观落实到了个案的审理中,用一个个鲜活的“小案件”引领社会“大风尚”,旗帜鲜明地宣示司法对社会主义核心价值观的维护,对有违社会主义核心价值观的行为进行谴责甚至惩罚。这些典型案例多角度、多维度诠释了社会主义核心价值观,让社会主义核心价值观从文字走向生活,让社会主义核心价值观的内涵在具体案情中予以体现。如诚实守法、诚实守规、诚信经营,诚信诉讼、诚实守信,都是“诚信”这一核心子价值的具体表现,而社会公德、家庭美德、公序良俗等也是个人层面“友善”价值的体现和国家层面“文明、和谐”的要求,英烈保护就是对“爱国”价值观的直接践行。通过这些典型案例,还可以发现,现阶段司法对社会主义核心价值观的关切更多在诚信、文明等社会矛盾较为突出的领域,同时这些也是国家和社会关注的重点,2020 年以后,司法对家庭和睦、社会友善、职场文明的逐渐关注,司法对社会主义核心价值观的弘扬已经开始融入社会、家庭、职场、生活、线上、线下等方方面面。

第三节　社会主义核心价值观融入司法活动的突出问题

伴随社会主义核心价值观融入法治建设各个环节之主题的提出，在司法实践中引入社会主义核心价值观，对增强司法活动的说服力和可接受性尤为凸显。

一、司法人员主动适用社会主义核心价值观的能动性式微

（一）成文法体系束缚了司法人员发挥主观能动性的空间

法律的起源标志着人类社会在规范文明的路上迈进了一大步，是法律文明的起点和重要的里程碑。[1] 历史上，不同社会共同体的法律有不同的起源文理，如古雅典式、古罗马式、德意志式以及古代中国式等。但是，无论世界各国的法律经历了怎样独特的形成历程，纵观人类法律文明史，法律起源无一例外地存在由习惯到制定法的过程。原始习惯的存在为形成法律奠定了基础，尔后经国家认可，成为调整人类生活并受国家强制力保障实施的习惯法；伴随社会的发展，人类的社会关系日益复杂，仅根据既有习惯规范转化而来的习惯法无法满足社会对规范的需求，为此，国家便有针对性地重新制定规范，如此制定法产生，其成为人类调控能力发展到新阶段的产物证明。概言之，随着社会供求关系的不断发展，制定法在习惯法中继承而发展起来并愈加规范，其适用过程中的可变量也就愈显狭小。

法学在发展到一定阶段后便会产生法律分类，表明人们更加理性地认识法律。学界对法律的分类中最基本的当属成文法和不成文法。该二者在法律概念、立法程序以及其各自功能方面相去甚远，例如，成文法有较好的规范功能、预防功能和社会改革功能，而不成文法由于没有清晰的法律规则，其规范功能略次于成文法，且其难以实现预防功能。该二者更大的差异在于司法适用。完善的成文法本可以方便法官适用法律，并使法官的自由裁量权缩小在一定范围内。相较之下，不成文法在适用时，法官通常拥有较大的自由裁量权，以此弥补法律的不足。正如成文法之规范功能，凭借规则规范化的优

---

[1] 参见付子堂主编：《法理学初阶》（第3版），法律出版社2009年版，第101页。

势,虽然其适用方便、快捷,但压缩了主观能动性发挥的余地,为徐国栋先生提出"成文法局限性克服论"奠定了基础,其指出具有普遍适用性的基本原则可以相对克服成文法的局限性。[1]

近年来,社会主义核心价值观在审判活动中作为价值指引予以适用的情况呈现大幅度提升,其源于最高人民法院的上层推动,如陆续出台各项司法解释或非司法解释类规范性文件,强调社会主义核心价值观在司法活动中的运用。随着社会主义核心价值观在司法实践中的进一步融入,裁判法官在规范化的成文法规范场域中主观能动性之空间狭小的弊端尤为凸显,将社会主义核心价值观作为法律规则予以适用,明显存在适用错误,造成裁判文书情理多于法理,缺乏可接受性。

(二)以文理解释为主的解释方法难以涵摄社会主义核心价值观的实质

司法活动中,合理的司法结果需要法官综合运用多种法律解释方法。理论上不同的法律解释方法和案件事实之间属于对应关系,即每个裁判结果凭借一种解释方法即可,当出现多个解释方法时,则应严格遵循"效力位阶表"。[2] 多元化的解释方式导致法律解释结果的多样化。众所周知,司法实践中案件并非理想状态,多种解释方法的综合运用业已成为司法活动的常态,这在一些疑难复杂的案件中尤为凸显。种种解释方法无疑首先需要接受是否符合文理解释的考问。文理解释在理论上又称语法解释或文义解释,即依照文法规则分析法律的语法结构、文字排列和标点符号等,以便准确理解法律规则的基本含义,但是依据该解释方法,也存在易脱离法律的精神实质而断章取义,或陷于文理主义的弊端。

以2020年修改前的《刑法》第201条、第211条和第212条为例,相关法条分别对偷税数额占应纳、应缴税额的比例、偷税额总额的范围等作出了相应规定,但是,实践中可能存在这样的现象,偷税数额占应纳、应缴税额的30%以上但不满10万元,或者偷税数额10万元以上但没有达到应缴、应纳税额的30%(但已占10%以上),如此,形成交叉交错的情形。从文理解释

[1] 参见徐国栋:《民法基本原则解释:诚信原则的历史、实务与法理研究》,北京大学出版社2013年版,第79页。

[2] 参见宋保振:《法律解释方法的融贯运作及其规则——以最高院"指导案例32号"为切入点》,载《法律科学(西北政法大学学报)》2016年第3期。

看,该两种情形既不符合上述三个法条规定前者情形,也不符合后者构成要件,于是不少学者认为其出现了漏洞,陷入了文理主义。

诚如上述,严格按照文理解释容易脱离法律的实质精神,但根据举重以明轻的原则,上述情况可使用"偷税数额占应纳、应缴税额的10%以上满30%并且偷税数额在1万元以上不满10万元"的法定刑。因为这两种情况已经在符合该法定刑适用条件的前提下有多余部分,而非不符合该法定刑的适用条件。因此,一个行为如果没有达到法定要求,当然不能适用该法条;但其如果在符合法条规定的前提下,超出了该法条的规定,同时又无其他法条可适用时,便可适用该法条。

由此可见,一般在文理解释无法得出相对公平公正的结果以平衡个人、社会和国家之间的利益时,才会按照效力位阶表,适用其他解释方法。然而,上述综合解释一般仅在某些证据不清、法律规范模糊、道德法律冲突等疑难复杂的案件中适用。换言之,一般传统的法律纠纷仍然坚守文理解释,但文理解释难以避免因字面含义的内涵狭窄造成结果射程范围小的缺陷,这也是司法人员多以隐性的方式适用社会主义核心价值观的主要缘由,以至于案件处理结果无法符合社会发展,难以实现法律效果与社会效果的统一。

(三)司法责任制改革背景下司法人员规避风险的潜意识效应

为具体了解当前司法改革背景下司法人员对运用社会主义核心价值观的态度,笔者团队在J市中级人民法院和J市人民检察院进行了实地问卷调查与访问。其间发放问卷100份,收回83份(检察官助理18份,员额检察官11份,员额法官24份,法官助理30份,见表4-4);访谈了3位员额检察官,5位检察官助理,10位员额法官,15位法官助理。

表4-4 83份回收问卷的反馈情况

调查内容	员额法官(24人)	员额检察官(11人)	法官助理(30人)	检察官助理(18人)
是否知道司法活动可以融入社会主义核心价值观	24人(100%)	11人(100%)	30人(100%)	18人(100%)
是否主动在司法活动中融入社会主义核心价值观	7人(29.2%)	4人(36.4%)	3人(10%)	2人(11.1%)
在司法程序中是否融入社会主义核心价值观	0	0	0	0

续表

调查内容	员额法官（24人）	员额检察官（11人）	法官助理（30人）	检察官助理（18人）
事实认定的时候是否融入社会主义核心价值观	1人（4.2%）	0	0	0
文书内容中是否融入社会主义核心价值观	7人（29.2%）	4人（36.4%）	3人（10%）	2人（11.1%）
文书最后的裁判内容中是否依据社会主义核心价值观	0	0	0	0

诚如上述反馈，依据诚信司法理论，司法文书中不仅应充分说理，而且还应向受众如实地披露其真正理由。从积极的方面来说，如欲将社会主义核心价值观融入司法活动，法官、检察官主要负有两个方面的论证义务：其一，证明待决案件提炼的核心观点与核心价值观在内涵上可以融合；其二，需要进一步论证价值观子内容的伦理内容能够与待决案件所欲得出的裁判结论之间形成支撑。显然，这已大大地增加了法官的论证负担。从消极的方面来看，无论是当事人一方提供的核心价值观作为说理依据，还是法官的主动引用，法官如果最终未引用相关依据，便负有更强的反向论证义务。因此，在无相关法律规定的情形下，如果将社会主义核心价值观融入司法治理机制会成为相关人员的责任风险，那么其适用方式多以隐性适用为主，而非显性适用。

审判、监督本身即是一个说理论证的活动，其不仅要对裁判依据加以证成，还要对整个司法推理的过程加以说明。未进入法律渊源的核心价值观，与依照成文法规则的推理相比，司法推理的说理负担更为严苛和繁重。因为一旦将社会主义核心价值观引入司法活动过程，就应结合事实对是否适用加以论证。尤其是在某些司法人员惰于思考问题的情况之下，其主动选择适用的频率更低。

另一方面，正如周尚君教授在其“社会主义核心价值观融入基层社会治理研究”这一课题的阶段性成果中的观点，将核心价值观融入司法活动分为说理依据、教育说教、补强说理、价值宣示4个层次。[1] 价值宣示、教育说教的不同在于受众不同，但都未对具体法律问题进行分析；说理依据功能等于

[1] 参见周尚君、邵珠同：《核心价值观的司法适用实证研究——以276份民事裁判文书为分析样本》，载《浙江社会科学》2019年第3期。

赋予核心价值观以直接的法律渊源地位;补强说理效力应介于无约束力和法律上的约束力之间,即并不等同于必须引用。可见,将社会主义核心价值观融入司法活动本身是一项系统性的行为,加之目前未对法官融入核心价值观方式提出明确的要求,导致法官更无法对核心价值观做到主动适用。

由此可见,基于目前我国法律以成文法的形式呈现,加之司法解释方法以文理解释为主,在当下司法责任终身制的司法改革背景下,法官运用社会主义核心价值观的主观能动性式微。

二、社会主义核心价值观运用规范标准欠缺

(一)宏观性的法律价值与规范化的法律规则无法相互对应

法律价值相比于成文的法律规则而言,具有宏观性。如自由、平等、公正、秩序等法律价值,内涵丰富,解释多样。法律价值是随着社会的进步发展,相应的主体与客体不断丰富、扩展。法律价值在具有相对稳定性的同时,又有着极强的不确定性。这也为法律价值的发展拓宽了空间,不断有新的价值被引入法律体系之中,各种法律价值互相融合,新的更具有普适性的法律价值呼之欲出,法律价值在传统理论上的分类也进一步拓展。即便如此,法律价值也因其宏观性特征无法如规范性法律规则一样明确具体。

实践中,一般案件适用法律规则便可定分止争,实现政治效果、法律效果与社会效果的统一,相较而言,疑难案件的审判融合了价值判定与司法人员的主观评价,其在司法活动中传递并弘扬法律价值,更有利于指导司法人员审理案件。法律概念、法律规则、法律原则等包含了法律对主体的评价、价值选择,其一般在个案中适用时,才能转化成定分止争的参照标准,以提高社会公众对案件裁判结果的接受度。

近年来,“类案异判”多有出现,其常见于社会公众和司法系统之间,上下级法院之间,同时也出现在学者们的回应和争论之间。这导致公众屡屡质疑影响性案件之审判过程和法官决策的客观性及公正性。个中缘由无法回避的是,司法人员在司法实践中未对适用某一法律价值的内容进行具体论证,即使是在“直接证成结果型”[1]的案例中,也未阐述价值如何适用的推理过程。为此,司法人员应当以客观的立场,理性地考量法律价值判断。

[1] 参见江秋伟:《价值的司法适用及方法——以法院适用社会主义核心价值观的案例为对象》,载《西安交通大学学报(社会科学版)》2019年第3期。

(二)法律价值与社会主义核心价值观适用错位

法学领域内的法律价值尚且不足以完全内化于规范化的法律规则,与法律价值交融且比法律价值更为抽象、适用范围更为宽泛的社会主义核心价值观,通过法律规则的内化而融入司法活动的难度之大,也就可想而知。从性质和功能上看,二者都具有抽象性,属于宏观层面的指引标准,均能够指导人们作出符合社会发展的行为,并引导司法人员处理复杂疑难的案件。然而,从内容上看,二者既有联系又有区别。联系在于社会层面上的价值指引具有一致性,例如,公平、自由、公正与法治。基于服务社会的性质而言,二者相互彰显;区别在于规制范围不同,法律价值着重体现利用法律规制个人以实现定分止争,而在三个层面由 12 个具体价值观构成的社会主义核心价值观,能否将辐射至国家层面的价值适用于司法?同时值得思考的是,其是否亦存在适用顺序?该二者在内容上的交叉相融,导致司法人员无法准确界定其适用的标准。

在西方法律价值体系中,公平与自由是法律基本的价值,其他法律价值属于低层次的价值。[1] 而在中国法律体系中,一方面,社会主义核心价值体系是国家法治建设最基本的基石,不但可以包含其他价值,而且可以补充其他价值的不足;另一方面,由于个案价值选择的差异化,价值体系在适用顺序上呈现动态性,具体表现为价值适用的冲突。如在“杨某与龙某离婚纠纷案”[2]中,二审法院的裁判理由系基于家庭美德,而判决夫妻双方不予离婚。须提醒注意的是,哪一具体价值的顺位高于离婚“自由”之价值?法律明确规定以“感情破裂”作为离婚的评判标准,而通过使用社会主义核心价值观给离婚对子女造成的影响而不判决离婚进行裁判说理,其在适用逻辑上是否与法定原则相悖?其为司法舆论埋下的引爆点,毋庸置疑。

再如在“徐某与张某 1、张某 2 共有物分割纠纷案”[3]中,法官通过适用核心价值驳回了“做法事”费用的诉求,但是细看这份文书的价值推理,直接以违反核心价值观为由,认定“做法事”为无效民事行为未免过于牵强。因

---

[1] 参见[英]彼得·斯坦、约翰·香德:《西方社会的法律价值》,王献平译,中国法制出版社 2004 年版,第 346 页。

[2] 杨某某诉龙某某离婚纠纷案,湖南省湘西土家族苗族自治州中级人民法院民事判决书,(2017)湘 31 民终 679 号。

[3] 徐某美诉张某 1、张某 2 等共有物分割纠纷案,安徽省金寨县人民法院民事判决书,(2016)皖 1524 民初 1072 号。

为无效民事行为的类型只有根据《民法典》第 141 条及第 146 条进行判断,但本案中“做法事”究竟属于其中的哪一种类型?适用核心价值观进而直接认定本案“做法事”的行为为无效的民事行为是否妥当?是否还需要司法人员进行详细的推理或解释说明?

可见,虽然法律价值与社会主义核心价值在性质与功能上具有一致性,但其在内涵与范围上存在巨大的差异性,正因为二者之间本身存在交叉相融,故也容易导致司法人员错位适用。

(三)社会主义核心价值观融入法律规则的余地较窄

正如上文所述,法律价值无法直接实定为法律规范,而与法律价值存在交叉相融的社会主义核心价值是否能在法律规范中寻求生存的土壤,尤其是服务于国家宏观层面的富强、民主、文明与和谐价值如何适用,有待考究。

不得不承认,司法人员在司法活动中,无不受到其公认价值的影响,但是受其影响与在实践中明确适用属于主观与客观层面的两个方面。受其影响仅能够说明司法人员在自身的意识或行为中得到指引,而该种指引并不意味其必然作用在司法活动中,其可表现在司法活动范畴之外的个人行为。由此,司法人员的司法活动虽然坚守了“以事实为根据,以法律为准绳”的标准,但未在核心价值观的层面更好地推进这一标准的适用。需要提醒的是,法律价值作为法律渊源之一,其可以在司法人员遇到新类型或疑难案件时被界定为司法行为的标准,这是法律明确规定的内容。然而,社会主义核心价值观虽然与法律价值存在交叉相融,但这并不表示社会主义核心价值必然成为法律渊源,个别不属于传统意义上的法律价值是否适用、如何适用,是否予以适用,仍有待商榷。

其中,以国家层面的“富强”价值为典型,“富强”在社会主义核心价值观中指向整个国家精神层面与物质层面的双重富裕与强大。而在法律关系中,由于法律调整社会主体的行为规范,多数主体是指自然人、法人或者其他非法人组织,这点从近几年的三大类诉讼的占比可知。并且,当审查对象是一般的民事纠纷时,坚守的是公平优先,效率次之,以此平衡各方当事人的利益保护;但是,当审查对象是商事纠纷时,基于商事主体的理性人之特殊性,践行的是效率优先、兼顾公平。二者分别实现的是个体经济原则与组织的经济原则,从宏观方面均可看作社会主义核心价值观之“富强”价值的某个侧面内容的应有之义。即便一般民事主体与商事主体有相对清晰的界定，但随着社会发展的与时俱进，越来越多的组织出现，如商事合伙，其形式上的活动主体是合伙，具备一般民事活动人合性的特征，而实质上是商事主体在运作，本质是商事活动的资合性。当其发生冲突时，审判机关无法以“富强”的价值观为指引，因为二者之间存在相互排斥的关系。

为此，在没有将社会主义核心价值观于规则上直接以“正确性宣称”之文字的方式诉诸时，社会主义核心价值观便不能被认定为法律渊源。尤其是在法律并没有授权司法人员可以直接将其作为司法判决理由的情形下。实践中，当遇到诉讼请求所依据的具体行为实际上是违背核心价值观时，司法人员一般也不指明，而是仅以“没有法律依据，对其诉讼主张不予支持”而驳回诉讼请求或起诉。究其原因乃是规范性规则未给予社会主义核心价值观的适用留有充分余地。

（四）指导性案例“裁缝式”适用在一定程度上阻碍了社会主义核心价值观的融入路径

自 2010 年 11 月 26 日起，最高人民法院印发案例指导工作的规定后发布第一批指导案例开始，发展至 2018 年 6 月 1 日，最高人民法院提出裁判文书释法说理的指导意见，进一步明确了案例是作为论证裁判理由的论据即文书中法律适用推理的内部证成部分。[1] 自此案例指导制度正式作为一项新司法制度出现在我国的法律体系之中，指导性案例在类案审理中具有了“应当参照”的效力。此后，成文法不明时，司法人员多了一项可参照的标准，这也弥补了其规范化范围小的弊端。此后，指导案例开始被引入裁判文书之中，其具象化的适用规则作为叙事内容被嵌入文书中，发挥着增强释法说理效果、提高受众可接受性的功能。

但是，最高人民法院发布的第 27 批指导性案例之 152 号“鞍山市中小企业信用担保中心诉汪某、鲁某英第三人撤销之诉案”，在编制体例上采用的是“关键字—要旨—基本案情—审判经过—指导意见—相关法条”的形式，不难发现在司法人员需要使用指导性案例时，有效的要素是要旨和案情，毕竟在案情基本一致的情形下，遵循要旨进行审判便可，而不必然需要详细地分析具体司法活动的整体过程。以下样本（A 与 B）可以例证。

---

[1] 参见雷磊：《从“看得见的正义”到“说得出的正义”——基于最高人民法院〈关于加强和规范裁判文书释法说理的指导意见〉的解读与反思》，载《法学》2019 年第 1 期。

｜案例A｜[1]：

被害人汪某某因交通事故致损。经鉴定，汪某某因交通事故所致外伤在血栓形成过程中发挥主要作用，外伤参与度75%。判决载“本院认为，……外伤参与度问题，根据最高院指导案例24号，交通事故的受害人没有过错，其体质特征对损害后果的影响不属于可以减轻侵权人责任的法定情形。故对保险公司提出的参与度的主张，本院不予采信”。

｜案例B｜[2]：

当事人主张援引指导性案例19号的情形下，裁判者在文书中并未回应，其文书说理为：“……因此，北汽公司作为被套牌车辆的所有权人，提供该公司其他车辆的临时号牌给周某某使用的行为即同意周某某套牌。对涉案事故导致张某2、董某、张某1死亡及蔡某受伤造成的经济损失由余某在无责任交强险的限额内赔偿后不足的部分，应由周某某与北汽公司承担连带赔偿责任。”

上述两个案例分别涵盖了一审、二审法院适用指导性案例的通常做法，即直接简单地标注“指导性案例＊号”，而对指导性案例的案情是否类似、基本法律关系是否一致以及拟适用的法条是否相对应等问题一概不予论证。不难发现，司法推理中的价值判断是法官以知识积累、技能训练、职业素养为基础，通过经验形成的裁判技艺的一部分，具有很强的方法性。[3] 由于司法人员通过“裁缝式”的适用指导性案例，使检查监督或者审判的待决案件与指导性案例形成分离状态，以至于指导性案例的实质含义未充分发挥作用，仅是形式上的适用，未对待决案件起到指引作用。

三、社会主义核心价值观融入司法活动流于文理

（一）法律事实与法律价值的二元僵硬区分

从休谟开始，事实与价值截然分离，但是希拉里·普特南指出，“事实”与“价值”并非截然二分而是相互缠结，根本不存在纯粹的事实或者纯粹的

[1] 参见福建省宁德市福鼎市人民法院民事判决书，(2019)闽0982民初3354号。

[2] 参见蔡某卉、云南北汽鹏龙瑞桓汽车销售服务有限公司诉周某、赵某、余某俊机动车交通事故责任纠纷案，贵州省六盘水市中级人民法院民事判决书，(2017)黔02民终582号。

[3] 参见张骐：《司法推理价值判断的观念与体制分析》，载《浙江社会科学》2021年第2期。

价值,任何割裂事实与价值的二分法都是无法成立的。[1] 这一学说兼具理论与方法论的双重价值,并在中国已经被广泛介绍并引入哲学、人类学、社会学、经济学等众多领域,有力地破解了认识论上诸多思维定势的束缚。

从法学领域中发现,三大诉讼无不以案件事实为基础,从而根据法律规定得出结果,整体上形成"当事人基本信息+证据+事实认定+法律论理+结果"的形式。实际上,除"法律论理+结果"外,其他都是案件的法律事实。也正因如此,法律论理层面更多地被看成法官在个人心证的基础上释法的过程,其中个人法律观会严重左右法官的审理思维与裁判路径的选择。简言之,该层面更多侧重于"应该"层面。对比之下,事实层面的很多子项,诸如当事人的信息、案件的过程等,倾向于"是"的层面,即"是否存在出借的行为""债务人是否已偿还债务"等,其只存在"是与否"的两方面的结果,而并非如前者一般,存在"应该"的结果。

然而,事实具有多元性,从自然事实、客观事实、法律事实继而到裁判事实,以实现平衡价值冲突和利益保护的最终目标。在自然事实向法律事实的过渡中,自然事实的确证更多被视为一种理想而不可能达致的状态,无论证据多么无限地接近完备证据链条,据此还原、重构的事实完全符合自然事实的情形亦属罕见,[2]这意味着复原、再现或等同于已经完成或者正在进行的自然事实本身的情形少之又少。此时,自然事实并不复存在,而是通过证据的形式重现,与自然事实的契合程度决定了案件事实确证的程度,以此成为认定案件事实的重要依据。证据本身的采信与否均需要司法人员的内心确信,涵盖司法人员的价值判断。换言之,当前司法活动存在将案件事实与释法论理进行僵硬割裂的问题,对司法人员在裁判中运用社会主义核心价值观形成掣肘。

通过对裁判文书网中获取的 6134 份裁判文书按照最近 7 年每年 30 份的基数,随机抽取样本进行分析(由于前两年的数据不具有随机性)。最终合计抽取 210 份适用了社会主义核心价值的文书。见图 4-3。

---

[1] 参见[美]希拉里·普特南:《事实与价值二分法的崩溃》,应奇译,东方出版社 2006 年版,第 56 页。

[2] 参见杨岩、刘士心:《事实、价值缠结中的刑法因果关系解析——以希拉里·普特南事实与价值缠结理论为分析视角》,载《北京理工大学学报(社会科学版)》2016 年第 6 期。

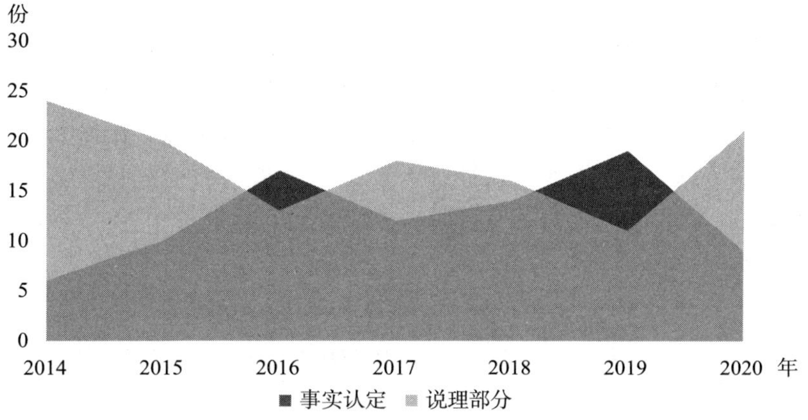

图 4-3　社会主义核心价值观在事实认定与说理部分的运用存在交叉

司法活动中,事实认定、说理部分适用社会主义核心价值观存在交叉,甚至部分当事人将社会主义核心价值观作为其诉请阐述的依据,这表明社会主义核心价值观既可以用于事实认定又可以用于裁判说理,并非泾渭分明。以"戈某故意杀人案"为典型,[1]法官既在辩论环节的叙述部分援引社会主义核心价值观对辩论意见作出采信决定,指出"其利用患病为由敲诈他人,其行为既有违社会主义核心价值观和社会公德,亦为法律所不容";又在本院认为部分运用社会主义核心价值观阐明"刘某乙有过错,可减轻戈某的民事赔偿责任"。可见,人为僵硬地割裂案件事实与案件价值,影响社会主义核心价值观的有机嵌入。

（二）社会主义核心价值观融入司法活动的方式杂糅

通过法律渊源在司法实践中的体现,除必然适用的法律规范之外,可以简单地概括为法律原则、社会道德和社会主义核心价值观,每一个属概念下均含有各自范畴内的种概念。例如,法律原则的属概念下具有公序良俗、诚实信用以及公平正义等;社会公德的属概念下存在赡养老人、见义勇为、拾金不昧等;社会主义核心价值观的属概念下含有国家、社会及个人三个层面下各个层面的 4 个价值指引。

从检索案例分析,司法人员在司法活动中引入核心价值观,主要存在单独适用与复合适用两大类的 5 种具体适用方式。具体而言,单独适用有三种

[1] 戈某故意杀人案,江苏省连云港市中级人民法院刑事判决书,(2020)苏 07 刑初 33 号。

模式:其一,单向单独适用,即仅对适用的某一价值进行援引,如案例1仅对诚信价值进行适用;其二,单向组合适用,即对同一范畴内的多种价值予以适用,如社会主义核心价值观的诚信与友善的组合援引;其三,对社会主义核心价值观的单向概括适用,而不对其具体适用的某一种概念进行阐明。第二大类,多项复合适用主要体现为将社会主义核心价值观与社会公德、法律原则等进行双向复合适用,既说明其适用法律原则,又援引社会主义核心价值观。见表4-5。

表4-5　社会主义核心价值观融入司法活动的方式示例

案号	案由	裁判依据	适用方式
(2020)鲁08刑终515号	交通肇事罪	诚信	单向单独适用
(2020)冀08刑终259号	侵占罪	诚信+友善	单向组合适用
(2019)吉7102行初34号	工伤认定纠纷	社会主义核心价值观	单向概括适用
(2019)津02民初606号	赡养费纠纷	赡养老人+社会主义核心价值观	与赡养老人、家庭美德、社会公德等普世道德双向复合适用
(2019)云25民终1172号	生命权、健康权、身体权纠纷	社会主义核心价值观+家庭美德+社会公德	
(2019)鲁1191民初349号	租赁合同纠纷	社会主义核心价值观+公序良俗	与公序良俗、诚实信用等法律原则双向复合适用
(2020)桂民终1685号	案外人执行异议纠纷	诚实信用+社会主义核心价值观	

通过对社会主义核心价值观融入司法活动的方式分析可知(见表4-5),整体上单独适用与复合适用的界限不清,未对各自适用的情形进行明确划分,例如,未予界定法律规则、法律原则、法律价值、社会主义核心价值观之间的适用顺序,未予明确是否必然将其依次替代适用,以致适用边界模糊不清。从部分来看,对属概念范围内种概念的援引条件亦未厘清,其援引仅是对单个概念性的适用,并未结合具体案情详细阐释其可链接至相应种价值的可行性,甚至个别情况存在直接援引社会主义核心价值观属概念的情形。社会主义核心价值观融入司法裁判的方式迥异,造成司法人员有时无所适从,进而导致隐性适用与显性适用混同。

（三）社会主义核心价值观融入司法活动的程序混乱

社会主义核心价值观虽然欠缺法律意义上的规范性，但其系社会发展过程中形成的一种精神追求，能够起到形成凝聚力的作用，特别是在司法程序中，明确司法人员合理运用社会主义核心价值观的因素，亦属程序正当性的需求。

在中国裁判文书网，将2014～2020年各年份随机抽取50件适用社会主义核心价值观裁判案例的样本，对司法人员运用社会主义核心价值观的司法程序进行统计可知，社会主义核心价值观作为实质性的、原则性的柔性规范，并不排斥法律程序的运用，不存在程序阶段的限制，各个司法阶段都可以运用社会主义核心价值观。换言之，社会主义核心价值观在司法活动中的适用，能够被各个司法程序所容纳，具有较强的包容力和适应性，见图4-4。

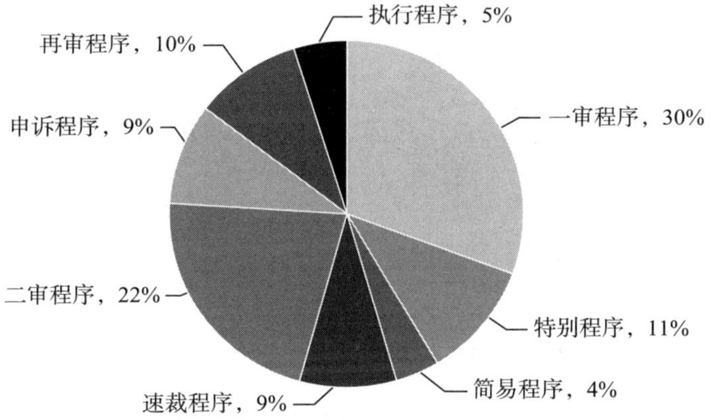

图4-4 社会主义核心价值观在各审判程序中的适用占比

值得注意的是，社会主义核心价值观在一审程序中适用占比最大，再审占比最小，这表明很大一部分一审程序案件从道德层面分析和判断就能说服当事人双方接受判决结果，这种样态分布在某种意义上表明，较其他审判程序而言，基层法院作为适用一审程序的“先锋队”，属于诉讼内的第一道关口，更接近纠纷源头，也能够更为便捷地向当事人宣示倡导社会主义核心价值观。争议较大、案件复杂的二审、再审程序由于法律的漏洞，司法人员并不能将裁判原因解释清楚，而是在类似案件中的司法人员往往援引社会主义核心价值观，以提高其释法说理的合理性、正当性。诚然，与一审程序相同，二审案件也是适用社会主义核心价值观的主要阵地。其他程序如再审程序，虽然有适用社会主义核心价值观的案例,但是数量相对较少。

由此可以说明的问题是,司法人员在司法活动中融入社会主义核心价值观时,没有一个清晰的程序审级界限,加之现行规定未对各审级程序引入社会主义核心价值观的标准进行界定,致使法官、检察官等司法人员随意适用。

(四)社会主义核心价值观融入案件类型具有局限性

对适用社会主义核心价值观的案件类型进行统计后发现(见图4-5),三大类诉讼中均有社会主义核心价值观的引入。其中,刑事占比7%、行政占比5%、民事占比80%,相对较少的是执行案件和国家赔偿案件,分别为4%和1%。民事案件中,以婚姻家庭及继承类纠纷为适用的重点领域,其中侵权占比最高(24%),离婚案件次之(18%)、再次系婚姻财产案件(12%)、然后是合同、抚养与继承纠纷(10%、9%、7%)。

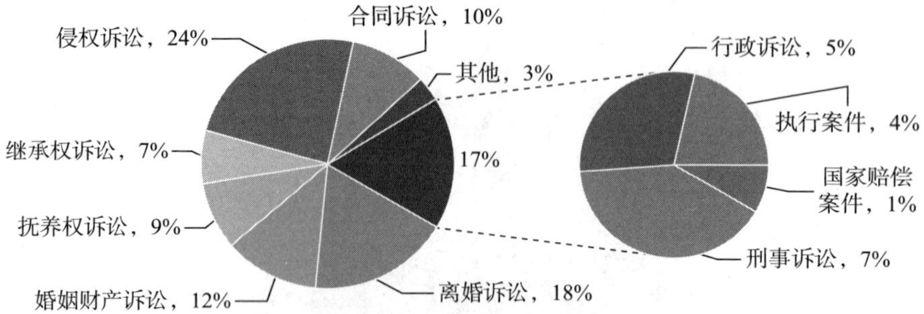

图4-5 样本中适用社会主义核心价值观具体类型的占比

但是,在其他类型的案件中社会主义核心价值观的援引并不乐观,尤其是刑事附带民事案件与行政赔偿案件及其关联执行案件。刑事附带民事赔偿案件,刑事部分往往由公安机关进行执行,对于其附带的民事赔偿部分因罪犯长期羁押,受害人或其近亲属的民事赔偿部分难以落到实处;而行政赔偿案件则是因为被执行主体为行政机关,导致对其财产与行为的执行往往沦为一纸空文。而且,在最高人民法院关于弘扬社会主义核心价值观十大典型案例中仅有一例刑事案件(丘某良诈骗案),一例执行案件(华某与王某波、王某全生命权纠纷执行案),其余8件均是民事案件。

不可否认,导致上述两类案件及其相关执行难以实现良好的法律效果、社会效果与政治效果的主要原因之一便是,在缺乏对应可适用法律规范的同时,对各类社会公认价值的引入条件亦未明晰,尤其是对具有普遍适用性的社会主义核心价值观的援引边界模糊。

四、社会主义核心价值观融入司法活动的内在逻辑混乱

（一）双重价值观内各价值内涵外延不清

法律具有天然的滞后性，每个阶段的法律规范都无法完全满足和适应当时的社会发展需要。特别是在某种法律规范已经与现阶段的社会发展水平和发展理念不相适应时，需要在各价值的指引下对法律规范进行选择适用。法律价值在各类型诉讼中的适用具有顺位性，并且社会主义核心价值观作为一个多元化概念体系，包含国家层面、社会层面和公民层面，每个具体的价值观都有自身的特定内涵。在具体适用的过程中，由于没有准确把握核心价值观的内在逻辑体系，个别司法人员在适用时未能厘清与其相近概念的关系，如将社会主义核心价值观与中华传统美德等道德观念混为一谈，或对某一社会主义核心价值观作出跨层面的扩张理解，在一些没有价值引领导向、行为规范导向的简单案件中随意作出价值评判。

示例一：常某、常某某生命权、健康权、身体权纠纷案，[1]一审法院的裁判依据，即社会主义核心价值观是民法总则的立法宗旨，判决原告和被告各承担50%的责任，然而二审法院[2]的裁判依据是诚实信用原则，驳回了诉讼请求。表明一审、二审法院采用"社会主义核心价值观（诚信）+法律价值（诚实信用）"之看似不同，实则相同的依据作出了截然不同的改判。社会主义核心价值观与法律价值的界限模糊，致使司法人员对二者的核心内容的差异性产生了误解，进而导致司法人员在司法实践中的适用结果大相径庭。

示例二：张某、刘某财产损害赔偿纠纷案[3]中，二审法院在说理部分认为"双方发生纠纷的行为有违于和谐、文明、诚信、友善的社会主义核心价值观"，与其说是方法论上的说理，实际更像是一种直接的价值宣示。二审法院直接将社会主义核心价值观的多个子价值进行组合而直接适用，但实际上，各价值本身的内容属性不同，采用组合方式的适用，更应该对各子价

---

[1] 常某军、常某生等诉常某玉等生命权、健康权、身体权纠纷案，河南省焦作市中站区人民法院民事判决书，(2018)豫0803民初98号。

[2] 常某玉等诉常某军、常某生等生命权、健康权、身体权纠纷案，河南省焦作市中级人民法院民事判决书，(2018)豫08民终2543号。

[3] 张某竹诉刘某财产损害赔偿纠纷案，河南省济源中级人民法院民事判决书，(2019)豫96民终378号。

值的选择进行论证,方可体现适用的生动性;反之,则会落入口袋化适用的俗套。

从以上两则示例的对比可知,有的司法活动中对社会主义核心价值观的阐释较为粗略,未对12个子价值进行区分适用。大部分适用较为简单,只在说理部分一带而过的表达不符合“社会主义核心价值观”或哪一个子内容,缺少细致深入的阐述说理(见示例二)。通过对若干法官和法官助理的访谈及调查问卷进行分析后发现,其中有的司法人员从未将社会主义核心价值观融入其书写的文书中,有的司法人员表示虽然写了,但仅是几句话直接表述是否符合社会主义核心价值观,也有多位法官及法官助理明确将社会主义核心价值观的子内容作为裁判依据,但是对子内容与案件事实结合说理的内容有所欠缺。

从访谈对象的反馈来看,之所以具体内容难以在实践中得到融贯,78%的因素在于社会主义核心价值观的内容过于抽象,适用对象无边界,整体上只要存在价值指引,仿佛都可予以适用,正是这种无边界的抽象性导致适用中的困境。反观法律价值,据不完全统计,多数司法人员都是通过了国家司法考试,进行过系统的学习,熟悉各价值本身领域的内容规范,适用时游刃有余。亦即社会主义核心价值观与法律价值二者的内涵外延不清,可能会导致在实践中适用困难。

(二)司法程序的法定化限制了社会主义核心价值观的多元性

司法程序从概念属性上看是指司法活动进行的各个环节,以法律审判活动的三大诉讼法为典型,其程序规范的确立依据是司法人员权力干预特征,[1]也是司法体验人权利的保护屏障。司法程序从理论上可朴素地解释为操作流程,其理论本质上不具有造成权益侵犯的可能性,但作为司法活动的重要构成,其代表了司法权力的行使与司法资源的分配,仅因对不同类型的司法活动作出相应的差异规范,以限制司法活动的恣意性。

然而,正是司法程序的法定化,限缩了法律价值与社会主义核心价值观的裁量性。以举证期限的法定化为例,我国民事诉讼法和行政诉讼法对举证期限都有相应的规定,一般一审不少于15日,二审不少于10日。举证期限在理论上不会左右证据存在的客观性,法律通过对其法定化,导致因其期限

[1] 参见陈刚:《解释与规制:程序法定主义下的大数据侦查》,载《法学杂志》2020年第12期。

的法定，径直影响诉讼中所搜集和认定证据的客观性。例如，行政诉讼法规定逾期举证视为行政机关没有相关证据，其法律后果是直接丧失证据的可采性，当逾期出现真实客观的证据时，司法人员只能以"补强证据"的托词对其予以适用。而"补强证据"有完整的适用标准，须遵循严格的限制，在"逾期举证视为无证据"的法定化面前，其适用稍有强词夺理之嫌。

值得注意的是，司法程序的法定化并不必然等同于司法程序的正当性。正当程序原则也可被解释为司法适用的（正当性）问题，其包含两层关系紧密的面向：一是正当程序原则被认为在没有法律、法规、规章规定的前提下适用；[1]二是"如何将正当程序纳入司法适用进行裁判理由论证，作为一个确立有规范体系的行政诉讼制度"。[2] 实践中，程序正当若需成为合法性判定的依据，仍存在制定法的壁垒，回归实质主义是破解正当程序原则作为合法性论证壁垒的有效方式，同时也为司法活动中融入社会主义核心价值观奠定了法理依据，通过对其进行目的解释或者体系解释，填补司法程序法定化与正当性之间的沟壑，亦如学者所主张，"法官应当尊奉社会主流的道德价值观念"。[3]

（三）法律行为与法律关系之审查对象的差异化

司法活动中，客观方面与客体是其审查对象的重要组成部分和主要内容。客观方面系指基于当事人的意思而具有外部表现的举动，单纯心理上的活动不产生法律上的后果，如殴打、强制等；客体则是指法律规定范围内行为所涉及的法律关系，比如行政法律关系、民事侵权关系等。但是行为本身与行为产生的法律关系之间并不存在天然的连接，有时存在分离，违法也并不等同于犯法。

但是，通常情况下，司法活动以行为的合法性作为审查对象，而不直接审查行为法律关系，这在行政诉讼中尤为凸显。这是因为，一方面，行政权力具有法律赋予的强制力，其可以直接确定行政主体与相对人之间的权利义务关系。基于司法审查的有限性，可直接审查行政行为的合法性，并据此得出结

---

[1] 参见杨登峰：《法无规定时正当程序原则之适用》，载《法律科学（西北政法大学学报）》2018 年第 1 期。

[2] 蒋红珍：《正当程序原则司法适用的正当性：回归规范立场》，载《中国法学》2019 年第 3 期。

[3] 秦策、夏锦文：《司法的道德性与法律方法》，载《法学研究》2011 年第 4 期。

论,以尊重行政权威,这符合行政诉讼司法复查的特性。[1] 另一方面,由于部分行政行为的内在特殊属性,以行政行为合法性为审查对象,而不论行政行为的初始理由,在某种程度上也是保护相对人利益的一种方式。以“X公司厂房诉C区管委会确认违法类一案”[2]为例,C区管委会以X公司的厂房系违章建筑为由,将其强制拆除,Z区法院认为C区管委会强制拆除X公司厂房的行为因未按照行政强制法规定的程序而判决违法。即不论行为对象的合法性与否,仅以行政行为的合法性为审查对象。“拆除违章建筑”不论建筑本身是否合法,反因程序违法而被确认违法,其体现了法律行为与行为法律关系之间的分离,而该种分离大幅度降低了司法活动结果的可接受性,导致全国各地双方当事人上诉的情形屡见不鲜。

概言之,规范化的差异性导致司法行为与司法行为产生的法律关系之间存有差距,实际司法活动中,司法人员亟待灵活采用隐性适用与显性适用的方式,借助社会主义核心价值观与法律价值,弥补差距,提高司法结果的认可度。

(四)司法活动的理由与依据界限模糊

一般情形下,理由与依据并不相互冲突,隶属统一范畴。但是,在司法活动中,并非总是如此。“以事实为根据,以法律为准绳”虽是一项基本的司法标准,但其并未充分释明除事实与法律之外,我国当下各项价值观的立场。下文通过针对如何辨明裁判理由与裁判依据的各项顶层设计的文件进行摘要,予以系统分析。见表4-6。

表4-6　各项顶层设计文件中对裁判依据与裁判理由的阐述

实施时间	文件名称	具体规范	内容摘要
2007-03-09	最高人民法院关于司法解释工作的规定	第27条	司法解释施行后,人民法院作为裁判依据的,应当在司法文书中援引。人民法院同时引用法律和司法解释作为裁判依据的,应当先援引法律,后援引司法解释

[1] 参见霍振宇:《不同诉讼目的主导之行政审判模式间的整合与调适——面向司法实践的法制释论进路》,载《法律适用》2020年第6期。

[2] 景德镇市昌江区房屋征收办公室诉程某枝行政强制案,江西省景德镇市中级人民法院行政判决书,(2020)赣02行终27号。

续表

实施时间	文件名称	具体规范	内容摘要
2009-11-04	最高人民法院关于裁判文书引用法律、法规等规范性法律文件的规定	第 1 条	人民法院的裁判文书应当依法引用相关法律、法规等规范性法律文件作为裁判依据
		第 6 条	对于本规定第三条、第四条、第五条规定之外的规范性文件，……可以作为裁判说理的依据
2013-01-01	最高人民法院关于适用《中华人民共和国刑事诉讼法》的解释（已废止）	第 246 条	裁判文书应当写明裁判依据，阐释裁判理由，……并说明采纳或者不予采纳的理由
2018-06-13	最高人民法院关于加强和规范裁判文书释法说理的指导意见	第 13 条	除依据法律法规、司法解释的规定外，法官可以运用下列论据论证裁判理由，以提高裁判结论的正当性和可接受性：最高人民法院发布的指导性案例；最高人民法院发布的非司法解释类审判业务规范性文件；公理、情理、经验法则、交易惯例、民间规约、职业伦理；立法说明等立法材料；采取历史、体系、比较等法律解释方法时使用的材料；法理及通行学术观点；与法律、司法解释等规范性法律文件不相冲突的其他论据

由表 4-6 可见，上述司法解释或者非司法解释类规范性文件既未对裁判依据及其相关范围作进一步细化与明确，也未对裁判理由予以澄清，甚至这两者之间还存在并列或交叉的关系，前者如最高人民法院《关于裁判文书引用法律、法规等规范性法律文件的规定》第 1 条和第 6 条，将“裁判依据”等同于“裁判理由”，后者如最高人民法院《关于加强和规范裁判文书释法说理的指导意见》第 13 条，指出“除依据法律法规、司法解释的规定外，法官可以运用下列论据论证裁判理由”，此处的除外内容区别于但书条款，其却是包含在内的含义。

值得思考的是，正如佩雷尔曼“起点理论”所指出的，“在多种的言谈语境中面对不同听众,法官需要理性选择最适当的论证起点,以构建论证与听众之间关联的基础性要素"。[1] 但是,上述各项顶层文件设计中,裁判依据的"规范基础"相对于裁判结论而言,是限于最终论证环节,还是同时包括整个论证过程?裁判依据的外延宽于还是窄于裁判理由?裁判依据与裁判理由间界分不清,导致司法人员在价值引入时缺乏可供参照的标准而无从适用,这也是司法人员多以隐形适用为主的因素之一。

综上所述,司法人员认真运用社会主义核心价值观,对于引导价值观念的形成具有重要意义。但不容忽视的是,各方实证均予表明,司法人员将社会主义核心价值观链接至法律价值,融入司法活动,在受到主观能动性、客观差异性、对象模糊性等掣肘,导致其融入司法治理机制多呈现隐性适用而非显性适用,未体现社会主义核心价值观与法治之间的应有张力。

第四节 社会主义核心价值观融入司法活动的路径保障

实践中社会主义核心价值观融入司法活动仍然存在很多问题,既有司法观念性问题也有技术性问题,既有司法人员运用规范化欠缺问题,也有司法内在逻辑体系不清导致的融入效果不佳问题。下文将在上文实践考察的基础上,针对核心价值观的司法融入中存在的问题提出有针对性的解决思路。

一、社会主义核心价值观的司法平衡

司法裁判是在法律规范和案件事实的基础上推理形成裁判结论的过程,其遵循规范性的裁判逻辑。社会主义核心价值观作为一种法外因素,并不能天然地被适用到裁判当中。但是裁判过程又是法律意义的理解、阐释和建构过程,也是理性和经验相互作用的过程。社会主义核心价值观是文化理性、文化情感和文化经验相互交融的产物,对司法过程和司法结果也就具有了一定的说服力。因此,社会主义核心价值观并不是法外

[1] 周林:《社会主义核心价值观融入司法裁判:路径与方法》,载《甘肃理论学刊》2020 年第 5 期。

价值进入法律体系中的便捷途径，而应该作为基本要素对二者融入过程进行权衡和论证。

（一）价值整体释义与个别释义之间的平衡

从价值的整体架构上看，社会主义核心价值观是由“12 个价值观”组成的价值群体。在这些 12 个单一的价值之间会存在相互之间冲突的客观情形。因此，有必要区分不同层面的价值观，厘清相互之间的内在逻辑关系，从而寻求整体价值观阐释与个别价值观阐释之间的协调路径，以真正实现多元价值结构的融合，为核心价值观作为法律论证和裁判说理的依据提供理论支撑。

一是重视核心价值观纵向多维结构的逻辑起点。核心价值观的价值结构可以分成三个维度，“富强、民主、文明、和谐”是国家层面的价值目标，“自由、平等、公正、法治”是社会层面的价值取向，“爱国、敬业、诚信、友善”是个人层面的价值准则。这是目前理论界通行的分层方式，然而正是核心价值观这种分层位阶的不同，在价值释义的时候会陷入两难境地：从整体层面看，多重价值的不稳定性将可能导致法官恣意解释而提供似乎“合理”的“逃避规则”；从个体层面看，如果过分关注核心价值观的多维差异，那么又将在层次应用时将国家、社会和个人之间的价值有机联系分割开来。例如，在“谭某玉诉巴东县公安局行政处罚一案”中，二审法院认为“上诉人因琐事对他人拳脚相加的行为不符合和谐、友善的核心价值观，而和谐在核心价值观的三个层次中属于国家这一层次，其不应当成为评价个人行为的价值标准”。[1]上述认识是对核心价值观所作的狭隘解释，它割裂了国家、社会与个人三大主体之间的关系，12 个核心价值观必须结合其具体的价值发挥向度进行理解。核心价值观的普及是凝聚共识的过程，核心价值观纵向多维结构的逻辑起点，应回归到核心价值观在国家、社会、个人之间所起到的凝聚作用。因此，要理解核心价值观的多维整合结构，应该从广大群众的共识出发，并通过法律解释技术将不同位阶的价值观形成一种内在的文化认同，从而实现“情与法”的交融。

二是从多元价值观的统一性出发进行内部协调。所谓“统一”，就是指“12 个核心价值观”通过内在价值的共通性实现自我协调，最终成为一个多

---

[1] 参见湖北省恩施土家族苗族自治州中级人民法院行政判决书，(2014)鄂恩施中行终字第 00079 号。

元价值共同体。在价值整合过程中,各种价值观之间的冲突具有相互促进的作用,从而使核心价值整体体系具有内在的自我修正性,防止价值意义的单层次扩张。具体而言,在实践中,一方面需要保证每个价值之间是彼此相通的,防止单个价值的基本含义在价值网络的融合过程中被消解甚至取代;另一方面,在多个价值共存的情况下,单个价值的释义表达也应符合整体的价值取向。

三是在个案的建构中实现价值的权衡。价值严格意义上的内涵不是必然要全部实现的,它更多的是一种"正确性的宣示",而个体在主张权利实现的具体情境中会竭力融贯可以支持其诉求的价值。比如在"狼牙山五壮士"一案中,法官就对学术自由价值与公民的爱国主义民族情感进行了权衡:第一,确认学术自由价值的限度;第二,确认侵害行为对爱国主义民族情感造成的损害程度;第三,将第一步确立的限度与第二步确立的损害程度进行比较。在价值平衡的过程中,支持学术自由权利的价值经由社会共同善(公民爱国主义情感)作出让步,进而减损其义务的强度,而这种义务强度的减损来自其价值的不完整性,这种不完整性所体现出的部分价值就形成了对另一个权利的价值支持。

(二)法律形式逻辑与实质价值判断之间的平衡

法律适用过程中往往会因为形式推理和实质推理的差异性造成价值困境。为了维护法律的稳定性,形式推理往往排斥法律之外的政治、伦理等价值因素的介入。然而,这不意味着形式推理拒绝所有的价值判断;相反,形式推理基于法律逻辑的严肃性只接受经过反复验证的价值元素。社会主义核心价值观系社会共识的浓缩,与立法本身的价值导向一致,具有成为法律价值筛查要素的巨大优势。[1] 然而,社会主义核心价值观的本质来源于社会生活,其价值判断必然带有主观性,这亦是当前社会主义核心价值司法平衡中必须面对的问题。

一是保证规则的一致性。法官在进行法律论证时必然是在法治原则下证明其裁判结果的正当性和可接受性。例如,在"湖北远华建设工程有限公

---

[1] 参见周林:《社会主义核心价值观融入司法裁判:路径与方法》,载《甘肃理论学刊》2020 年第 5 期。

司诉巴东县城镇职工基本医疗保险管理局”二审判决中,[1]法官认为规范性文件与劳动法律法规的立法原意格格不入,也与社会主义核心价值观背道而驰,故不影响工伤认定。但是,具体与《劳动法》的哪个原意不符,与社会主义核心价值观的哪一项要求背道而驰,法官并未解释。因此,将社会主义核心价值观融入法律论证,必须坚持法律论证来自法律规范而非其他社会规范、是在法律框架内而非法律调整范围之外、符合法治精神而非援引法治外原则。《关于深入推进社会主义核心价值观融入裁判文书释法说理的指导意见》也突出强调“法官在法律框架内运用社会主义核心价值观释法说理”这一基本定位,进一步理顺社会主义核心价值观与法律规则的内在统一关系。只有这样,才能从原则层面保证法律体系的融贯性,从后果层面保证法律后果的可接受性。

二是遵循内在的融贯性。把社会主义核心价值观融入法律论证,关键在于“融入”的定位。它不是主观的、任意的“填充”,亦不是简单的机械“连接”。从目前司法机关适用核心价值观进行说理的诸多案例来看,有的法官所使用的核心价值观与案件的事实与行为之间难以吻合。比如“乔某珍与孔某荣生命权、健康权、身体权纠纷”一案[2]中,法官认为“处理民间纠纷应当以核心价值观中倡导的有利于促进社会文明、和谐为原则……依照《中华人民共和国侵权责任法》第2条……判决如下”,这种割裂核心价值观与法律规则的说理模式存在很大的弊端。“融合”是着力于二者的共通之处,尽管可能在具体问题上是互补或者主导的,但通过融合的过程可以使这种内在的共性相互作用和相互包容。

三是增强论证的层次性。一方面,增强说理依据的层次性。《关于深入推进社会主义核心价值观融入裁判文书释法说理的指导意见》进一步明晰了“裁判依据+说理依据”二分的思路,在论证模式上区分正式法源与非正式法源裁判依据的引入顺序,扩大了说理依据的范围。即在传统的三段论的论证逻辑上,需进一步明确推理的前提,通过该前提建构规则与事实的逻辑关系。如在宋某与何某芹、罗某光房屋买卖合同纠纷一案[3]中,法官依次分析合同

[1] 湖北远华建设工程有限公司诉巴东县城镇职工基本医疗保险管理局卫生行政管理(卫生)案,湖北省恩施土家族苗族自治州中级人民法院行政判决书,(2017)鄂28行终3号。

[2] 参见山东省新泰市人民法院民事判决书,(2019)鲁0982民初1141号。

[3] 参见宋某诉何某芹、罗某光房屋买卖合同纠纷案,广东省惠州市中级人民法院民事判决书,(2016)粤13民终2392号。

文本、法律规范、法律原则、法律精神、交易秩序、核心价值观，层次分明，说理清晰，且核心价值观适用准确，并且对案件所涉的具体核心价值观——诚信——进行了个案解读。因此，对社会主义核心价值观话语的解构须结合法律规范和案件事实进行释义，释义的论证应当采用“法律规范+社会主义核心价值观”的适用模式，确保正式法源在法律推理过程中的优先位置，以避免在裁判过程中径行适用社会主义核心价值观的价值宣示行为，最终达致既合法又合理的裁判效果，实现裁判的正当性。[1] 另一方面，注重推理过程的层次性。法律论证不仅关涉一般法律规范在个案中的司法适用，还需在事实推理认定和证据审查的基础上，反复确认裁判结论作出的依据是否适当。因此，裁判文书说理要在证据审查判断、事实认定、法律适用等不同的论证阶段，实现论证过程的层次分明。在适用社会主义核心价值观的过程中，不仅要对裁判的大前提进行辅助论证，还要运用社会主义核心价值观对小前提进行事实上的裁剪，进而完善三段论推理的条理性，防止个案说理逻辑不清、行文混乱。同时，要紧密结合个案的特殊性，围绕个案的诉讼主张和诉讼争点、结合庭审情况进行推理，做到有的放矢。如此不仅可以防止裁判说理的模板化、格式化，而且可以在一定程度上抑制社会主义核心价值观的概括适用。

（三）裁判修辞正当性与可接受性之间的平衡

“把法律作为修辞”理论要求法律修辞学不能仅仅追求听众的可接受性和论辩的语境合理性，而且必须兼顾和融合法学的体系性思维和问题性思维。[2] 在裁判过程中，法官必须作出“唯一正确的判决”，并且为该判决寻求充足的理由。有理由的程度全在于裁判结果的可接受性，因此如何劝说和说服裁判对象接受裁判结果则需依靠法官的裁判修辞技能。

首先，关于裁判修辞的解读。在通常的观念中，修辞更多地被赋予了文学性理解，对其功能性解读不够充分，一般论证类文章不会被过多地穿上修辞的盛装，以致华美辞藻会引发人们潜意识里关于华而不实的联想或质疑。一些人将法律推理狭义落脚在法律思维的涵摄过程，部分形式逻辑主义者更

---

[1] 参见李祖军、王娱瑷：《社会主义核心价值观在裁判文书说理中的运用与规制》，载《江西师范大学学报（哲学社会科学版）》2020 年第 4 期。

[2] 参见陈金钊：《把法律作为修辞——认真对待法律话语》，载《山东大学学报（哲学社会科学版）》2012 年第 1 期。

是对非形式逻辑元素的修辞加以排斥，极端者甚至不允许法律推理中包含任何修辞性质的表达手法。同时，裁判文书的固定格式以及数量过多的办案压力也限制了部分法官在裁判修辞方面花费精力，在案件审理中存在就案办案的现象。社会主义核心价值观不是12个子价值的简单相加，而是价值体系内部的凝练升华。社会主义核心价值观在法律裁判中，加强了以案弘扬道德的意蕴。以此为切入点，法律和修辞的联结，能够丰富法律推理的体系，提升从方法论挖掘到本体论的层次。[1] 对裁判修辞的解读应建立在对机械法学的批判上，社会主义核心价值观对司法裁判的要求包含了以裁判文书为载体，弘扬社会主义法治思想，这离不开裁判修辞在司法场域的加入，因为裁判并非静止的物质性力量，需要各相关主体的想象共识。[2] 社会主义核心价值观在法律裁判中，加强了以案弘扬道德的意蕴，形成法律和修辞的联结，能够丰富法律推理的体系，提升从方法论挖掘到本体论的层次。[3] 在社会主义核心价值观的框架下，裁判修辞不仅要体现修辞的特征，还要显现裁判的特点，将裁判修辞融入规范体系中，否则只能驶入偏向文学化的轨道。具体来说，在司法过程的宏观方面，要解决论证合法性的问题；在微观方面，法律修辞则要与法律发现、法律解释、法律推理与论证结合起来，达到践行法治、以案弘道的效果。

其次，关于裁判修辞的方法。裁判修辞的方法运用于法律修辞论证的主体部分，主要依托一般的法律概念、法律规则、法律原则、法教义学理论以及民众普遍接受的流行性意见和生活常理等。根据来源的广泛性，可将裁判修辞方法分为基于规则的修辞方法、基于规则外要素的修辞方法及基于推论规则的修辞方法：基于规则的修辞方法又包括针对法律冲突的修辞方法（针对逻辑性法律冲突的修辞方法和针对价值性法律冲突的修辞方法）、针对解释关系的修辞方法（基于文义解释的修辞方法、基于体系解释的修辞方法、基于目的解释的修辞方法）；法律规则外要素的修辞方法分为三类：基于原则的修辞方法、基于价值的修辞方法和结果论辩方法；基于推论规则的修辞方法包

[1] 参见李子涵：《法律修辞方法——宏观方法和微观技艺》，载《成都理工大学学报（社会科学版）》2020年第2期。

[2] 参见李晟：《作为社会共同体建构技术的法律修辞》，载《法学家》2020年第3期。

[3] 参见李子涵：《法律修辞方法——宏观方法和微观技艺》，载《成都理工大学学报（社会科学版）》2020年第2期。

括正面推论方法、反面推论方法和类比推论方法。[1] 因此,在裁判过程中,可依据社会主义核心价值观与修辞方法在前提选择上的关系,进行融贯适用。同时,基于修辞学的惯性原理、法律的普遍性、稳定性原则和法教义学本身的权威性、论证品质以及判例的实践约束力,在上述法律修辞方法的运用中尽量遵守或维护法律规则在法律论辩中的效力和地位。

最后,关于裁判修辞的表达。修辞说理具有话语的丰富性特征,情感性往往是修辞说理的内核,而修辞说理的形式则需遵循规范性。裁判修辞说理不仅要注入情感内容,还要将裁判文书所要表达的情感以一定的形式表达出来。因此,法官在裁判修辞的运用中加入社会主义核心价值观的内容,不仅有助于深化情与法的融合,而且能够进一步增强裁判受众在道德层面上的认同感。同时,基于法律修辞方法的多样性,裁判修辞语言可适当地使用修辞方式,使得裁判语言更加通俗化和形象化,这样不仅可以增强裁判文书的说理效果,达到说服的目的,也可以使裁判文书在一定程度上呈现不同的风格特点,在保持基本共性的基础上,避免千篇一律。比如,积极修辞常常生动、形象、引人入胜,运用积极修辞可以达到形象说理的目的,进而发挥教育及价值引导的双重功能。社会主义核心价值观作为当代中国精神价值的集中体现,易唤起社会公众的情感共鸣,因此可以作为积极修辞的重要说理材料,发挥提升裁判说理可接受性的功能。但是,需要注意的是,修辞的使用带来了或然性推理,实质价值及利益衡量的引入亦可能致使形式推理的确定性降低。在积极修辞方法的运用中,应该始终将法律作为法律修辞运用的前提,诉诸个案争议焦点,注重与法律解释及法律推理等方法的协调与融合。最好的修辞、最好的说服在于客观描述法律规范的意义,应当防止法律规范意义的隐退及法外因素过度的引入,限制法官的主观任意性从而约束和抵制不当修辞对法治的消解。

二、社会主义核心价值观的司法适用

社会核心价值观的司法适用不仅兼具普遍性与特殊性,同时还具有现实指引性。在当前社会转型的过程中,价值呈现多元化甚至冲突日益激烈,而法院作为多元纠纷解决的最终汇集地,不仅需要对冲突的价值观进行整

[1] 参见宋保振:《增强裁判的可接受性:用法律修辞方法讲法说理》,载《山东青年政治学院学报》2014 年第 5 期。

合,还需要加强对社会主义核心价值观的司法维护以引导社会的主流价值取向。回归到具体办案过程中,则需要明确核心价值观司法适用的案件类型,需要明确在什么情况下、什么类型的案件中对核心价值观进行适用。《关于深入推进社会主义核心价值观融入裁判文书释法说理的指导意见》根据中央相关文件精神和一些典型案例,结合社会普遍关注、案件主体、行为规范和价值引领等因素,确定了具体应加强释法说理的 6 类案件,下文将在这 6 类案件的基础上进一步细分核心价值观在案件中的司法适用情况。

(一)司法适用的具体案件形态

1. 引起社会关注的重大案件

部分具有社会较大影响力的案件,对人们关于法治认识的影响是非常深刻的。司法机关对核心价值观的维护也具有道理上的相似性,一个具有社会影响力的“大案”处理不当,对核心价值观共识的摧毁效应要远大于一百个公正审判的普通案件。[1] 从这个意义上来说,在“大案”中对核心价值观进行解释和适用,对核心价值观的维护效果也是普通案件所无法比拟的。换言之,司法机关囿于自身人力和物力的限制,无法也没有任何必要在每个案件中都对核心价值观进行解释和适用,这样势必会影响司法机关正常的运转秩序,但是在具有较大社会影响的案件中,对核心价值观的内涵进行司法阐释是司法机关履行宪法要求的倡导核心价值观的义务所在。通过这些案例进行司法宣示时,在案例的判决文书中载明核心价值观的使用语境和最终结果,能够为案件的当事人乃至社会公众提供深入学习核心价值观内在要求的情境性平台,并且能够对受众进行情景化代入,以使其知晓核心价值观对行为的肯定性或者否定性评价,从而更好地理解核心价值观,切实起到宣示作用。[2] 如沙某某诉袁某某探望权纠纷案系第三批人民法院大力弘扬社会主义核心价值观的典型民事案例,就及时回应了当下“隔代探望权”的广泛关注,允许丧子老人进行隔代探望,既与我国的特殊国情相契合,又符合社会主

[1] 参见林文学、张伟:《以司法方式加强社会主义核心价值观建设的方法论》,载《法律适用》2018 年第 19 期。

[2] 参见江秋伟:《价值的司法适用及方法——以法院适用社会主义核心价值观的案例为对象》,载《西安交通大学学报(社会科学版)》2019 年第 3 期。

义核心价值观所宣传的家庭伦理道德。[1]

2. 涉及价值冲突的案件

司法场域是价值观冲突的集中场域，亦是价值抉择的最终场域，因此，核心价值观落实到具体个案中时，潜在的冲突通过个案的价值冲突予以表现。在涉及剧烈价值观冲突的案件中阐述核心价值观的含义，调和价值观之间的冲突，司法维护的效用更为明显。因为在现代法治语境下，司法不仅是一种纠纷化解的裁判技艺，而且是基于公共权力对价值观动态调整的过程。[2] 司法机关之所以具有调和核心价值观冲突的能力，就在于司法机关能够妥善处理价值冲突问题。比如，形式平等与实质平等的司法融合，法院在个案的审理过程中必然要面对形式平等和实质平等之间的冲突，法官可以通过价值判断和价值选择，依据核心价值观内蕴的价值取向，处理好形式平等与实质平等的关系。

3. "敏感性"案件

当下司法实践中，司法裁判对核心价值观的宣示主要存在于普通案件中，法院有时在关涉道德争议或利益冲突的"敏感性案件"中的公共政策贯彻角色履行不够充分。法官通常在家事纠纷、邻里关系、合同纠纷等法律关系较为简单、事实较为清晰的案件中适用核心价值观，这些案件的审理固然存在适用核心价值观的需要，但此类案件往往争议不大，有成熟的法律规则指引，裁判的社会效应难以彰显。[3] 在当前的司法实践中，对于一些利益冲突剧烈、可能引起社会不公的"敏感性案件"，通过裁判说理凝聚价值共识的作用发挥力度不够。司法裁判适用核心价值观，不应局限于普通案件，在充满道德争议的"敏感性案件"中，社会公众对此类案件的关注度较高。如果对此类案件的处理不当，对核心价值观的损抑后果将非常明显。因此，审理此类案件时充分运用核心价值观进行裁判说理对维护核心价值观具有重要意义。

4. 法律规定不明确的案件

制定法从被制定时起，注定落后于社会现实，这也导致制定法凝结的价

---

[1] 第三批人民法院大力弘扬社会主义核心价值观典型民事案例，载最高人民法院网，https://www.court.gov.cn/zixun-xiangqing-390531.html，最后访问日期：2023 年 4 月 29 日。

[2] 参见陈绍松：《司法裁判中法官价值选择的证成》，载《南京社会科学》2019 年第 2 期。

[3] 参见周尚君、邵珠同：《核心价值观的司法适用实证研究——以 276 份民事裁判文书为分析样本》，载《浙江社会科学》2019 年第 3 期。

值与法律适用时人们的价值取向之间存在罅隙,而这种罅隙又不能通过法官的法律解释技术消除,此时制定法价值与适用法价值之间出现了价值偏移,必须通过法官依据核心价值观的价值指引进行价值衡量予以消除。[1]尤其是在法律规则比较模糊时,或者是法律规则的推理结果与民众的道德直觉、利益之间存在巨大、尖锐的冲突时,核心价值观对法律漏洞的填补适用是可能的也是必要的。法律存在漏洞或者出现因法律规则目的相悖而缺乏规则之时,就必须通过价值指引,依托各种解释方法创设新的法律规则,并且这一新的法律规则必须能够与整个法律体系相融合。核心价值观无疑正是为这种新的规则的创制留下了窗口,使具体规则指向的价值能够与整个法律体系的价值取向融合,对个案作出有效的裁断。通过价值判断,将核心价值观在具体的法律续造程序中予以表达,从而在司法裁判过程中实现核心价值观的入法入规,尽管这种实现方式有别于普通的立法或者准立法方式,但不可否认它确实是一种重要的方法。

(二)司法适用的特殊情形

核心价值观不是哪一个阶层的价值观,不是解决特殊性或个别人的价值问题,而是要解决社会发展中的根本性价值问题。社会多元价值观冲突的最终汇集场域必然是法院,核心价值观本身属于意识形态范畴,不具有规范效力和强制约束力,因此将核心价值观融入司法适用,在整体意义上而言毋宁是不同的价值观冲突在司法过程中的生动展现。[2]

1. 在公共紧急状态下提供利益保护

现代法治社会包含两副面孔:除了习以为常、秩序井然的常态生活外,突发的、紧急状态下的社会生活也是不可分割的一部分。[3] 评估一国的法治程度与法治效果,不仅要考察日常状态下的法治状况,也需要关注紧急状态下的法治状况。紧急状态的背后是风险社会不得不面临的自然灾害、突发公共卫生事件、突发公共安全事件及经济危机等问题。应急法治与常态法治二者的巨大的差异在于外部特征和运行逻辑,但它们都是为了维护社会秩序和

---

[1] 参见陈金钊:《"社会主义核心价值观融入法治建设"的方法论诠释》,载《当代世界与社会主义》2017 年第 4 期。

[2] 参见于洋:《论社会主义核心价值观的司法适用》,载《法学》2019 年第 5 期。

[3] 参见谢晖:《论紧急状态中的国家治理》,载《法律科学(西北政法大学学报)》2020 年第 5 期。

规范权力而运行的。[1] 从其特点来看，应急法治是临时性的、治标的，而常态法治则是预防性的、治本的。只有完善常态法治，才能从根本上消除突发公共事件发生的根源。因此，应急法治应与常态法治保持一致性，应是“公共善”的表达。社会主义核心价值观在应急法治中的作用主要体现在：一是在制度层面上，填补应急法律制度的漏洞；二是在突发事件发生时，为一些特殊情况的变通适用提供依据。

2. 在优化营商环境中提供法治保障

营商环境是一个立体、全面、多元素构建的综合有机体系，只有在“法治”的视域下才能平衡各方主体的权利义务关系。法治化营商环境追求形式平等与实质平等的司法融合，是司法对核心价值观维护的重要场域。“法律引导行为向预期的新方向发展，以实现社会转型的目标。”[2] 法院需要通过习惯规则与法律规则的价值整合，以解决法律规则之间的冲突。法治化营商环境建设是一项复杂的系统工程，涉及多种利益关系的博弈，只有通过司法的不断完善，才能增强和保证司法公正与权威。具体而言，就是通过社会主义核心价值观，协调好整体与部分、公共利益与私人利益、公平与效率、创新与法治的关系，从而进一步助推法治化营商环境的深层建设。

3. 环境公益诉讼有效纳入国家治理

环境法作为一个新兴的法律部门，与传统的民商法在利益调整方面具有很大的差别。法官在司法裁判中扮演的角色及其倾向尤为重要，新制度、新规定的落地不免涉及自由裁量权的运用，裁判尺度的统一需要达成基本程度的共识。在环境公益诉讼中，环境保护与经济发展在一定程度上存在对立性，如何在法律框架内既运用好环境公益诉讼制度加强环保，又避开定分止争的狭义目的，服务好经济发展大局，需要恰当的价值引导。富强与文明离不开环境的优美和人们观念中环保意识的增强，社会主义核心价值观的引导对环境公益诉讼具有以下作用：第一，法官从被动变主动，帮助法官成为积极的裁判者、环境的保护者、正义的维护者；第二，界定当事人诉权与法官裁判权。在事实认定和程序控制方面，法官占据主导地位。环境公益诉讼对法官裁量权的扩大不意味着对当事人诉权的排除，当事人和法官相互作用可以避

---

[1] 参见张晓笑、陈林林：《紧急状态下的守法难题——以决策心理为视角》，载《浙江工商大学学报》2020年第3期。

[2] 杨登峰：《法律冲突与适用规则》，法律出版社2017年版，第89页。

免公益诉讼的无序与混乱。

4. 面对弱势群体有力维护合法权益

历经了改革开放的中国取得诸多举世瞩目的成就，但经济发展带来的贫富差距产生了许多社会纠纷。要想发展平衡，就不能忽视弱势群体以及对其的保护。富强、和谐、平等价值的提出，意味着维护弱势群体的合法权益是社会主义核心价值观的鲜明要义之一。当前，我国的法律体系已经在各细分领域体现出对弱势群体的保障，司法适用方面也特别强调维护其合法权益。社会主义核心价值观可从思想上加强对弱势群体实施司法扶助的理论指导，在对弱势群体的通常保护上明确其多元属性，既具备法律上的平等性，同时也存在因势利导的空间。在具体保护方面，社会保障权、救济权、劳动权、城乡居住权、未成年人特别保护等都能够在社会主义核心价值观的框架下建立健全新的司法适用理论体系。社会主义核心价值观不仅关注共享，还呈现分配的价值倾向，在司法场域包括弱势群体在内的每个人都拥有获得司法保障的权利。以对未成年人的保护为例，《民法典》具化了残障、留守未成年人的保护，加大对被收养人的保护力度。[1] 居住权的规定也使老年人能够"老有所居"，提供了对公租房、廉租房租户的司法保障。对于涉入诉讼纠纷的弱势群体而言，利用社会主义核心价值观的思想指导，有助于纾解可能存在的"相对剥夺"心理，使其在法律框架内解决纠纷。如最高人民法院公布的第三批人民法院大力弘扬社会主义核心价值观典型民事案例中，涉及弱势群体的案例共有 5 个，占比为 50%，其中涉及劳动者权益保护案例 2 个、未成年权益保护案例 2 个，女性权益保护案例 1 个。[2]

三、社会主义核心价值观司法融入的具体路径

法院对社会主义核心价值观的培育并不与其他教育行为一样，也不可能是一个静止的状态，而必然是一个动态的过程，一个不断发生发展变化的过程。无论是整体意义上的司法活动还是具体意义上的作为司法解释活动和司法决策过程，都是价值判断活动的表现形式。

[1] 参见方燕：《民法典为弱势未成年人撑起一片蓝天》，载《中国人大》2020 年第 19 期。

[2] 第三批人民法院大力弘扬社会主义核心价值观典型民事案例，载最高人民法院网，https://www.court.gov.cn/zixun-xiangqing-390531.html，最后访问日期：2023 年 4 月 29 日。

(一)社会主义核心价值观融入司法解释

从当下的司法实践来看,通过司法解释途径融入核心价值观的动力是较为充足的,尤其是2021年出台的《关于深入推进社会主义核心价值观融入裁判文书释法说理的指导意见》从规范意义上作出进一步细化、明确,澄清或者校正理论和实务两个层面的认识误区和实践偏差。这种融入并不是生搬硬套,而是需要注意引入方法的使用。立法往往是价值的理想预设和静态罗列,尽管法律规范确实包含价值判断,但这种价值判断是需要被解释的,并通过法律规范与法律事实之间的不断涵摄来证明规范适用的正确性与妥适性。司法促进社会建设的功能从表面上看是通过妥适地处理一个个案件发挥作用的,但实际上是通过审理案件回应社会的权利要求达致的,在有些情况下,还是通过制定抽象的司法解释和司法解释性质文件,发挥促进社会建设的功能。

一方面,需要通过核心价值观融入司法解释性质文件,使其成为司法审判的指导规范,指导具体的审判工作,为其提供明确的价值指引。与立法规范和司法解释相似,司法解释性质文件所承载的微观司法政策同样能够发挥指引、评价、预测、教育的作用,引领社会风尚维护核心价值观。司法机关在适用法律的过程中除了通过司法解释程序对原有法律规范进行一定程度的扩张性或限缩性的解释,以调试其与当下社会生活的匹配度之外,还可以通过司法解释性质文件调整微观司法政策指导司法机关办案,缓解制定法与当下主流价值取向之间的背离,因而借助司法解释性质文件所承载的微观司法政策作用功能能够有效转译核心价值观,使其进入司法程序,成为指导甚至约束司法行为的规范。

另一方面,需要通过核心价值观融入司法解释性质文件展示司法机关的明确态度。这种态度的展示具体作用于两个层面。一是促进司法系统内部形成维护核心价值观的观念和制度合力。司法解释性质文件所承载的司法政策具有天然的社会效果导向,与法律规范和司法解释相比,其更侧重于针对特殊情形的政策考量,反映了法律适用的灵活性和应变性。司法解释性质文件能够适时调整司法机关办案的重心,从司法为民的服务大局出发,制定阶段性的司法目标,将司法活动有效嵌入社会治理体系,发挥稳定社会平抑矛盾的实际效果。因而,对核心价值观的司法维护,司法解释性质文件同样能够发挥统合司法系统内部人员整体思维观念的作用,将核心价值观的维护与自身履职结合,发挥司法机关维护核心价值观的应有效果。二是作用于司法系统外部,向社会公众展示司法机关维护核心价值观的积极态度。实际上,社会公众不仅是从法律规范中获知隐含在法律背后的价值评价,也能从社会关注的具有重要影响力的所谓"公案"中获知明确的司法态度,更能从司法机关的司法政策中感知司法机关的阶段性司法目标,以及准确预知司法机关对自身行为的评价取向,从而更好地安排自身的行为活动和社会交往。[1]

(二)社会主义核心价值观融入司法决策

从价值层面看,公共政策是政策制定主体对社会价值的权威分配和动态发展过程。[2] 对于司法来说,司法活动本身就有公共政策的功能,特别是在价值观的引导上,其宣导性效果更加明显。法院、法官及其作出的判决在实践中均扮演着双重角色:一是在个案中对当事人的纠纷"定分止争",二是司法行为作出之前对社会公众的行为预期。正是在这样的具体化情境之下,司法对裁判受众道德层面的影响才是深刻和持久的。因为,法治的价值和追求不仅在于"定分止争"或是非抉择,更在于对社会主流价值观的推进,法治实践中的社会共识的推进,以及公共政策的有效产出和落实。

一方面,法院通过案件裁决对事实形成判断,参与公共事务的决策。在现代法治社会,法院基于其职能定位,对诉至法院的各种纠纷,法官应基于法律和案件事实作出自己的判断,并且在处理纠纷的过程中应维护裁判的统一性和稳定性。在此情形下,法院事实上是通过案件的审理形成了微观的决策参与权,法官自由裁量权的行使过程也就是事务决策过程。"法官在法无明文时填补法律漏洞,或者在法律规定不明确或相冲突以及在旧法落后于社会现实时,根据社会正义、衡平理念、法律原则等进行创造性解释或创制新判例,其裁决早已超出某一具体案件的范畴,对该纠纷所涉及的社会问题的解决思路和解决方式产生了波及效应,影响到相关领域政策的制定和执行。"[3]另一方面,通过公共政策的适用,实现"矫正正义"向"分配正义"的

---

[1] 参见孟融:《中国法院如何通过司法裁判执行公共政策——以法院贯彻"社会主义核心价值观"的案例为分析对象》,载《法学评论》2018年第3期。

[2] 参见方乐:《司法参与公共治理的方式、风险与规避——以公共政策司法为例》,载《浙江社会科学》2018年第1期。

[3] 姚万勤:《刑法治理的公众参与:过程叙事、理论重塑与路径实现》,载《刑法论丛》2018年第1期。

角色转换。作为政治体系的一部分,公共政策对法院的司法行为具有一定的影响,可以促进对不同利益的公平分配。同时,基于上级法院对下级法院的指导关系,可以通过司法文件将社会主义核心价值观转化为司法政策,进而借由司法政策引导社会主义核心价值观的规范性适用。从目前颁布的多个司法政策性文件来看,最高人民法院通过司法途径维护核心价值观的主观意愿是较为充足的,但是通过司法政策推进核心价值观维护需要注意政策的导向不宜过于政治化,应当把握好核心价值观维护与司法系统良好、有效运行之间的平衡度。在推进司法维护核心价值观的过程中,既要重视司法政策的积极影响,又不能忽略司法政策可能存在的消极影响,必须确保司法政策与法律原则和法律精神的一致性,必须慎重考虑司法供给能力的有限性问题,在司法供给能力范围之内审慎推进核心价值观的司法维护。

(三)社会主义核心价值观融入司法治理

从宏观功能来说,司法治理的前移有效拓展了司法机关的司法职能,通过机制联结和理念革新之后的多元主体的整体参与,司法机关、社会与国家在社会体系中构筑了多层次的"治理调节器"和"纠纷解决仪"。但在微观任务方面,化解社会矛盾过程中仍充斥着许多体制机制上的实效难题。司法治理中的"非司法化"元素如何与既定的法律程序主动相容,远非流程上的处理可以概括与回应。社会新型变革的涌现,也给司法治理的灵活设置带来障碍。社会主义核心价值观反映了社会主义的发展要求与基本属性,将其引领功能运用于司法治理中具有积极效应。

一方面,避免工具主义的误导。"治理效率"与"治理人本"之间不存在不可逾越的屏障,工具主义视角可以作为评判司法治理效能的起点,在司法与治理的双层空间内,社会主义核心价值观在相融层面处理法律与社会的关系。法律并非一个封闭的体系,充分利用法律体系内的融贯性、封闭性与开放性的共存,在社会主义核心价值观的指引下形成与司法延伸职能的共融,立足司法权的正确行使,有效解决实效难题,走向"司法善治"。另一方面,经验型治理向理念型治理的转变。不局限于个案的积极探索,树立新型的司法治理观和价值观,通过司法途径化解各种法律冲突,提升司法效率,促进司法公正。其一,司法公开。可视化的司法治理区分了经验型改革与流通型治理,可以激发民众、社会、组织等主体的参与热情与权益保障。其二,司法回应。从"向后看"变为"向前看",在司法治理前端的人民调解、社会调解、组织调解等多元解决纠纷机制结束后，进行到案件审理阶段时，透析前端的各项线索梳理与信息检索能够成为理念型治理体系的有力推手。[1] 司法行为的强劲状态与终局性，在社会主义核心价值观的引导下，依然能够传达出对司法治理前端措施的回应。其三，司法平衡。司法早已不局限于解决纠纷的狭义范围，在社会管理方面，司法治理已经成为多向度法治体系的重要落点，但各地的司法治理实践存在不平衡性。社会主义核心价值观要求人民群众平等地享受司法职能，包括司法职能的扩展性平等，避免司法治理工作的搁置，推动司法治理的整体性延展。

四、社会主义核心价值观的司法推广

核心价值观的司法推广是司法维护核心价值观的一种方法，它不同于核心价值观的司法调和、适用与融入，主要是通过特定的司法行为对核心价值观进行明确的宣传，以感化司法受众。推广不同于单纯的宣传之处，主要在于推广不仅停留在言语宣传之上，更在于通过一定的司法行为和载体对核心价值观的内涵予以明示。在诉讼程序和非诉讼程序中注重核心价值观的宣示和感化作用也能够体现司法维护核心价值观的立场。

（一）推广路径一：依托诉讼程序的分流实现价值观的有效融入

1. 通过繁简分流制度实现针对性推广

案件的繁简分流是提高推广效率的重要途径之一，是为适应司法改革需要的司法产品呈现。复杂案件与简单案件的判断标准基于裁判难易程序，属于法律选择的范畴。不同案件的价值整合也取决于案件的复杂性。复杂的案件往往需要通过争议焦点进行针对性的融入，至于简单案件，由于案情要素简单明确，裁判说理也进行了简化。因此，为加强对核心价值观的有效推广，须结合案件的具体情况区分简单案件和复杂案件，并对不同类型的案件进行不同层次的融贯。理论上的疑难案件主要包括两类：一是无法在现行法律制度中找到案件事实对应评价的法律规范，即因为法律规范模糊，缺乏审判依据的法律规则，使案件难以审理；二是案件事实涉及多重法律规范，即案件事实不仅需要法律规范的调整，其社会习惯或道德调整取向明显。

---

[1] 参见徐霄飞：《司法治理中的决策模型研究》，载《浙江社会科学》2018年第1期。

2. 通过司法调解制度实现融贯性推广

调解，是一个释法明理、利益博弈、情感说服的综合过程，法官可以将“法理情”相互融合，在调解的过程中让当事人接受自由、平等、公正、法治、诚信、友善等价值观念。在司法调解过程中，通过个案的法律解释和情理说服，能够实现制度理性与经验理性、规则治理与道德自律、自治与管理的有机整合，处理好法律正义与社会正义、法律价值和社会价值之间的关系，达到维护核心价值观的良好效果。为此，在纠纷调解过程中应转变思路，即从“维护秩序稳定”到“化解矛盾、修复关系”。一方面，一旦发生纠纷，应尽快介入，避免纠纷激化和矛盾升级。纠纷解决后，应持续跟进，以避免事后矛盾的衍生。另一方面，要依托核心价值观的融入性思维，整合民事纠纷的多主体、多规则、多解决方案，形成合力，充分发挥利益协调作用，使纠纷化解真正达到“法礼融合”的境界。

(二)推广路径二：依托“争点中心”制度实现价值观的有效融入

“争点中心”是指用于解决事实、证据和法律纠纷为重点的案件审理的概念和方法。[1] 如果说“审判中心”是要突出审判在案件判决中的决定性作用，那么“争议中心”就是要通过争议的焦点，使审判对象在纠纷解决中发挥实质性作用，这是纠纷解决和程序正义的必然要求。社会主义核心价值观的运用往往与案件争议的焦点密切相关，法官应根据“争议”的诉讼过程逐一解释核心价值观。“争点中心”的诉讼过程主要包括三个阶段：诉前、庭前准备和庭审三个阶段。在这个“渐进”的诉讼过程中，法官应在涉及核心价值的环节充分行使解释权。当核心价值观成为争议焦点时，法官应明确当事人的真实意思主张，或者向当事人明示自己的观点和立场，以引导当事人的诉讼行为。

(三)推广路径三：依托审级效能的提高实现价值观的有效融入

为促使核心价值观在司法推广中切实发挥作用，须将核心价值观融入诉讼流程，以实现程序正义。这种融入不仅能够保障当事人的诉讼权利，也有助于引导法官清楚地认识到滥用和逃避适用核心价值观可能造成的诉讼后果。

---

[1] 参见赵泽君：《民事争点整理程序的合理性基础及其建构》，载《现代法学》2008 年第 2 期。

1. 二审救济途径

如图 4-6 所示，首先，针对一审法院忽视当事人提出核心价值观的情形。上诉至二审法院之后，对于一审法院未回应当事人的主张，因为侵害了当事人的辩论权，而且在某种程度上还可能影响到案件审判的实质结果，可以裁定撤销原判，发回重审。其次，针对一审法院回应了当事人提出的适用核心价值观主张的情形，又应该区分法官明确回应和模糊回应两种具体情形。在法官明确回应的情况下，如果一审法院错误适用核心价值观，可改判、撤销或者变更。在法官模糊回应的情况下，模糊虽然回应了当事人的请求，但是在程序上仍是存在瑕疵的，这种瑕疵并不影响整个案件的裁判结果，因此二审法官可直接予以纠正。再次，针对法官主动适用核心价值观的情形。由于当事人并未提出相关主张，一审法院如果正确适用的话，二审法院应支持一审裁判结论维持原判；一审法院如果错误适用的话，二审法院应以判决、裁定方式依法改判、撤销或者变更。最后，当事人未提出适用核心价值观的主张时，如果一审法院未适用核心价值观，而且是在正确理解的情形下不援引，二审法院应支持一审裁判结论维持原判；如果一审法院错误理解不援引的话，二审法院应以判决、裁定方式依法改判、撤销或者变更。

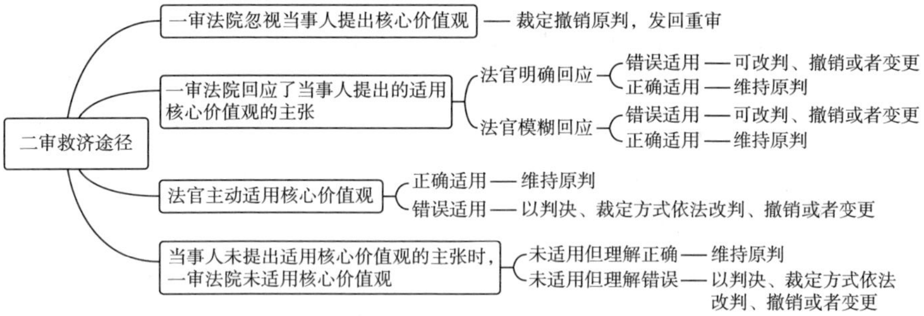

图 4-6　社会主义核心价值观援引二审救济途径思维导图

2. 再审救济途径

根据《民事诉讼法》的相关规定，再审救济主要存在以下两种情形：原审法院错误适用核心价值观的；原审法院未回应当事人提出适用核心价值观的主张。原审是第一审的，当事人仍可以按照第一审程序上诉。原审是二审或者由上级法院提起的，按照第二审程序进行，其思路与第二审的救济办法相同。因此，按照一审程序进行再审的案件，再审法官应认真对待当事人的涉及社会主义核心价值观的诉讼诉求，对于规避适用、模糊适用或者错误适用的,当事人可以提出上诉,通过二审程序申请救济。

(四)推广路径四:依托特殊制度的适用实现价值观的有效融入

1. 在家事审判中,借助核心价值观促进家风家庭建设

家事审判旨在维护婚姻家庭的和谐与稳定,一些基本的家庭道德伦理,如和谐、平等、诚信、和谐,需要通过法律手段加以保护和促进。在家事案件的审理中,法院不仅要通过案件审理化解纠纷,更需要达到"治疗性司法"的目的,在可能的条件下实现对危机婚姻与家庭的治愈。一方面,突出核心价值观的引领作用,依托多种纠纷解决机制,动员社会各界力量参与,有针对性地制定纠纷化解计划,促进家庭和谐;另一方面,案件审理应从注重财产权保护转向充分注重当事人的身份利益、人格利益、情感利益和财产权利,尤其是涉及家风文明道德的案件,更应凸显家事审判的专业化和人性化特征。此外,为了使价值观融入能够落地落实,可以制定家事审判的特殊规则。例如,在调解时间方面,一般民事案件通常要到立案后的一周左右才能到达法官手中。对于那些因生活压力在诉讼过程中仍然同居的当事人,法官可以抓住这一周的"黄金时期",先行介入案件的调解。

2. 在司法执行中,借助核心价值观促进社会文明和谐

人民法院的执行工作是实现生效法律文书内容、维护法律权威不可或缺的重要途径,将核心价值观融入执行活动当中有助于实现社会公平正义的最后一道防线功能。一是将诚实守信的道德规范融入案件执行中,着力增强全体公民的诚信意识,促进社会诚信建设。通过综合治理执行难,强化联合信用惩戒,推进诚信建设制度化。同时,强化对失信被执行人的联合惩戒,拓展惩戒措施内容,提高违法失信的社会成本,以制度的刚性约束弥补道德的柔性规范。二是大力推广善意执行。"善意文明执行"富含深厚的核心价值观底蕴,其实际上是核心价值观中"友善""文明""和谐"等价值在人民法院执行活动中的深度贯彻。通过善意文明执行能够实现对"友善""文明""和谐"等价值的培育和弘扬。

五、社会主义核心价值观的司法培育

(一)司法话语受众的培育

话语受众的培育是解决核心价值观传播对象的问题。司法场域是一个典型的话语场,通过各种诉讼活动,让不同经历和不同诉求的人能够进行面

对面交流。因此,司法话语必须确保能够倾听和被倾听,只有这样才能鼓励和引导司法话语权力的正确行使。

首先,必须确保司法话语的专业性。法官应确立公正审判的理念,始终保持司法话语的客观性和专业性。在庭审过程中,不宜过早地释明自己的立场和意见;同时,为了提升当事人的诉讼参与感,不宜过多干涉对方的话语权,应允许诉讼参与人的意见和主张通过辩论得到充分的证明。其次,必须确保司法话语的"对话性"。虽然法官可以依据他们的专业知识进行裁决,但是"独白"式判决并不一定会被普遍接受。审判过程不是法官简单的"闭门造车",而是诉讼参与人之间不断沟通的共同构建。形式上的法律判断是基于演绎推理,但实质上的裁决所依赖的材料更多来自实践理性。具体来说,话语者与听众本质上是互为听众的,通过双向主体的话语修辞,使演绎推理过程中的法律事实尽可能得以还原。最后,必须确保司法话语的公共性。作为核心价值话语的受众群体,群众具有不同的个体差异、不同的成长环境和教育水平,以及不同的价值认同水平,更需要注重因地制宜、因势利导。虽然我国一般要求将"法言法语"作为审判语言,但实际上由于当事人的法律水平参差不齐,且总体水平较低,事实上法官在主持审判时使用专业术语,当事人并不容易理解,需要法律专业语言与通俗语言表达的有机结合。尤其是面对某些地区和阶层法律水平较低的群体,法律语言应该尽可能地大众化、通俗化,根据当事人相应的法律素质选择语言风格。

(二)司法话语内容的培育

1. 基于目的的方式

司法话语面对的是权威的法律文本,它是法官在承认和服从法律权威下所进行的一种作业,法官司法话语的内容应该遵循规则的确定性。一方面,由于司法话语是为了将法律适用于社会生产生活中的纠纷解决,故其结果必然是对他人或社会的利益产生重大影响。在这种情况下,司法话语必须具有适当性。因此,法官在司法过程中采取什么方法将核心价值观融入司法话语内容,取决于在一定的制度框架中,或者说在司法领域中对司法正当性构成的认识。在此情况下需满足以下三点:第一,形式正当性,司法话语形式的表达应符合法律规定,不能违背立法者的意图;第二,共识正当性,即以共同体一般成员理解的法律条文的含义为准据,按照同一语言共同体中普通成员使用的同样语词可能表达的含义去诠释;第三,功能正当性,即要求获得公正或良好的结果,法官才能将其纳入司法话语内容。另一方面,司法审判虽然是具有“被动”特色的适用法律活动,但司法能动性要求法院不能机械办案,在有明显道德性争论的案件中,法官应当秉持“主动性为例外”的原则正面回应问题。法官在审理案件过程中要注意展示司法的人文关怀,强化社会主义核心价值观引领导向作用,通过庭审话语倾听和疏导当事人,缓和当事人的情绪,引导形成文明、和谐、友善的价值观。

2. 基于语境的方式

任何语言表达或语言性成果的可理解性都取决于相关的语境,司法话语的内容理解亦取决于人们在一定的语境中对它的阅读。社会主义核心价值观话语内涵丰富、博大精深,需要结合时代话语进行阐述与解读,并经历理论阐释、实践养成和情感培育三个阶段。法律专业叙事方法的过度使用可能会影响受众的接受度,不利于话语主体与话语客体之间的互动,难以产生情感共鸣。因此,话语内容要基于语境的方式通过文义解释、叙事修辞等途径进行不同程度的转化。

与此同时,司法话语不仅是一种说服技术,更是一种传播价值观的重要途径。因此,需要明确核心价值观在司法话语中的应用方式。事实上,司法调解过程已经积累了大量丰富的情理结合的说服经验。这种经验能够促进法律规范、生活常识的普及。然而,调解过程中的情理性话语往往是场景化的表达,更需要遵循适当性和普遍性的基本原则。所谓适当性原则,即理性的运用要适度,以免造成司法话语与日常话语之间的严重脱节。情理性话语的表达,不能是简单个人立场的阐述,而是经过不断的对话和论证后形成的合理性话语,应不仅使观众直观地知道法律规范的示范作用,而且能够得到主观的情绪性体验。所谓普遍性原则,即司法机关的情理话语应该是当前社会主流价值所认可的话语。核心价值观反映了中国普遍存在的公共道德、价值追求和生活常识,将这些内容融入公共话语的表达,有利于进一步被公众认可和接受。

第五章　社会主义核心价值观融入守法的机理

党的二十大报告提出，“坚持依法治国和以德治国相结合，把社会主义核心价值观融入法治建设”“努力使尊法学法守法用法在全社会蔚然成风”。从2016年中共中央办公厅、国务院办公厅印发《关于进一步把社会主义核心价值观融入法治建设的指导意见》算起，我国明确提出社会主义核心价值观融入守法这一目标已有7年，而理想与现实的距离是近在咫尺还是长路漫漫，值得总结与研究。

中央部门频频印发关于社会主义核心价值观融入立法、执法、司法环节的政策性文件，[1]却较少专门针对守法环节作出。再从实践中看，社会主义核心价值观融入守法也呈现“事与愿违”的场景。一是少数领导干部的守法意识淡薄，存在人治思想与长官意识，搞以言代法、以权压法。二是部分地方政府不讲诚信，承诺的政策不兑现，签订的协议不履行。据相关统计，最高人民法院实时公布的失信名单中包括319例政府失信信息。[2] 三是民众对法律缺乏信任感，认为靠法律不能解决问题，还是要靠上访、信访，甚至要采取聚众闹事等极端行为。陈金钊教授以电影《我不是潘金莲》为分析样本，揭示出现实中“很多人奉行实用主义的法律观，因而对法律缺乏足够的尊重和

---

[1] 主要包括：中共中央印发《社会主义核心价值观融入法治建设立法修法规划》；中央宣传部、中央政法委、全国人大常委会办公厅、司法部印发《关于建立社会主义核心价值观入法入规协调机制的意见（试行）》；最高人民法院印发《关于在人民法院工作中培育和践行社会主义核心价值观的若干意见》《关于加强和规范裁判文书释法说理的指导意见》《关于在司法解释中全面贯彻社会主义核心价值观的工作规划（2018—2023）》《关于深入推进社会主义核心价值观融入裁判文书释法说理的指导意见》等。

[2] 参见秦昕：《破解政府失信难题　推进地方治理法治化——基于对各级人民政府列入失信被执行人名单的现状调查》，载《学理论》2018年第9期。

信任,运用法律表现出了随意性,不想用就走上访、闹访之路”。[1] 显然,从顶层设计和实践场景来看,社会主义核心价值观融入守法已经成为一个被轻忽的环节。

从理论层面看,这些事件折射出了社会主义核心价值观融入守法效果的双重失意。一方面,社会主义核心价值观对全民守法的引领不足;另一方面,守法社会的制度建设对全民践行社会主义核心价值观的保障不力。在现有理论资源中,我国学者有从提升理论认知、价值认同等方面探讨社会主义核心价值观培育,[2]也有从完善守法机制、守法环境等方面探究守法社会建设,[3]但这些成果大多遵循的是单一视角或内部视角,在解决融入效果双重失意的问题上具有局限性。本章将以一种重在解释与解决法律和外部环境之间关系的系统论视角展开研究。那么,法律与社会主义核心价值观的关系在法理上如何阐释,何种社会主义核心价值观融入全民守法的进路是与其契合的,社会主义核心价值观融入全民守法存在哪些突出问题,以及如何应对,这些问题都需要给出理论上的恰当解释。

第一节　社会主义核心价值观融入全民守法的理论基础

一、社会主义核心价值观融入全民守法的法理逻辑

社会主义核心价值观融入守法议题的法理分析模型可以概括为两类:一是宏观框架,针对的是价值观与法律的总体关系;二是微观进路,针对的是价值观是否对守法产生影响,以及如何产生影响。社会主义核心价值观集意识

---

[1] 陈金钊:《“实用”法律观所衍生的悲剧——以电影〈我不是潘金莲〉为样本的分析》,载《浙江社会科学》2017 年第 7 期。

[2] 参见冯留建:《社会主义核心价值观培育的路径探析》,载《北京师范大学学报(社会科学版)》2013 年第 2 期;陈金钊:《“社会主义核心价值观融入法治建设”的方法论诠释》,载《当代世界与社会主义》2017 年第 4 期;刘旺洪:《社会主义核心价值观是中国特色社会主义法治的灵魂》,载《红旗文稿》2017 年第 3 期。

[3] 参见李娜:《守法社会的建设:内涵、机理与路径探讨》,载《法学家》2018 年第 5 期;李林:《建设法治社会应推进全民守法》,载《法学杂志》2017 年第 8 期;单颖华:《当代中国全民守法的困境与出路》,载《中州学刊》2015 年第 7 期。

形态、道德、政策等于一体，[1]因此宏观框架以关注法与政治、道德等一系列变项关系的法律模式理论为基础。诺内特与塞尔兹尼克把社会中的法律区分为三种模式：(1)压制型法，作为压制性权力工具的法律；(2)自治型法，作为能够控制压制并维护自身完整性的法律；(3)回应型法，作为一种回应各种社会需要和愿望的法律。[2]（见图5-1）在微观径路上，具有代表性的学说主要有以下几种：暴力威慑论把公民守法归结为国家强制力的威慑和惩戒作用，功利主义论认为法律能带来更多的利益或更好地防范风险是公民守法的理由，社会契约论将守法视为公民对社会契约的遵守，法律正当论认为公民守法是因为法律满足形式合法与内容合法的要件。[3] 借鉴汤姆·R.泰勒关于守法原因研究的分类，可以将暴力威慑论与功利主义论归属工具主义进路，将社会契约论与法律正当论纳入规范主义进路。[4] 微观进路以宏观框架为理论基础，微观进路的生成与宏观框架的嬗变紧密相连。

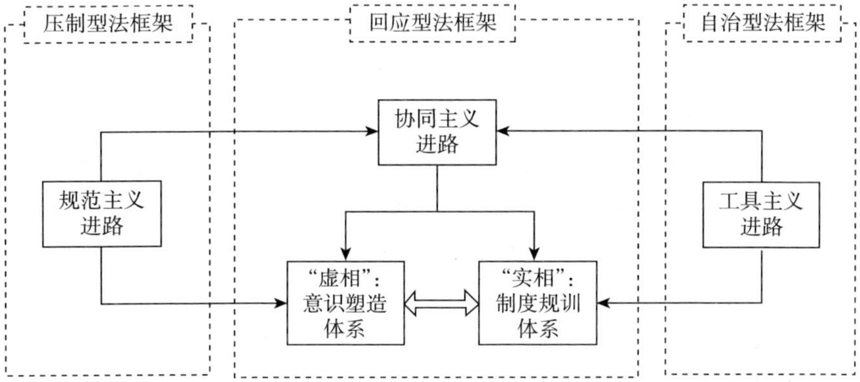

图5-1　协同主义融入进路的生成逻辑

[1] 参见张义清、付梦婷：《社会主义核心价值观融入法治建设的文化结构分析》，载《法治现代化研究》2019年第4期。

[2] 参见[美]诺内特、[美]塞尔兹尼克：《转变中的法律与社会》，张志铭译，中国政法大学出版社1994年版，第16~17页。

[3] 参见丁以升、李清春：《公民为什么遵守法律？（上）——评析西方学者关于公民守法理由的理论》，载《法学评论》2003年第6期。

[4] 参见[美]汤姆·R.泰勒：《人们为什么遵守法律》，黄永译，中国法制出版社2015年版，第3~11页。

(一)压制型法框架下的规范主义进路

每种法律秩序都有一种压制的可能性,它使权力因披上权威的外衣而更加有效。压制型法广泛存在于传统社会,在现代国家也有不同程度的体现,其最典型的主张者是自然法学派。压制型法有着鲜明的"道德主义"和"政治化"特征。"道德主义"是指法律反映社会支配性道德观念,通过道德的法律强制实施以维系公共价值与秩序。"政治化"是指法律从属于权力政治,作为政治工具存在的法律机构直接受到政治的影响。在压制型法中,法律与道德、政治的混同或依赖性较强,法律运作向道德、政治充分开放,法律系统并无不可逾越的理性与逻辑,法律运作的每一个环节都可能受到意识形态上的价值介入和影响。[1] 因此,作为道德与政策综合体的价值观可以长驱直入并深刻影响守法意识,价值观与守法呈现频繁交流的状态。

压制型法框架下的微观进路属于规范主义,即探讨价值观对人们守法意识产生影响的问题,认为"对自己应当如何行事,人们都有自己的观念,如果他们基于自己的行为观念而认为遵守法律是理所当然的,人们就会自觉地遵守法律"。[2] 对此,自然法学派以法律的正当性来自道德的观点予以解释与论证。霍布斯提出了自然法第二条派生法则,"信守你的协议,或遵守诺言"。[3] 洛克发展了默示同意理论,"只要一个人占有任何土地或享用任何政府的领地的任何部分,他就因此表示他的默示同意,从而在他同属于那个政府的任何人一样享用的期间,他必须服从那个政府的法律"。[4] 卢梭提出社会契约所要解决的根本问题是,"要寻找出一种结合形式,使它能以全部共同的力量来维护和保障每个结合者的人生和财富,并且由于这一结合而使每一个与全体相联合的个人只不过是在服从自己本人,并且仍然像以前一样的自由"。[5] 虽然根源于古希腊的自然法思想,由于其具有难以证实的虚构性与认知的模糊性,至19世纪中叶的哲学观念"除魅"后自然法思想开始让位于法律实证主义,但之后又鉴于"二战"时期法西斯推行的暴政与恶

---

[1] 参见张昌辉:《司法与意识形态关系的分析模式之演变》,载《北京理工大学学报(社会科学版)》2021年第5期。

[2] [美]汤姆·R. 泰勒:《人们为什么遵守法律》,黄永译,中国法制出版社2015年版,第4页。

[3] [英]霍布斯:《论公民》,应星、冯克利译,贵州人民出版社2004年版,第26页。

[4] [英]洛克:《政府论》(下篇),叶启芳、瞿菊农译,商务印书馆1964年版,第74页。

[5] [法]卢梭:《社会契约论》,何兆武译,商务印书馆1980年版,第23页。

法，人们开始反思“恶法亦法”命题与法律实证主义的弊病，自然法理论因此走向复兴。如富勒关注法律的内在道德，提出了程序自然法理论。[1]

（二）自治型法框架下的工具主义进路

随着自治型法的出现，法律成了控制压制的方法，自治型法理论的代表是分析实证主义法学派。自治型法的主要特征可以概括为：一是法律与政治分离；二是法律秩序采纳“规则模型”；三是以程序为法律的中心；四是“忠于法律”被理解为严格服从实在法的规则。[2] 虽然在自治型法下，法律与政治、道德相分离，但并不意味着它们之间没有任何联系。在少有的法律与政治、道德互相遭遇的空间中，尽管法律会接收来自外部世界的内容输入，但法律的性质与结构只能通过自身的概念和范畴来理解，外部价值必须按照法律本身的机制和程序来处理。

自治型法框架下的微观进路属于工具主义，基本观点是道德观念对守法的影响甚微，主张“人们在行动之前，对自己遵守法律是否会受到直接明确激励，或者对自己触犯法律是否会受到直接明确的惩罚，他们会作出自己的估计，然后再据此决定如何行为”。[3] 分析实证主义法学派假定了一种严格的工具性法律概念，[4]其中的各种观点都在不同程度上主张法律的正当性不在于它的道德性，而在于它的事实性、形式性或程序性。凯尔森创造了纯粹法学说，强调制裁是法律结构中一个基本的要素。[5] 哈特认为法律的实质是第一性的义务规则与第二性的承认规则、改变规则、审判规则的结合，但还是存在最低限度的自然法。[6] 卢曼则进一步强调法律的独立性，把法律视为社会系统的一个功能中的子系统，其在规范上与外在于法律的道德伦理

---

[1] 参见［美］富勒：《法律的道德性》，郑戈译，商务印书馆2005年版，第113~114页。

[2] 参见［美］诺内特、［美］塞尔兹尼克：《转变中的法律与社会》，张志铭译，中国政法大学出版社1994年版，第60页。

[3] ［美］汤姆·R.泰勒：《人们为什么遵守法律》，黄永译，中国法制出版社2015年版，第3~4页。

[4] See Antonio Pena Freire, *Reasons for Legality: The Moral Idea of Legality and LegalPositivism- Do Wicked Rulers Dream of Abiding by the Rule of Law*, 14 Diritto & Questioni Pubbliche 937(2014).

[5] 参见［奥］凯尔森：《法与国家的一般理论》，沈宗灵译，中国大百科全书出版社1996年版，第29~30页。

[6] 参见［英］哈特：《法律的概念》，张文显等译，中国大百科全书出版社1996年版，第153、189~195页。

与宗教律令失去了关联。[1] 也正是基于这些法律与道德的分离命题，拉兹明确提出守法义务否定论，认为“不存在服从法律的绝对义务或终极性义务，甚至不存在服从法律的初确义务”。[2] 但无论分析实证主义法学派的理论如何精致，逻辑如何缜密，却似乎始终无法令人满意，因为它掏空了道德基础。

（三）回应型法框架下的协同主义进路

回应型法是20世纪后出现的法律现象，已成为现代社会持续不断的关注点，其代表性的理论倡导者是法律现实主义、新法律现实主义等。在回应型法中，法律既不过度卷入也非完全独立于道德和政治，而是对政治与道德保持一种适度开放的回应姿态。“一个回应的机构仍然把握着为其完整性所必不可少的东西，同时它也考虑在其所处环境中各种新的力量。”[3] 也就是说，在回应型法中，法律在结构上对外部世界保持刚性和分离，具有一定的自治性，但法律运作向外部秩序开放，法律行动者的法律操作受到价值观的影响，法律的实施承担了一种政治价值工具的角色，由此呈现一种压制型法与自治型法协调统一的新状态。

因此，基于回应型法框架，我们在微观进路的选择上，需要一种由规范主义与工具主义协调合作产生的协同主义进路。“协同”是一个能表达合作精神有着和谐意蕴的词汇。哈肯提出了协同学（Synergetics）理论，用以反映复杂系统与子系统间的协调合作关系。[4] 协同最显著的特点是子系统间的相互合作，可以使系统产生出微观层次所无法实现的新的系统结构和功能。[5] 社会主义核心价值观融入守法的协同主义进路是一个复杂系统，由两个相互关联的子系统组成：一是意识塑造体系，通过发挥社会主义核心价值观的思想引领、目标指引与价值支撑等功能，塑造守法主体的守法意识，培育出契合现代国家治理需要的守法公民；二是制度规训体系，将社会主义核心价值观

[1] 参见鲁楠、陆宇峰：《卢曼社会系统论视野中的法律自治》，载《清华法学》2008年第2期。

[2] ［英］约瑟夫·拉兹：《法律的权威——法律与道德论文集》，朱峰译，法律出版社2005年版，第34页。

[3] ［美］诺内特、［美］塞尔兹尼克：《转变中的法律与社会》，张志铭译，中国政法大学出版社1994年版，第85页。

[4] 参见［德］赫尔曼·哈肯：《高等协同学》，郭治安译，科学出版社1989年版，第87页。

[5] 参见范如国：《复杂网络结构范型下的社会治理协同创新》，载《中国社会科学》2014年第4期。

融入守法从一个自觉性的价值改造过程转化为一个带有法律强制性的规训过程，促进社会主义核心价值观由软性要求向硬性规范转变。系统在某一时刻所处的状态称为“相”，其所处的虚、实状态分别为“虚相”和“实相”，二相之间呈现对偶关系，这是自然界和人类社会广为存在、呈分形特征的一种内在结构规律。[1] 在社会主义核心价值观融入守法的协同主义进路中，意识塑造体系即“虚相”，制度规训体系为“实相”。总之，协同主义融入进路的生成逻辑可由图 5-1 清晰表示。

二、社会主义核心价值观融入全民守法的重要意义

基于回应型法框架下的协同主义进路，社会主义核心价值观融入全民守法的重要意义包括两个方面：一是在意识塑造层面，强调社会主义核心价值观对全民守法的重要作用，其中，直接意义是形成自觉尊法的守法境界，深远意义是夯实全面依法治国的社会基础；二是在制度规训层面，强调守法社会的制度建设对培育和践行社会主义核心价值观的重要作用，此中，直接意义是促使全民践行社会主义核心价值观，深远意义是培育中国特色社会主义法治文化。

（一）形成自觉尊法的守法境界

1. 我国守法境界的学理划分

根据李林教授的总结，我国公民守法可以概括为以下 4 种境界：一是不敢违法的“惧法”境界，其体现的是公民对法治权威性的畏惧，对法律强制性惩罚的害怕，对刑事制裁的恐惧，对违法给予负面评价的压力，表现的是公民对守法的底线要求；二是不能违法的“信法”境界，其体现的是公民对法律制度的信任，对司法公正的信心，对法律责任和法律后果的确信，是公民对守法的行为自律和感性认同；三是不愿违法的“敬法”境界，其体现的是公民对法律价值的尊敬，对法治权威的拥护，对国家公器的敬仰，是公民对守法的内在意愿和精神认同；四是自觉守法的“悟法”境界，其体现的是公民对法治的信仰，对法律价值和法律精神的追求，是公民对守法的高度自觉和理性认同。[2]

---

[1] 参见徐飞、高隆昌：《二象对偶空间与管理学二象论：管理科学基础探索》，科学出版社 2005 年版，第 70 页。

[2] 参见李林：《建设法治社会应推进全民守法》，载《法学杂志》2017 年第 8 期。

陆幸福教授通过梳理新中国守法理论的发展，梳理出中国守法发展的三个阶段。[1] 一是以义务为核心的消极守法。“一个明显特征是将遵守宪法法律赋予崇高的使命感，遵守宪法法律成为我国公民的神圣义务。”[2] 以“义务”为核心的守法，本质上是一种消极守法，将法律规范视为外在的约束力量。[3] 二是以主体性为基点的积极守法。法律的实施需要守法主体内生出自觉守法的力量，基于自身的意志、要求和利益，主动、自觉地“用法”和“护法”。[4] 三是以价值目标为导向的尊法守法。“尊法守法”是源于尊重法律的基本价值观和内心对法律的崇尚与坚守。不仅在思想感情上主动接受法，同时也将其内化为一种生活方式与行为自觉。

刘爱龙教授也指出了守法的三个层次与境界。一是被动的消极守法，通常基于法律的威慑力而产生，是主体基于对违法所导致的消极后果的感性认知或理性权衡所做的选择。二是主动的积极守法，是一种建立在理性认知基础上的法律确信，认为遵守法律不仅是法律上的要求，而且也是道德义务使然。三是超验的尊法信法，是指尊奉法律、信仰法律，源自主体的法律信仰。其中，被动的消极守法是守法的最低境界，超验的尊法信法是守法的最高境界。[5]

2. 社会主义核心价值观引领民众自觉尊法

虽然不同学者对守法境界、层次或阶段有着不同的分类方式与命名方式，但在表达不愿违法的“敬法”境界、价值目标为导向的尊法守法、超验的尊法信法等高级的守法境界时，其本质上是强调守法意识塑造的作用，需重视社会主义核心价值观对守法意识的积极影响。当代中国的法律传统，“既有法家强权实证主义的历史根基，又具有苏联政治实证主义的法学阴影，守法如果过于张扬法律实证主义，将助长国家主义和工具主义的法律观，使法

---

[1] 参见陆幸福、郭秉贵：《新中国守法理论的发展脉络与观念变革》，载《西南政法大学学报》2020 年第 5 期。

[2] 吴家麟：《中华人民共和国公民的基本权利和义务》，载《教学与研究》1954 年第 7 期。

[3] 参见胡旭晟：《守法论纲——法理学与伦理学的考察》，载《比较法研究》1994 年第 1 期。

[4] “用法”反映的是一种法治理念，意味着公民与法进入了一种新的关系形式，这种新的关系形式的本质在于公民与法的融合，公民精神与法律精神的一体化。参见关保英：《“公民用法”问题研究》，载《东方法学》2010 年第 5 期。“护法”是对守法更深层次的要求，即包括遵守法律、维护法律等基本意蕴。参见冯粤：《论积极守法》，载《伦理学研究》2008 年第 3 期。

[5] 参见刘爱龙：《全民守法是法治中国的基石》，载《苏州大学学报（哲学社会科学版）》2015 年第 1 期。

律脱离正义基础和道德价值”。[1] 因此,研究社会主义价值观念对形成尊法信法的守法境界的作用,以及如何最大限度地发挥社会主义核心价值观的引导作用,具有重要意义。

《中共中央关于全面推进依法治国若干重大问题的决定》中指出“使尊法守法成为全体人民的共同追求和自觉行动”。“尊法”与“遵法”虽然只有一字之差,但两者的含义有很大的差别。“遵法”意味着公民必须遵守法律,可以是被动的,即工具主义视角的,也可以是主动的,即规范主义视角的,总体上它也是一种社会倡导的行为准则,法律仍然是外在于守法主体的规则体系。“尊法”则是源于尊重法律的基本价值观和内心对法律的崇尚与坚守,是以规范主义为视角的,不仅是在思想感情上主动接受法,同时也将其内化为一种生活方式与行为自觉。[2] 社会主义核心价值观将国家价值目标、社会价值取向与公民价值规则贯通于国家建设、社会发展与公民自治的各个领域,深深地影响着法治中国建设进程,构成法治中国建设的理念引领、价值根基与生态环境。将社会主义核心价值观深度融入全民守法,将提升全民的法治意识,实现法治与德治的良性互动,引领民众从被动服法到自觉尊法转变,从而形成自觉尊法这一守法的最高境界。

(二)夯实全面依法治国的社会基础

社会主义核心价值观对全民守法的直接作用在于形成自觉尊法的守法境界,进而产生的深远意义是夯实全面依法治国的社会基础。法治必须借助于全民守法,没有全民守法作为基础和铺垫,就不可能有法治的建立、存在和发展。“在现代政治背景下,在全民守法的视角下,执政党带头守法是首要要求,领导干部模范守法是重要保证,人民群众普遍守法是决定力量。”[3] 推进社会主义核心价值观融入全民守法,就是要努力提升人民群众学法知法守法的自觉性,增强尊法崇法护法的主动性,为推进依法治国、依法执政、依法行政和法治国家、法治政府、法治社会建设夯实基础。

---

[1] 高鸿钧:《法理学研究:法律的多棱镜》,载高鸿钧、马剑银、鲁楠、陆宇峰编:《法理学阅读文献》,清华大学出版社 2010 年版,第 8~11 页。

[2] 参见陆幸福、郭秉贵:《新中国守法理论的发展脉络与观念变革》,载《西南政法大学学报》2020 年第 5 期。

[3] 卓泽渊:《2035 年远景目标与法治国家法治政府法治社会建设》,载《人民论坛 · 学术前沿》2021 年第 3 期。

1. 守法的发展:从“违法必究”到“全民守法”

新中国成立初期,中国共产党充分运用新民主主义革命时期根据地法制建设的成功经验,抓紧建设社会主义法治,初步奠定了社会主义法治的基础。后来,党在思想上发生“左”的错误,逐渐忽视法制,特别是“文化大革命”十年内乱使法制遭到严重破坏。1978 年,党的十一届三中全会提出为了保障人民民主,必须加强社会主义法制建设,使民主制度化、法制化,使其具有稳定性、连续性和权威性,标志着我们党与“人治”方式的彻底决裂。党的十一届三中全会把加强社会主义民主法制建设作为治国理政的基本任务,提出了“有法可依、有法必依、执法必严、违法必究”的基本方针。其中,“有法必依”是从守法角度提出的,是对一切国家机关、社会组织与公民个人提出的合法性要求。

1982 年,第五届全国人民代表大会通过的《宪法》肯定了“有法必依”的法制要求,其在序言中规定:“全国各族人民、一切国家机关和武装力量、各政党和各社会团体、各企业事业组织,都必须以宪法为根本的活动准则,并且负有维护宪法尊严、保证宪法实施的职责。”同时,现行《宪法》也在第 5 条第 4 款中规定:“一切国家机关和武装力量、各政党和各社会团体、各企业事业组织都必须遵守宪法和法律。一切违反宪法和法律的行为,必须予以追究。”习近平总书记在首都各界纪念现行宪法公布施行三十周年大会上的讲话中明确指出,“维护宪法权威,就是维护党和人民共同意志的权威。捍卫宪法尊严,就是捍卫党和人民共同意志的尊严”。[1] 上述重要论述清晰地说明了全民守法的必要性、正当性,把全民守法牢牢地扎根于法律的人民性基础上。

党的十八大报告在总结党的十一届三中全会提出的“有法可依、有法必依、执法必严、违法必究”的社会主义法制建设基本方针贯彻落实的经验基础上,根据新时期法治建设的新要求,明确提出“要推进科学立法、严格执法、公正司法、全民守法,坚持法律面前人人平等,保障有法可依、有法必依、执法必严、违法必究”。其中,全民守法、坚持法律面前人人平等都围绕守法的主体提出了明确的要求,即指出守法是一项全民事业。全民守法既是公民个人遵守宪法和法律的具体义务,也是对一切国家机关、社会组织和公民个人提出的遵守宪法和法律的整体性要求。具体而言,全民守法是指,“任何组织和个

[1] 习近平:《在首都各界纪念现行宪法公布施行三十周年大会上的讲话》,载中共中央文献研究室编:《十八大以来重要文献选编》(上),中央文献出版社 2014 年版,第 87 页。

人都必须在宪法和法律范围内活动,任何公民、社会组织和国家机关都要以宪法和法律为行为准则,依照宪法和法律行使权利或权力,履行义务或职责”。[1]

党的十八届四中全会进一步明确提出依法治国是党领导人民治国理政的基本方略,法治是党治国理政的基本方式,提出了全面推进依法治国的指导思想、基本原则、总目标、总抓手和基本任务、法治工作的基本格局,阐释了中国特色社会主义法治道路的核心要义,制定了法治中国建设的路线图,按下了全面依法治国的快进键。党的十八届四中全会通过的《中共中央关于全面推进依法治国若干重大问题的决定》从建设中国特色社会主义法治体系和完善中国特色社会主义法治理论的高度,将全民守法与促进国家治理体系与治理能力现代化的要求紧密结合起来,并且坚持“把全民普法和守法作为依法治国的长期基础性工作,深入开展法治宣传教育,引导全民自觉守法、遇事找法、解决问题靠法”。[2]

2. 全民守法与全面依法治国的辩证关系

《中共中央关于全面推进依法治国若干重大问题的决定》提出:“法律的权威源自人民的内心拥护和真诚信仰。人民权益要靠法治保障,法律权威要靠人民维护。必须弘扬社会主义法治精神,建设社会主义法治文化,增强全社会厉行法治的积极性与主动性,形成守法光荣、违法可耻的社会氛围,使全体人民都成为社会主义法治的忠实崇尚者、自觉遵守者、坚定捍卫者。”[3]这对理解全民守法与全面推进依法治国的辩证关系提供了有益的思考路径。全民守法与全面依法治国,二者是相辅相成与相互促进的关系。

第一,全面依法治国是全民守法的环境保障。首先,全民守法需要科学立法。只有党和国家使民众能通过有效方式参与国家与地方立法,以制定法律法规的形式把民众的合理诉求有效转化为国家意志,民众才能自觉遵守法律法规的规定。其次,全民守法需要严格执法。只要行政执法机关及其执法

[1] 《中共中央关于全面推进依法治国若干重大问题的决定》辅导读本编写组编著:《中共中央关于全面推进依法治国若干重大问题的决定》,人民出版社 2014 年版,第 26 页。

[2] 《中共中央关于全面推进依法治国若干重大问题的决定(2014 年 10 月 23 日)》,载《中共中央文献研究室编:《十八大以来重要文献选编》(中),中央文献出版社 2016 年版,第 172 页。

[3] 《中共中央关于全面推进依法治国若干重大问题的决定(2014 年 10 月 23 日)》,载《中共中央文献研究室编:《十八大以来重要文献选编》(中),中央文献出版社 2016 年版,第 172 页。

人员能够切实坚持执法为民,严格依法履职,严格公正规范执法,民众就会积极支持、配合行政机关的执法活动。最后,全民守法需要公正司法。只要司法时刻保持客观中立,遵循法律法规与司法规律,公正、高效、权威地解决纠纷,使人民群众在每一个司法案件中都感受到公平正义,民众就会遇事找法、有问题靠法。总之,只有全面实现依法治国,民众才能以积极作为、自觉守法的国家主人态度和法治主体角色,做到"信任立法,配合执法,依赖司法,自觉守法、主动护法"。[1]

第二,全民守法是全面依法治国的社会基础。习近平总书记指出:"全面推进依法治国需要全社会共同参与,需要全社会法治观念增强,必须在全社会弘扬社会主义法治精神,建设社会主义法治文化。"[2]只有在社会上营造全民守法的氛围和环境,科学立法、严格执法、公正司法才有深厚的社会基础。[3] 正如江必新教授所言:"全民守法对于全面依法治国具有基础性意义,法律的权威源自人民的内心拥护和真诚信仰,法律的实现体现为人民的自觉遵守和积极运用。"[4]党的十八届四中全会对全民守法做了定性,即全民守法是全面依法治国的长期基础性工作。全面依法治国的"全面性"必然要求作为法治重要环节的守法的"全民性"与之对应。没有全民守法,全面依法治国中的"全面"就无从谈起。全面推进依法治国的进程,某种意义上就是在全体社会成员之中形成尊法守法的高度自觉与自律的过程,是社会主义核心价值观的种子在全社会落地生根、培育生长的过程,是法治精神与国民精神融为一体的过程。因此,提升全民法治意识是带动全民守法的题中要义,也是全面推进法治社会建设的关键内容。[5]

(三)促使全民践行社会主义核心价值观

习近平总书记在中共中央政治局第十三次集体学习时强调:"要用法律来推动核心价值观建设。"[6]通过全民守法能使法律规范的权利义务得以

---

[1] 李林:《建设法治社会应推进全民守法》,载《法学杂志》2017 年第 8 期。
[2] 《习近平:加快建设社会主义法治国家》,载《求是》2015 年第 1 期。
[3] 参见李德全、邓多文:《法治观培养:深化社会主义核心价值观培育和践行的重要路径》,载《社会主义核心价值观研究》2018 年第 3 期。
[4] 江必新:《习近平法治思想的逻辑体系与理论特征》,载《求索》2021 年第 2 期。
[5] 参见封丽霞:《提升全民法治意识和法治素养的有效路径》,载《中国党政干部论坛》2020 年第 10 期。
[6] 《习近平:把培育和弘扬社会主义核心价值观作为凝魂聚气强基固本的基础工程》,载《人民日报》2014 年 2 月 26 日,第 1 版。

落实,使核心价值观的现实指向性得以彰显,从而增强社会大众对核心价值观的认同,推进核心价值观建设的规范化、制度化、常态化,实现"价值法治化"和"法治价值化"的有机统一。

1.社会主义核心价值观践行困境的发生机理

由于社会主义市场经济的深入发展、全球化浪潮的影响日益深远,我国社会的各个领域均发生巨大变化,人们的价值多元化倾向日趋凸显。在各种思想文化相互激荡、彼此碰撞的社会背景下,为了引领社会思潮、凝聚社会共识、构筑精神家园,亟待培育与践行社会主义核心价值观。社会主义核心价值观践行的实质是将社会主义核心价值观嵌入人们的生活中。但社会主义核心价值观本身具有的普遍性、概括性等特征与人们生活的发展逻辑有着本质不同,使社会主义核心价值观在嵌入人们生活的过程中会遭遇诸多困境,[1]这便是社会主义核心价值践行困境的发生机理。

第一,社会主义核心价值观的长远性与人们生活的实用性之间的矛盾。社会主义核心价值观是中国共产党的重要理论成果,是我国将在长时间内奉行的基本价值观,具有长远性。如"富强、民主、文明、和谐、自由、平等、公正、法治"均是国家和社会长期的宏伟目标与努力方向。但民众的生活注重实用性,人们常常以简单的"是否有用"作为衡量事物的标准。当一些实际困难或实际矛盾在得不到解决的时候,具有长远性的社会主义核心价值观,在出现具体问题的当下就容易呈现"无用"的状态,这就导致社会主义核心价值观的践行困境。

第二,社会主义核心价值观的凝练性与人们生活的经验性之间的矛盾。社会主义核心价值观是社会主义核心价值体系的内核,是社会主义价值体系的高度概括,体现了社会主义价值体系的根本性质和基本特征,具有较强的凝练性与抽象性。然而,在人们生活领域,民众遵循经验主义的原则行事,因而在生活实践的选择方面往往具有路径依赖,大多依据经验不断重复,较难接受抽象的表达形式。因此,如何将抽象性的、凝练性的理论转化成群众易于理解与遵循的经验准则是人们践行核心价值观需要处理的关键问题。

第三,社会主义核心价值观的普遍性与人们生活的情境性之间的矛盾。社会主义核心价值观是我国全社会长期坚持的具有普遍意义的价值观,不是

[1] 参见吴翠丽:《社会主义核心价值观嵌入日常生活的困境与消解路径》,载《思想教育研究》2014年第1期。

社会上特定群体、特定时刻、特定地域的价值观。从宏观层面看,社会主义核心价值观从经济、政治、文化、社会等方面规定了国家和社会良性运行所需要坚持的各种理念以及价值诉求;从微观层面来说,社会主义核心价值观规定了不同背景、不同年龄、不同学历、不同职业的民众应当遵循的价值理念。相反的是,人们的生活主要以情境性为特征。日常语言、日常行为、日常习惯、日常规则等均与特定情境直接关联,构成人们日常生活的是情景化的事件。这就决定了人们对与自己有直接联系的事件较为关注,而对一些与自己欠缺直接联系的事情较为冷漠。因此,社会主义核心价值观的普遍性与人们日常生活的情境性之间的矛盾,是社会主义核心价值观践行困境的重要原因。

2. 全民守法对社会主义核心价值观践行困境的纾解

基于上述社会主义核心价值观践行困境的发生机理,为了纾解该困境,应为人们践行社会主义核心价值观提供制度路径、具体场景、情感认同与权威保障等。从全民守法的要素看,全民守法的推进与落实将极大地促进民众践行社会主义核心价值观。

第一,全民守法为践行社会主义核心价值观提供制度路径。人们生活的实用主义倾向决定了社会主义核心价值观的践行需要制度保障。社会主义核心价值观是社会主义道德观的反映,党和政府对人民的最基本道德要求就体现在国家法律法规中,全民守法即人们自我价值教育的过程,是践行社会主义核心价值观的过程。《管子·版法解》说:“凡国无法则众不知所为,无度则事无仪。”[1]凡国家没有法制,民众就不知道怎样行事;没有制度,行事就没有准则。[2] 全民守法要求人们依照法律规则与制度行事,全民守法的落实为践行社会主义核心价值观提供了制度路径。例如,“爱国”首先就是要懂法守法,遵守法律制度的规定是爱国的基础和底线。“敬业”是人们对所从事的职业负责任的态度,这种态度有赖于各种劳动保障法律制度的激励,因此,全民守法为调动和激发社会的敬业精神提供制度保障和动力支持。“诚信”不仅具有伦理上的含义,而且还具有法律上的含义。法律意义上的诚信既是当事人进行各种活动的行为准则,又是法官享有自由裁量权的依

[1] 李增:《〈管子〉法思想》,载《管子学刊》2001 年第 1 期。

[2] 参见王频:《论依法治国与培育和践行社会主义核心价值观》,载《学术论坛》2015 年第 4 期。

据，全民守法的过程其实也是一种实现法律的信用的过程。[1]

第二，全民守法为践行社会主义核心价值观提供具体场景。社会主义核心价值观的普遍性与人们生活的情境性决定了必须将社会主义核心价值观融入学习、工作和生活的具体场景中，将社会主义核心价值观外化于行。推进全民守法的措施包括法治队伍建设、法学教育、普法宣传等，这些措施为社会主义核心价值观的践行提供了具体场景。一是领导干部带头守法中的社会主义核心价值观融入。领导干部要带头守法、提升法律意识，在法律运行中感知法律的温度，体悟法律的精神，敬畏法律、维护法律、信仰法律，带头学习、宣传、践行社会主义核心价值观。二是法治工作队伍建设中的社会主义核心价值观融入。在立法队伍、执法队伍与司法队伍中，开展社会主义核心价值观培育工作，强化职业道德与操守。按照重品行、讲操守、守规矩的要求，加强律师、公证、司法鉴定、仲裁、调解等法律服务队伍建设。三是法学教育中的社会主义核心价值融入。把法治教育与道德教育结合起来，深化社会主义核心价值观学习教育实践，深入开展社会公德、职业道德、家庭美德、个人品德教育，大力弘扬爱国主义、集体主义、社会主义思想，以道德滋养法治精神，培养造就熟悉和坚持社会主义法治理念和社会主义核心价值观的法治人才及后备力量。四是普法宣传中的社会主义核心价值观融入。普法宣传是负有普法宣传责任的组织对我国民众实施的，旨在普及法律知识、传播法治理念、树立法治信仰的活动。在普法宣传中融入社会主义核心价值观，可以使民众在接受普法宣传时接受核心价值观的洗礼。

第三，全民守法为践行社会主义核心价值观提供情感认同。人们对某一事物的认同，除却理性的因素外，情感的作用亦不可小觑。列宁就曾经指出："没有'人的感情'，就从来没有也不可能有人对于真理的追求。"[2]因此，社会主义核心价值观需要嵌入人们生活的情感之中。由于传统价值观念与道德规范已经不能适应我国社会主义市场经济的快速发展，我国逐渐形成了中国特色社会主义法治体系，中国特色社会主义法治理念逐渐成为全社会的共识。习近平总书记指出："宪法法律的权威源自人民的内心拥护和真诚信

[1] 参见秦辰钰、王婉玲：《依法治国助推社会主义核心价值观的培育和践行》，载《经济研究导刊》2015年第17期。

[2] ［苏］列宁：《列宁全集》（第36卷），人民出版社1959年版，第117页。

仰。”[1]全民守法除了要求形式上遵守法律的具体规定外,重点是要求实质上信守、尊崇法所保护的社会主义核心价值观。因此,全民守法的推进将增强人们对社会主义核心价值观的情感认同。

第四,全民守法为践行社会主义核心价值观提供权威保障。“社会主义核心价值观从三个维度确立了国家、社会和个人的价值追求。在这三个层面的价值追求中,社会层面的价值取向处于上下联结的中心地位,因为一个富强、民主、文明、和谐的国家有赖于一个自由、平等、公正、法治的社会,而一个自由、平等、公正、法治的社会才有利于促进个人层面的爱国、敬业、诚信、友善的实现。”[2]法治既是社会主义核心价值观的基本内容,又是培育和践行社会主义核心价值观的载体和保障。

(四)培育中国特色社会主义法治文化

《关于加强社会主义法治文化建设的意见》中提出:“坚持法安天下、德润人心,把社会主义核心价值观融入社会主义法治文化建设全过程各方面,实现法治和德治相辅相成、相得益彰。”社会主义核心价值观具有鲜明的文化属性,是文化的要义与精髓。全民守法的落实将促进全民践行社会主义核心价值观,进而推动中国特色社会主义法治文化的培育与发展。“在社会转型、矛盾凸显的当前形势下,要引导全体人民通过法律程序来合理表达诉求、依法维护权利、文明解决纷争;要努力培育社会主义法治文化,在全社会形成尊法学法守法用法护法的良好氛围。”[3]

1. 社会主义法治文化的含义

刘斌教授认为:“法治文化是指融注在人们心底和行为方式中的法治意识、法治原则、法治精神及其价值追求。一个国家的‘法治文化’,就是这个国家的法律制度、法律机构、法律设施体现出的文化内涵和公民在日常生活、工作中所持有并遵循的以法律价值观为核心的心理意识与行为方式。”[4]李林教授认为:“广义的法治文化是一个国家中由法治价值、法治精神、法治理念、法治思想、法治理论、法治意识等精神文明成果,法律制度、法律规范、

[1] 《习近平:更加注重发挥宪法重要作用　把实施宪法提高到新的水平》,载《人民日报》2018年2月26日,第1版。

[2] 李德全、邓多文:《法治观培养:深化社会主义核心价值观培育和践行的重要路径》,载《社会主义核心价值观研究》2018年第3期。

[3] 张文显:《习近平法治思想的基本精神和核心要义》,载《东方法学》2021年第1期。

[4] 刘斌:《法治文化的理论构想》,载《法制日报》2007年4月15日。

法治措施等制度文明成果，以及自觉执法守法用法等行为方式共同构成的一种文化现象和法治状态；狭义地讲，法治文化是关于法治精神文明成果和法治行为方式相统一的文化现象和法治状态。”[1]徐显明教授把法治文化分为法治文化的精神、制度、行为方式、物质承载四个要素。[2]

上述对法治文化的界定和分类有很多共同之处。而“怎样界定法治文化，与我们对概念理解的层次有关”[3]。因此，我们可以从对“法治”和“文化”的含义入手进而理解法治文化的内涵。其一，法治的含义。美国第36任总统林登·约翰逊说：“法律是人类最伟大的发明。别的发明让人类学会驾驭自然，而法律的发明则令人类学会如何驾驭自己。”在此种意义上，法治是使人类行为服从于法律治理的事业。法治是人人受治于法的治理方式。法治是与人治相对立的一种治国方式。其二，文化的含义。“汉语中的‘文’、‘化’两字连用具有下面两种含义：一是用作名词，是人类精神、智慧、意识及其创造成果的总称。二是用作动词，是一种过程，指以‘文’化之，即使用一定的方法将文明礼仪普及教化。”[4]其三，法治文化的含义。李林教授从精神理念、制度规范、行为实践这三个层面对法治文化进行分类对于法治文化概念的界定具有启发意义。根据对“法治”和“文化”的一般理解，广义的法治文化是由物质层面的法治文化、制度层面的法治文化、精神层面的法治文化和行为层面的法治文化共同构成的一种文化现象和法治状态。狭义的法治文化是关于法治精神文明成果和法治行为方式相统一的文化现象和法治状态。

进而，广义的社会主义法治文化是指体现社会主义先进文化内在要求的法治价值、法治精神、法治意识、法治理念、法治思想、法治理论等精神文明成果，反映中国特色社会主义民主政治本质特征的法律制度、法律规范、法治措施等制度文明成果，以及自觉依法办事和遵法守法等行为方式共同构成的一种先进文化现象和法治进步状态。[5]

---

[1] 李林：《社会主义法治文化概念的几个问题》，载《北京联合大学学报（人文社会科学版）》2012年第2期。

[2] 参见徐显明：《法治文化的核心是制度文化》，载《法制日报》2013年12月18日。

[3] 李德顺：《怎样理解法治文化》，载《中国政法大学学报》2012年第1期。

[4] 刘建宁：《中国特色社会主义法治文化建设研究》，兰州大学2018年博士学位论文。

[5] 参见李林：《社会主义法治文化概念的几个问题》，载《北京联合大学学报（人文社会科学版）》2012年第2期。

2. 社会主义核心价值观与社会主义法治文化的逻辑关系

党的十九届四中全会聚焦中国特色社会主义制度建设,提出国家治理体系和治理能力现代化的深厚人文支撑是社会主义先进文化,指出建设社会主义法治文化必须坚持社会主义核心价值观的引领,这是"坚持和完善中国特色社会主义法治体系,提高党依法治国、依法执政的能力"的重要内容。社会主义核心价值观与社会主义法治文化的逻辑关系具体体现在内在本质、具体内容、发展目标等方面。[1]

第一,内在本质的一致性。"社会主义核心价值观是当代中国在社会主义初级阶段上凝练而成的具有鲜明的时代性、创造性、本土性的共同价值观念。社会主义法治文化从其内在性来讲是在法治实践的基础上形成的有关法治方面的思想、意识、观念、精神。因此,社会主义核心价值观与中国法治文化在本质上都是一种上层建筑。"[2]具体而言,二者内在本质的一致性体现在:一是社会性质的一致性,社会主义核心价值观与社会主义法治文化的本质属性与重要标志是社会主义;二是实践定位的一致性,社会主义核心价值观与中国法治文化均是立足于中国的经济国情、政治国情、文化国情与社会国情;三是发展阶段的一致性,社会主义核心价值观与社会主义法治文化的建设均处于社会主义初级阶段。

第二,具体内容的契合性。社会主义核心价值观与社会主义法治文化的具体内容在下列方面具有契合性,也正因为如此,二者在培育与建设的进程中能够相互支撑、相互构建、相互促进。一是"法治""民主"价值观与法治文化内容的契合性。培育与践行社会主义核心价值观中的法治价值观是对社会主义法治文化的中心内容进行广泛性建设与弘扬,二者可互构互补。二是"自由""平等"价值观与法治文化内容的契合性。"自由""平等"价值观是实施依法治国的必要条件,更是我国法治文化建设的重要思想内容。三是"公正"价值观与法治文化内容的一致。公正是法治文化的核心价值。习近平总书记在谈及法治时,非常强调法律的公平、正义价值。他指出:"必须牢牢把握社会公平正义这一法治价值追求,努力让人民群众在每一项法律

[1] 参见李芳:《社会主义核心价值观与中国法治文化逻辑关系探析》,载《湖北行政学院学报》2020 年第 2 期。

[2] 李芳:《社会主义核心价值观与中国法治文化逻辑关系探析》,载《湖北行政学院学报》2020 年第 2 期。

制度、每一个执法决定、每一宗司法案件中都感受到公平正义。”[1]

第三，发展目标的统一性。社会主义核心价值观与社会主义法治文化在发展目标上存在宏观上的统一性。首先，根本目标是促进社会主义市场经济发展。社会主义核心价值观与社会主义法治文化既根源于社会主义市场经济发展，又从根本上致力于社会主义市场经济的发展。其次，重要目标是推进国家治理现代化。推进国家治理体系和治理能力现代化是我国全面深化改革的总目标，也是社会主义核心价值观与社会主义法治文化建设的重要目标。最后，主要目标是建设社会主义现代化强国。社会主义核心价值观和社会主义法治文化建设作为我国社会主义现代化进程中的重大战略性举措，其主要目标必定要致力于实现社会主义现代化。

3. 社会主义核心价值观与社会主义法治文化的逻辑关系

社会主义法治文化建设是法治中国建设的重要组成部分。在社会主义核心价值观的引领下，加深全民守法的程度，深入推进社会主义法治思想的培养、发展和传播，积极培育和建设具有中国特色的法治文化，既能发挥法治固根本、稳预期、利长远的作用，又能突出文化柔性管理和软性约束的价值，达到从文化建设的深层次为法治中国扎牢法治精神，树立法治理念的目的。[2]

第一，社会主义核心价值观为社会主义法治文化建设提供价值遵循。法治文化是人们在社会实践过程中形成的一种自发性的文化形态，如果没有一种正确的、合理的、自觉的价值观作为指引，其有可能陷入迷途，走向非正义性的发展路径。社会主义核心价值观作为当代中国人的精神文化支柱，它不仅具有鲜明的文化属性，而且是在物质文化、精神文化、制度文化和行为文化等诸文化系统中起支配地位的核心要素。社会主义法治文化，不只是文化符号的堆砌，它本质上是一种“理性—法治价值观”。[3] 古今中外，任何国家、任何类型的法治文化在价值上都不是中立的，均包含着一定的价值立场和价值取向。“社会主义法治文化建设以什么为指导思想，以什么为核心价值观

[1] 《习近平谈治国理政》(第3卷)，外文出版社2020年版，第284页。

[2] 参见刘卓红、张堃：《以社会主义核心价值观引领新时代中国特色社会主义法治文化建设》，载《马克思主义理论学科研究》2020年第4期。

[3] 参见蒋先福：《以社会主义核心价值观引领湖湘法治文化建设的思考》，载《时代法学》2019年第6期。

念,是社会主义法治文化建设必须现实面对的首要问题。"[1]社会主义法治文化要想沿着中国特色社会主义发展道路前进,需有体现中国社会具体形态的社会主义核心价值观的指导和引领。社会主义核心价值观确立了国家层面的价值目标,规定了社会层面的价值取向,制定了公民层面的价值准则,这为中国法治文化建设应该追求什么样的价值目标、坚持什么样的价值取向、遵循什么样的价值准则提供了明确的价值导向,也为社会主义法治文化建设的自主发展道路与未来走向指明了方向。例如,"爱国"这一社会主义核心价值观将指引,"在进行社会主义法治文化建设的过程中,一定要站在国家利益的高度,合理合法地规制不理性的爱国行为,因为真正的爱国主义与法治都内含理性的基础"。[2]

第二,社会主义核心价值观为社会主义法治文化建设规定道德准则。在法理学和伦理哲学看来,法律与道德存在三种基本关系:"一是道德的法律化,即通过立法把国家中大多数道德的普遍要求法律化,使之转变为国家意志;二是道德的非法律化,少数或者某些道德是不能法律化的;三是某些道德要求既可以法律化也可以非法律化。"[3]在一个文明国家和法治国家,一方面,应当坚持"法律的归法律,道德的归道德";另一方面,法律与道德之间,应当形成法主德辅、相互补充、相得益彰的最佳比例关系。"道德是内心的法律,法律是成文的道德。"[4]社会主义核心价值观集中体现了新时代中国社会的先进道德要求。正如习近平总书记所指出的:"核心价值观,其实就是一种德,既是个人的德,也是一种大德,就是国家的德、社会的德。国无德不兴,人无德不立。"[5]社会主义核心价值观为中国法治文化建设规定了道德规范,提供了判断是非曲直的基本道德准则,形成了崇德向善的道德力量,构筑起富有良善与德行的心灵居所。[6] 社会主义核心价值观作为中国

[1] 李芳、戴圣鹏、徐媛媛:《社会主义核心价值观与法治文化建设关系研究》,载《西安政治学院学报》2016 年第 1 期。
[2] 万尚庆:《社会主义核心价值观引领下的中国法治文化建设》,载《学习与探索》2016 年第 6 期。
[3] 李林:《论依法治国与以德治国》,载《哈尔滨工业大学学报(社会科学版)》2013 年第 1 期。
[4] 习近平:《论坚持全面依法治国》,中央文献出版社 2020 年版,第 165 页。
[5] 《习近平:青年人要自觉践行社会主义核心价值观——在北京大学师生座谈会上的讲话》,载《人民日报》2014 年 5 月 5 日,第 2 版。
[6] 参见李芳:《社会主义核心价值观与中国法治文化逻辑关系探析》,载《湖北行政学院学报》2020 年第 2 期。

法治文化建设的道德准则,将更好地实现依法治国与以德治国的有效结合,社会主义法治文化建设将在先进的道德规范下健康发展。

第三,社会主义核心价值观为社会主义法治文化建设给予精神力量。百年来中国先后兴起的三波法治文化大潮,分别是国家主义法治理念、自由主义法治理念以及社会主义法治理念,这一演进规律恰好体现了百年中国的法治文化从“正题”到“反题”再到“合题”的辩证法。[1] 目前,社会主义法治文化建设还处于初级阶段,还没有自成一套完备的自主性文化体系。[2] 我国社会主义法治文化处在各种思想文化交流、交锋、交融的社会环境中,面临着各种社会思潮的冲击、渗透与误导。比如,“历史虚无主义对我国社会价值认同的肆意解构,资产阶级‘普世价值’的推销企图以及西方新自由主义、新享乐主义、新个人主义、新拜金主义等非社会主义性质的资本主义社会思潮的干扰混淆”。[3] 上述思潮一方面极大地妨碍了我国社会主义法治文化建设对西方法治文化中有益成果与有效经验的准确辨识与合理借鉴,另一方面也影响到我国社会主义法治文化建设对自身的基本发展规律的正确认识与把握。因此,社会主义法治文化建设需要有一种精神力量为之提供强有力支撑。社会主义核心价值观作为当代中国精神的集中体现,将为我国社会主义法治文化自主性建构提供民族精神的创造力、生命力与想象力,为强力反击与有效应对各种错误社会思潮增强自信与底气,为把握社会主义法治文化建设的基本规律以及推动社会主义法治文化建设提供强大的精神力量与精神滋养。

第二节　社会主义核心价值观融入全民守法的突出问题

亚里士多德曾经指出:“邦国虽有良法,要是人民不能全遵循,仍然不能

[1] 参见喻中:《社会主义法治理念:中国百年法治文化的第三波》,载《法学论坛》2012 年第 1 期。

[2] 参见李芳:《社会主义核心价值观与中国法治文化逻辑关系探析》,载《湖北行政学院学报》2020 年第 2 期。

[3] 李芳:《社会主义核心价值观与中国法治文化逻辑关系探析》,载《湖北行政学院学报》2020 年第 2 期。

实现法治。”[1]卢梭也说过：“一切法律中最重要的法律，既不是铭刻在大理石上也不是铭刻在铜表上，而是铭刻在公民的内心里。”[2]党的十八届四中全会通过的《中共中央关于全面推进依法治国若干重大问题的决定》提出：“法律的权威源自人民的内心拥护和真诚信仰。人民权益要靠法律保障，法律权威要靠人民维护。必须弘扬社会主义法治精神，建设社会主义法治文化，增强全社会厉行法治的积极性与主动性，形成守法光荣、违法可耻的社会氛围，使全体人民都成为社会主义法治的忠实崇尚者、自觉遵守者、坚定捍卫者。”《法治社会建设实施纲要(2020—2025 年)》指出：“全民守法是法治社会的基础工程。树立宪法法律至上、法律面前人人平等的法治理念，培育全社会法治信仰，增强法治宣传教育针对性和实效性，引导全体人民做社会主义法治的忠实崇尚者、自觉遵守者、坚定捍卫者，使法治成为社会共识和基本原则。”由此可见，全民守法是全面推进依法治国的长期基础性工作，也是衡量法治中国建设水平的重要标尺。

党的十八大以来，以习近平同志为核心的党中央从坚持和发展中国特色社会主义全局和战略高度定位法治、布局法治、厉行法治，全社会的法律意识、守法意识取得了较大的提升，全面依法治国的社会环境显著改善。但我们也应当清醒地看到，全民守法的普遍性、深入性、坚定性还有待加强，特别是社会主义核心价值观融入守法环节还有待深入。从实践调研的情况来看，目前社会主义核心价值观融入全民守法主要存在以下几个方面的突出问题。

一、全社会守法意识有待提升

2013 年 2 月 23 日，习近平总书记在主持中共十八届中央政治局第四次集体学习时强调：“全民守法，就是任何组织或者个人都必须在宪法和法律范围内活动，任何公民、社会组织和国家机关都要以宪法和法律为行为准则，依照宪法和法律行使权利或权力，履行义务或职责。”[3]从这个意义上来说，全民守法就是全体社会成员一体遵从国家颁布的法律法规。日本学者川岛武宜曾对守法作出深刻论断：“近代守法意识最根本的基础因素是主体性

---

[1] [古希腊]亚里士多德：《政治学》，吴寿彭译，商务印书馆 1965 年版，第 19 页。

[2] [法]卢梭：《社会契约论》，何兆武译，商务印书馆 1980 年版，第 48 页。

[3] 习近平：《论坚持全面依法治国》，中央文献出版社 2020 年版，第 24 页。

的意识。"[1]从这个层面来看,全民守法就是各类社会主体以法律主人的姿态自主、能动、创造性地履行法律义务、行使法律权利、承担法律责任,而不是被动地、消极地遵守法律。[2] 据此又可以将守法细分为三种类型:[3]一是自主性守法,即人们把法律规范内化为一种自觉,成为自身内在的约束力,时时处处以法律规范作为行动的指南,积极地享有法律规定的权利,自觉地履行法律规定的义务,维护自身与他人的合法权益和社会的秩序和正义;二是能动性守法,即守法者把自己看作守法的主人,以法律主人自居,从内心中生出对法律的认同、尊崇与需求,积极参与法律相关的各个环节和过程,履行自己应尽的义务,行使自己应有的权利,充分认识并认同法律蕴含的价值从而遵守法律、维护法律以及完善法律;三是创造性守法,即秉持法治精神,不仅自己尊法,还知法懂法用法,以及带动身边人增强法治意识,严格遵守法律,并敢于依法维护自身权益,为促进法律规范的更新和完善,全面推动法治社会建设贡献力量。

全民守法的水平,主要取决于社会主体自主性守法意识的高低。这主要体现为党政领导干部、政府机关、社会公众的守法意识。遗憾的是,目前这些社会主体的守法意识均未达到全面依法治国的要求,亟须加以提升。

(一)部分领导干部守法意识不强

孔子告诫历代政治家:"其身正,不令而行;其身不正,虽令不从。"党内著名法学家董必武也曾指出:"要使群众守法,首先就要求国家机关工作人员,特别是党的领导者以身作则。"[4]领导干部在推进全面依法治国方面肩负着重要责任,全面依法治国必须抓住领导干部这个"关键少数"。党的十八大以来,以习近平同志为核心的党中央高度重视全民守法工作,多次强调,各级领导干部要做尊法学法守法用法的模范。领导干部尊不尊法、学不学法、守不守法、用不用法,人民群众看在眼里、记在心上,并且会在自己的行动中效仿。作为具体行使党的执政权、行政权、司法权的人,领导干部做尊法学法守法用法的模范,是实现全面依法治国目标和任务的关键所在。为

---

[1] [日]川岛武宜:《现代化与法》,申武政等译,中国政法大学出版社1994年版,第53页。

[2] 参见单颖华:《主体性守法——当前全民守法的关键》,载《广西政法管理干部学院学报》2015年第2期。

[3] 参见单颖华:《主体性守法——当前全民守法的关键》,载《广西政法管理干部学院学报》2015年第2期。

[4] 董必武:《董必武法学文集》,法律出版社2001年版,第222页。

此,习近平总书记在2020年11月16日召开的中央全面依法治国工作会议上提出:“各级领导干部要坚决贯彻落实党中央关于全面依法治国的重大决策部署,带头尊崇法治、敬畏法律,了解法律、掌握法律,不断提高运用法治思维和法治方式深化改革、推动发展、化解矛盾、维护稳定、应对风险的能力,做尊法学法守法用法的模范。”[1]

2015年2月2日,习近平总书记在省部级领导干部学习贯彻党的十八届四中全会精神全面推进依法治国专题研讨班上对各级领导干部提出了以下几点要求:[2]第一,做尊法的模范,带头尊崇法治、敬畏法律;第二,做学法的模范,带头了解法律、掌握法律;第三,做守法的模范,带头遵纪守法、捍卫法治;第四,做用法的模范,带头厉行法治、依法办事。在此基础上,中央还就领导干部尊法学法守法用法进行了一系列制度安排,比如建立法律顾问制度、设立公职律师,完善党政部门依法决策机制,建立行政机关内部重大决策合法性审查机制,建立领导干部干预司法活动、插手具体案件处理的记录、通报和责任追究制度,建立法治建设成效考核制度,等等。

党的十八大以来,各级领导干部的法治观念不断增强,依法办事能力不断提高,对推进全面依法治国发挥了重要作用。但也应该看到,仍有少数领导干部法治意识比较淡薄,存在不尊法不信法、有法不依、违法不究、知法犯法等问题。比如,有的领导干部凡事自己说了算,大搞以言代法、以权压法、徇私枉法,在法律面前为私心所扰、为人情所困、为关系所累、为利益所惑;有的领导干部认为依法办事条条框框多、束缚手脚,只要能办成事,什么办法都可以用;有的领导甚至目无法纪、滥用权力,最终走上违纪违法乃至犯罪的道路。由此可见,与党和人民的期待相比,与全面依法治国的要求相比,当前各级领导干部的法治意识还有待增强。

(二)政府机关守法意识有待加强

党的十八届四中全会作出了“深入推进依法行政,加快建设法治政府”的战略部署,提出“加快建设职能科学、权责法定、执法严明、公开公正、廉洁高效、守法诚信的法治政府”,高度概括了法治政府的基本特征,也是法治政府的基本标准,规范法治政府主体和行为的基本要求。其中,“公正廉洁、守法诚信”是对政府品质、政治道德的基本要求,而“守法诚信”尤为根本,它是

---

[1] 习近平:《论坚持全面依法治国》,中央文献出版社2020年版,第6页。

[2] 参见习近平:《论坚持全面依法治国》,中央文献出版社2020年版,第136~143页。

法治政府安身立命之本，生生不息之源，应当贯穿于法治政府建设的各个方面。守法和诚信都是社会主义核心价值观的主要内容，只有政府带头践行，忠于宪法、忠于人民，才能引领全民守法。如果政府不带头守法，不在宪法和法律范围内活动，规则和制度的实施必定成为空中楼阁。德沃金也曾经说过，“只有一个人看到他的政府和公共官员尊敬法律为道德权威的时候，即使这样做会给他们带来诸多不便，这个人才会在守法并不是他的利益所在的时候，也自愿地按法律标准行事”。[1] 因此，让行政机关不敢违法、不能违法，确保政府依法决策、依法履责、依法化解社会矛盾纠纷是法治政府建设的核心和关键。

2016 年 3 月 28 日，李克强在国务院第四次廉政工作会议上讲话时强调，“各级政府必须把诚信施政作为重要准则，严格依法行政，严格履行承诺，完善政务诚信约束和问责机制，以徙木立信之态取信于民，带动全社会诚信意识的树立和诚信水平的提高”。[2] 近些年，确有少数地方政府存有不守法、不讲诚信，承诺的政策不兑现，签订的协议不履行等问题。特别是在招商引资、招才引智等工作中，有的抱着“不管三七二十一，先把人引来再说”的异常心态，事前信口承诺，事后拒不履行。有的新官不理旧账，对前任签订的合同，任意推翻或者置之不理。也有的政策多变，朝令夕改，以后面制定的“新规定”对之前作出的合同乱加否定。早在 2018 年就有媒体报道，全国有 480 个地方人民政府被纳入失信被执行人名单，其中不乏副省级城市、省会城市核心区等；被纳入失信被执行人名单的缘由也多种多样，既有具备履行能力而拒不执行生效法律文书的，也有伪造证据妨碍和抗拒执行的。[3] 如此看来，政府机关不守法、不诚信已经成为当前法治政府建设和全民守法建设的重要难题。

（三）社会公众守法意识有待增强

领导干部和政府机关不遵守法律在某种程度上也影响了社会公众守法意识的养成。作为最为广泛的守法主体，社会公众的守法意识决定着全民守

---

[1] ［美］罗纳德·德沃金：《认真对待权利》，信春鹰、吴玉章译，中国大百科全书出版社 1998 年版，第 21 页。

[2] 《李克强：各级政府必须把诚信施政作为重要准则》，载中国政府网，http://www.gov.cn/xinwen/2016-03/28/content_5059193.htm。

[3] 《480 个城市人民政府被纳入失信执行人名单》，载搜狐网，https://www.sohu.com/a/300716190_120059021，最后访问日期：2023 年 4 月 29 日。

法能否实现。长期以来,由于我国推进法治建设的时间较晚,漫长的封建统治和近代孱弱的社会根基,使我国人民群众的法治意识较弱,传统思想痼疾根深蒂固,因此通过多元方式加强全民法治意识培育的任务依然十分艰巨。[1]

从现实来看,社会公众守法意识不足的表现主要有:一是部分社会公众不服从法律。服从法律是守法最基本的表现。现实中,不少社会公众蔑视法律,违反法律的现象较为普遍。二是部分社会公众不维护法律。社会公众在遇到违法行为的时候,麻木围观,就是不维护法律的典型表现。三是部分社会公众不积极行使法定权利。守法存在积极守法与消极守法之分,积极守法就是依法积极维护自身权利。如果法律上规定的权利无人去实现,或者这种权利在被侵犯时受害人隐忍不发,那么,权利终究会变成一纸空文,在现实社会中毫无意义。[2]

二、融入青少年法治教育不足

青年强,则国家强。党的二十大报告指出,要用社会主义核心价值观铸魂育人,完善思想政治工作体系。2020 年 11 月 16 日,习近平总书记在中央全面依法治国工作会议上指出:“特别要加强青少年法治教育,不断提升全体公民法治意识和法治素养。”[3]将青少年法治教育纳入国民教育体系,全面开展青少年法治教育,将有助于青少年学生从小树立法治观念,养成自觉守法、遇事找法、解决问题靠法的思维习惯和行为方式,为建设社会主义法治国家奠定坚实基础。2016 年 7 月,教育部、司法部、全国普法办联合印发的《青少年法治教育大纲》提出,青少年法治教育必须坚持以社会主义核心价值观为主线,注重以法治精神和法律规范弘扬社会主义核心价值观。将社会主义核心价值观融入青少年法治教育,是弘扬社会主义核心价值观和建设社会主义法治国家的双重要求。长期以来,学术界与教育界关于社会主义核心价值观为何以及如何融入青少年法治教育缺乏较为深入系统的研究。为此,有必

[1] 参见胡建发、肖周录:《公民守法意识培育的思考》,载《人民论坛》2018 年第 23 期。

[2] 参见胡玉鸿:《全民守法何以可能?》,载《苏州大学学报(哲学社会科学版)》2015 年第 1 期。

[3] 《习近平在中央全面依法治国工作会议上强调 坚定不移走中国特色社会主义法治道路 为全面建设社会主义现代化国家提供有力法治保障》,载《人民日报》2020 年 11 月 18 日,第 1 版。

要对社会主义核心价值观融入青少年法治教育的重要意义进行深刻阐释,找准当前青少年法治教育中存在的突出问题。

(一)社会主义核心价值观融入青少年法治教育的重大意义

社会主义核心价值观与青少年法治教育存在相辅相成的关系,社会主义核心价值观为青少年法治教育提供了价值引领和实质内涵,而青少年法治教育则是培育和践行社会主义核心价值观的重要方式和载体。将社会主义核心价值观融入青少年法治教育具有理论的正当性和逻辑的融贯性,能够增强青少年学生走中国特色社会主义法治道路的自觉性和坚定性,使其成为社会主义法治的忠实崇尚者、社会主义核心价值观的自觉践行者。

第一,培育和践行社会主义核心价值观的内在要求。作为国民教育的重要组成部分,青少年法治教育理所当然地需要将社会主义核心价值观贯彻始终。从价值功用来看,将社会主义核心价值观融入青少年法治教育,一方面,能够帮助青少年学生学会如何运用法治思维和法治方式践行社会主义核心价值观;另一方面,通过融入法治教育能够使社会主义核心价值观从“软性要求”转变为“硬性约束”、从“观念系统”转变为“行动系统”,推动青少年将社会主义核心价值观内化于心、外化于行。[1] 此外,社会主义核心价值观中的“民主、自由、平等、公正、法治”等关键词本身也蕴含着丰富的法治内涵,因此可以说,全面开展青少年法治教育本质上也是在培育和践行社会主义核心价值观。

第二,全面推进社会主义法治国家建设的根本要求。弘扬社会主义法治精神要从青少年抓起,切实把法治教育纳入国民教育体系,使青少年从小树立宪法意识、国家意识和法治观念。[2] 社会主义核心价值观是中国特色社会主义法治的灵魂,其既为法治中国建设提供了价值引领和共识基础,也为法治中国建设提供了具体的评判标准。从这个意义上来说,将社会主义核心价值观融入青少年法治教育,是筑牢全面推进依法治国根基的要求。通过在青少年法治教育中融入社会主义核心价值观,能够引导青少年养成守法意识,培育法治观念,践行法治理念,树立法治信仰,形成对社会主义法治道路

[1] 参见王淑芹:《进一步把社会主义核心价值观融入法治建设》,载《人民日报》2019年4月10日,第9版。

[2] 参见刘旺洪:《社会主义核心价值观是中国特色社会主义法治的灵魂》,载《红旗文稿》2017年第3期。

的价值认同、制度认同,成为社会主义法治的忠实崇尚者、自觉遵守者、坚定捍卫者。只有这样,才能为全面推进社会主义法治国家建设奠定最为广泛的群众基础,注入最为持久的法治动力。

第三,切实提高青少年法治教育效果的重要举措。法治教育的根本目标是培养社会主体的现代法治观念。[1] 因此,全面推进青少年法治教育的首要目标和任务就是帮助青少年树立正确的法治观念。长期以来,青少年法治教育存在"重知识教育,轻观念教育"的问题,由此导致青少年法治教育的实际成效乏善可陈。更为严重的是,有部分青少年受西方错误法治理念的不当影响,未能形成对社会主义法治理念的认同。众所周知,知识教育有助于青少年对法治形成系统的认知,但如果缺乏法律精神、法治信仰等方面法治观念教育,青少年法治教育将失去灵魂和根基,其教育效果也将注定不彰。只有充分引入社会主义核心价值观,才能有效加强青少年法治教育中的观念教育,才能使社会主义法治理念深入青少年的头脑和心理,才能坚定青少年对社会主义法治道路的认同和自信。

(二)社会主义核心价值观融入青少年法治教育的突出问题

第一,融入意识不强。尽管《青少年法治教育大纲》和《全国教育系统开展法治宣传教育的第七个五年规划(2016—2020年)》均特别强调,要将社会主义核心价值观切实融入青少年法治教育,但教学人员在实际教育过程中普遍存在融入意识不强的问题。首先,许多教学人员尚未意识到将社会主义核心价值观融入青少年法治教育的重要性和紧迫性,在日常的法治教育中缺乏对为何融入、如何融入的深入思考;其次,许多教学人员自身缺乏对社会主义核心价值观的深刻理解,遑论在法治教育过程中引领青少年践行社会主义核心价值观了;最后,许多教学人员在青少年法治教育过程中,主动融入社会主义核心价值观的积极性不足,仍以被动融入为主。也正是由于教学人员普遍缺乏融入意识,在当前青少年法治教育的过程中,社会主义核心价值观被边缘化、空泛化、标签化,常常处于失语、失踪、失声的尴尬境地。

第二,融入能力不足。众所周知,在所有的教育内容中,观念教育是最为困难的,往往需要教学人员具备高超的能力和水平。作为社会主义核心价值体系的集中表达,社会主义核心价值观具有较强的抽象性和概括性,这给社

[1] 参见石雁:《法治教育中的思想政治教育渗透》,载《思想教育研究》2013年第2期。

会主义核心价值观融入青少年法治教育带来了一定的困难和挑战。在青少年法治教育的实践中,许多教学人员缺乏将社会主义核心价值观融入法治教育的实际能力。这种融入能力的匮乏主要表现在三个方面,一是许多教学人员缺乏足够的观念教育能力,不知如何将抽象的法治观念转化为具体的教学内容,仍然停留在“空对空”的教学层面;二是许多教学人员未能按照青少年的学习规律和接受心理,进行社会主义核心价值观的教育教学,这就导致社会主义核心价值观的教育效果不佳;三是从事青少年法治教育的思政教师大多不是法学专业出身,往往缺乏对法治理念的系统理解,因此很难将社会主义核心价值观与社会主义法治的深层次关系讲透讲实。

第三,融入方式欠佳。社会主义核心价值观具有较强的抽象性,而法治则具有较强的实践性,因此在将社会主义核心价值观融入青少年法治教育过程中,需要格外注意融入方式的有效性。从当前青少年法治教育的实际来看,普遍存在融入方式欠佳的问题,主要表现在以下几个方面。首先,以课堂教学为主,忽略实践教学。目前,许多学校在将社会主义核心价值观融入青少年法治教育的过程中,仍然以照本宣科的课堂教学为主,未能让青少年在法治实践教学中感悟社会主义核心价值观的真谛。其次,教学内容与教学方式之间“貌合神离”。不少教学人员在法治教育过程中,只能将社会主义核心价值观“入教材”“入课堂”,却无法将其引入青少年的头脑,主要原因在于教学方式不能与教学内容进行有效结合,存在“两张皮”的现象。[1] 最后,教学方式不够创新。在社会主义核心价值观的教学中,不能及时创新教学方式,故事教学、情境模拟(如法庭模拟)、角色扮演、案例研讨、法治辩论、价值辨析等教学方法运用较少。

三、融入法治宣传不够

自 1986 年启动“一五普法”以来,中国普法运动已经走过了将近 40 年的历程。国内有学者指出:“当代中国普法活动规模之巨大、形式之繁多、内容之广泛、持续时间之长久,在中外法制史上都堪称创举。”[2]经过 30 余年的全民普法运动,全社会的法律意识不断增强,为全面推进依法治国奠定了坚

[1] 参见陶火生:《社会主义核心价值观融入“马克思主义基本原理概论”课教学探析》,载《思想理论教育导刊》2017 年第 4 期。

[2] 张明新:《对当代中国普法活动的反思》,载《法学》2009 年第 10 期。

实基础。近年来,通过实施“谁执法,谁普法”的普法责任制,完善立法过程的法律宣传机制,加强法律服务工作队伍的普法工作,基本上形成了人民群众广泛参与普法活动的实践格局。

《法治社会建设实施纲要(2020—2025年)》和《法治中国建设规划(2020—2025年)》提出,要在法治宣传中积极培育和践行社会主义核心价值观,力争在“八五”普法规划实施完成之际,实现法治观念深入人心的目标。培育和践行社会主义核心价值观与法治宣传具有内在联系性与天然统一性,法治宣传是培育和践行社会主义核心价值观的重要方式,而社会主义核心价值观则是法治宣传的思想引领。然而,从法治宣传工作的实际来看,社会主义核心价值观在法治宣传中的融入程度仍然不高。具体表现在,社会主义核心价值观与法治宣传的融合度不高,未能充分展现社会主义核心价值观在法治宣传中的影响力、感召力、凝聚力和渗透力。

四、守法激励机制不健全

自觉守法是实现法治社会健康有序发展的基石,科学完备的守法激励机制有利于调动全体公民的守法积极性。[1] 所谓守法激励机制,是指对法律关系主体遵守法律、依照法律的要求从事相关活动具有刺激作用的制度体系。党的十八届四中全会通过的《中共中央关于全面推进依法治国若干重大问题的决定》提出,要“加强社会诚信建设,健全公民和组织守法信用记录,完善守法诚信褒奖机制和违法失信行为惩戒机制,使尊法守法成为全体人民的共同追求和自觉行动”。由此可知,构建科学完备的守法激励机制是全面推进依法治国的题中应有之义。然而,从法治建设的实际情况来看,现行的法律制度设计更为注重违法惩戒机制的构建,而忽视了守法激励机制的建设。具体表现为以下几个方面:第一,守法激励的法律规范较为不足。从现有的法律规范体系来看,从法律到行政法规,再到地方性法规,基本上只有关于违法惩戒的具体规定,关于守法激励的法律规范较为少见。尽管有部分法律法规会提及守法激励的相关内容,但大多数规定都比较粗糙笼统,不具针对性和可操作性,最终都被束之高阁。第二,守法激励的程序规则不健全。同违法惩戒一样,守法激励也必须有一定的程序规则,但是目前许多法律规范中关于守法激励的原则、权限、条件、程序、措施、形式都没有明确的法律规

---

[1] 参见宋湘琦:《守法激励的经济分析》,载《社会科学战线》2014年第12期。

定,这也影响了守法激励机制的有效运行。

第三节　社会主义核心价值观融入全民守法的路径创新

党的十八大以来,党中央对依法治国高度重视,多次强调将社会主义核心价值观融入法治建设。党的二十大报告中再次强调,要全面推进科学立法、严格执法、公正司法、全民守法,全面推进国家各方面工作法治化,努力使尊法学法守法用法在全社会蔚然成风。全民守法作为法治建设的关键一环,对于建成法治国家具有极其重要的现实意义。然而,全民守法格局的形成除了与"法律的优良"有莫大关系之外,更与"公民品德"的水准有关。[1]社会主义核心价值观作为个人、社会、国家层面的品德,有利于引导人们形成正确的道德判断和道德责任,推动全民守法环境的形成。因此,应当创新社会主义核心价值观融入全民守法的路径,在培育公民品德的基础上,采取守法主体意识培育、人才选拔、法治教育、法治宣传、信用机制建设等措施,打造全民守法的社会。

一、社会主义核心价值观融入守法主体意识培育

建设有序、和谐的社会,必定离不开科学合理规则的制定,也离不开对规则的尊重和遵守。培育守法意识、牢记社会主义核心价值观是法治社会对每一个公民能力和素质的基本要求。良好的守法意识不仅是构建和谐社会的重要前提,更是践行社会主义核心价值观的实践路径。因此,创新社会主义核心价值观融入全民守法的路径,坚持依法治国和以德治国相结合,必须加强对守法主体的意识培育。

(一)推动领导干部当好守法的"带头人"

全面推进依法治国,将社会主义核心价值观融入全民守法,建设社会主义法治国家,领导干部是关键所在。在中共中央办公厅、国务院办公厅印发的《关于进一步把社会主义核心价值观融入法治建设的指导意见》中强调:

---

[1] 参见李延瞬:《论公民美德与全民守法的内在逻辑》,载《武陵学刊》2016年第4期。

“要把领导干部带头学法、模范守法作为树立法治意识的关键,完善国家工作人员学法用法制度,提高党员、干部法治思维和依法办事能力。”[1] 古语有云:“教者,效也,上为之,下效之。”作为全民守法的重要参与者、组织者和带头人,领导干部要树立起法治思维,坚持社会主义核心价值观,坚持做好表率,带头学法、守法、用法,发挥“关键少数”的引领作用和示范作用,以先进带后进,通过言传身教形成整体联动的学法守法氛围,从而推动全民守法工作的开展。领导干部做好楷模,起到先进带头作用,人民群众就会照着学,跟着做。领导干部在守法的轨道上不偏航,通过促进法治建设、维护社会秩序,以端正的态度秉公执法、公正司法,就能提升政府公信力和权威,促进人民群众对法治体系的认可,进而做到遵纪守法,维护法治尊严和秩序。

推动领导干部当好守法的“带头人”,应当加强对领导干部的法治教育,做到知而有识,学而善用。当前,有些地方虽然重视法治宣传,以普法讲座、法律咨询等多种形式开展法治教育,但受众群体主要是人民群众,很少会重点针对领导干部进行普法宣传。在实践中,有些领导干部缺乏自我学习意识,不能及时掌握新的法律理念,仅凭固有思维和方式思考问题,不懂法、不守法、不依法行政。这些行为不仅破坏了法治建设的进程,而且抹黑了政府的形象和公信力。因此,领导干部须时刻警醒自己,结合自身工作需要和社会主义核心价值观的理念,积极主动地学习与本行业相关的法律知识,增强自身的法律观念,拓宽以法律思维看待问题的角度,提高依法执政、依法行政的水平。领导干部只有提高自己的法治思维能力,做尊法学法守法用法的模范,才能以其示范效应和实际行动带动全社会尊法学法守法用法。[2] 各地各级政府也要针对领导干部这一关键少数群体大力推行社会主义核心价值观培养和法治教育,通过建立健全政府法律指导制度,组织开展各类法律知识专题学习会、法治国家建设专题讲座、领导干部学法用法竞赛等活动,提升各级领导干部的法治思维能力。社会主义核心价值观是法治建设的灵魂,通过加强领导干部对社会主义核心价值观的学习和掌握,充分发挥社会主义核心价值观的统领和指引作用,凝聚起法治建设的精气神,从而促进具有中国

[1] 中共中央、国务院《关于进一步把社会主义核心价值观融入法治建设的指导意见》,载《人民日报》2016 年 12 月 26 日。

[2] 参见杨宗科:《让法治思维成为领导干部履职履责的内在自觉》,载光明日报百家号,https://baijiahao.baidu.com/s?id=1639290535400561259&wfr=spider&f,最后访问日期:2023 年 4 月 29 日。

特色、民族特性、时代特征的社会主义法治体系的形成。

推动领导干部当好守法的“带头人”，领导干部还须做到严于律己，知行合一。这就要求领导干部在行动上须尊重宪法和法律的权威，在宪法和法律规定的范围内行使国家公权力；在思想上须牢固树立正确的权力观、地位观和法律至上的意识；在工作中须严格自律，以身作则，将学法、用法、守法与实践相结合。领导干部手中掌握着一定的权力，能在某些程度上影响政府决策或行政事务的开展，在这种状态下，领导干部更要爱惜羽毛，坚持原则，时刻将宪法法律作为行事准则，做到言必合法，行必守法。有些领导干部的法治意识淡薄，对自身拥有的公权力存在错误认识，认为自己是领导干部，凡事就能自己说了算，忽视法律规定，大搞“一言堂”，更有甚者目无法纪，以权谋私。因此，我们要加强对领导干部的思想教育，通过社会主义核心价值观进行潜移默化的影响，并定期组织开展廉洁自律宣传，通过参观廉政警示基地，选取实际案例现身说法等形式促进领导干部树立遵纪守法的坚定信心。此外，针对领导干部所管辖领域的工作实效，可以在人民群众中开展民主评议，以社会主义核心价值观作为评判标准，对其工作作风、依法执政的能力水平、工作成效进行点评打分，从而促使领导干部自觉践行社会主义核心价值观，内化为内心信仰，依法行事，为人民群众树立守法的好榜样。同时，完善执法监督程序，对权力运行加强监督检查，防止公权力滥用，将权力关进制度的笼子里，让权力在阳光下运行。中共中央办公厅印发的《关于培育和践行社会主义核心价值观的意见》中提出：“党员、干部特别是领导干部要在培育和践行社会主义核心价值观方面带好头，以身作则、率先垂范，讲党性、重品行、作表率，为民、务实、清廉，以人格力量感召群众、引领风尚。”[1]落实到领导干部守法上，就是要求做到社会主义核心价值观中的“爱国、敬业、诚信、友善”的道德要求，在工作中牢记法律红线不可逾越、法律底线不可触碰，保持清醒的头脑，谨言慎行。热爱祖国，把国家利益视为自己的利益去维护，做国家利益的坚定捍卫者；敬业奉献，在工作上尽心尽力鞠躬尽瘁，兢兢业业做人民的公仆；诚实信用，依法依规履职履责，不心存侥幸以权谋私；友好和善，深入基层与人民群众保持紧密联系，不因职位高就傲世轻物，脱离群众。

推动领导干部当好守法的“带头人”，领导干部要运用法治思维开展工

[1] 《中共中央关于培育和践行社会主义核心价值观的意见》，载新华网，http://www.xinhuanet.com/shzyhxjzg/iframe_yj.htm。

作，运用法治方式处理问题，运用法律表述说话做事，养成办事依法、遇事找法、解决问题用法、化解矛盾靠法的习惯。将对法治的尊重和对法律的敬畏转化为日常思考方式和行动方法。有的领导干部虽然知法懂法，但缺乏对法律的敬畏感，认为只要能做好工作，即便在执法程序或方式上违背法律规定也算是瑕不掩瑜，将法律法规视作一纸空文；有些领导干部认为依法执政、依法行政会对工作开展设置诸多限制，降低了工作效率，在实践中对法律规定阳奉阴违，对自己有利的法律就执行，对自己不利的法律就忽视或打折扣；还有些领导干部口头上认可全面依法治国，实际上将法律规定置于人情关系、领导命令和个人政绩之下，大搞面子工程和形式主义。这些做法显然是与我国社会主义法治理念相背离的，也难以真正落实全面依法治国。党的十八届四中全会通过的《中共中央关于全面推进依法治国若干重大问题的决定》中明确提出："把法治建设成效作为衡量各级领导班子和领导干部工作实绩重要内容，……把能不能遵守法律、依法办事作为考察干部重要内容。"[1]这要求领导干部要不断加强自身的法治学习，做到有法可依、有法必依、执法必严、违法必究；带动全社会树立起法治信仰，带领人民群众自觉地依法行事，进而成为社会主义法治的忠实崇尚者、自觉遵守者和坚定捍卫者。[2]

（二）推动政法队伍当好守法的"排头兵"

中共中央办公厅印发的《关于培育和践行社会主义核心价值观的意见》中要求，"要把社会主义核心价值观贯彻到依法治国、依法执政、依法行政实践中，落实到立法、执法、司法、普法和依法治理各个方面"。在将社会主义核心价值观融入法治国家、法治政府、法治社会建设的过程中，执法队伍发挥着极其重要的作用。作为公平正义的守护者以及法治建设的生力军，政法人员的职业素养对推动全面守法起着至关重要的作用。要按照政治强、业务精、责任硬、纪律优、作风正的要求，寻求改革与创新，加强标准化、专业化，努力建立一个意志坚定、执法为民、勇于担当、廉洁奉公的队伍。[3] 更好地维护人民群众的切身权益，提高政法工作公信力，推动全民守法。

---

[1] 习近平：《四中全会聚焦——关于〈中共中央关于全面推进依法治国若干重大问题的决定〉的说明》，载《共产党员（上半月）》2014年第11期。

[2] 参见张文显：《习近平法治思想的理论体系》，载《法制与社会发展》2021年第1期。

[3] 参见中国公证编辑部：《习近平就政法队伍建设作出重要指示》，载《中国公证》2016年第4期。

推动政法队伍当好守法的“排头兵”，应当加强政法队伍的思想政治工作，将理想信念作为政治灵魂。政法队伍肩负着重大责任和使命，在任何时候都必须旗帜鲜明、立场坚定，坚决服从党的领导、听从党的指挥，始终与党中央保持高度一致，不能有丝毫动摇。具体来说，可以通过加强思想政治教育，增强政法队伍的创造力、凝聚力和战斗力，用科学理论武装头脑，让政法队伍接受来自思想上的洗礼，精神上的自检，行动上的自省。思想政治教育的首要任务是培育和践行社会主义核心价值观，而社会主义核心价值观也正是我们党倡导的价值理念的高度凝练和升华。坚持做好社会主义核心价值观的各项要求，在个人思想层面保持基本的道德规范，保持积极向上，在个人行动上切实将工作落到实处，做到无愧于心。在实际生活中，有些政法工作人员以具体业务工作繁忙为理由，忽视对理想信念的培养，对党和国家的工作大局缺乏关注；有的对思想政治理论的学习不够重视，不能及时学习掌握理论成果，在实际运用中无法将思想理论融入其中，理论指导实践的能力明显不足；有的受到西方“三权分立”“司法独立”的影响，难以接受和认可社会主义法治理念，对建设社会主义法治国家的信心不足。这些现象都说明政法队伍中一些人对思想教育的不重视，缺乏坚定信仰。这就要求各级政法队伍要深入开展教育整顿工作，采取线上学习和线下交流相结合的方式，深入开展专题学习、专题讲座、专题培训，定期提交心得体会，拓展思想教育的广度深度。充分运用政法新媒体平台，通过微博、微信、抖音等互联网渠道，以媒体报道、评论言论、理论文章、短视频等形式，做好宣传教育，层层展开交心谈心、自查自纠，坚决清除害群之马，清理顽瘴痼疾。针对自查自纠发现的懒政思想、散漫思想、形式主义、享受主义等问题，分门别类建立台账，提出解决方案，在合理期限内整改到位，及时组织“回头看”，对各项工作开展抽查，防止思想滑坡、理想信念丧失的现象故态复萌。只有政法队伍坚定了理想信念，把握了正确政治方向，才能在党的领导下顺利开展政法工作，进而提高法律的权威性，增强人民群众遵纪守法的自觉性。

推动政法队伍当好守法的“排头兵”，还要加强政法队伍履职能力建设、专业化建设和业务能力培训。政法队伍性质特殊、专业性强，权力相对集中、自由裁量权较大，且又负责确保社会秩序的安全，同时也作为国家公平正义的最后一道防线，这些无疑都对政法队伍的建设提出了更高的要求。加强对政法队伍的专业化建设、履职能力建设和业务能力的培训有利于维护社会的自由、平等、公正，从而确保社会主义核心价值的实现，而这些核心价值也正是法律所追求的、最基本的价值目标。我们正在全面推进依法治国和以德治国,建设中国特色社会主义法治体系,要从最基本的守法做起。“守法”不仅是法治的概念基础,也是法治各方面的立足点。[1] 政法队伍的守法主要体现在执法、司法之中,要求政法工作人员在法律的限度内行使权力。由于法律并非一成不变的,其规定的内容和形式会随着社会发展的变化而变化,如果政法工作人员不能及时更新自身的法律专业知识,仍然以老眼光、旧办法解决问题,不仅无法满足人民群众的需求,还有可能因办事效率低、措施不当而损害法律的权威性。随着中国特色社会主义进入新时代,人民群众在对物质生活提出更高要求的同时,对民主、自由、法治、公平、正义的追求更加强烈。但由于法律的滞后性和局限性,在各方面问题的处理上也不能做到面面俱到,这就要求政法工作人员发挥专业素养,作为补充和救济手段弥补法律规定的空白与不足。习近平总书记在中央政法工作会议上强调,政法系统要更加注重专业化建设。因为如果缺乏过硬的业务能力,在遇见突发状况、疑难案件时,专业知识掌握不熟练,照搬法条都无所适从,更别说灵活运用法律规定来应对了。所以应当加强政法队伍的专业化建设,突出实战、实用、实效导向,全面提高政法干警运用法律政策、防控风险、群策群力、运用科技、引导舆论的能力。[2] 各级政法机关要重视职业准入和专业培训,确保每一个政法工作人员都具有扎实的法律功底。比如,可以通过比学讲说、实战演练、实用技能培训、创新成果展示等实效形式,鼓励政法工作人员相互交流学习,查漏补缺,取长补短,打造一支正规化、专业化、精英化的政法队伍。同时,鼓励政法工作人员深入基层一线,到条件艰苦、情况复杂、矛盾集中的地方和岗位锻炼自己,这样一方面能够拉近与人民群众的距离,从人民群众的角度体会其所思所想,另一方面也能在实践中灵活运用法律规范,将专业知识与实际问题相结合,提升处置问题、解决纠纷的能力。

推动政法队伍当好守法的“排头兵”,也要加强政法队伍的纪律作风建设。对于政法队伍而言,保持严格的纪律作风,是守法的必要条件,是完成职责和使命的重要保障。在执法、行使审判权、检察权的过程中,严格按照法律规定的内容和程序进行,不受其他任何人的权威与关系干扰。政法队伍是建

---

[1] 参见胡兴建:《守法与法治之关系的政治哲学解读》,载《西南政法大学学报》2017 年第 1 期。

[2] 参见《习近平出席中央政法工作会议并发表重要讲话》,载中国共产党新闻网,http://cpc.people.com.cn/pinglun/big5/n/2014/0109/c64094-24065903.html。

设法治国家的中坚力量,相应的权力较为集中,具有一定的自由裁量权,面临的诱惑和威胁也更多,更容易滋生违法违纪案件。有的政法工作人员自诩具有管理权限,自认为高人一等,对待人民群众吆五喝六,“门难进、脸难看、话难听、事难办”;有的政法工作人员为人民服务的意识淡薄,抱怨收入低、待遇差、个人发展空间有限,工作散漫不认真,有懈怠情绪,不能自觉守纪律、讲规矩;还有的政法工作人员违反法定程序或办案规定干预办案,通过找关系、打招呼办人情案,收受贿赂,以权谋私、以管谋私,大搞权钱交易;更有甚者与黑恶势力相勾结,充当黑恶势力的后台和保护伞。这都是组织涣散、纪律松弛导致的,只有抓好作风建设,始终坚持纪律先行,持续整改不良风气,不断完善权力制约监督机制,坚决惩处贪污腐败现象,才能确保政法队伍做好守法的排头兵。各级政法部门要严格纪律要求,统一开展纪律作风督查督导,时刻警醒政法工作人员执法必严、违法必究,对违法违纪行为采取“零容忍”的态度,不论身份地位、职务高低,一律从严调查,从严处置。建立政法工作人员警示教育机制,结合思想政治和专业素养学习教育,常态化地开展纪律作风教育,通过以身边的现实贪污腐败案例作为典型,让政法工作人员时刻警惕法律红线,自查自省,拉起廉洁自律的警戒线、架起党纪国法的高压线,确保工作人员清正、政法队伍清廉、国家司法清明。全面加强监督检查,完善党对执法司法工作的领导监督、政法部门与各系统内部的制约监督机制,建立程序严格、保障有力、处罚慎重的责任追究机制,确保执法、审判中出现的错误能追责到人,并确保处罚措施能具体落实。构建公开透明的执法司法机制,主动向当事人和社会大众依法公开执法司法的全部内容和过程,保证人民群众的知情权、参与权、监督权。做到政法部门守法方向不可动摇、法律规定不可逾越、法律底线不可突破。

(三)推动普通民众当好守法的“践行者”

亚里士多德曾说,邦国虽有良法,要是人民不能全部遵循,仍然不能实现法治。这就说明构建全民守法社会,应当将法治精神渗透到社会生活的方方面面,做到让社会生活中的每一个参与者都能够从内心认同和遵从法律规定,从而形成自觉的守法意识。若人民群众不遵守法律,法律就是一纸空文,无从实施,何谈建设法治国家。因此,推动民众当好守法的“践行者”,做到让人民群众认可法律、崇尚法律、遵守法律,才能确保全民守法社会的建成。

推动普通民众当好守法的“践行者”，应当加强全民法治宣传教育，增强法治意识，提高法治观念，促进自觉守法。法律是最低限度的道德，坚持依法治国和以德治国有机结合，把法治建设和道德培育密切联系起来，倡导公民自觉自律、服从法律规范，实现依法治国和以德治国相辅相成、相得益彰。应当引导人民群众遵守法律，养成有问题找法律解决的习惯，提高自觉用法能力。首先，应当把法治教育纳入国民教育体系，在每一个学段都开设相应的法治知识课程，从学校课堂中培养公民遵纪守法的意识。其次，通过互联网、电视新闻媒体、车载广告、电台广播等平台播放普法小故事、解释法律条文的内涵及运用、以案释法等节目形式宣传法律知识。全方位、全范围、全覆盖地将法律知识融入人们的日常生活中，潜移默化地营造出自觉守法的良好社会氛围。最后，开展遵纪守法榜样的学习活动，号召人民群众从身边寻找守法先进典型，大力宣传见义勇为和同违法犯罪做斗争的行为，对守法者进行表彰奖励，对违法乱纪者严厉惩处。营造守法光荣、违法可耻的社会氛围，促使人民群众以榜样为旗帜，向榜样学习，学习他们恪尽职守，遵纪守法，在平凡的生活中做出不平凡的贡献，自觉养成全民守法的好习惯。同时，把保障和改善民生的具体措施作为法治宣传教育的重点；将涉及人民群众最关心、联系最紧密、需求最迫切的问题作为普法宣传的关键；以解决民生问题作为目标，针对社会保障、社会救助、劳动纠纷、学习教育、房屋买卖等关系到人民群众衣食住行方面的法律法规进行大力宣传和释明，通过分析具体案例，列举问题与提出解决方案，大力提倡通过法律途径、运用法律手段维护自身合法权益，促使群众遇到问题主动寻求法律帮助和保护，进而促使自觉守法意识的提高。

推动普通民众当好守法的“践行者”，还要加强社会诚信体系建设，健全公民和组织守法信用记录，推动全社会高度重视诚信守法，使之成为全体人民共同的追求。诚实信用作为一种社会公共道德，是社会主义核心价值观的重要内容，同时也是一种法律原则，遵守诚实信用原则就是遵守法律规范的体现。个人诚信的缺失，不仅会引发信任危机，严重的甚至会破坏社会和谐，影响国家法律的实施。例如，在新冠病毒感染疫情暴发期间，家住北京市的王某被确诊，在接受流行病学调查和密接排查时，他谎报、瞒报自己到多个村庄接送孩子、家庭经营小饭桌、到附近小诊所就医等情况，导致疾控部门未能及时全面掌握其活动轨迹并确认密接人员，后经确认，王某密接人员共计

926人,他的隐瞒行为造成了多人被感染,疫情传播的严重危险。[1] 虽然王某最终被公安分局以涉嫌妨害传染病防治罪立案侦查,但王某不讲诚信的行为所造成的后果也十分严重。这不仅危及人民群众的生命安全,也造成了对医疗资源的浪费,更是对国家防疫相关法律法规的藐视。除此之外,社会中还存在许多缺乏诚实信用的现象,如购买假学历、假文凭以及各种假证件;考试作弊、论文抄袭等学术不端行为;恶意透支信用卡、偷逃个人所得税等。这些失信行为的存在,一定程度上导致了社会价值观的混乱,引发纠纷争议,增加了社会管理成本,破坏了社会主义法治国家建设。加强社会诚信体系建设,通过对每一位公民建立守法诚信档案,利用社区、学校、银行、人社部门、交通运输部门、保险机构等行业的便利,将重点领域个人诚信记录在案,统一规范管理,促进个人信用信息在全国范围内的互联互通、即时查询。对遵纪守法、信用良好的群众提供升学、入职、提拔、创业、缴税等各方面的便利,简化办事程序、减轻费用缴纳、提高政府支持或补贴标准。对恶意实施欺骗行为或不作为的失信群体,公开其基本信息,取消其评奖评优、晋升提拔、申请国家补贴等福利资格,让失信群体在社会生活中处处受限,举步维艰。人无信不立,家无信必衰,国无信必危。诚信是法治的精神基础,法律是诚信的保障措施,法律的贯彻和实施离不开诚信的作用,作为公民个人应当学法、懂法、守法,以法律规范自己的言行,通过法律手段矫正不良的诚信价值观,将守法意识、诚信意识内化为自觉意识,营造诚实信用的社会环境,为诚信体系法治保障夯实思想基础。

推动普通民众当好守法的"践行者",还要加强群众参与感,提高人民群众对法律规范的认可度,促进全民守法。在立法实践中,法律的制定受到种种限制,要确保所制定的法律能够满足人民群众需要,就要求立法所追求的价值取向是与社会核心价值相契合的。法律是成文的道德,道德是内心的法律。这就说明社会主义核心价值观与法律的融合能够反映人民群众意志,得到人民群众的支持。推动民众做好守法的践行者,首先要做到懂法,没有了解就没有理解。人民群众通过广泛参与法律的制定、实施、执行,才能加强对法律内涵的理解,从而发自内心地信任法律、遵从法律、维护法律。在各类新

[1] 《男子确诊后隐瞒行程,致密接926人,多人确诊》,载中国青年网百家号,https://baijiahao.baidu.com/s?id=1690725645359799237&wfr=spider&for=pc,最后访问日期:2023年4月29日。

闻报道中,我们经常能看到人民群众在面临征地拆迁、劳动纠纷、求职讨薪、公职人员徇私枉法等问题时,往往采取越级上访、找关系、聚众闹事等方式维护自身权利。这就充分说明法律没有获得人民群众的认可,群众对依法办事的行为嗤之以鼻,更何谈对法律的尊重和依从。人民群众的广泛参与是现代社会管理的重要特征。群众不仅积极参与社会事务,而且致力于建设良好秩序。公民不能只在社会管理中扮演被动的角色,在一个人人都不守法的社会里,不可能形成一个长期稳定的和谐社会。[1] 在事关民生的政策、立法制定时,依照法律规定,召开听证会,确保公众的知情权、表决权。广泛收集人民群众对社会事务发表的意见看法,及时解答人民群众提出的困惑质疑,积极主动解决给人民群众带来的不便影响,让人们切身感受到自己在社会事务管理中的作用和法律所带来的收益。促进人民群众对法律的认可,提高对法律的喜爱,自觉遵守法律,全民守法可以确保人民群众能有序地参加社会管理。建立沟通协商机制、矛盾化解机制和纠纷解决机制,听取人民群众的意见,依照法律规范提出解决方案,避免矛盾的进一步激化。促进群众性自治组织和社会组织建设,通过推动社会组织的自治规范、村规民约、行业规范等社会规范在法律允许的范围内发挥积极作用,一方面,能够约束人民群众遵守社会规范,另一方面,也能通过社会组织监督人民群众遵守法律,引导人民群众主动参与社会主义法治建设。拓展公共法律服务的广度和深度,在城镇乡村建立起公共法律服务网络,完善法律援助制度和司法救助体系,让人民群众能够在遇到问题时主动寻求法律帮助,成为社会主义法治的忠实崇尚者、自觉遵守者、坚定捍卫者。

二、社会主义核心价值观融入人才选任

培育和弘扬社会主义核心价值观,创新人才干部的选拔任用,建设一支脚踏实地的干部队伍,具有重要的现实意义。人才选任作为第一道关卡,关系到整个选拔任用工作的成败,是各项活动开展的前提和基础。在人才选拔任用的过程中融入社会主义核心价值观,不仅有利于选拔一批忠实践行社会主义核心价值观的人才,而且可以从源头上对选人用人的不正之风进行规制和治理。同时,考评奖惩作为社会主义核心价值观融入人才选任中取得实效

---

[1] 参见莫纪宏:《“全面推进依法治国”笔谈之一 全民守法与法治社会建设》,载《改革》2014 年第 9 期。

性的关键环节和保障,是遵循社会主义核心价值观的重要保证,是“他律”向“自律”转化的重要体现。因此,本部分主要从选拔任用和考评奖惩两个维度出发,具体谈谈应当如何将社会主义核心价值观融入二者的规制路径中。

（一）社会主义核心价值观融入选拔任用

“德才兼备”的用人标准历来被党所重视。《中国共产党章程》明确了干部路线方针政策,并对选拔任用干部的条件和方式进行了规定,成为党选拔任用干部的根本遵循。由于社会主义核心价值观尚未渗透到每一个党员和干部的思想中,没有外化为实际行动,因此在干部选拔任用过程中仍然存在不少的问题,比如违背干部选拔任用的基本原则和要求,选拔视野不宽,评价考核体系欠科学,选拔任用干部观念手段陈旧,对干部监督力度不够,群众知情权、监督权等权利落实不到位等。因此,将社会主义核心价值观融入人才干部的选拔任用,需要解放思想,大胆探索,推陈出新。

首先,将社会主义核心价值观纳入干部选拔任用工作,应当遵循选拔任用的基本原则。第一,坚持以人为本,宣传“真、善、美”,尊重人民群众的主体性,重视社会利益要求与人生价值诉求,杜绝“假、恶、丑”,提升党员、干部的思想道德水平。第二,始终以信念为内核,主动培养科学的世界观、人生观、价值理念,在广大中国共产党员、干事团队中稳固建立中国特色社会主义共同理想,着力筑牢中国共产党员、干事的精神支点。第三,继续改革创新,学会利用群众喜闻乐见的方法,主动推动社会主义核心价值观的传播理念、融入手段、融合平台的革新,主动打造群众便于参与的干部选拔使用平台,进一步提升政府领导工作的吸引力与感染力。

其次,把社会主义核心价值观渗透到干部选拔与任用,亦要遵守选拔任用的基本要求。强调党要领导干部、全面从严治党,需要干部做到“为民、求真务实、清廉”,这是坚持“全心全意为人民服务”的本质要求,更是将社会主义核心价值观有机融于党员干部选拔任用管理工作的根本要求。“为民”反映了价值观的需要,“求真务实”是价值观题中应有之义,“清廉”是实施社会主义核心价值观的本色。把社会主义核心价值观有机地融合于干部选拔应用的管理之中,必须坚持以下几点:第一,凸显“真学”,奠定社会主义核心价值观的思想基石。核心价值观作为中华民族精气神的沉淀,将其有机融入干部选拔任用工作中,既是选拔一批思想理念崇高干部的前提,也可以补足干部的精神之“钙”。第二,突出“真信”,巩固核心价值观的思想基础。践行核心价值观不仅是党的宗旨,也是检验党员和干部道德水平的标尺。党员或干部只有做到了将核心价值观如脑、手如影随形,并不断地从思想上进行补课、从精神上进行补“钙”,才可坚定“石可破也,而不可夺坚;丹可磨也,而不可夺赤”的思想信念。第三,突出“真用”,夯实核心价值观的群众基础。开门纳谏,是我党重要的法宝。核心价值观融入选拔任用的干部,更重要的是信任和依靠群众,让群众参与,接受群众的监督,并邀请群众评判,从而达到学习的目的,使广大党员干部自觉践行核心价值观,夯实核心价值观的群众基础。

再次,更新陈旧的选拔理念,拓宽选拔视野,树立选拔任用核心价值观干部的指导思想。用人导向是方向,是标杆,是旗帜。在选拔任用干部的过程中,应当坚持把品德摆在首要位置,突出德才兼备、以德为先的用人标准,树立选拔任用践行核心价值观干部的理念。俗话说:“干部无才会误事,干部无德更坏事。”在以往的干部选拔任用过程中,存在“在少数人中选人”的视野狭窄问题和采取单一方法选拔的观念陈旧问题。这些问题的存在,可能对新时代选拔任用干部产生不利影响。因此,必须更新选拔观念、拓宽选拔视野,坚持选人用人首先应当“问德”,让德成为“第一道门槛”;坚持海纳百川、任人唯贤的选拔理念;要坚持从实绩中选拔干部,注重道德考核的科学性和实效性,真正选拔政治坚定、原则坚定、真才实学、成绩突出、群众认可、清正廉洁的干部。要防止重视才能而轻视品德、“在少数人中选人”、选拔手段单一等问题的出现,能干得好的成事者一定会拥有一个大发展的机会,干得好而能干的成事者一定会拥有一个大发展的舞台,不让那些聪明老实人吃亏,不让那些善于投机钻营者因名利而得利。同时,在坚持德的前提下,加大对干部践行核心价值观的比重考量,选拔一批践行核心价值观并有真才实干的干部,树立典范。

复次,健全评价体系,选准选实践行核心价值观的干部。加强政绩考核评价工作的导向性,健全干部政绩考核评价体系,从履行岗位职责中考察干部践行核心价值观的“德”。要强化政绩评价导向,完善干部政绩评价体系,从履行岗位职责看干部践行核心价值观的“德性”。要按照科学发展观和正确政绩观的要求,构建政绩评价指标体系,引导干部践行核心价值观履职,形成正确的发展方向。要正确处理当前利益和长远利益、地方利益和全局利益的关系,完善政绩评价标准,引导干部践行核心价值观履行职务职责,形成正确的政绩导向。把绩效考核结果应用到干部的日常管理工作中,充分利用绩效考核结果,引导干部在履行岗位职责中践行核心价值观,形成正确的价值导向。

最后,加强监督,建立对践行核心价值观干部的防控监督体系。虽然自觉践行干部核心价值观,能自重、自省、自警、自励,能讲党性、重作风、以身作则,能不忘人民生活,不改变公仆的心,不权谋私利,但当前形势发生了深刻的变化,执政党面临着众多考验,包括执政考验、改革开放考验、市场经济考验、外部环境考验更加突出,所面临的精神懈怠的危险、能力不足的危险、脱离群众的危险、消极腐败的危险更加凸显,更重要的是,每一个党员干部,特别是各级领导干部,要始终保持高尚的精神追求和道德情操,从严治党,诚实守信。因此,加强监督,建立防控监督体系,仍是一项重要课题。因此,要按照"预防为主、标本兼治"的原则,提高监督意识,突出监督重点,加大查处力度,形成监督合力,完善监督机制,未雨绸缪,要及早发现问题,及早处理,防止小错误酿成大祸。同时,干部要不断增强政情意识、大局意识和纪律性,树立正确的世界观、人生观、价值观和权力观,应该慎用权力、独立、谦虚、友谊,能够经得起贫穷、孤独的考验。坚持"不想腐、不能腐、不敢腐",自觉践行核心价值观。

(二)社会主义核心价值观融入考评奖惩

"假如我们现实社会中的道德与社会存在,并且和我们所切身的实际利益产生冲突时,即为有道德的人做事没有得到相应的利益,为了利益而去做某事的时候却总是能得到利益,那么我们所提倡的道德就很难得到群众的认可。"[1]所以,让社会主义核心价值观能得到广大群众的广泛遵循,迫切需要建立一种考评奖励机制,针对好的行为给予奖励,针对不好的行为有针对性地给予惩罚,以保障社会主义核心价值观的有力践行。在社会主义核心价值观的培育和弘扬过程中,通过考评奖惩机制的能动性对公民的行为进行规范约束,使其能够产生正确的三观以分辨对与错,是培育社会主义核心价值观最为重要的措施之一,也是取得实效性的关键环节和保障。

将社会主义核心价值观融入考评奖惩,首先应当创新考核机制,落实"以德为先"的考核标准。古语说:"德若水之源,才若水之波。"德,即品德、道德。德的内涵是指人们的政治思想品德以及遵纪守法、廉洁奉公、遵守职业

---

[1] 张苹萍:《社会主义核心价值体系的制度建设探析》,载《思想政治工作研究》2007年第9期。

道德和社会公德的情况。落实“以德为先”的考核标准,就是指在对人们进行考核时,不能一味注重学术成果、绩效;也不能因被考核人拥有背景或人脉就弄虚作假;而是应当坚持实事求是的精神,对被考核人的政治道德、伦理道德、职业道德、心理品德进行综合考察,四者缺一不可。“德”作为人们遵循社会主义核心价值观的重要保证,是全体公民应该遵循的价值准则和道德要求。因此,对政治思想品德优良者,应当予以适当激励,并在人才选任时其他同等条件下予以优先考量;对违背这一要求的失德者应当加以处罚,警示其他失德者能够认识到错误并予以改正,彰显其权威性,从而保证社会主义核心价值观培育的实效性。

将社会主义核心价值观融入考评奖惩,其次还要创新社会主义核心价值观的综合测评体系机制。创新综合测评体系机制,就是要在社会的各个系统中开展绩效评估,进行全面性测评。以高校为例,综合测评体系机制应当以社会主义核心价值观为指引,围绕测评目标、测评主体、测评内容、测评标准四个方面展开。首先,测评目标。当下许多高校制定测评体系的主要目标是选出优秀人才,对优秀的学生给予奖励,对违反学校有关规定的行为给予惩罚。这种目标本身是合理的。但是,对于何为优秀标准的设定和实施,仍然需要社会主义核心价值观的规范和指引,防止在实际的操作中片面以考试成绩替代政治思想品德评价,才能真正有效地促进学生素质的全面提高和发展,实现全面育人的教育目标。其次,测评主体。测评主体的选择应坚持多元化的原则,不仅包括教师、领导,还应包括辅导员班主任、社会各界以及大学生自身,这样测评的结果才能完整真实、客观公正。再次,测评内容。对于测评内容,应当从认知和行为两个层面出发。在认知层面,不仅要测试考试成绩,还应测试学习的实际效果;在行为层面,不仅要测评平时表现,还应测评整个学习过程,这样才能实现多形式、多层面的综合性测评。最后,测评标准。制定的测评标准必须客观合理、具体明确,具有针对性、可操作性,简单易行。因此,可以采取定量测评与定性测评、静态测评与动态测评相结合的测评方式,实现全方位、多角度对学生是否掌握、践行社会主义核心价值观的了解。以上举例,旨在说明其他各个部门和行业的人才选任,同样需要从这些方面建立综合测评体系机制。

将社会主义核心价值观融入考评奖惩,最后还要创新奖励机制,加大对精神层面的奖励。一说到奖励机制,人们的第一反应大多就是物质性的奖励,忽视了精神性的奖励。对践行社会主义核心价值观的奖励,其应以精神层面的奖励为主,物质性的奖励为辅,对个人的价值取向进行引导性的教育,从而对个人性质的拜金主义加以克服。针对精神性的奖励,可以采取许多有意义的奖励形式,例如大会表彰、广播宣传、网络展示、集体活动学习、宣讲等,从而激励个人创先争优,更好地践行社会主义核心价值观。当下,在不少部门和学校的工作中,获取奖励的途径仍然是"唯绩效论""唯分数论",这些现象的存在无疑会阻碍社会主义核心价值观在考评和人才选任中的融贯。随着中国特色社会主义进入新时代,物质生活水平的提高,人民对美好生活向往的需求越来越强烈,人们越来越追求精神层面的满足。这就说明以往片面注重对物质层面的奖励已不能满足人们的需要和社会的发展,而是应当将精神奖励纳入奖励机制中。以学校为例,学校是人才培养的摇篮,是学生汲取知识,树立正确人生观、世界观和价值观的重要场所,应当坚决摒弃传统的"唯分数论"理念,以核心价值观为指引,创新奖励的评选办法、标准等。对学生的评价,应当从德、智、体、美、劳 5 个方面展开,重视对学生政治学习、个人品德、日常人际交往、创新能力、实践能力和发散性思维等要素的考察。对表现优异者,不仅要在物质层面给予奖励,更要在精神层面给予奖励,如通报表扬、奖励学生到红色革命圣地参观、旅游等。如此不仅做到了对学生的奖励,也有利于促进学生在社会主义核心价值观方面的培育与践行。同时,教师作为学校实现可持续发展和人才强校战略的关键所在,对优秀教师可以采取宣传其先进事迹和高尚品德的精神奖励方式,深化教师对自我价值的认识,从而提高教师的工作积极性,促使教师更好地身正为范,教书育人。

三、社会主义核心价值观融入学校的法治教育

树立宪法法律至上、法律面前人人平等的法治理念,在全社会培育法治信仰形成,全面遵循社会主义法治社会,捍卫社会主义法治社会的社会氛围。[1] 法治教育是关键的一环。师资建设、教材编写、课程设计、考试评价作为法治教育的 4 个落脚点,应当将社会主义核心价值观有机地融入其中,确保学校法治教育观念导向的正确性、法治知识的科学性、内容学习的针对性和实效性,在学校法治教育中实现培育和践行社会主义核心价值观的自觉性。

---

[1] 参见新华社:《中共中央印发〈法治社会建设实施纲要(2020—2025 年)〉》,载中国政府网,http://www.gov.cn/zhengce/2020-12/07/content_5567791.htm,最后访问日期:2023 年 4 月 29 日。

（一）社会主义核心价值观融入师资建设

社会主义核心价值观作为中华优秀传统文化的深层内核，是当代中国人评判是非曲直的价值标准，是实现中华民族伟大复兴的价值引领。党的十九大报告明确提出要“提高全民族的法治素养和道德素质”。在提升全民族的法治素养与道德素质的过程中，必定会面临如何提升公民的法治素养和道德素质这一问题，解决这个问题的途径多种多样，但最为有效的方式是以核心价值观为指引，强化公民的法治教育。这必不可少的是需要一批深刻理解和掌握社会主义核心价值观，且法学专业知识水平深厚、道德素养过硬的师资人才。俗话说：“百年大计，教育为本。教育大计，教师为本。”自古以来，教师都被看作是高尚的职业之一，是推动国家和社会向前发展的重要力量。所以，践行社会主义核心价值观，推动全民守法社会的建成，离不开一支道德素质好、法学专业能力强、教育水平高的师资队伍。

高等院校的师资建设，是指在院校的教育工作中，关于对教师的选拔、培养、考核、使用、管理等方面的一系列工作。顾名思义，社会主义核心价值观融入师资建设，是指将社会主义核心价值观的理念内涵贯穿于师资建设的全过程，培养一批高思想素质、精专业知识和强专业能力的师资队伍。具体来说，将社会主义核心价值观融入师资建设，可以从以下几个方面展开。

将社会主义核心价值观融入师资建设，应当加强对教师的选拔工作，做到严格遴选、严把准入。打造一支践行社会主义核心价值观的师资队伍，必须从源头做起。习近平总书记在全国组织工作会议上强调：“我们严把选人用人政治关、品行关、作风关、廉洁关。”[1] 这就要求在遴选教师的过程中，必须对教师的政治、品行、作风、廉洁4个关口把好，做到宁缺毋滥、从优遴选。首先，深入考察教师的政治意识。习近平总书记在2016年12月7—8日，全国高校思想政治工作会议上谈道：高校教师要“先受教育，再传播先进文化，坚持党的领导，育德树人，引导学生的健康成长”。[2] 这就要求教师要有坚定的政治信仰，不断学习社会主义核心价值观在时代背景下的深刻内涵，大力弘扬中华优秀文化，掌握马克思主义中国化的最新理论成果，不断提

---

[1] 《习近平出席全国组织工作会议并发表重要讲话》，载中国政府网，http://www.gov.cn/ldhd/2013-06/29/content_2437094.htm。

[2] 《习近平：把思想政治工作贯穿教育教学全过程》，载新华网，http://www.xinhuanet.com/politics/2016-12/08/c_1120082577.htm? isappinstalled=0。

高自身的政治素养，时刻保持政治清醒，做到在大是大非面前把准政治方向，树立好榜样的示范。其次，深入考察教师的道德品行。教师是引导学生树立品德的主体，其自身必须具有高尚的道德品格，其一言一行、一举一动都深刻影响着学生的成长、成才。因此在遴选过程中必须考察其是否具备职业情感、职业操守和家庭责任感等，能否做到教师应当具备的先进性和纯洁性，对于品行败坏、作风散漫、态度不严肃或不认真、贪赃枉法的教师做到一概不用，态度决绝！

将社会主义核心价值观融入师资建设，应当提升教师的思想素质。教师在教育事业中的地位不言而喻，习近平总书记曾在不同场合对教师的重要性进行强调，并且要求教师必须具备相应的专业能力和道德品格，做到立德树人，引导学生扣好人生扣子。2019 年 3 月 18 日，习近平总书记在思想政治教师座谈会上针对思政教师作出了重要指示："第一，政治要强，善于从政治上看问题。第二，情怀要深，保持家国情怀，心系国家和人民。第三，思维要新，创新课堂教学，引导学生树立正确的理想信念。第四，视野要广，有知识视野、国际视野、历史视野。第五，自律要严，向社会传递正能量。第六，要树立正确的人格，用正确的人格吸引学生。"[1]"六个要"的指示为建设高质量的师资队伍指明了方向。在推动建成全民守法的社会，将社会主义核心价值观融入全民心中的时代背景下，教师是核心环节。这就要求教师本身必须具备过硬的思想素质，提升自身思想素质的感召力，以身作则，发挥对学生的榜样示范作用。首先，严以自律。做到台上台下、网上网下、校内校外一致，时刻牢记教师应当具备的职业道德，树立良好的师德形象，以德立身，以德施教。比如，信息数据时代的到来，巨大的信息网将人们的生活覆盖，鱼龙混杂、良莠不齐的信息易使人失去独立思考的判断力。作为教师，在这样的信息时代下更应该严格要求自己，学会明辨是非，坚决抵制不良言论，网上做弘扬主旋律、正能量的网民，网下做以身作则的公民，工作中做克己奉公的教师。其次，教师必须注重人格塑造。人格塑造是为了优化人格整合，达到人格的健全。人格具有强大的吸引力，崇高的人格魅力对学生正在成长的心灵具有重要影响。所以教师必须提高自身的思想素质，树立正确的三观，向学生做好表率作用。

---

[1]《习近平：用新时代中国特色社会主义思想铸魂育人　贯彻党的教育方针落实立德树人根本任务》，载《人民日报》2019 年 3 月 19 日，第 1 版。

将社会主义核心价值观融入师资建设,还应提高教师的专业知识与能力。师者,传道授业解惑也。身为师者,自己首先需要学会明道、信道。只有这样,师者才能用正确的知识和价值观去教育塑造学生,做到以理服人。否则,为师者,知不博、道不明、观不正,回避问题,似是而非,只能是"以其昏昏,使人昭昭","毁人不倦",何以让学生"智者不惑"?[1] 因此,若欲将社会主义核心价值观融入师资建设,必须提升教师的专业知识和能力,做到教师先受教育,从而打造一支专业化、素质化的师资队伍。首先,提高教师的教学设计能力。教学设计是根据课程标准的要求和教学对象的特点,将教学诸要素有序安排,确定合适的教学方案的设想和计划。提高教师的教学设计能力是优化学校教育教学效果的有效途径,是改善教师教学行为的积极策略,是促进学生全面发展的必要条件。在进行教学设计时,教师应当做到深情怀、新思维与广视野,着眼于学生的日常生活,积极寻找相关的社会热点话题和经典案例,从真实的生活情景中引导学生关注社会和国家的发展,汲取养分、丰富思想。其次,优化教学过程、提高教学质量。教师在教学的过程中,要善于运用问题探究法、情景演绎法、讨论法等教学方法。坚持以学生为主体,依据学生特点选择合适的教学方法,引导学生自主学习,并给予专业性的点拨引导,做学生良好发展的指路明灯。最后,加强师生间的互动。教学活动是由教师"教"与学生"学"共同完成的,需要二者的沟通与交流。教师不仅要了解学生的身心特点以进行差异化教学,走进学生的世界,让教学内容更好地贴近学生的生活;而且还要了解学生在学习过程中的困扰,及时与学生进行良好的沟通,帮助学生解决困扰,完成学习任务。此外,每个教师都有其独特的魅力,有着属于自己的一套教育理念和教育方式,不能要求每个教师都按照同样的标准教育学生。每个教师都可以开展差异化教学与个性化教学。同时,各教师之间应当做到互相学习、取长补短,树立终身学习的理念,从而不断提高自身的专业能力,提高教学效率。只有这样,教师才能够深刻理解社会主义核心价值观的内涵,提高教师自身的专业知识与专业能力。

将社会主义核心价值观融入师资建设,须规范教师教学工作的考评与管理。对教师教学工作的考评与管理,是建设一支高素质师资队伍的重要手

[1] 参见《光明日报评论员:传道者首先要明道信道》,载中国共产党新闻网,http://cpc.people.com.cn/pinglun/n1/2016/1212/c78779-28942442.html,最后访问日期:2023年4月29日。

段。将社会主义核心价值观的理念内涵贯穿于教师教学的各个环节,规范对教师教学工作的考评与管理,无疑对教师提出了更高的要求。首先,在教学方面,教师应当对自己的教学进行反省并定期进行考核,包括对教学资源的选取和挖掘、教学策略和教学方式的选择、自身讲授情况和学生吸收情况等。只有这样,才有利于教师教学经验的积累,形成教师自己的实践性知识体系,从而提高教师的专业能力。在教学方面要求教师进行反思,目的在于不断弘扬社会主义核心价值观,以点连线、以线组段、以段成篇,真正做到以社会主义核心价值观施教。此外,以社会主义核心价值观施教,有利于提升学生的思想认知、价值共识和行动自觉,使其真正做到将社会主义核心价值观的理念内涵内化于心、外化于行,从而加快推动全民守法社会的形成。其次,加强对教师的管理。对教师的管理工作往往是通过一系列的评聘、考核、监督等机制完成的。但在实际操作层面,通常会出现为了考核而考核等一系列状况,致使教师很难发挥自己的主观能动性,教育的积极性、主动性逐渐下降,不利于师资队伍的建设。显然,此类问题的出现已经背离了社会主义核心价值观的理念内涵,应当加强对教师的管理,采取配套的奖惩措施,对出现不良思想和不端行为的教师,及时进行思想教育。教师水平和能力的提高离不开优秀的管理工作,加强对教师的管理能够约束教师的言语和行为,促进师资队伍更加团结、更有质量。

(二)社会主义核心价值观融入教材编写

教材作为传承社会共同价值规范的重要载体,是学生学习知识、完善自我的重要工具。同时,教材具有重要的意识形态教育功能,社会主义核心价值观进教材是做好我国意识形态教育工作的关键环节。教材编写作为落实社会主义核心价值观进教材的首要环节,在编写的过程中,素材的选取、教材内容的设置、不同学科的特性、基本规律的遵循、时代发展的要求等方面均需认真把握,从而保证教材的可读性,与现有教材内容相协调。

首先,精选教育素材。对于任何一门学科来说,素材的选取都是十分重要的。教师对教材内容的传授,学生对知识的学习、情感价值观的培养,都是围绕教材中的素材开展的。好的素材,有利于激发学生学习的兴趣,培养学生的综合能力,促进学生的全面发展。社会主义核心价值观作为社会主义价值体系的高度凝练和集中表达,承载了社会主义核心价值体系的丰富内涵以及对实践的要求。因此,对体现社会主义核心价值观内涵素材的选取,应当坚持从实践出发,以社会生活为脉络,选择能够提升学生品格、陶冶意境的素材;挑选出内含或承载社会主义核心价值观教育基本内容的一些典型性的案件、人物、事件、故事等,引导学生从内心真正深刻理解和把握社会主义核心价值观。但需要注意的是,在选取相关材料时,须保证其真实性,避免虚假的人物事迹、空洞的说教和渲染,从而培育学生健全的人格,将社会主义核心价值观进行内部消化。精选社会主义核心价值观素材,不仅突出了社会主义核心价值观的教育主题,而且潜移默化地对学生的思想和行为进行了规范引导,实现了对学生进行社会主义核心价值观教育的目的。

其次,科学编排教材内容。教材内容的编排作为教材的核心部分,在编排的过程中应当采取科学的方式将社会主义核心价值观的内容呈现出来。第一,注重外观设计。在对社会主义核心价值观内容进行编排的过程中,可以采取新颖的外观设计,美观的内容安排,使学生能够对其内容加以直观的认识和区分,提升阅读体验,更好地理解和掌握社会主义核心价值观的深刻内涵。第二,在知识内容上应当对各学段进行衔接。学习是一个循序渐进的过程,义务教育阶段和高等教育阶段虽然都要求学习社会主义核心价值观的内容,但二者在育人的任务方面存在差异,义务教育阶段要求掌握的社会主义核心价值观的内容深度显然要低于高等教育阶段。因此,在编写教材的过程中,要对教材的内容进行筛选,针对不同学习阶段的学生,以及其学习心理的发展情况进行合理安排,各阶段的内容应当从简至难,逐步递进,避免内容超越学习阶段或内容的重复性、矛盾性。第三,在教材内容的设置上应当把握时代发展的要求。社会主义核心价值观的理念内涵要求我们正确认识世情、国情、党情,这就要求在内容的编写上应当在关注全球发展的同时,弘扬和吸收中华民族文明发展的优秀成果,增强学生的民族自豪感和凝聚力,加强爱国主义教育,中华传统美德教育。同时,教材编写者要以发展的眼光看待问题,与时俱进,贯彻落实国家大政方针和最新要求;及时跟踪法律的立改废,更新内容、案例、人物、图片等;编写者在编写内容的时候要做到紧贴学生生活,富有学生生活气息和时代气息,适应学生的学习兴趣和特点,展示民族精神,更好地教育感染学生。[1]

再次,统筹兼顾学科特性。在教学课程的设置方面,我国主要采取分科

---

[1] 参见张珊珊、王晓丽:《社会主义核心价值观进中小学教材的现实意义和实践路径》,载《教育研究》2017年第8期。

教学的模式,不同的学科有着不同的育人要求和学科特性。例如,语文、思想政治等传统文科着重培养学生的人文精神,数学、物理等传统理科着重训练学生的逻辑思维,工科则着重于对学生实践技能的训练。这就从侧面反映了社会主义核心价值观在融入学科知识方面应采取不同的方式。当前,我国对社会主义核心价值观知识讲授的主阵地为德育教材。在德育教材中,社会主义核心价值观的相关内容得以集中、显性呈现,不需要深入思考和分析就可以明确教育主题,有利于学生直接对社会主义核心价值观的相关内容进行掌握了解。在训练逻辑思维等相关理科、工科中,社会主义核心价值观在法治教育方面的内容渗透显然无法像德育教材那样直观显现,但这些学科也与现实生活紧密相连,所以此类学科教材的编写者应当在尊重学科特性的基础上,在教材中创设相关情景,隐性融入社会主义核心价值观的内容,激发学生的学习兴趣和情感体验。

最后,遵循教育的基本规律。"物有本末,事有始终。"学生的成长与发展,都是在不同的阶段进行的,因此也具有阶段性的特征,需要遵循其内在成长规律。[1] 社会主义核心价值观是有机统一的整体,在将社会主义核心价值观编写进教材的过程中,应当遵循以下三点。第一,要遵循它自身的理论逻辑,社会主义核心价值观有自身的理论逻辑和深刻的内在联系,教材编写要遵循这种知识逻辑,系统科学地设计社会主义核心价值观教育的相关内容,帮助学生形成知识网络。第二,对编写进教材的社会主义核心价值观内容学习的难易程度进行适当权衡,针对不同年龄段学生的身心发育及学习接受能力的不同这一问题,要根据学生的生活经验、先备知识技能及学习接受水平等设置合理的学习社会主义核心价值观的难度、适当的容量以及丰富的素材和案例,从而激发学生的学习兴趣。第三,编写进教材的内容要遵循教学逻辑。教材的价值实现离不开教师的教学过程,教材编写需要符合教学逻辑,经得起教师和学生的推敲检验,将社会主义核心价值观编写进涉及法治内容的教材更是需要合理的学习内容和丰富的素材案例支撑,使教师更容易地引导学生学习和理解,从而提高课堂教学的有效性。

(三)社会主义核心价值观融入课程设计

培育和践行社会主义核心价值观是一项需要长期坚持的系统教育活

[1] 参见周明星:《教育要遵循学生成长规律》,载《中国教育报》2018年12月6日。

动，不能一蹴而就，必须将其全面渗透于学校的日常教学理念和内部管理环节，建立起科学完善的长效培育机制和践行体系，促使全体师生深刻掌握社会主义核心价值观的底蕴内涵，将其当作长期发展目标和具体行为准则，从而形成坚定的理想信念和自觉践行的觉悟能力。融入学校法治教育是其重要方面，课程设计则是融入法治教育的重要环节。课程设计作为有目的、有计划、有结构地产生课程计划、教学大纲以及教材的系统化活动，其本质是促使学生全面发展的、具有教育性经验的计划。开展社会主义核心价值观的课程设计，其目的不仅仅在于让学生从课堂教学中汲取知识，更是要让学生在整个学校的教育环境中潜移默化地学习和践行核心价值观，使学生对社会主义核心价值观的认识更加深刻，并由感性认识上升到理性认识，进而实现知与行的统一。

首先，坚持“立德树人”的课程基准和育人目标，以是否能够培养出德智体全面发展的高素质现代化接班人作为检验标准。德智体美劳，德治为首。良好的品德，不仅会提升学生的政治思想觉悟和精神品位，还能有效提高其未来的发展高度，对学生一生产生积极正向的影响。社会主义核心价值观分别从国家、社会、个人三个层次呈现出来，可以为相关培育工作和践行活动提供正确方向和实施依据，促使学校人才培养体系的教育资源变得更加丰富新颖、充满活力，能够推动学校思政教育工作走向目标明确、标准清晰、优质高效的创新发展之路。学校“立德树人”的德育目标正好能够回答“培养什么人，如何培养人”这一重要的社会主义核心价值观问题，同时也注定了相关培育工作和践行活动的系统性与长期性，明确凸显出建立长效培育机制和实践体系的重要性和必要性。同时，坚持“立德树人”的课程基准，应当做到坚持教育的基本原则、不断创新课程方法、选择正确教育路径、建立科学的课程机制推动“立德树人”的教育使命，践行社会主义核心价值观教育，从而培养出全面发展的人。

其次，体现出社会主义核心价值观需要我们在设置教材内容、构建课程体系、实施教育实践活动时，注重做好以下三个方面的工作：一是基于学生成长发展的实际情况确立和落实相关教育要求。以学生为教育工作核心，结合其品格培养和能力形成情况积极构建与其成长发育需求相适应、对其未来发展能够产生重大影响作用的价值观教育体系。以此为基准确立不同学段、不同学科的教学标准和德育目标，在编写教材内容、设置课程标准和组织考试考评等活动中，全面引入社会主义核心价值观的思路理念，构建起全新的课堂教学模式。二是通过改革高校教育教学及优化课程设置等方式增强核心价值观教育成效,将其作为教学授课活动的理论指导主线予以高度重视。我们要在教育实践中对这一理论主线进行充分理解和深刻把握,理清其与课程教材的内在逻辑关系,以此为基础有针对性地对课程内容加以优化改善,积极构建思政教育与核心价值观高度统一的现代教育教学体系。全面把握核心价值观的"三个倡导"内容,在教育中推动教育资源的整体方面进行综合改革,努力调动学科间的可借鉴的资源,打造一个包含思政课程、专业课程、社会实践、网络教学等内容的高效教学体系,在课程学习中充分发挥社会主义核心价值观的主导作用。三是以专门的法治课程为基础,在将社会主义核心价值观充分融入专门的法治课程后,再与其他相关课程产生联动,沿循"思政课程"与"课程思想"紧密结合的逻辑,使学生在法治课程中受到社会主义核心价值观教育,能够在其他课程中得到回应和印证。如此,学生便会体会到社会主义核心价值观的"无处不在",以及其在现实生活中具体的、真实的价值,从而更好地接受、认同、理解社会主义核心价值观。

最后,整合课程设计内容,构筑社会主义核心价值观在教育中的层次结构。这就要求教师对教育课程的相关内容进行整理研究,并对其内容进行整合设计,从而有效地将教材体系转换为教学体系。课程设计的原则一般表现为从简单到复杂、从一般到特殊、从宏观到具体、从一般到细节。这就说明在课程设计整合的过程中,教师应当先向学生传授简单的、一般的知识点,待学生掌握了基础的知识之后再对其传授需要深层次理解的知识。同时,课程设计内容的整合应当做到"以学生为中心,以解决问题为主",根据学生的需要、兴趣和目的设计课程的内容和结构,从中发现学生的兴趣是什么、帮助学生解决实际的学习困难和发展障碍,促使他们深刻认识到核心价值观的践行发展意义,对其产生高度认同,让学生获得真实的情感体验,从而促进其综合性发展。此外,整合完善课程设计过程,将核心价值观培育工作贯穿于整个教育教学活动,使社会主义核心价值观融入广大学生的实际生活与精神之中,为学生注入强大的精神动力,激励学生为推进中国社会主义事业发展、实现中华民族伟大复兴中国梦而努力拼搏、不断奋斗。

(四)社会主义核心价值观融入考试评价

教育评价事关教育发展方向,有什么样的评价指挥棒,就有什么样的办学导向。[1] 建立健全科学有效的考试评价体系,确保教育向正确方向发

[1] 参见中共中央、国务院印发的《深化新时代教育评价改革总体方案》。

展，让学生了解和感悟社会主义核心价值观的意义和作用。从我国的教育历程并结合教育现状可以发现，我国的教育教学评价体系仍然存在不合理、不科学之处，唯分数论、唯升学论、唯论文论、唯文凭论等错误思想仍然大行其道，建立一套完备的考试评价体系是一个难题。此外，就目前的考试评价体系来说，对社会主义核心价值观的评价内容较少，且存在相当大的空白。因此，推动构建服务全民终身学习的教育体系，发展素质教育，提高教育治理能力和水平，建立健全一套完备的社会主义核心价值观考试评价体系已成为时代所需。

第一，实现教育评价对象的全面化。社会主义核心价值观准则的学习和实现应该是一个循序渐进的过程。我们之所以学习社会主义核心价值观的准则，并不是因为它是国家制定的，而是因为这个准则本身的科学性，当今学校的任务不仅是要帮助学生实现对准则从“认识到深化”这一转化，教师本身也应当进行转化。因此，本书认为对教育评价对象，应当从学生和教师两个层面出发。在学生层面，重点应当考查学生对具体知识的掌握和对社会主义核心价值观从“认识到深化”的相关情况。仔细考量教育过程中的考试评价体系，不能仅仅停留在浅显的认识阶段，还应该考虑学生对社会主义核心价值观的深化理解和实践情况。同时，可以加大相关课程的分数比重，纳入学生评奖评优的标准中，用物质和精神双重奖励的方式鼓励学生自觉践行社会主义核心价值观的准则，提高自身的思想道德素质。在教师层面，将社会主义核心价值观的相关准则划入入职要求，并定期对教师进行考核评价，力求教师先做到对社会主义核心价值观从认识到深化的转变，为学生树立榜样。

第二，实现考试评价的多元化。在构建社会主义核心价值观的相关课程设计中，考试评价的落实，直接关系到学生对社会主义核心价值观学习的积极性，直接影响最终的学习成效。因此，我们在制定考试评价标准时，必须以能够调动学生的学习践行能动性为目标，着眼于学生在遇到比较复杂的现实问题时的辨别与解决能力；着眼于学生在学习和实践过程中的沟通交流、团队合作的能力；着眼于促进学生知情意行的统一，言行一致、表里如一。具体来讲，实现考试评价的多元化，可以从评价主体、评价标准、评价方法、评价工具 4 个维度出发。首先，在评价主体方面。社会主义核心价值观不是空中楼阁，它的根基还需要延伸到更广阔的社会之中。所以评价的主体应当包括学生自身、教师、学校、家长、社会等方面，不应仅仅局限于学校内部。其次，在评价标准方面。因为个体之间总会存在差异,所以对不同的学生也应该进行区分,采取适合不同学生的评价准则,注重不同个体间的评价标准差异,从内至外对学生的各方面情况进行评定,保证所有学生评价结果的公平公正。再次,在评价工具方面。要综合运用各种评价工具,如日常行为记录,以网络为基础的问卷调查,日常交流,创作和作品;研究、考察报告,案例,奖惩报告,无人监考等。同时,采取教学相长的教育方式,结合学生的各种实践活动进行科学的考试评价。实现评价方式从关注教学内容向关注教学过程转变,从关注价值信息的认知向关注价值判断评价转变,从教师为主体向学生为主体转变。最后,在评价方法方面。注重考查学生的学习动机、行为习惯、实践行为。结合定性评价和灵活性评价、终结性评价和形成性评价、可行性评价和发展性评价,引导学生走进社会实践中,把社会实践成绩切实纳入学校的日常评价体系,扎实开展对社会主义核心价值观的课外体验、社会走访、知识拓展等专题实践活动,使学校对学生的评价领域更加多元。同时,重视学生的日常生活实践,善于运用学生日常生活这一优良教材。将学生日常生活实践作为考试评价体系中的一项,激发学生对日常生活实践的反思、审视和总结,从而使对社会主义核心价值观的践行落实到日常生活实践中。

第三,实现从传统甄别性评价向育人导向型评价转变。传统甄别性评价主要是指通过成绩的高低评价一个学生,忽视对学生品德素养的评价,这显然已不符合新时代背景下"立德树人"的育人要求。《深化新时代教育评价改革总体方案》中提出:"坚持立德树人,牢记为党育人、为国育才使命,充分发挥教育评价的指挥棒作用,引导确立科学的育人目标,确保教育正确发展方向。"[1]这就为实现育人导向型评价指明了方向。育人导向型评价是指对学生的评价要克服唯分数、唯升学、唯文凭、唯论文的非科学评价要以育人为本、科学选才为导向,以考查学生的核心素养为中心,使学生学会思考、学会生存、学会学习,从而充分发挥教育评价的指挥棒作用。这表明,在对学生进行考核评价时,不能只看分数,因为当今社会不需要只会考试的"人才";而是要对学生的各方面进行综合评价,引导学生向德智体美劳全面发展。

四、社会主义核心价值观融入法治宣传

法治宣传教育作为提高全民素质、推进依法治国的基本方略,是建设社

[1] 参见中共中央、国务院印发的《深化新时代教育评价改革总体方案》。

会主义法治国家的基础性工作。随着经济社会的不断发展,人们所面临的环境和矛盾更加复杂、突出,这就要求国家加大法治宣传力度,帮助公民学习法律知识,促使他们形成正确的人生观、价值观和世界观,养成遇见问题找法解决的意识和能力。

(一)社会主义核心价值观融入宣传队伍建设

法治宣传队伍是法治宣传教育的主力军。我国现存的法治宣传队伍主要有5类:一是由政府部门、司法机关等国家机关主导的宣传队伍;二是由政党主导的宣传队伍;三是由事业单位主导的宣传队伍;四是由律师协会、妇女协会、工会等社会组织主导的宣传队伍;五是个人、企业、自媒体等纯粹社会性、自发性的宣传队伍。无论是哪一种性质的宣传队伍,都是法治宣传队伍的组成部分,都为法治宣传教育所不可或缺。随着法治宣传教育逐渐成为国家宣传思想工作的重要内容,法治宣传队伍的地位越发凸显。就目前法治宣传教育工作的任务而言,宣传工作的有效开展以及宣传实效直接受法治宣传队伍影响。因此,加强宣传队伍建设,是增强宣传实效,增强法治宣传中社会主义核心价值观融入,推进全民守法的关键。

社会主义核心价值观融入法治宣传,首先宣传队伍应当坚持正确的政治方向,深刻理解把握社会主义核心价值观的深刻内涵和丰富内容。这也就意味着社会主义核心价值观融入法治宣传,首先要融入法治宣传队伍建设。这不仅要以制度建设推进宣传队伍的人才任用,还要进行科学高效的管理。宣传队伍自身应当进一步以核心价值观凝聚守法共识、统一守法意志。尤其是,坚持正确的政治方向,是宣传队伍建设的生命线,需要坚持党中央对宣传工作的统一领导,让人民看到党对法治建设工作的集中统一领导,明晰正确的行进方向。坚持正确的价值取向,必须贯彻以人民为中心的发展思想,宣传队伍建设工作的实质受益群体是人民,宣传工作的服务对象也是人民,所以宣传队伍必须坚持以人为本、为人民服务的价值观念。因此,在宣传队伍的建设上,坚持党性和人民性相统一,也就是坚持正确的政治方向和价值取向相统一,使社会主义核心价值观贯彻于宣传队伍建设的全过程。

社会主义核心价值观融入法治宣传队伍,还要做到以改革创新和正确的目标为导向。以改革创新为导向,切实推动宣传队伍体制机制创新。一方面宣传队伍建设要紧跟时代步伐,解放思想、破解难题。创新推动宣传队伍建设,因地制宜,因时制宜,结合宣传环境、宣传对象调整宣传队伍,充分重视和发扬宣传队伍的能动性。另一方面要深入推进规范性宣传思想战线干部培训,宣传干部作为宣传队伍的引领者,只有具备了规范性思维、提升了创新能力,才能完成现代法治化宣传队伍的建设。以目标为导向,切实推动宣传队伍建设更好地服务大局。一方面要精心策划宣传内容。重点宣传法律知识,倡导依法办事,大力标榜道德模范,营造全民守法的良好社会氛围;另一方面要繁荣发展文化事业,这既能满足人民群众的精神文化需求,促进社会和谐,又能在文化活动、文化创作中灌输主流价值观,提高社会文明程度和公民文明素养,为建立全民守法的法治社会打造社会基础。

社会主义核心价值观融入法治宣传队伍,还应对法治宣传队伍进行制度化建设。建立符合社会主义核心价值观的制度和规范,并依照制度和规范对宣传队伍进行建设,从而实现法治宣传队伍建设的制度化。宣传队伍制度化建设既能有效框定宣传队伍的底线原则,规范宣传队伍成员的行为方式,又能将社会主义核心价值观贯彻于制度设计、制度执行和制度创新的全过程,从而间接确保宣传队伍的建设始终在社会主义核心价值观引领之下的有效运行。

社会主义核心价值观融入法治宣传队伍,还要创新宣传模式、注重法治宣传实效。随着全面依法治国的提出,法治宣传成为关键性的环节。一支好的宣传队伍,不仅要具备扎实的法律知识功底,还应当根据普法环境、普法对象、普法需求、普法领域创新法治宣传模式、保障法治宣传实效。随着网络、自媒体的不断发展,人们越来越愿意从网络上获取信息和开展学习,因此可以充分利用网络这一宣传载体,通过微博、微信公众号等途径定期开展普法宣传。由于普法环境、对象、需求、领域的差异性,在宣传时应当有针对性地进行,杜绝灌溉式的宣传方式。比如对难度大、专业性强的领域可以采取"以案释法"的方式;对年龄较小的孩子可以采取"法治动漫"等形式;对青少年可以采取"法治主题征文、青少年模拟法庭大赛"等寓教于乐的形式。同时,为了切实保障法治宣传的实效,使民众真正地掌握法律知识,线上可以定期开展法律知识抢答微信竞赛活动,鼓励民众积极参与,并对成绩优异者给予物质奖励;线下可以建立法治宣传教育基地,开展法律咨询和法律服务等活动,对民众日常所面临的常见法律问题进行解答。

(二)社会主义核心价值观融入青少年法治宣传

"七五"普法规划中明确指出,法治宣传教育的对象是一切有接受教育能力的公民,要坚持从青少年抓起。在该规划出台后,全国积极贯彻执行,全民法治观念进一步提高,青少年法治宣传也成绩斐然。“八五”普法规划更是对青少年法治教育提出了十分具体的要求和目标,包括:在青少年成人仪式、学生毕业仪式等活动中设置礼敬宪法环节,大力弘扬宪法精神;加强对青少年民法典教育;全面落实《青少年法治教育大纲》,教育引导青少年从小养成尊法守法习惯;持续举办全国青少年网上学法用法活动;推进青少年法治教育实践基地建设;进一步完善政府、司法机关、学校、社会、家庭共同参与的青少年法治教育新格局。但在实践中,青少年法治宣传工作出现了一些实际问题,诸如缺乏健全完善的宣传教育机制、形式单一、宣传内容不全面、未根据青少年身心特质进行宣传等。法治精神是青少年积极践行社会主义核心价值观的重要推动力,如同一个国家的屹立、富强离不开民族精神一样。因此,对青少年进行法治宣传教育,使青少年接受法律知识和法治观念的熏陶,是实现全民守法目标的关键。

将社会主义核心价值观融入青少年法治宣传,首先应当健全青少年普法宣传教育机制。注重道德法治教育课程的完善设计和有效实施,将其当作整个国民教育体系的重要组成部分,做好中小学道德与法治课程教学工作,鼓励开设法治教育地方课程和学校课程,使青少年从小树立宪法意识、国家意识和法治观念。[1] 开展形式多样的青少年法治教育社会实践活动,密切联系学校、家庭与社会,积极打造“三位一体”化法制教育新局面。

将社会主义核心价值观融入青少年法治宣传,还要健全青少年普法责任制。充分利用全媒体传播手段进行公益普法,主流媒体与网络自媒体等传播媒介必须积极承担普法宣传的重任,精心制作普法公益广告,并将其在重要时段和版面刊播;组织相关部门积极开展法治大讲堂活动,为广大民众讲解社会典型案例、剖析法律热点问题,在全社会树立法治意识新风尚;制定普法责任清单,坚持“谁执法谁普法”的发展原则,积极结合法院、检察院、律所、行政执法单位等构建起以案释法制度,推进普法志愿服务。审判机关、检察机关、行政执法机关、司法行政机关要加强典型案例的收集、整理、研究和发布工作,建立以案释法资源库,充分发挥典型案例的引导、规范、预防与教育功能。要以法律进乡村、进社区、进学校等为载体,组织法官、检察官、行政执

[1] 参见中共中央办公厅、国务院办公厅印发的《关于进一步把社会主义核心价值观融入法治建设的指导意见》。

法人员、律师开展经常性以案释法活动。[1] 把青少年法治教育纳入文明城市、文明村镇、文明家庭、文明校园创建活动中，继续推进法治城市、法治县（市、区）创建活动，推动全国“法治校园”创建活动深入开展。

将社会主义核心价值观融入青少年法治宣传，应当抓住宣传主体多元和宣传对象特殊的特性。同一般法治宣传对象不同的是，青少年的法治宣传教育具有宣传主体多元性和宣传对象特殊性等特点。宣传主体的多元性，是指学校、家庭、各种社会组织、政府部门、新闻媒体都是重要的法治工作主体。近年来，国民教育工作体系对普法宣传工作更加重视，学校对青少年的法治教育宣传负有重大责任。宣传对象的特殊性主要是指由于青少年的年龄、心理和生理都具有不成熟性，容易受到外界不良信息的诱导，从而走上违法犯罪的道路。与此同时，青少年具有极强的可塑性，在此阶段对其进行法治宣传教育效果最为显著，所形成的法治信念会更加坚定，对成年后的社会活动会产生深远影响。

将社会主义核心价值观融入青少年法治宣传，也要推进青少年法治宣传教育工作创新。第一，创新法治宣传工作理念，坚持服务党和国家工作大局、服务人民群众生产生活，努力培育全社会法治信仰，增强法治宣传教育工作实效。[2] 摒弃以往的应付式宣传，不能只图完成宣传任务，更要注重法治宣传实效。将宣传理念由消极、被动转变为积极、主动，宣传工作注重长远利益，始终以人为本。第二，创新法治宣传方式。首先，进一步推动学校与司法、行政机关联动。学校是法治宣传教育的主阵地，不仅法官、检察官、行政执法人员等可以组成宣传队伍进校园、进课堂，也可以组织学生进入司法、行政机关，通过观摩等形式近距离更真实地体会法律的权威、司法的公正以及执法的严格。其次，加强新媒体、新技术在青少年法治宣传中的运用。如今，青少年群体更喜欢在微博、抖音等社交、视频软件上获取信息，法治宣传工作也应当线上、线下齐头并进，充分利用互联网传播平台。不仅要丰富法治宣传的内容，提高宣传内容的质量，也要在内容展示上运用新技术增加创意。

（三）社会主义核心价值观融入领导干部法治宣传

党的十八届四中全会提出，坚持把领导干部带头学法、模范守法作为树

---

[1] 参见中共中央办公厅、国务院办公厅印发的《关于实行国家机关“谁执法谁普法”普法责任制的意见》。

[2] 参见《中央宣传部、司法部关于在公民中开展法治宣传教育的第七个五年规划（2016—2020年）》。

立法治意识的关键。“七五”普法规划将领导干部作为法治宣传教育的重点对象之一。党的二十大报告强调，要努力使尊法学法守法用法在全社会蔚然成风，必须发挥领导干部示范带头作用。“八五”普法规划亦对领导干部模范守法作出了相当多的规定和阐述。为什么将领导干部列为法治宣传的重点对象呢？因为领导干部是国家事务的直接管理者，执掌着大量日常公共生活的组织指挥权能，代表国家公权力，作出的决策直接关系到国家的发展、社会公共利益以及直接干预公民和社会组织的活动。法治内在地要求对国家权力进行合理分配和有效制约，因为没有边界的权力会滋生腐败，会被恣意滥用，只有让权力在法律的框架内运行，公民的权利和自由才能被保障，这也是法治目的之所在。领导干部权力行使的广泛性、强制性等使得对领导干部的约束成为法治的重点，正确行使权力、严格依法办事成为法治建设对领导干部的基本要求，要实现对领导干部权力约束的法治要求，就必须加强领导干部的法治宣传教育。

领导干部处于中国特色社会主义法治建设的重要位置之上，其法治思维和法治行为直接关系法治建设的进程。因此，领导干部的法治宣传处于宣传思想工作的战略性位置，做好领导干部的法治宣传工作也是法治建设的重要任务。社会主义核心价值观是社会主义的精神，是基于历史运动和历史规律，以及人们价值实践的一种自觉构建，将其融入领导干部法治宣传是做好领导干部法治宣传工作的关键所在。

将社会主义核心价值观融入领导干部的学法用法制度之中，完善领导干部学法用法制度。习近平总书记曾强调“领导干部既应该做全面依法治国的重要组织者、推动者，也应该做道德建设的积极倡导者、示范者。要坚持把领导干部带头学法、模范守法作为全面依法治国的关键，推动领导干部学法经常化、制度化”。[1] 因此，我们要把宪法法律、党内法规和社会主义价值体系列入党委（党组）中心组学习内容，列为党校、行政学院、干部学院、社会主义学院必修课；把法治教育和道德教育纳入干部教育培训的总体规划，纳入国家工作人员初任培训、任职培训的必备内容，在其他各类培训课程中融入法治教育和道德教育内容，保证法治培训课时数量和培训质量，切实提高领导干部运用法治思维和法治方式深化改革、推动发展、化解矛盾、维护稳定的

[1] 《习近平：坚持依法治国和以德治国相结合　推进国家治理体系和治理能力现代化》，载《人民日报》2016 年 12 月 11 日，第 1 版。

能力，切实增强国家工作人员自觉守法、依法办事的意识和能力。加强党章和党内法规学习教育，引导党员领导干部增强党章党规党纪意识，严守政治纪律和政治规矩，在廉洁自律上追求高标准，自觉远离违纪红线。[1]

将社会主义核心价值观融入领导干部的学法方式之中，创新宣传形式，拓宽宣传渠道。创新领导干部法治宣传工作方式。一是强化导向型的法治宣传模式，建立健全领导干部奖惩评比机制，大力宣传践行法治的优秀人物和典型事迹，通过舆论与荣辱感对领导干部进行引导；二是完善参与型的法治宣传模式，突破传统的书面式、讲解式普法方式，组织领导干部深入实践，参与行政复议、旁听案件审理等法律适用活动；三是推进渗透型的法治宣传模式，对领导干部的法治宣传教育要深入机关单位内部，在机关内部进行符合其职权职责的法治文化建设，让法治文化始终围绕着领导干部，通过法治文化对领导干部的法治思维进行影响和渗透。[2] 完善大众传媒宣传渠道，通过现代信息技术的运用，拓宽宣传渠道。

将社会主义核心价值观融入领导干部法治教育考核机制。对领导干部的常态化考核要紧抓尊法学法守法用法。衡量领导干部是否德才兼备的标准，一在于考察其法治观念强弱，二在于考察其法治素养高低，要把遵守法律始终置于考察的重要位置。领导干部法治宣传教育工作需要改变以往重形式轻实效的观念，要让尊崇法治、敬畏法律真正成为领导干部的基本素质，为领导干部尊法学法守法用法确立可视化的衡量标准，使社会主义核心价值观和法治精神真正得到实践。

将社会主义核心价值观融入领导干部法治宣传工作的理念之中，形成创新性理念、制度化理念和求实效的理念。这“三大理念”是社会主义核心价值观融入法治宣传的内在要求。首先，以改革创新为核心的时代精神，是社会主义核心价值观的内在意涵，将核心价值观融入领导干部法治宣传，要求以创新的思路推进领导干部的法治宣传工作，创新领导干部法治宣传的内容、形式、手段等，提高宣传工作的先进性。其次，社会主义核心价值观内含制度化要求，法治建设离不开制度保障，领导干部的法治宣传教育工作需要制度体系，制度化理念的形成有助于实现领导干部法治宣传教育的长期性和

[1] 参见《中央宣传部、司法部关于在公民中开展法治宣传教育的第七个五年规划（2016—2020年）》。

[2] 参见缪蒂生：《提升领导干部运用法治思维和法治方式能力》，载《法制日报》2012年12月12日。

常态化。最后,在法治宣传工作中践行社会主义核心价值观,需要改变过去领导干部法治宣传工作重形式的弊端,形成求实效的理念。以宣传效果为导向选择宣传手段,开展宣传工作,将宣传效果作为宣传工作的考核基准。

五、社会主义核心价值观融入信用机制建设

守信激励制度和失信惩戒制度作为信用法治保障体系中的核心部分,能够有效地推动社会信用氛围的形成,促进经济社会的全面发展。中共中央印发的《社会主义核心价值观融入法治建设立法修法规划》中强调:完善守法诚信褒奖激励机制和违法失信行为惩戒机制。因此,需要围绕将社会主义核心价值观融入信用机制建设这一主题,从守法诚信激励机制和违法失信惩戒机制两方面进行具体阐述,为实现全方位的激励惩戒环境,打造信用社会,建立严密法治保障体系提供理论参考。

(一)社会主义核心价值观融入守法诚信激励机制

诚信是依法治国方略的内在要求,诚信体系建设与法治国家建设相辅相成。随着我国依法治国方略的稳步推进,建立社会主义诚信体系,提高全社会的诚信水平,依法规范个人、社会和国家公权力的行为,有助于构建社会主义和谐社会,推进国家的社会管理,发展社会主义市场经济,为构建社会主义核心价值体系提供坚实的基础,同时使尊法守法成为全体人民的共同追求。但是,构建社会诚信体系,不仅需要将诚信纳入法治轨道,发挥法治的积极指向作用,真正形成有法可依、有法必依、执法必严、违法必究的诚信法治环境;还需要以核心价值观为指引,实现核心价值观与守法诚信激励机制的内在统一。具体可以从以下 7 个方面做起:

第一,完善涉及诚信方面的立法体系。诚信首先是建立在完善的立法制度基础之上的。在我国现行的法律体系中,《民法典》将诚实守信上升为基本原则,在刑事法律中也有对涉及缺乏诚信导致的犯罪行为处以刑罚的规定。但是,现行法律法规没有全部涵盖缺乏诚信的所有行为,对缺乏诚信行为产生的不利法律后果的约束力度不够完善。因此,将社会主义核心价值观融入守法诚信激励机制,应当完善涉及诚信方面的立法体系,加大对缺乏诚信行为的惩治力度,从立法层面保护诚实守信之人的权益,对缺乏诚信之人予以有力的惩罚性打击,使其能认识到欠缺诚信导致的不利后果,增强法治的威慑力。

第二,遵守法律法规,树立诚信典范。我国实行依法治国,任何组织和个人都不得有超越宪法和法律的特权。无论个人还是国家权力机关,均应严格遵守国家宪法、法律法规;履行宪法和法律赋予的义务,维护法律尊严。公权力部门的诚信是社会诚信的核心和关键,其力量和影响力是巨大的,所以掌握国家公权力的部门和代表国家公权力的领导干部要做好榜样和表率作用。两千多年前的管仲就曾经说过:“凡法事者,操持不可以不正。”因此,各公权力部门和领导干部都应按照诚信的原则行使法律法规赋予的职权,规范自身的行为,不可逾越和滥用权力。一旦背离了诚信的原则和精神,就会失信于民。作为公民个人或者社会集体应该学法、懂法,依法行使公民或者社会集体应有的权利和履行应尽的义务,用法律规范自己的言行,不损害国家利益、集体利益和其他公民利益,做一个守法守信的公民。

第三,落实法治监督,确保法治诚信。法治监督是法治诚信的保障,法治诚信可以保证法治的实现。以法治、诚信价值为指引,有利于促进诚信体系的建设。这就要求加强和改进监督工作,拓宽人民监督权力行使的渠道,形成不想腐、不能腐、不敢腐的有效机制,让权力在阳光下运行。为此,国家层面应加强监督主动化、常态化建设,推进权力的适度分解与制衡,防止权力被滥用。实现权力运行信息的透明化,让权力在阳光下运行是取信于民的重要途径。完善、拓宽和落实人大、司法、监察等监督制度,同时自觉接受社会各界和新闻媒体监督,形成合力整体监督的效果。只有强有力的监督监管机制,一切制度才能得到贯彻和落实。在社会和个人层面,则需要加强法治规范的他律以及社会和个人的自律,在法治层面形成互相监督与自我监督有机结合的社会诚信体系。

第四,强化精神文明建设,共铸诚信社会。加强社会成员的精神文明建设,尤其是在树立正确的世界观、价值观、人生观、情操、信念等方面,对社会诚信体系建设至关重要,是养成诚信品格的思想基础。在每个社会成员心中牢固树立诚信是“得之不易,失之容易”的,需要倍加珍惜。诚信是作为社会成员应当具备的基本素质和品格,只有培养诚信的道德品质,真正把诚信的要求视为促进经济发展的必然要求和内在动力,才能更好地适应社会生活并提升自我价值。作为个人而言,树立牢固的诚信观念,才能得到社会公众的信任,也才有长远发展的先决条件和良好的生存环境。作为国家公权力机关,则应当坚持权为民所用,利为民所谋,情为民所系的原则,真正得到人民群众的信任。

第五,加强舆论监督和管理。在信息社会,新闻媒体对信息资源的共享,让信息及时有效地传播开来,人们可以了解到更多的社会动态,但同时这也是公民广泛参与国家和社会事务管理和监督的重要途径,有利于维护社会秩序的健康发展、弘扬社会“正能量”。新闻媒体渗透力和影响力的存在,使国家和社会事务处于社会大众的关注和监督之下,充分发挥了舆论的监督和教育作用,促进了社会诚信氛围的形成。但作为新闻媒体的管理部门也应加强对新闻媒体的审查、监督和管理,提高舆论引导能力,使新闻媒体恪守职业诚信,坚持正确导向,以实事求是的态度传达真实发生的事情,使社会舆论有良好的发展方向,更好地为社会发展服务。

第六,深化诚信宣传与教育。“民无信不立。”从思想认识的源头上,加强诚信意识的教育,形成广泛的个人诚信,才可能有社会诚信。用法治的手段深化诚信的宣传和教育,矫正不良的观念、行为和习惯,树立正确的诚信价值观,才能有效实现以法治促诚信的目标。开展常态化诚信宣传与教育活动,更重要的是靠全社会的实践,具体到每个社会成员身上要以身作则,提升个人素质,增强责任感和自觉性,通过行为规范、模范宣传和法治教育作用,使社会成员由外在的他律逐渐变成内在的自律,使诚信意识内化为自觉意识,营造良好的诚信意识氛围,为诚信体系法治保障夯实思想基础。

第七,丰富联合激励措施。鼓励各地方有关部门和单位出具诚信卡,创新联合激励场景,通过优先办理、降低门槛、简化程序、免交押金等形式激励群众的守信行为。比如,让守信者享受乘坐公交地铁优惠,享受信贷服务“绿色通道”待遇,享受先诊疗后付费服务,享受参观文博场馆费用减免,享受图书借阅免押金服务,享受公益奖励和社会福利等。让每一个社会成员都体会到守信为其带来的便利,加快信用社会的建成。

(二)社会主义核心价值观融入违法失信惩戒机制

违法失信惩戒机制是社会信用体系建设的重要组成部分,是社会信用局面形成的最终机制保障。违法失信惩戒机制的功能实现需要创造性地实施联合惩戒。联合惩戒是社会信用体系建设最关键、最有效、最管用的核心机制。目前,我国失信联合惩戒机制的组织机构和工作机制基本建成,对诚信行为的激励、失信行为的抑制发挥着积极的推动作用,违法失信联合惩戒机制对诚信社会氛围的影响持续增强。但就当前的社会状况而言,失信现象在我国仍然大量存在,违法失信联合惩戒机制存在制度目标不明确、失信修复机制不完善、信息的共享和应用不够、惩戒的力度不够等问题，需要以核心价值观为指引，从以下方面进一步优化违法失信惩戒机制。

第一，坚持社会主义核心价值观引领，明确制度目标定位。建立违法失信惩戒机制的目的在于对失信被执行人进行公开曝光、联合惩戒，使其寸步难行、无处逃遁，从而向社会传导正确的价值取向。“实践中，失信惩戒制度已经出现一些明显脱离法治轨道的迹象。失信惩戒制度一旦被滥用会给法治社会带来极为不利的影响，同时也会影响国家治理能力的提升。”[1]因此，对社会信用体系的构建，绝不应当是以滥用失信惩戒制度、背离失信惩戒制度为目的推进的，而应当是坚持以社会主义核心价值观作为引领。坚持社会主义核心价值观引领，这就要求行政机关在采取制裁措施时，应当坚持公正、法治的核心价值要求，坚持比例原则和禁止不当联结原则，充分考虑制裁措施是否符合公正、法治的核心价值要求、制裁手段是否有利于制裁目的的实现、制裁行为是否与失信行为有实质关联性。简言之，对失信被执行人的制裁手段应当有益于实现制裁目的，而非一味地采取措施惩罚失信主体，坚持以公正、法治的核心价值作为引领，从而做到公平公正，实现失信惩戒制度目的。

第二，加大对失信主体的联合惩戒力度。失信惩戒的方式，大致可分为负面信息披露、资格限制、限制高消费、加强监管等几类。对于这几类惩戒方式，目前力度是不够大的，很难对失信主体起到威慑作用。因此，应当加大惩戒力度才能更好地打击失信行为。首先，提高对失信主体的处罚额度。通过对现行行政处罚和私法处罚标准的修改，加大失信行为的违法违规成本。可采取《消费者权益保护法》中的惩罚性赔偿制度，失信行为若对受害人造成了损害，或者失信行为让失信者获得利益，那么就可以按照受害人损失的倍数或失信人获益的倍数，对失信者加以处罚，避免出现处罚数额相比失信者的收入而言仅是分寸之末的情形，否则处罚就是隔靴搔痒，实效性大打折扣。其次，扩大失信联合惩戒的范围。目前，对失信联合惩戒的范围有广义和狭义之分，扩大范围即推行广义的联合惩戒。广义的联合惩戒是指要综合发挥政府部门、行业组织、市场主体、社会征信机构、新闻媒体、社会公众的协同作用，各部门信息共享、联合惩戒。从这个角度来说，有助于强化失信惩戒制度

[1] 梁尧：《信用惩戒实践的行政法治逻辑：反思与完善》，载《苏州大学学报（法学版）》2021年第1期。

的威力,使失信者对惩戒产生畏惧心理,降低未来再次失信的可能性。值得注意的是,在加大对失信主体的联合惩戒力度时,不应只追求惩戒目的而忽视公平公正。

第三,组建专门的信用管理机构。目前,我国的信用管理组织体系还存在发展不均衡不健全等问题,比如部分地方欠缺专门的信用管理机构,更没有相应的管理人员。因此,组建专门的信用管理机构必须在全国范围内尽快落实,以弥补信用管理组织体系不均衡不健全的弊端。专门的信用管理机构需要进一步明确有关社会信用管理工作的职责和权限,同时还需要与其他政府部门相互配合,签署联合工作备忘录。

第四,完善失信修复机制。失信惩戒机制的目的,不仅仅是对失信主体进行惩罚,更重要的是借惩罚的手段实现教育的效果,让失信者重建诚信观念。给予失信者改正错误的机会是实现教育效果的内在要求,因此,有必要建立失信修复机制。失信修复机制包含两个方面,一是联合惩戒措施的撤销,在失信者符合一定条件,已经纠正错误的情形下,可以将其从惩戒名单中剔除,各联合惩戒部门解除施加的惩罚措施。这些可撤销惩戒的条件可以是失信者的积极补救措施,如主动向受害人赔偿,主动消除不良影响等;也可以是失信者的正向公益行为,如提供社区服务、参与慈善公益等。此外,还可以建立信用额度,根据失信者的行为给予信用加分,达到一定的信用额度即撤销惩罚。二是失信记录的删除。失信记录的存在始终是失信者的污点,要达到失信修复的目的,就不能让其永久保存。以失信者的失信严重程度为标准,设置不同的失信记录保存期限,一旦保存期限届满,即对失信记录予以删除,这样失信者的失信才是真正的修复。

后　　记

中国特色社会主义法治道路需要正确的价值指引,才能确保方向正确和行稳致远。作为全国各族人民在价值观念上的“最大公约数”,社会主义核心价值观是当代中国精神和民族精神的集中体现,构成中国特色社会主义法治建设的灵魂中枢。自党的十八大以来,党中央、国务院高瞻远瞩,部署和推进社会主义核心价值观融入法治建设的各项举措,取得了良好成效和积极影响。

本书是国家社科专项重大委托课题“社会主义核心价值观融入法治建设机理研究”的最终结题成果。2017 年,经过通力合作和精心部署,以莫文秀教授为首席专家的湘潭大学课题组成功申请并获批了重大委托课题。在课题开展和实施过程中,课题组得到了多个单位和个人的大力支持和协作。2018 年 9 月,课题组在湘潭大学法学院举办了开题论证会,论证会上,时任全国人大监察和司法委员会委员谢勇教授、北京大学法学院张骐教授、《吉首大学学报》主编易小明教授、《湖湘论坛》主编王习贤教授、《中国社会科学报》评论版王广主任、西南政法大学王杏飞教授、最高人民检察院杜萍处长、湖南省民政厅法规处喻建中处长等专家学者提出了中肯的建议和意见,为课题的顺利开展和实施指明了方向。

本书是课题组成员通力合作的集体结晶。在课题实施的过程中,首席专家莫文秀教授和子课题负责人廖永安教授全面负责组织协调工作,共同拟定研究的总体框架并负责导言的撰写。第一章由子课题负责人张义清教授及其学生曾林翊晨、付梦婷等人共同撰写;第二章由子课题负责人李锦研究员和博士研究生游慧艳联合撰写;第三章由子课题负责人肖峰教授独立撰写;第四章由陆银清法官所领衔的团队共同完成;第五章由段明副教授、黄鑫博士和赵毅宇博士共同完成。初稿完成后,莫文秀教授和廖永安教授进行了认真审校并提出较为翔实的修改意见,张立平教授也在认真通读全文的基础上提出了细致的修改完善建议,李锦研究员协助课题负责人承担了具体的统稿工作。

此外,在本书的写作过程中,还得到了湘潭大学法学学部众多师生的襄助。吴建雄教授、吴勇教授、刘友华教授、喻建中教授、王聪博士以及博士研究生周星星、訾培玉等人的无私帮助和宝贵意见反馈,均对本书的顺利出版发挥了重要作用。

最后,特别感谢法律出版社的编辑团队,他们为本书的出版付出了艰辛的努力。

莫文秀　廖永安

二〇二四年十月